高职高专金融投资专业教材

商业银行会计学
(第 2 版)

赵贵峰　主　编

清华大学出版社
北　京

内容简介

商业银行会计学是高等职业技术学院根据金融、财会专业发展和高职人才培养需要开设的一门实用性专业课程。本书由长期从事高职院校教学和企业银行会计在职人员培训的一线教师编写，作者在工作中多次接触到银行不同业务会计制度的落实培训，因此本书在第1版的基础上大量借鉴了商业银行的最新做法，使本书具有很强的操作性。全书共分为十三章，第一章和第二章为商业银行会计学的基本理论，第三章~第十二章为商业银行各类业务的核算方法，第十三章介绍商业银行内部财务会计报表的处理。

本书适用范围广泛。高职院校的金融业务会计教学培训，本专科院校的金融专业、会计专业的教学以及商业银行会计在职培训，都可采用本书作为教材，同时本书对理论研究者也具有一定的参考价值。

本书封面贴有清华大学出版社防伪标签，无标签者不得销售。
版权所有，侵权必究。举报：010-62782989，beiqinquan@tup.tsinghua.edu.cn。

图书在版编目(CIP)数据

商业银行会计学/赵贵峰主编. —2版. —北京：清华大学出版社，2017（2023.8重印）
(高职高专金融投资专业教材)
ISBN 978-7-302-45069-6

Ⅰ.①商… Ⅱ.①赵… Ⅲ.①商业银行—银行会计—高等职业教育—教材 Ⅳ.①F830.42

中国版本图书馆 CIP 数据核字(2016)第 218580 号

责任编辑：陈冬梅　陈立静
装帧设计：杨玉兰
责任校对：周剑云
责任印制：沈　露
出版发行：清华大学出版社
　　　　　网　　址：http://www.tup.com.cn，http://www.wqbook.com
　　　　　地　　址：北京清华大学学研大厦A座　　邮　编：100084
　　　　　社 总 机：010-83470000　　邮　购：010-62786544
　　　　　投稿与读者服务：010-62776969，c-service@tup.tsinghua.edu.cn
　　　　　质量反馈：010-62772015，zhiliang@tup.tsinghua.edu.cn
　　　　　课件下载：http://www.tup.com.cn，010-62791865
印 装 者：北京鑫海金澳胶印有限公司
经　　销：全国新华书店
开　　本：185mm×230mm　　印　张：25.75　　字　数：559千字
版　　次：2009年11月第1版　2017年4月第2版　印　次：2023年8月第7次印刷
定　　价：68.00元

产品编号：068551-02

前　言

本书以《商业银行法》《中华人民共和国会计法》《企业会计准则》《金融企业会计制度》《担保法》和《中国邮政储蓄银行公司业务行内制度规程(试行)》等法律、法规、制度及其他商业银行的各类业务的处理办法和操作规程为依据，比较全面地介绍了我国商业银行会计的基本理论和实务操作方法。

全书共分为十三章，第一章和第二章为商业银行会计学的基本理论，第三章～第十二章为商业银行各类业务的核算方法，第十三章介绍商业银行内部财务会计报表的处理。

本书以银行结算会计为主线，兼顾财务会计理论，在全面介绍商业银行会计核算基本理论的基础上，阐述商业银行各类业务的会计处理方法，由浅入深，重点突出，图文并茂。本书尤其重视商业银行会计的最新实践，追踪我国现代化支付系统的建设进程，摒弃那些过时的做法，内容新颖，可操作性强。通过本书的学习，能使读者在了解商业银行各类业务会计处理办法的基础上，掌握会计核算的基本理论、基本方法和基本技能，提高自己的金融理论和业务处理水平。

本书是在第 1 版的基础上，通过修改错讹、添补遗缺、删减臃繁、精心提炼而得。与第 1 版相比，第 2 版主要细分了同城票据交换的四种交换类型，增补了同城票据交换的差错调整方法，删除了第 1 版中的第八章金融资产业务的核算中的第五节短期投资业务的会计处理和第六节长期股权投资的核算，按照新的会计准则对有关投资部分的新规增加了第九章金融投资业务的核算，而对于基础会计和财务会计中都涉猎的其他长期资产业务的核算(主要是固定资产和无形资产的核算)一章作了删除，并对第 1 版的个别错漏进行了修改、补正。修改后的第 2 版，更能适应高职高专的教学需要。

本书的编写是作者长期从事金融会计教学实践的经验总结，编写过程与教学同步进行，在编写过程中，以《金融企业会计制度》为理论基础，受益于所授课程选中的同类教材和中国邮政储蓄银行的相关业务制度、操作规程，也参阅了其他商业银行的相关制度。在编写中，力图从会计理论的视角阐释当前各类商业银行金融业务的会计实践，求证各类商业银行业务的最新实际操作过程，按照各类业务的操作进程及其因果关系组织写作以增强学生对比较复杂的金融会计活动的理解程度。本书虽署编者一人之名，实得业界百家之力，由于编写时间较长,参考文献较多,恐怕难以一一载明,在此对未载明出处的参考文献的作者谨表敬意与歉意。

由于水平有限,书中仍然会存在疏漏之处,敬请读者提出宝贵意见和建议,以便修订,深表谢忱。

编 者

目 录

第一章 商业银行会计概论 1

第一节 商业银行会计核算的对象与特点 2
一、商业银行会计核算的对象 2
二、商业银行会计的特点 5

第二节 商业银行会计的作用和任务 6
一、商业银行会计的作用 6
二、商业银行会计工作的任务 6

第三节 商业银行会计核算的基本前提和核算原则 7
一、会计核算的基本前提 7
二、商业银行会计核算的一般原则 9

第四节 商业银行会计的组织与管理 13
一、商业银行会计核算法规和制度体系 13
二、商业银行会计机构的设置 14
三、商业银行会计工作的劳动组织和会计人员 15

第二章 商业银行会计的基本核算方法 19

第一节 会计科目 20
一、会计科目的意义 20
二、会计科目的设置原则 21
三、会计科目的分类 22

第二节 记账方法 24
一、记账方法 24
二、复式记账法 24
三、单式记账法 29

第三节 会计凭证 29
一、商业银行会计凭证的意义 29
二、商业银行会计凭证的种类 29
三、商业银行会计凭证的基本要素 35
四、商业银行会计凭证的特点 35
五、商业银行会计凭证的处理 35

第四节 商业银行会计的账务组织 38
一、账务组织 38
二、明细核算 38
三、综合核算 43
四、明细核算和综合核算的关系 46

第五节 账务处理 47
一、账务处理程序 47
二、账务核对程序 47
三、商业银行的账务处理过程 48

第六节 记账规则和错账冲正 49
一、记账规则 49
二、错账更正 49

第三章 现金出纳业务的核算 53

第一节 现金出纳业务概述 54
一、现金出纳业务的意义 54
二、商业银行开户单位现金使用范围 54
三、现金出纳工作的任务 55
四、现金出纳工作的原则 55
五、商业银行现金出纳工作的组织 55

第二节 营业现金出纳核算 57
一、柜员领取现金 57
二、柜员上缴现金 58
三、收入和付款的核算 58
四、现金长款的核算 59
五、现金短款的核算 59

第三节 中心金库现金出纳核算 60

一、现金出纳工作使用的会计科目 60
　　二、向中国人民银行领缴现金的
　　　　核算 62
　　三、向中国人民银行缴存现金的
　　　　处理 62
　　四、向同业领缴现金 62
　　五、内部现金调拨的核算 63
　　六、票币的整点挑剔与损伤票币的
　　　　兑换 65

第四章　现代化支付系统的会计处理 67
　第一节　现代化支付系统概述 68
　　一、中国现代化支付系统的构成 69
　　二、中国现代化支付系统的特点 72
　　三、商业银行在现代化支付系统中
　　　　资金头寸清算的有关规定 73
　第二节　现代化支付系统业务核算 75
　　一、大额支付系统 75
　　二、小额支付系统 79
　第三节　商业银行行内汇划业务的核算 87
　　一、商业银行行内汇划业务的基本
　　　　做法 87
　　二、商业银行行内汇划业务的账户
　　　　设置 88
　　三、商业银行行内汇划业务的会计
　　　　处理 90
　　四、商业银行系统内拆借资金 95
　　五、对账 99
　第四节　商业银行与中国人民银行往来的
　　　　　核算 100
　　一、商业银行准备金存款账户的
　　　　开立 100
　　二、商业银行与中国人民银行往来的
　　　　核算 101
　　三、法定存款准备金的核算 105

　　四、缴存财政存款的核算 107
　　五、再贷款业务的核算 110
　　六、再贴现业务的核算 114
　第五节　商业银行间同业存款的核算 118
　　一、存放同业存款的核算 118
　　二、同业存放资金的核算 120
　第六节　商业银行间同业拆借的核算 122
　　一、同业拆借概述 122
　　二、同城同业拆借的核算 122
　　三、异地同业拆借的核算 123
　第七节　同城票据交换业务的核算 125
　　一、同城票据交换概述 125
　　二、同城票据交换的提出提入
　　　　模式 129
　　三、交换票据的审核与管理 129
　　四、交换行对于提出借记票据的转销
　　　　处理 130
　　五、交换轧差与清算 131
　　六、退票处理 131
　　七、交换批次入账/交换手工入账 132
　　八、同城票据交换的核算 132

第五章　支付结算中间业务的核算 137
　第一节　支付结算业务概述 138
　　一、支付结算业务介绍 138
　　二、支付结算的特征 142
　　三、支付结算业务的原则 142
　　四、支付结算的分类 143
　　五、支付结算纪律与责任 144
　第二节　支票的核算 145
　　一、支票定义 145
　　二、支票的有关规定 145
　　三、转账支票的处理手续 147
　　四、现金支票的处理手续 151
　　五、其他相关费用 151

六、领购支票的处理手续 152
七、支票挂失的处理手续 152
第三节 银行汇票的核算 152
一、银行汇票定义 152
二、银行汇票的有关规定 153
三、银行汇票出票的处理手续 155
四、银行汇票付款的处理手续 158
五、银行汇票结清的处理手续 161
六、银行汇票退款、超过付款期限付款和挂失的处理手续 162
七、挂失手续 163
八、丧失银行汇票付款或退款的处理手续 164
九、有缺陷银行汇票的处理 164
第四节 银行本票的核算 164
一、银行本票定义 164
二、银行本票的有关规定 166
三、银行本票出票的处理手续 167
四、银行本票付款的处理手续 170
五、银行本票结清 172
六、银行本票退款、超过付款期限付款和挂失的处理手续 173
第五节 商业汇票的核算 175
一、商业汇票定义 175
二、商业汇票的有关规定 177
三、商业承兑汇票的处理手续 178
四、银行承兑汇票的处理手续 181
第六节 信用卡业务 189
一、信用卡业务的基本规定 190
二、信用卡业务的会计核算 190
三、信用卡付款的核算 191
四、存取现金的核算 192
五、信用卡授权的核算 193
六、信用卡注销的核算 194
第七节 委托收款结算方式的核算 194

一、委托收款定义 194
二、委托收款的有关规定 195
三、委托收款的处理手续 196
第八节 汇兑结算方式的核算 201
一、汇兑定义 201
二、汇兑的有关规定 202
三、汇出行的处理手续 203
四、汇入行的处理手续 206
第九节 托收承付结算方式的核算 207
一、托收承付的定义 207
二、托收承付的有关规定 208
三、托收行受理托收承付的处理手续 212
四、承付行的收到托收承付业务的处理手续 214
五、承付行托收承付到期付款的处理手续 214
六、托收行托收承付销记 218

第六章 代理与委托中间业务的核算 221

第一节 代理证券业务的核算 222
一、代理发行证券业务的核算 222
二、代理兑付证券业务的核算 226
第二节 代保管业务的核算 228
一、会计科目设置 228
二、商业银行受理代保管业务的核算 229
第三节 保证业务的核算 232
一、保证业务的基本规定 232
二、保证业务的处理程序 232
三、保证业务的核算 233
第四节 委托存贷款的核算 235
一、委托存款的程序 235
二、委托存款的原则 236
三、委托存款的核算 236

四、委托贷款的核算 237
　　五、委托贷款的发放程序 237
　　六、委托贷款的核算 237
第五节　买入返售、卖出回购金融资产
　　　　业务的核算 239
　　一、买入返售金融资产业务的
　　　核算 239
　　二、买入返售金融资产利息计算 239
　　三、卖出回购金融资产 240
　　四、卖出回购金融资产利息计算 240

第七章　负债业务的核算 243

第一节　单位存款业务 244
　　一、存款的意义 244
　　二、存款的种类 245
　　三、单位存款的特点 246
　　四、单位存款业务会计科目的
　　　设置 248
　　五、单位存款业务的核算 249
第二节　储蓄存款业务 253
　　一、活期储蓄存款业务的核算 253
　　二、定期储蓄存款业务的核算 255
第三节　各类存款利息的核算 258
　　一、利息 258
　　二、利息核算的原则 259
　　三、利息计算的一般规定 259
　　四、存款利息的计算方法 260
　　五、活期储蓄存款利息的核算 263
　　六、定期储蓄存款利息的核算 265
　　七、定活两便储蓄存款利息的
　　　计算 271
　　八、各类存款利息税的核算 271
第四节　债券发行业务的核算 272
　　一、基本规定 272
　　二、债券的发行价格 273

　　三、发行债券的核算 273
　　四、债券计息及溢价、折价摊销的
　　　核算 274
　　五、偿还债券本息的核算 275

第八章　金融资产业务的核算 277

第一节　贷款业务概述 278
　　一、贷款和贷款的分类 278
　　二、贷款业务的基本规定 281
　　三、贷款业务核算的基本原则 283
　　四、贷款的操作流程 283
第二节　信用贷款的核算 283
　　一、信用贷款概述 283
　　二、信用贷款发放的核算 284
　　三、按期收回贷款的核算 286
　　四、计收贷款利息的核算 289
　　五、贷款的展期 290
　　六、逾期贷款的核算 290
第三节　担保贷款的核算 292
　　一、担保贷款概述 292
　　二、发放担保贷款的核算 293
　　三、担保贷款到期收回的核算 294
　　四、逾期担保贷款的账务处理 294
第四节　商业汇票贴现的处理手续 295
　　一、商业汇票贴现业务定义 295
　　二、商业汇票承兑、贴现、转贴现
　　　和再贴现的业务有关规定 295
　　三、商业银行受理汇票贴现的处理
　　　手续 298
　　四、商业汇票转贴现的处理手续 300
　　五、商业汇票再贴现的处理手续 301
　　六、已承兑的银行承兑汇票未使用
　　　注销的处理手续 302
　　七、商业汇票挂失的处理手续 302

八、丧失银行承兑汇票付款的处理
　　　　手续 302

第九章　金融投资业务的核算 303

　第一节　投资业务概述 304
　　一、投资的概念 304
　　二、投资的分类 304
　　三、金融投资的计量 306
　第二节　交易性金融资产的核算 307
　　一、会计科目设置 307
　　二、交易性金融资产的会计核算 308
　第三节　可供出售金融资产的核算 311
　　一、会计科目设置 311
　　二、可供出售金融资产的会计
　　　　核算 312
　第四节　持有至到期投资的核算 316
　　一、会计科目设置 316
　　二、持有至到期投资的会计核算 317

第十章　外币业务的核算 321

　第一节　外汇买卖概述 322
　　一、外汇 322
　　二、外汇买卖和外汇结售汇制 322
　　三、银行外汇业务的分类 323
　　四、外汇汇价 324
　　五、外汇记账制度 325
　第二节　外汇结售汇业务的核算 330
　　一、结售汇 330
　　二、企业向银行办理结售汇业务需要
　　　　提交的凭证 330
　　三、相关政策规定 331
　　四、结售汇业务的核算 331
　第三节　外汇存款业务的核算 337
　　一、外汇存款 337
　　二、单位外汇存款的核算 338

　第四节　外汇贷款业务的核算 341
　　一、外汇贷款 341
　　二、现汇贷款的核算 342

第十一章　所有者权益业务的核算 347

　第一节　所有者权益概述 348
　　一、所有者权益 348
　　二、所有者权益的构成 348
　　三、所有者权益的基本特征 349
　第二节　实收资本 349
　　一、实收资本的概述 349
　　二、接受货币资产投资 350
　第三节　资本公积 351
　　一、资本(或股本)溢价 351
　　二、法定资产重估增值 352
　　三、接受捐赠的资产 352
　第四节　留存收益 354
　　一、盈余公积 354
　　二、未分配利润 355

第十二章　商业银行经营损益的核算 357

　第一节　营业收入的核算 358
　　一、营业收入的内容与确认原则 358
　　二、营业收入的核算 358
　　三、投资收益的核算 361
　第二节　成本费用的核算 361
　　一、商业银行成本费用 361
　　二、对成本费用核算的基本要求 363
　　三、成本费用的核算 363
　第三节　营业外收支的核算 367
　　一、营业外收入的核算 367
　　二、营业外支出的核算 368
　第四节　利润与利润分配的核算 369
　　一、利润总额与净利润的构成 369
　　二、所得税的计算与缴纳 369

三、本年利润结转 370
四、利润分配的核算 371

第十三章 商业银行年度决算与会计报表 373

第一节 商业银行决算前的准备工作 374
 一、总行、分行的准备工作 374
 二、基层机构的准备工作 374
第二节 年度决算日的工作 379
 一、全面处理并核对账务 379
 二、检查各项库存 381
 三、调整外币记账价格 381

 四、核实应交税款 381
 五、结转本年利润 381
 六、办理新旧账簿结转 381
第三节 决算报表的编报 382
 一、资产负债表 382
 二、损益表 387
 三、利润分配表 388
 四、现金流量表 389
 五、会计报表附注 397
 六、年度财务报告的编写工作 397

参考文献 399

第一章

商业银行会计概论

本章精粹:

- 商业银行会计要素
- 商业银行会计核算的对象
- 商业银行会计核算的基本前提
- 商业银行会计核算原则
- 商业银行会计工作的组织管理

学习目的与要求

本章是全课程的理论基础，学习中应将商业银行会计放到社会会计体系和商业银行整体工作中去认识，从而在理解的基础上认识商业银行会计的概念与特点、商业银行会计的职责与任务、会计基本前提与要素、商业银行会计机构、内部控制、商业银行会计制度的分层次管理、会计核算的一般原则和商业银行会计核算的要求以及会计的职责与任务等内容。

关键词

持续经营　会计分期　权责发生制　收付实现制

我国《商业银行法》规定，商业银行是指依照本法和《中华人民共和国公司法》设立的吸收公众存款、发放贷款和办理结算等业务的企业法人。商业银行各类经济业务的实现，有赖于银行会计的核算，商业银行各类经济业务的实现过程，也是商业银行的会计核算过程，业务和会计的密不可分性是商业银行经济业务的主要特色之一。本章将介绍商业银行主要经济业务的会计核算处理方法。

第一节　商业银行会计核算的对象与特点

一、商业银行会计核算的对象

商业银行是指依法设立的吸收公众存款、发放贷款和办理结算等业务的企业法人，是经营货币的特殊企业，各项业务经营活动都是通过货币资金收、付及债权、债务的发生而进行的，每笔业务必须通过会计核算得以实现。

商业银行可以办理的主要业务包括：吸收公众存款；发放短期、中期和长期贷款；国内外结算；票据承兑与贴现；发行金融债券；代理发行、兑付和承销政府债券；买卖政府债券、金融债券；同业拆借；买卖、代理买卖外汇；银行卡业务；提供信用证服务及担保；代理收付款项及代理保险业务；提供保管箱服务等。

商业银行在经营上述业务过程中所引起的资产、负债、所有者权益及收入、支出的增减变化过程及其结果就是商业银行会计核算的对象。

商业银行会计核算的对象可以从静态和动态两个角度分析：从静态角度看，表现为一定时点的资金构成；从动态角度看，表现为一定时期资金聚集的来源和运用的去向以及在经营中实现的收入和发生的费用支出。

(一) 资金的构成

商业银行资金构成虽也可分为资产、负债和所有者权益，但其构成资产、负债的具体内容却体现了商业银行经营的业务内容。

1. 商业银行的资产

金融资产，是指企业持有的现金、权益工具投资、从其他单位收取现金或其他金融资产的合同权利，以及在有利条件下与其他单位交换金融资产或金融负债的合同权利。金融资产主要包括：各项贷款，票据贴现，投资，现金，固定资产，无形资产，存放中央银行款项与缴存款，存放同业与拆放同业，各种债券与库存，应收款及其他资产，债权投资，股权投资以及衍生金融资产等。

2. 商业银行的负债

金融负债，是指企业向其他单位支付现金或其他金融资产的合同义务，以及在不利条件下与其他单位交换金融资产或金融负债的合同义务，如应付款项、借款、应付债券以及衍生金融负债等。金融负债主要包括：各种存款，向中央银行借款，再贴现，同业存放与同业拆入，发行债券，各项应付款与预收款，结算中形成的负债等。

3. 所有者权益

商业银行的所有者权益是指企业资产扣除负债后由所有者享有的剩余权益，包括：实收资本(或股本)，资本公积，盈余公积和未分配利润。所有者权益的来源包括所有者投入的资本，直接计入所有者权益的利得和损失，留存收益等。

直接计入所有者权益的利得和损失，是指不应计入当期损益、会导致所有者权益发生增减变动的、与所有者投入资本或者向所有者分配利润无关的利得或者损失。

利得是指由企业非日常活动所形成的、会导致所有者权益增加的、与所有者投入资本无关的经济利益的流入。

损失是指由企业非日常活动所发生的、会导致所有者权益减少的、与向所有者分配利润无关的经济利益的流出。

4. 商业银行资产与负债的相互联系

商业银行资产与负债的内容，有些是在各金融机构间相互联系的。

如商业银行缴存款是商业银行的资产，中央银行的负债；而再贷款与再贴现是中央银行的资产，商业银行的负债；同业拆借为拆入行的负债，拆出行的资产。

另外，系统内联行往来一旦发生，此行为资产，彼行必为负债；而如果此行为负债，则彼行必为资产；每一联行经办行的联行往来总轧计算后有可能为资产，也有可能为负债。

(二)资金的聚集和运用

资金的聚集和运用既是资金运动,也反映了商业银行经营的过程,是伴随各项业务活动的开展而形成的。商业银行就是在不断地聚集资金和运用资金中,完成经营活动,实现经营目标并发挥职能作用的。

1. 商业银行的资金聚集

商业银行聚集资金包括资本投入、吸收各种存款、借入资金(包括向中央银行借入、向同业拆入、向国外借入等)、发行债券和各项利润积累等。

2. 商业银行的资金运用

商业银行资金运用包括发放贷款、办理贴现、对外投资、库存的现金与其他库存、各种债券、存款准备金、为开展经营创造条件而购建的固定资产、无形资产和其他资产等。

(三)实现的收入、发生的费用支出和利润

商业银行在办理各项业务中,必然要实现财务收入并发生各种费用支出。

收入是指企业在日常活动中形成的、会导致所有者权益增加的、与所有者投入资本无关的经济利益的总流入。例如:发放贷款要收取利息;办理有关业务或代理业务要收取手续费;存放中央银行款项和存放同业款项,也会收入利息等。

费用是指企业在日常活动中发生的、会导致所有者权益减少的、与向所有者分配利润无关的经济利益的总流出。例如:吸收存款要支出利息;借入和拆入资金要支出利息;委托他行办理业务要支付手续费;为维持正常经营要支出工资等各项费用。费用只有在经济利益很可能流出,从而导致企业资产减少或者负债增加且经济利益的流出额能够可靠计量时才能予以确认。

收入与费用支出一般与业务经营规模直接相关,但也不尽然,有时会受客观环境和经营管理水平的影响,使得收入不能实现或费用支出发生过多,从而影响经营效益。

利润是指企业在一定会计期间的经营成果。利润包括收入减去费用后的净额、直接计入当期利润的利得和损失等。

商业银行经营的全部业务所引起的资金运动和收支的发生、重要凭证的请领使用等都是会计核算的内容。通过商业银行会计的记账、算账和报账,能够及时实现并反映各项业务活动情况,为经营的预测和决策提供信息。

综上所述,商业银行会计是以货币为主要计量形式,采用特定方法,对商业银行的经营活动内容、过程和结果进行核算与监督的专业会计,是商业银行最重要、最基础的工作之一,是实现商业银行各项职能的工具。同时,它又为国家进行宏观管理和商业银行内部

经营决策提供经济信息。

二、商业银行会计的特点

1. 商业银行会计必须遵循国家颁布的各项会计规章制度

商业银行会计虽属金融行业的专业会计，具有自身的特点，但亦是社会会计体系的组成部分，其核算监督的原理、原则与其他部门会计是相同的，所以国家有关会计工作的法律、法规、准则和规章，商业银行会计也必须执行。

2. 商业银行会计必须贯彻国家金融业经营管理的规章制度

商业银行会计是商业银行内部管理的重要方面，应服从并服务于金融业务改革与发展、金融宏观调控手段的运用以及金融管理水平的提高。在会计制度的制定与会计核算监督工作中，要贯彻执行有关金融经营、管理的法律、法规、政策和制度等。

3. 商业银行会计有显著的宏观性和社会性

商业银行与整个国民经济各部门、企业、个人和中央银行之间存在着密切的联系，具有显著的宏观性和社会性。国民经济各部门、各单位和个人均可在商业银行开设账户，办理资金收付业务。商业银行会计通过开户单位账户资金的增减变化和来龙去脉，可以反映和监督他们的经营状况、财务状况和资金流向、流量，充当社会总会计，为有关部门提供各种经济信息和统计资料。商业银行通过在中央银行开立存款准备金账户，缴存存款准备金，向中央银行再贷款、再贴现等完成自身的经营和与其他商业银行的资金往来结算以及贯彻执行国家的有关金融政策。

4. 商业银行会计有着特殊的核算方法

作为整个社会资金流通的中介部门，商业银行是经营货币信用业务的特殊企业，是以债权债务的发生与清算、利息的收支为主要业务特征的结算会计。商业银行经营的特殊性决定了银行会计核算的内容、范围与方法都不同于其他部门会计。

5. 商业银行会计核算同商业银行的各项业务关系十分密切

商业银行的很多业务过程同会计核算过程相互融合，既是业务活动过程，又是会计核算过程。业务的进展与会计的核算密不可分是商业银行会计核算的显著特点。

6. 商业银行会计核算过程具有严密的内部控制制度

由于货币资金具有极强的流动性，为了保证其经营活动符合国家法律、法规和内部规章要求，提高经营管理效率，防止舞弊，控制风险，保证资金的安全、完整，商业银行在会计核算过程中建有严密的内部牵制授权机制和监督制度。

第二节　商业银行会计的作用和任务

一、商业银行会计的作用

商业银行会计的作用就是指履行会计职责而促进各项业务经营和财务收支活动，进而促进商业银行职能作用的发挥所体现的功能。核算与监督是会计工作的基本职能，而会计作用的发挥是建立在核算与监督的基础之上的。

1. 提供有效的信息数据

在业务发生后，都要通过会计部门填制凭证，登记账簿并按会计期间编制会计报表，从而全面、系统、真实、准确、完整、及时地记录、计算并实现各项业务活动，反映商业银行资产、负债及所有者权益等资金活动的情况及其结果。通过核算将大量的经济业务进行记录、计算归类反映，就能够提供系统的信息数据，为考核与分析财务状况、经营过程和经营成果，加强经营管理和进行金融决策提供有效的信息数据。

2. 参与决策与管理

为了更好地发挥会计固有的职能作用，商业银行会计在反映和实现业务中，还直接参与各项经营管理，并在财务收支中发挥重要作用。

3. 加强控制和监督

会计在核算的同时加强监督，是《会计法》赋予会计工作的基本职责。会计监督的方法主要是通过柜台受理业务的监督，会计凭证的审查和监督，账户使用与账簿登记的监督，报表编制真实性、完整性的监督以及稽核审计监督等，通过加强各会计环节的监督，及时发现、处理并制止违反各项经济与金融政策以及法律、法规的问题，确保经济活动中资金收付的合理以及经办业务的合法性、合规性和真实性，只有这样，商业银行才能在促进国民经济发展中发挥应有的作用。

二、商业银行会计工作的任务

为了充分发挥商业银行会计的作用，就必须根据商业银行会计的职能和特点，正确地确定会计工作的任务，从而明确会计工作内容、职责范围、履行职责的方法以及工作的依据。

1. 正确组织会计核算

核算是会计工作的基本职责和基本工作任务，正确组织会计核算是搞好会计监督、分析和检查的基础。

2．提高服务质量与加强结算监督

市场经济机制的建立，使金融服务的范围和领域不断扩大，经济发展的客观形势对商业银行的服务也提出了新的要求。会计工作处在业务的第一线，就需要强化服务观念，更新服务手段，提高服务质量。

3．加强财务管理和实行经济核算

商业银行会计对商业银行经营状况与经营结果承担核算、反映的任务。这就要做到准确、完整、及时地记录、记载各项收入的实现与各项费用、成本的开支，定期分析收支情况，向投资者及管理部门提供经营状况资料，并参与预测、决策。同时发挥会计监督作用，把好收入、支出关，争取以最小耗费取得最大收益。

4．开展会计检查、辅导与分析

会计检查是会计部门内控建设的重要环节，也是发现问题、总结会计工作经验，提升会计工作质量的重要手段。

会计辅导是提高会计人员政策水平、业务水平和专业技能的有效方式。

会计分析是运用会计数据和资料，分析资金及财务变化情况，为经营决策提供信息。

会计检查、辅导与分析是会计工作的重要任务，是不断提高会计工作质量和效率，更好地发挥会计作用所不可缺少的工作。

第三节 商业银行会计核算的基本前提和核算原则

一、会计核算的基本前提

会计核算的基本前提也称会计假设，它是会计人员对会计核算所处的变化不定、错综复杂的经济环境作出的合乎情理的判断，是会计核算的基础。

会计核算的基本前提包括以下几方面。

1．会计主体

会计主体是指会计信息所反映的特定单位，也称会计实体、会计个体。

会计所要反映的是特定的对象，只有明确规定会计核算的对象，将其与其他经济实体区别开来，才能保证会计核算工作的正常开展，实现会计的目标。

会计主体的核算前提，使会计的核算对象划定了特定的范围，也把整个商业银行系统的经营活动区分成不同会计主体的独立的经济活动。

即使一项涉及多个会计主体联合作业的金融结算业务，通过设置不同主体间的债权债务结算科目，也使每个主体得以独立核算资金的收支。

2．持续经营

持续经营是指会计主体的经营活动将无限期地延续下去，即在可预见的未来不会面临破产清算。会计核算应当以持续、正常的经营活动为前提。

对于持续经营的企业，投资者需要通过其现在的财务状况与过去一定时期的经营成果，来预测其未来的财务状况与经营成果，据此作出投资决策。

一旦会计人员有证据证明企业将要破产清算，持续经营的基本前提或假设便不再成立，企业的会计核算必须以清算价值为基础进行核算。

企业存在下列情况之一，通常表明企业处于非持续经营状态。

(1) 企业已在当期进行清算或停止营业。

(2) 企业已经正式决定在下一个会计期间进行清算或停止营业。

(3) 企业已确定在当期或下一个会计期间因没有其他可供选择的方案而被迫进行清算或停止营业。

在非持续经营状况下，企业应当在附注中声明财务报表未以持续经营为基础列报，并披露未以持续经营为基础的原因，以及财务报表编制的基础。

3．会计分期

会计分期又称会计期间，它是指将公司持续不断的经营活动分割为一定的期间，以便分期结算账目和编制财务会计报告，方便用户了解。会计期间分为年度、半年度、季度和月度。年度、半年度、季度和月度均按公历起讫日期确定。半年度、季度和月度均称为会计中期。

会计年度每年自公历1月1日起至12月31日止，年度终了办理决算。如遇12月31日为节假日，仍以该日为决算日。

4．货币计量

货币计量是指企业在会计核算工作中采用货币为计量单位记录，反映企业的财务状况和经营情况。

货币计量具有以下两层含义。

一是会计核算要以货币作为主要的计量尺度。《会计法》规定会计核算以人民币为记账本位币，业务收支以人民币以外的货币为主的单位，可以选定其中一种作为记账本位币，但是编报的财务会计报表应当折算为人民币。在以货币作为主要计量单位的同时，有必要也应当以实物量度和劳动量度作为补充。

二是假定币值稳定。因为只有在币值稳定或相对稳定的情况下，不同时点上的资产价值才有可比性，不同期间的收入和费用才能进行比较，并计算确定其经营成果，会计核算提供的会计信息才能真实地反映会计主体的经济活动情况。

二、商业银行会计核算的一般原则

商业银行会计核算的一般原则，是商业银行会计核算工作中从事会计账务处理、编制会计报表时所依据的一般规则和准绳。它大体可以划分为三类：一是总体性要求的原则；二是对会计信息质量要求的原则；三是用来指导会计要素确认与计量要求的原则。

(一)总体性要求的原则

1．可比性原则

可比性原则，也称为统一性原则。它是指会计核算必须符合国家的统一规定，提供相互可比的会计信息，可以保证不同会计主体之间会计指标口径一致，便于进行比较、分析和汇总，从而为国家进行宏观经济管理、为投资者作出正确的决策提供必要的依据。

会计的可比性主要包括不同企业会计指标的可比性和同一企业不同时期会计指标的可比性两个方面。不同企业会计指标的可比性，称为统一性；同一企业不同时期会计指标的可比性，则称为一贯性。统一性强调的是横向比较，一贯性强调的是纵向比较。

可比性原则必须以一致性原则为前提。为了保证会计信息的可比性，企业的会计核算必须按照国家统一规定的会计处理方法进行。

2．一致性原则

一致性原则，也称为一贯性原则。它是指企业采用的会计处理方法和程序应当前后一致，不能随意变更。其目的如下：一是确保各期会计报表中各类数据的可比性，以提高会计信息的使用价值；二是可以制约和防止会计主体通过会计方法和程序的变更，在会计核算上弄虚作假，粉饰会计报表。

若确有必要变更，应当将变更的情况、原因及其对企业财务状况和经营成果的影响，在会计报告中加以说明。

3．谨慎性原则

谨慎性原则，又称稳健性原则。它是指对某一会计事项有多种不同方法可供选择时，应运用谨慎的职业判断和稳妥的会计方法进行会计处理。充分预计可能的负债、损失和费用，应尽可能选用一种不导致企业虚增盈利的做法，以免会计报表反映的会计信息引起报表使用者的盲目乐观。

谨慎性原则可以体现在确认、计量和报告等诸方面。它要求：会计确认标准稳妥合理；会计计量不得高估资产、权益和利润；会计报告尽可能提供全面的会计信息。

根据我国《企业会计准则》，运用谨慎性原则的事例包括：企业对应收账款可计提坏账准备，期末存货按"成本与市价孰低法"计价；以"后进先出法"对发出存货进行计价；固定资产按"加速折旧法"计提折旧等。

(二)对会计信息质量要求的原则

1．真实性原则

真实性原则，又称客观性原则。它是指企业根据实际发生的经济业务，取得可靠的凭据，进行准确的核算，如实反映财务状况和经营成果，做到内容真实、数字准确、项目完整、手续齐备和资料可靠，形成符合质量标准的会计信息。

2．相关性原则

相关性原则，又称有用性原则。它是指企业提供的会计信息应当能够反映企业的财务状况、经营成果和现金流量，以满足会计信息使用者了解企业财务状况、经营成果和现金流量的需要。

会计的主要目标是向有关方面提供有用的信息。如果会计提供的信息不利于人们作出各种经济决策，会计工作也就失去了意义。

3．及时性原则

及时性原则是指会计事项必须在经济业务发生时及时进行处理，不得拖延，保证会计信息与所反映的对象在时间上保持一致，以免使会计信息失去时效。

及时性原则包括两方面：一是会计事项的账务处理应当在当期内进行，不能拖延至下一个会计期间或提前至上一个会计期间；二是会计报表(或报告)应在会计期间结束后按规定日期及时呈报。如果会计处理和会计报告编报不及时，则时过境迁，失去时效，会计信息就难以发挥作用。

4．清晰性原则

清晰性原则，又称明晰性、可理解性原则。它是指会计记录和会计报表必须清晰、明了，便于理解和利用，能清楚地反映企业经济活动的来龙去脉及其财务状况和经营成果。

根据清晰性原则，会计记录应准确清晰，账户对应关系明确，文字摘要清楚，数字金额准确，手续齐备，程序合理，以便信息使用者准确完整地把握信息的内容，更好地加以利用。

5．重要性原则

重要性原则是指会计核算在全面反映企业的财务状况和经营成果的同时，对经济业务或会计事项应区别其重要程度，采用不同的会计处理方法和报告方式。对于影响经营决策的重要经济业务，应当分别核算，单独反映，并在会计报告中做重点说明。而对于那些次要的会计事项，在不影响会计信息真实性和不至于误导财务会计报告使用者作出正确判断的前提下，可适当简化会计核算手续，采用简单的会计程序和方法，在会计报表中合并反映。

会计核算之所以强调重要性原则，很大程度上是出于会计信息的效用和会计核算本身的耗费两者之间的权衡。全面、准确地反映企业经济活动的全过程，固然是会计核算的基本要求，但若要不分巨细、一视同仁地全面反映，必将耗费过多的人力、物力、财力，也使会计报表使用者无法清晰或有所侧重地获取会计信息。因此，重要性原则成为会计核算的一般原则之一。

(三)会计要素确认与计量要求的原则

1. 权责发生制原则

在核算商业银行的收入或费用时，是根据收到或支付的款项作为记录收入或费用的依据，还是以取得收款权利或支付款项的责任作为记录收入或费用的依据，就形成了两种不同的记账基础，前者称为收付实现制，后者称为权责发生制。

在收付实现制下，对收入和费用的入账，完全按照款项实际收到或支付的日期为基础来确定它们的归属期。而权责发生制，是指商业银行应当按照取得收入的权利和承担费用的责任来确认各项收入和费用的归属期，凡是本期已经实现的收入和已经发生或应当负担的费用，不论其款项是否已经收付，都应作为当期的收入和费用处理；凡是不属于当期的收入和费用，即使款项已经在当期收付，也不应作为当期的收入和费用。

按权责发生制对费用的确认来看，只要商业银行正在经营之中，商业银行就要承担由于机器设备的使用而应当承担的费用；商业银行只要吸收存款产生的负债存在，就承担着支付利息的责任，当期就应当承担吸收存款发生的利息支出的成本；只要商业银行放款存在，商业银行就取得了收入利息的权利，当期就应当计算发放贷款应该取得的利息收入。可见，按权责发生制进行核算，能客观地反映商业银行的经营成果。

我国《企业会计准则》规定"会计核算应当以权责发生制为基础"。

在国有商业银行的财务核算中，绝大部分收支项目都实行了权责发生制，主要包括以下几个方面：①逾期十年以内的贷款利息收入；②金融机构往来收入；③投资收益；④定期存款利息支出；⑤金融机构往来支出；⑥固定资产修理、租赁、低值易耗品购置、安全防卫等大宗费用支出；⑦无形资产摊销；⑧固定资产折旧；⑨各种税金。

总之，权责发生制是基于持续经营和会计期间的基本前提，用来正确地划分不同会计期间内的资产、负债、收入和费用等项目的归属，特别是对收入和费用两项目的归属。实施权责发生制要运用一些如应收、应付、预提、递延或摊销等账务处理手段，并通过相应的会计账户加以归类反映，从而更加准确地反映特定期间经济业务及财务成果的真实面貌。

2. 实际成本原则

实际成本核算原则，亦称历史成本原则。它是指企业的各种资产应当按取得或购进时发生的原始成本即实际成本作为入账基础，并以此作为分摊和转作费用成本的依据。物价变动时，除国家另有规定的之外，一律不能调整其账面价值。

按照此原则，企业的资产应以取得时所花费的实际成本作为入账和计价的基础。历史成本不仅是一切资产据以入账的基础，而且是其以后分摊转为费用的基础。

按照实际成本原则进行计量的优点如下。

(1) 实际成本是在交易发生当时取得的，使会计数据真实可靠，具有客观性。

(2) 实际成本具有可验性，因为它有会计凭证为依据，便于事后查核和验证。

(3) 实际成本的数据比较容易取得，便于核算。

3. 配比原则

配比原则是指企业的收入与其相关的成本、费用应当相互配比。它要求一个会计期间内的各项收入与其相关的成本、费用，应当在同一个会计期间内登记入账。当确定某一会计期间已经实现收入之后，就必须确定与该收入有关的已经发生了的费用，这样才能完整地反映特定时期的经营成果，从而有助于正确评价企业的经营业绩。

配比原则的具体内容如下。

(1) 某种产品的收入必须与该产品的成本耗费相配比，以把握经营某产品的收入是否可以抵偿其耗费。

(2) 企业某个部门的收入必须与该部门的费用相配比，以衡量该部门的业绩。

(3) 某个会计期间的收入必须与该期间的耗费相配比，即一个会计期间所取得的营业收入及其相关联的营业成本、营业费用，应在同一会计期间内登记入账，从而正确计算企业的经营成果。

4. 划分收益性支出与资本性支出的原则

会计核算应当严格划分收益性支出与资本性支出的界限，以正确计算企业当期损益。

如果支出所带来的经济收益只与本会计年度有关，那么该项支出就是收益性支出；如果支出所带来的经济收益不仅与本年度有关，而且同时与几个会计年度有关，那么该项支出就是资本性支出。

区分收益性支出与资本性支出，有助于正确确认当期的损益和资产的价值，保证会计信息的客观性。对于收益性支出，如管理费用、财务费用和销售费用等，应直接计入当期费用，从当期实现的收入中补偿；对于资本性支出，如购建固定资产，进行固定资产更新改造以及从事科研开发的费用等，由于这些支出形成的长期资产(固定资产、无形资产)，价值将在以后各期生产经营中逐渐收回，应采取折旧、摊销的方式合理分摊于受益的各会计期间，而不能在其发生时直接从当期收入中扣减。当然，若这类支出数额过小或其所形成的资产价值过低，为简化核算程序，也可作为收益性支出处理。

第四节　商业银行会计的组织与管理

商业银行会计的组织与管理包括两个方面的工作：一是制度建设，二是组织建设。制度建设主要依靠国家、金融行业、商业银行企业等不同层次的法律法规、规章制度的制定来保障，我国的商业银行会计核算法规和制度体系由《中华人民共和国会计法》(以下简称《会计法》)、基本业务会计准则、《金融企业会计制度》和商业银行会计核算办法四个层次构成。组织建设则是在国家和各级商业银行设置会计机构，并配备必要的专业会计人员来具体完成。

一、商业银行会计核算法规和制度体系

1.《会计法》

《会计法》是一切会计工作最重要的根本大法，是我国会计法规、制度体系的基本法，是会计核算工作最高层次的规范。1985年1月经全国人民代表大会第六届第九次会议通过后以国家主席的命令发布，同年5月开始实施，并分别于1993年12月和1999年10月进行了第一次和第二次修订。商业银行会计核算方法必须符合《会计法》的要求。

2. 基本业务会计准则

基本业务会计准则是会计核算工作的基本规范，它就会计核算的原则和会计处理方法及程序作出规定，为会计制度的制定提供直接依据。

我国基本业务会计准则由财政部负责制定和解释，报国务院批准后颁布施行。我国基本业务会计准则分为基本准则和具体准则两个层次。

基本准则是进行会计核算工作必须共同遵守的基本要求，体现了会计核算的基本规律，是对会计核算要求所作的原则性规定，为具体准则和会计制度的制定提供基本架构。财政部于2007年1月1日起施行的《企业会计准则——基本准则》，对会计核算的一般原则以及会计要素的确认、计量和报告原则，作出了明确规定。

具体准则是根据基本准则的要求，对经济业务的会计处理及其程序作出的具体规定。至2014年7月底，我国已经颁布了包括《企业会计准则——首次执行企业会计准则》等共41项具体准则，成为规范企业会计确认、计量和报告行为，保证会计信息质量的具体会计准则体系。

3.《金融企业会计制度》

2001年11月，财政部根据《会计法》和《企业财务会计报告条例》的规定，制定颁布了《金融企业会计制度》，属于行业法规体系层次，于2002年1月1日起开始施行。《金融企业会计制度》适用于在我国境内依法成立的各类商业银行，包括银行(含信用社)、保险公司、证券公司、信托投资公司、期货公司、基金管理公司、租赁公司和财务公司等。《金融企业会计制度》是商业银行会计核算和信息披露的总制度，主要规范商业银行会计确认和计量方面的内容。

4．商业银行会计核算办法

商业银行会计核算办法是商业银行会计核算法规制度体系的第四层次内容，是商业银行进行会计工作具体的、直接的操作依据。《金融企业会计制度》第八条规定，各商业银行可以根据有关会计法律、行政法规和本制度的规定，在不违反《金融企业会计制度》的前提下，结合本企业各项业务的经营特点，制定适合于本企业的会计核算办法。

二、商业银行会计机构的设置

商业银行会计机构是商业银行内部领导、组织和直接从事会计工作的职能部门，是商业银行职能机构体系中的重要组成部分。为了顺利完成各项任务，各级商业银行的会计工作必须在行长的领导下，由会计部门统一管理。

商业银行会计机构的设置，应当与该行的管理体制、业务量的多少相适应。目前我国商业银行的管理体制实行分支行制，相应地在每一级商业银行都要设置会计机构，一般实行四级核算制：总行设会计司、分行设会计处、地(市)中心支行设会计(部)科、县(市)支行设会计科(股)。办事处或营业所不设立独立的会计机构，但必须配备专职会计人员和会计主管，负责处理会计工作。

商业银行实行统一核算、分级管理体制，即由全行汇总为一张会计报表，全行效益核算由总行负责；总行对各分行下达考核目标责任制，分行对各支行下达考核目标责任制，支行为基本核算单位，各下级行处的会计部门，除应在行长的领导下进行会计工作外，还应接受上级行处会计部门的领导。因此，从商业银行会计机构的领导关系来看，实行的是自上而下的纵向领导关系；从商业银行会计机构的账表的划报程序来看，实行的是自下而上的纵向逐级划报。另外，从商业银行会计机构的业务范围来看，支行及其所属办事处和营业所是直接对外办理业务的基层行处，称为基层行(或经办行)；支行以上的中心支行、分行及总行的会计机构不直接对外办理业务，是商业银行内部会计工作的领导管理机构，称为管理行(或管辖行)。

三、商业银行会计工作的劳动组织和会计人员

1. 银行会计工作的劳动组织

所谓银行会计工作的劳动组织,是指经办业务的基层行处会计人员的分工与组合方式。由于各行处的业务范围大小不一,业务数量有多有少,会计人员业务水平有高有低,工作手段有手工操作和电子计算机处理等的不同,因而劳动组织形式的选择也不尽相同。目前,支行及其所属的办事处或营业所的劳动组织形式主要有以下几种形式。

1) 复核制

复核制是指通过设置营业员和复核员岗位,双人临柜办理业务的劳动组织形式,一般实行钱账分管、章证分管、款要复点和账要复核的组织方式。

2) 专柜制

专柜制是指办理对外业务的劳动组织形式,按照经济业务的内容由3~5人组成专柜或小组,负责办理对各客户的资金收付存取、往来结算和综合核算等业务的劳动组织形式。这种形式主要适用于业务量较大,实行手工操作的支行及其所属的办事处或营业所。

专柜制一般分设多名记账员和一名专职复核员,各司其职,分工协作。记账员负责受理和审查凭证及编制记账凭证,登记有关账簿;复核员负责组织全组工作,审核和复核记账员办理的业务和账务,并对客户提出的查询作出答复。现金收付业务则由出纳部门统一办理。实行专柜形式,应当时复核,一切凭证、账簿(卡)、报表和所附的单证,均须逐笔复核,并加盖复核人员名章。

3) 综合柜员制

综合柜员制是指在严格授权管理下,以完善的内部控制制度和较高的人员素质为基础,实行单人临柜、自我复核、严密监控、自担风险处理会计、出纳、储蓄和中间代收业务等面向客户的全部业务的劳动组合形式。

实行综合柜员制的营业机构,应具备以下条件:有较好的内部管理基础,各项规章制度健全,内控制约机制完善;建立了符合柜员制要求的严谨的劳动组织形式和完善的业务操作规程;设有事后监督中心,能够实施全面、及时的事后监督;利用综合业务系统进行业务处理,每个柜员配置一套计算机终端及打印设备,一台高性能防伪点钞机及其他必要的办公设施;有完善的、先进的电子化监控设施;营业厅内外安装电视监控录像设备,柜员每天营业开始直至营业结束账务轧平,业务操作过程始终处于监控之中;每个柜员应有相对独立的操作空间,原则上柜员之间均用隔板隔断;客户办理业务时,能够看到柜员业务处理的过程;营业柜台等基础设施符合安全保卫要求。

我国商业银行现阶段的管理水平还较低,目前所采取的劳动组织形式实际是以上几种形式兼而有之。

2. 对商业银行会计工作的要求

(1) 会计工作必须实行统一管理。各行凡是有会计核算(含本币和外币)业务的单位和部门，不论其行政级别和所属专业，必须接受和服从同级和上级会计部门的业务管理、指导、检查和监督，不得在会计业务处理上自行其是。

(2) 严格执行会计业务操作规程。会计凭证必须按规定编制和传递；手工核算必须坚持综合核算和明细核算双线控制的原则；计算机处理会计业务必须制定和执行严密的管理规定和操作规程，与会计业务有关的软件必须由会计部门提出需求，并经会计部门测试认可后方能使用；同城票据交换必须完善管理控制制度；各项业务的账务处理必须遵守相应的会计核算手续。

(3) 实行重要岗位的定期轮换。联行、记账、同城票据交换和财务等重要会计岗位的人员要定期轮换，不得搞一贯制。会计人员离职时，必须办理交接手续，并在监交人员监督下进行；未办清交接手续之前不得离职。

(4) 严格实行岗位责任制。账务核算必须与业务经营相分离。要严格按照会计制度的岗位设置要求，配备足够的会计人员，按照相互制约的原则明确工作权限和岗位责任，禁止越权处理会计业务。错账冲正、大额支付等重要会计事项以及在工作时间外进行的任何账务处理，必须经过会计主管核准。应用计算机处理会计业务，操作人员(系统管理员、记账员和复核员)必须严格按照规定权限进行操作，个人密码要定期或不定期更换，防止失密。

(5) 实行会计制度执行情况检查报告制度。上级行对所属分支行每年必至少检查一次会计制度的执行情况，省级分行对地市二级分行的检查面不得少于50%，地市二级行分行对县级支行、县级支行对下属机构的检查面要达到100%。会计主管每季要向主管行长、下级行每半年向上级行报告会计制度执行情况。主管行长每季要组织有关部门对本级行会计制度的执行情况进行全面检查。

3. 商业银行会计人员

会计人员应当具备必要的专业知识和专业技能，熟悉国家有关法律、法规和财务会计制度，有一定的职业道德水准。会计主管必须具备较高的政治、业务素质，掌握计算机操作和管理知识；其他会计人员要具备良好的政治、业务素质，持会计证上岗。会计主管的变动，必须征得上一级会计部门的同意；其他会计人员的变动，必须征得会计主管的同意。会计人员调动工作或离职，必须与接管人员办清交接手续，并严格执行各项监交程序。

商业银行会计工作是一项非常重要的工作，每一个会计工作人员都应认真履行以下职责。

(1) 认真组织会计核算，保证会计处理方法、程序科学、合理，所提供的会计信息合法、真实、准确、及时和完整。

(2) 加强财务管理,促进增收节支,为改善经营管理和提高经济效益服务。

(3) 坚持原则,廉洁奉公,维护国家财经纪律,抵制一切违法乱纪行为。

(4) 保守商业秘密,妥善保管各种会计档案,不得私自向外界提供或者泄露单位的会计信息。

4. 商业银行会计人员的权限

(1) 有权制止和纠正违反国家财经政策和法规制度的行为,制止和纠正无效的,可向单位领导人提出书面意见请求处理,对严重损害国家和社会公众利益的行为,会计人员应当向上级行报告。

(2) 有权监督检查本单位的财务收支、财产保管和资金使用等情况。

(3) 有权对开户单位与银行的往来账项做必要的检查。

(4) 有权参与本单位的经营管理。

(5) 有权抵制弄虚作假行为。

5. 对会计人员的考核

要建立会计人员的定期考核制度,对坚持原则、廉洁奉公、长期保持账务正确、维护国家资金和财产安全、工作中有显著成绩、在技术上有发明创造的会计人员,要给予奖励。会计人员因工作失职、滥用职权、违法或执行制度不力,造成差错事故或经济损失的,应分情况给予批评或纪律处分。对弄虚作假、营私舞弊、贪污盗窃等违法乱纪行为,情节轻微的,应按有关规定给予相应处罚;情节严重的,应送交司法部门处理。

第二章

商业银行会计的基本核算方法

本章精粹：

- 会计科目的分类
- 会计凭证的种类以及处理和基本要素
- 借贷记账法的运用
- 商业银行会计的账务组织
- 商业银行会计的账务处理

学习目的与要求

本章是商业银行会计方法的基础，通过学习，应当了解会计科目的设置、商业银行原则，熟悉商业银行会计凭证的特点、记账规则与错账冲正、账簿的结转与装订以及编制商业银行会计报表的意义，掌握会计科目的分类及主要会计科目的使用方法、各种商业银行会计凭证的编制、账务组织与基本核算程序及账簿的登记方法，能够熟练运用借贷记账法对商业银行发生的经济业务进行处理。

本章应该重点掌握的内容是会计凭证和商业银行的账务组织与处理两节，这是我们学习和熟悉商业银行会计核算组织的基础，反映了商业银行会计的特色。

关键词

账务组织　明细核算　综合核算系统　基本凭证　特定凭证

会计的核算方法是商业银行对已经发生的经济业务进行反映和监督所使用的方法。商业银行会计核算的基本核算方法主要包括设置会计科目，复式记账，填制和审核会计凭证，登记账簿，各类金融业务收支核算和编制会计报表等专门方法。

第一节　会 计 科 目

一、会计科目的意义

1. 什么是会计科目

会计科目是对商业银行会计对象按照经济内容进行分类核算的项目，是对金融资产、负债、所有者权益和损益进行分类汇总反映的类别名称，是分类记载经济业务、设置账户和确定报表项目的依据。

在商业银行会计核算中，会计科目的作用如下：会计科目是会计核算的基础，复式记账、记账凭证、银行收支成本核算、财产清查和编制会计报表等核算方法均以会计科目为基础进行。会计科目起着连接基本核算方法各组成部分的纽带、保证会计核算资料的系统化作用，是不同商业银行统一会计核算口径的基础。

会计科目在基本核算方法中占有重要地位，设置的会计科目是否恰当，直接影响到会计核算工作的质量和经营管理水平。

2. 设置会计科目的要求

在具体设置会计科目时，应当结合本行的业务特点，全面反映本行经济业务；会计科目要简明适用，并要分类编号；设置会计科目时，要做到统一性和灵活性相结合，并适应国家宏观经济管理的需要。

二、会计科目的设置原则

会计科目的设置原则如下所述。

1. 符合商业银行经营管理的需要

商业银行作为独立核算的经济实体，实行企业化经营和管理，必须加强经济核算，考核经济效益。因此，要制定相应的会计科目对有关的经济业务内容进行核算、反映与监督，以便更好地反映商业银行内部资金和财务收支的情况。

2. 必须适应组织会计核算的需要

为提高会计核算的质量和效率，商业银行会计科目的设置应考虑会计核算的需要，既要有利于提高核算质量和效率，又要有利于提供系统的会计核算资料。

这就要求会计科目的设置要贯彻权责发生制原则以准确反映各期的权利、责任、收入和费用支出。会计科目名称要规范、清楚，含义要确切、清晰，划分要科学、合理，数量要适宜，以便正确使用，保证数字真实、准确地反映商业银行各项业务和财务活动情况。

3. 根据资金性质设置会计科目

根据我国《企业会计准则》和《金融企业会计制度》的规定，银行业会计科目按资金性质分为四大类，即资产类、负债类、所有者权益和损益类。前三类为资产负债表科目，第四类为损益表科目。在实际工作中，各商业银行系统都增设了资产负债共同类科目。

4. 按业务特点设置会计科目

会计科目应当适应不同业务特点的需要分别设置。如贷款与投资业务、信用贷款与抵押贷款、贷款与贴现、吸收存款与发行债券、拆入资金与借入款项、信托业务与租赁业务、自营证券与代发证券等，需要分别设置会计科目，通过核算反映各项经济业务的活动情况。

5. 保持相对的稳定性

每一会计科目都有其特定的核算内容，会计科目名称应含义明确，通俗易懂。为方便在一定范围内综合汇总和在不同时期对比分析会计核算指标，要求会计科目的设置应保持相对的稳定性，并使核算指标在本企业的不同会计期间和同一时期不同企业之间具有可比性。

三、会计科目的分类

(一)按会计科目的使用范围分类

商业银行会计科目按使用范围可以分为银行业统一会计科目和各系统银行增设的会计科目。但在编制会计报表时,要按银行业会计科目正确地归属在其中的总分类科目之下,以保证会计核算指标的可比性。

银行业统一会计科目是财政部会同中国人民银行根据各商业银行业务的常规需要,通过金融企业会计制度规定的银行业会计科目和金融性公司会计科目。

各系统银行增设的专用会计科目,是指各商业银行根据《金融企业会计制度》,结合本身业务经营特点设置,在各系统银行使用的会计科目。如各银行一般将活期存款科目按行业、资金性质划分并增设了工业企业存款、商业企业存款等科目。

(二)按与资产负债表的关系分类

会计科目按与资产负债表及损益表的关系可以分为表内科目和表外科目两类。

表内科目是用来核算经济业务发生后引起银行资金实际增减变化,并列入资产负债表内,进行综合反映的会计科目。

表外科目是会计科目的组成部分,用来核算经济业务发生后,并未引起银行资金实际增减变化,并且不在资产负债表内反映,只对一些主要业务事项进行分类登记使用的会计科目,主要用以控制有价单证、重要空白凭证及对外保证、承诺等与会计要素变化无关的经济业务。表外科目采用单式记账,业务发生记收入,业务减销记付出,余额在收入方。

(三)表内科目按资金性质分类

表内科目按资金性质分为资产类、负债类、所有者权益类和损益类。在实际工作中,各商业银行为了适应会计核算的需要,还增设了资产负债共同类科目。

1. 资产类科目

资产类科目反映银行资金的占用和分布,包括各种资产、债权和其他权利。商业银行的资产类科目,按资产流动性和经营管理核算的需要,分为流动资产、长期投资、固定资产、无形资产和递延资产等科目。

资产类科目主要包括现金、存放中央银行款项、拆放同业、短期贷款、中长期贷款、抵押贷款、逾期贷款、贴现、贷款呆账准备、应收利息、其他应收款和固定资产等。其科目余额一般反映在借方。

2. 负债类科目

负债类科目反映商业银行资金取得和形成的渠道。负债是形成商业银行资产的主要来源，一般占其资金来源的 80%左右。商业银行的负债类科目，按负债期限长短可进一步划分为流动负债和长期负债两类。

负债类科目主要包括活期存款、定期存款、活期储蓄存款、定期储蓄存款、财政性存款、向中央银行借款、同业拆入、应解汇款、汇出汇款、本票、应付利息和其他应付款等。其科目余额一般反映在贷方。

3. 资产负债共同类科目

这类科目的特点是在日常核算中资产负债性质不确定，其性质视科目的期末余额而定。如待清算辖内往来、跨行清算资金往来等债权债务结算科目，该类科目随为客户办理的收付业务而确定记账方向，随代收代付金额的多少反映结算双方的债权债务，结算双方同笔业务共用同一个账户，反向入账，期末根据余额所在方向决定账户性质。

4. 所有者权益类科目

反映银行出资者对银行净资产的所有权，包括所有者投入的资本金和留存利润。所有者权益类科目主要包括实收资本、资本公积、盈余公积、本年利润和利润分配等。其科目余额一般反映在贷方。

5. 损益类科目

反映银行财务收支及经营损益。商业银行经营损益类科目可进一步分为收入类科目和费用、成本支出类科目。

反映收入的科目主要包括：利息收入、商业银行往来收入、手续费收入、其他营业收入、投资收益和营业外收入等。各收益科目余额反映在贷方。

反映费用的科目主要包括：利息支出、商业银行往来支出、手续费支出、营业费用、营业税金及附加、其他营业支出和营业外支出等。各费用科目余额反映在借方。

(四)科目代号和账号

1. 科目代号

为了便于核算处理和报表信息的传送，在设置会计科目时，银行的会计科目都编有代号，但对同一个会计科目各商业银行的科目代号不尽相同。

如邮政储蓄银行的科目代号用八位数字表示，规则是"3+2+3"，即一级科目用三位数字表示、二级科目用两位数字表示、三级科目用三位数字表示。其中数字内容包含着"类别、级次"的信息。

财政部与中国人民银行总行制定的银行业会计科目也规定了科目的编号。一级科目的代号一般是由三位数字组成,其中第一位数字代表科目的资金性质,第二、第三位数字表示该科目的顺序号;二级科目一般是四位数字,前三位数字表示其所归属的一级科目,第四位数字表示在该一级科目下的顺序号。

2. 账号

为详细反映各科目的情况,在各个科目下均按单位名称或资金性质分别开立明细账户,并按一定的顺序将这些明细账户编排序号,一般称为账号。

每个商业银行使用的账号都是按照该商业银行业务编码规则,由该商业银行会计人员设定,账号内包括机构号、科目号、类型码和顺序号四个基本要素。

(1) 机构号就是该账户由哪个机构使用,在商业银行会计核算体系内,使用账户的机构可能是网点、办事处和清算中心,其开立的账户实际使用时的账务记录会根据这个机构号进行归拢,反映在该机构的会计资料中。

(2) 科目号,即科目代号。

(3) 类型码是在某一账户类别下对该大类账户作进一步的细分,在一个账户类别下都会根据账户核算内容的不同设置不同的类型码,设置好的类型码在开立账户时会根据开户操作人员的选择写入账号中。

(4) 顺序号是在相同机构号、相同科目号、相同类型码以及其他要素也相同的情况下进行顺序编号。

在会计核算电算化的情况下,账户就是会计资料在计算机中的存储地址或文件名称,在记账时,用账号并对照户名记账,不易发生串户,尤其在户名雷同的情况下,账号就显得更重要。对账户加以编号,对于计算机自动识别传递结算信息,快速、准确和便捷地处理各项业务,提高自动化处理金融业务的程度,具有重要意义。

第二节 记账方法

一、记账方法

记账方法是依照一定的记账原理和规则,使用一定的记账符号,将经济业务记入账户中的一种专门的方法,商业银行记账方法分为对资金运动的记账方法(复式记账法)和对表外科目的记账方法(单式记账法)。

二、复式记账法

复式记账法是指对每项经济业务以相等的金额,通过两个或两个以上的账户(科目)进行对照登记的一种记账方法，又称借贷记账法。

目前，商业银行会计表内科目采用借贷记账法，即以资产负债平衡原理为依据，以"借""贷"为记账符号，以"有借就有贷，借贷必相等"为记账规则的一种复式记账法。

为了学习方便，我们使用"T"字形账户来表示实际工作中使用的借贷记账法的账页，账户的简要格式如图 2-1 所示。

在借贷记账法下，所有账户的借方和贷方都要按相反的方向记录，即一方登记增加金额，一方登记减少金额。如果某账户的借方表示增加，则贷方一定表示减少；反之，如果某账户的借方表示减少，则贷方一定表示增加。但具体如何界定，则取决于账户所记录的经济内容，即会计科目的性质。

图 2-1　账户的简要格式

1. 借贷记账法下各类账户的结构

1) 资产类账户的结构

用来记录资产的账户，资产的增加额记入账户的借方，减少额记入账户的贷方，账户若有期末余额，一般为借方余额，表示期末资产余额。

每一会计期间借方记录的金额合计称为借方本期发生额，贷方记录的金额合计称为贷方本期发生额。资产类账户的期末余额根据下列公式计算：

借方期末余额=借方期初余额+借方本期发生额-贷方本期发生额

资产类账户结构如图 2-2 所示。

借方		资产类账户名称	贷方	
期初余额	×××	本期减少额	×××	
本期增加额	×××		×××	
	×××			
借方本期发生额	××××	贷方本期发生额	××××	
期末余额	×××			

图 2-2　资产类账户的结构

2) 成本、费用和支出账户的结构

成本、费用和支出的增加额记入账户的借方，减少额或者转销额记入账户的贷方，期末一般没有余额。因为期末要将其余额转入有关所有者权益账户以便与收入相抵，计算当期损益。如有余额，必定为借方余额，表示期末尚未结转的已经发生的成本、费用和支出金额。成本、费用和支出账户的结构如图2-3所示。

借方	成本、费用和支出账户名称		贷方
期初余额	×××	本期减少额	×××
本期增加额	×××		
	×××		
借方本期发生额	××××	贷方本期发生额	××××
期末余额	×××		

图2-3　成本、费用和支出账户的结构

资产账户(包括资产类、成本类、费用类和支出类账户)的结构是：增加额登记在账户的借方，减少额(或转销额)登记在账户的贷方，期末如有余额，应为借方余额。

3) 负债类账户的结构

对于用来记录负债的账户，负债的增加额记入账户的贷方，减少额记入账户的借方，账户若有期末余额，一般为贷方余额，表示期末负债余额。负债类账户期末余额根据下列公式计算：

$$贷方期末余额=贷方期初余额+贷方本期发生额-借方本期发生额$$

负债类账户的结构如图2-4所示。

借方	负债类账户名称		贷方
本期减少额	×××	期初余额	×××
	×××	本期增加额	×××
			×××
借方本期发生额	××××	贷方本期发生额	××××
		期末余额	×××

图2-4　负债类账户的结构

4) 所有者权益账户的结构

用来记录所有者权益的账户，其结构与负债类账户的结构相同，即所有者权益的增加额记入账户的贷方，减少额记入账户的借方，所有者权益账户的期末余额为贷方余额，表示期末所有者权益余额。

所有者权益账户结构如图2-5所示。

5) 收入类账户的结构

对于用来记录收入的账户，收入的增加额记入账户的贷方，减少额或转销额记入账户的借方，期末一般没有余额。因为期末要将本期实现的所有收入转入损益类账户以计算当期损益，结转后应无余额。

借方		所有者权益账户名称	贷方
本期减少额	×××	期初余额	×××
	×××	本期增加额	×××
			×××
借方本期发生额	××××	贷方本期发生额	××××
		期末余额	×××

图 2-5　所有者权益账户的结构

收入类账户的结构如图 2-6 所示。

借方		收入类账户名称	贷方
本期减少或转销额	×××	本期增加额	×××
			×××
借方本期发生额	××××	贷方本期发生额	××××

图 2-6　收入类账户的结构

权益账户(包括负债类、所有者权益类和收入类账户)的结构是：增加额登记在账户的贷方，减少额(或转销额)登记在账户的借方，期末如有余额，应为贷方余额。

6)　共同类账户

在借贷记账法下，商业银行还设置了一些反映债权债务往来的双重性质的账户。因为商业银行要办理结算业务，结算信息需要使用计算机在行内上下级之间、本行和中央银行之间进行结算。这些反映债权债务往来的账户的余额方向每天并不确定，取决于商业银行在办理业务中客户资金的收付方向，要根据其期末余额的方向来判断其性质。若账户的余额在借方，则账户表现为资产类账户属性；若账户的余额在贷方，则表现为负债类账户属性。这在商业银行会计中应用广泛。如"待清算辖内资金往来""跨行清算资金往来"等科目就属于此类。债权债务往来类账户的结构如图 2-7 所示。

借方		债权债务往来类账户名称	贷方
期初余额(债权)	×××	或期初余额(负债)	×××
债权增加	×××	负债增加	×××
借方本期发生额	××××	贷方本期发生额	××××
期末余额(债权)	×××	或期末余额(负债)	×××

图 2-7　债权债务往来类账户的结构

2. 借贷记账法的记账规则

借贷记账法对发生的每一笔经济业务都以相等的金额、借贷相反的方向，在两个或两个以上相互联系的账户中进行连续、分配的登记。即在一个账户中记借方，必须同时在另一个或几个账户中记贷方，或者在一个账户中记贷方，同时在另一个或几个账户中记借方。记入借方的金额同记入贷方的金额必须相等。简言之，借贷记账法的记账规则就是"有借必有贷，借贷必相等"。

3. 借贷记账法下的记账方法举例

【例 2-1】某商业银行向中国人民银行借入年度性再贷款 50 000 元。

借：存放中央银行款项——存款户　　　　　50 000
　　贷：向中央银行借款——年度性借款户　　　　50 000

【例 2-2】商业银行对某个体经济户发放短期贷款 60 000 元，以现金支付。

借：短期贷款——××贷款户　　　　　60 000
　　贷：现金　　　　　　　　　　　　　　60 000

【例 2-3】客户育红小学将活期存款 45 000 元转存定期存款。

借：活期存款——育红小学存款户　　　　　45 000
　　贷：定期存款——育红小学存款户　　　　　45 000

【例 2-4】客户甲企业从其存款户中归还流动资金贷款 170 000 元。

借：活期存款——甲企业存款户　　　　　170 000
　　贷：短期贷款——甲企业贷款户　　　　　170 000

将以上四项经济业务的发生额试算平衡，编制总账科目试算平衡表，如表 2-1 所示。

表 2-1　总账科目试算平衡表

会计科目	上日余额		本日发生额		本日余额	
	借方	贷方	借方	贷方	借方	贷方
存放中央银行款项	1 985 000		50 000		2 035 000	
向中央银行借款		100 000		50 000		150 000
短期贷款	223 000		60 000	170 000	113 000	
现金	97 000			60 000	37 000	
活期存款		285 000	215 000			70 000
定期存款		1 920 000		45 000		1 965 000
合计	2 305 000	2 305 000	325 000	325 000	2 185 000	2 185 000

三、单式记账法

单式记账法是指对每项经济业务只通过一个会计科目、一个账户进行登记,是一种比较简单的不完整的记账方法。

单式记账法适用于不涉及会计要素的变化,对一些重要票券、空白凭证的收发和重要责任事项的发生或终结的记录,与复式记账法同时并存,对于复式记账方法具有补充作用,在商业银行会计核算中广泛使用。

目前,商业银行会计表外科目采用单式记账方法,即业务发生时记收入,业务注销或冲减时记付出,余额反映未销数额。

单式记账法应用实例如例 2-5、例 2-6 所示。

【例 2-5】某商业银行向上级行领回未发行甲种债券面额 500 000 元。

收入:未发行债券——甲种债券户   500 000

该项经济业务,只涉及商业银行"未发行债券"的增加,不引起商业银行资金的实际增减变化,应该用收入表明库存未发行甲种债券的增加。

【例 2-6】如商业银行收到重要的空白凭证支票 50 本,用单式记账法记账如下:

收入:重要空白凭证——支票 50 本

如开户单位来商业银行购买空白支票一本,则记账如下:

付出:重要空白凭证——支票 1 本

第三节 会 计 凭 证

一、商业银行会计凭证的意义

商业银行会计凭证是商业银行各项业务和财务收支的书面证明,是登记账簿的依据,也是明确经济责任,核对账务和事后查考的依据。

商业银行每发生一笔经济业务,都必须在取得或填制会计凭证后方能办理资金收付和账务处理。由于商业银行的会计凭证需要在商业银行内部和外部进行传递流转方能完成业务与核算手续,故习惯称作"传票"。

二、商业银行会计凭证的种类

1. 按凭证填制的程序和用途分类

商业银行会计凭证按凭证填制的程序和用途分为原始凭证和记账凭证。

原始凭证是在经济业务发生时直接取得或根据业务事实填制的凭证，记账凭证是根据原始凭证编制的凭以记账的凭证。

商业银行会计对外办理业务受理原始凭证一般都具备记账凭证的要素，所以除少量记账凭证是根据业务事实或原始凭证编制外，绝大部分都是以客户提交的业务凭证作为记账凭证，这也是商业银行会计凭证不同于其他部门会计凭证的一个重要特点。

2．按凭证形式分类

商业银行会计凭证按凭证形式分为复式凭证与单式凭证两种。

复式凭证是一笔经济业务所涉及的几个科目或账户都反映在一张凭证上。其优点是资金来龙去脉清楚，对应关系明确，方便查对；缺点是在手工操作的情况下不便于分工记账和按科目汇总发生额。

单式凭证是在每张凭证上只填记一个会计科目或账户，即一笔经济业务按其转账的对应关系编制两张或两张以上的会计凭证。其优点是在手工操作的情况下便于分工记账、传递和按科目汇总发生额；缺点是反映业务不集中，不便于事后查找。

复式凭证与单式凭证各有其优缺点，在目前商业银行会计核算人机兼用的情况下，仍采用单式凭证。但随着电子计算机在商业银行会计中运用范围的不断扩大，会计核算将逐步过渡到全部采用电子计算机处理，采用复式凭证将有利于提高会计工作效率和质量。

3．按凭证的格式和使用范围分类

银行会计凭证按凭证的格式和使用范围分为基本凭证与特定凭证。

1) 基本凭证

基本凭证是商业银行会计人员根据原始凭证及业务事项，自行填列并凭以记账的凭证。商业银行的基本凭证按其性质特点可分为三大类共十种传票。

第一类凭证仅供银行内部使用，不对外销售和传递，适用于未设专用凭证的一切现金收、付和转账业务，包括四种传票。

(1) 现金收入传票(见表2-2)，商业银行收入现金时使用。

表2-2 现金收入传票

总字第	号
字第	号

(贷)_____

(借)现金_____   年   月   日

户 名 或 账 号	摘　　　　要	金　　　额									
		千	百	十	万	千	百	十	元	角	分
合　　　　　　　　　　计											

会计　　　　出纳　　　　复核　　　　记账

附件　　　张

(2) 现金付出传票(见表2-3)，商业银行付出现金时使用。

表2-3 现金付出传票

总字第	号
字第	号

(贷)__现金_____

(借)_____   年   月   日

户 名 或 账 号	摘　　　　要	金　　　额									
		千	百	十	万	千	百	十	元	角	分
合　　　　　　　　　　计											

会计　　　　出纳　　　　复核　　　　记账

附件　　　张

(3) 转账借方传票(见表2-4)，商业银行转账借记账户时使用。

表 2-4　转账借方传票

| 总字第　　　号 |
| 字　第　　　号 |

年　月　日

| 科　目(借) | | 对方科目(贷) | |

户名或账号	摘　　　要	金　额 千百十万千百十元角分	附件
			张
合　计			

会计　　　　　复核　　　　　记账　　　　　制票

(4) 转账贷方传票(见表 2-5)，商业银行转账贷记账户时使用。

表 2-5　转账贷方传票

| 总字第　　　号 |
| 字　第　　　号 |

年　月　日

| 科　目(贷) | | 对方科目(借) | |

户名或账号	摘　　　要	金　额 千百十万千百十元角分	附件
			张
合　计			

会计　　　　　复核　　　　　记账　　　　　制票

第二类凭证是供银行内部使用，不对外销售但可对外传递，适用于未设专用凭证但又涉及外单位的一切转账业务，凡商业银行主动代为收款进账或扣款时(如单位存款利息的进账或贷款利息的扣收)使用。此类凭证包括以下两种传票。

(1) 特种转账借方传票(见表 2-6)，商业银行主动代客户付款后作借方凭证，一般一式两联、一联银行记账，一联通知客户。

第二章 商业银行会计的基本核算方法

表 2-6 特种转账借方传票

总字第	号
字第	号

年　月　日

付款单位	全　　称		收款单位	全　　称											附件
	账号或地址			账号或地址											
	开 户 银 行	行号		开 户 银 行		行号									
金额	人民币(大写)				千	百	十	万	千	百	十	元	角	分	
原凭证金额		赔偿金		科　目(借)_____											
原凭证名称		号　码		对方科目(贷)_____											张
转账原因	银行盖章			会计 复核　　　记账　　　制票											

(2) 特种转账贷方传票(见表 2-7),银行主动代客户收款后作贷方凭证,一般一式两联,一联银行记账,一联通知客户。

表 2-7 特种转账贷方传票

总字第	号
字第	号

年　月　日

付款单位	全　　称		收款单位	全　　称											附件
	账号或地址			账号或地址											
	开 户 银 行	行号		开 户 银 行		行号									
金额	人民币(大写)				千	百	十	万	千	百	十	元	角	分	
原凭证金额		赔偿金		科　目(贷)_____											
原凭证名称		号　码		对方科目(借)_____											张
转账原因	银行盖章			会计 复核　　　记账　　　制票											

第三类凭证是特定业务使用的凭证,包括表外科目收入传票(见表 2-8)、表外科目付出

传票(见表2-9)、外汇买卖借方传票和外汇买卖贷方传票四种。

表2-8　表外科目收入传票

账别：		年		月		日			第　　号			
账号	摘要	金　额										
		亿	千	百	十	万	千	百	十	元	角	分
合计												
科目(收入)												

附件　　张

会计主管　　　　　复核　　　　　记账　　　　　制单

表2-9　表外科目付出传票

账别：		年		月		日			第　　号			
账号	摘要	金　额										
		亿	千	百	十	万	千	百	十	元	角	分
合计												
科目(付出)												

附件　　张

会计主管　　　　　复核　　　　　记账　　　　　制单

外汇买卖传票的使用，适用于经营外汇业务的商业银行会计部门，在办理外汇业务过程中，涉及外汇、外币兑换的转账业务时使用。

表外科目收付传票适用于需要登记表外科目账务时使用。

2) 特定凭证

特定凭证是指商业银行据以办理业务，并可代替传票凭以记账的各种专用凭证，一般由商业银行印制，企业购买和填写，并提交商业银行凭以办理某种业务。这种特定凭证，由商业银行用于代替传票并凭以记账，如支票、进账单和现金缴款单等。有时也由商业银行自行填制，凭以办理业务及记账，如联行报单、银行汇票等。特定凭证一般是一式数联套写凭证，格式按有关业务需要设计。

三、商业银行会计凭证的基本要素

会计凭证的基本要素是指会计凭证必须具备的基本内容。商业银行会计凭证虽然种类多，格式各异，具体内容各不相同，但一切凭证必须填写与经济业务和账务记载有关的基本事项，这些基本事项称为会计凭证的基本要素。它主要包括以下内容。

(1) 日期，包括业务发生日期和记账日期。
(2) 有关收、付款人的户名和账号。
(3) 有关收、付款人的开户银行名称与行号。
(4) 人民币或外币符号和大小写金额。
(5) 款项来源、用途或业务事实摘要及附件张数。
(6) 会计分录和凭证编号。
(7) 单位按照有关规定加盖的印章。
(8) 金融机构及有关人员的签章。

四、商业银行会计凭证的特点

1) 使用单式凭证

商业银行为了适应业务量大、分工细、便于凭证传递以及在结账时按科目分清汇总装订保管等需要，采用单式凭证。随着电脑记账的发展及普及，今后商业银行将会采用复式凭证。

2) 大量使用外来原始凭证代替记账凭证

为了避免重复劳动，提高工作效率，商业银行大量采用客户来行办理业务所提交的原始凭证，经审核后代替银行的记账凭证；同时商业银行会计凭证大都采用多联套写方式，使办理业务的收付款单位及其双方开户银行都有一张同一内容的凭证，保证了有关方面核算的一致性，也便于审核和装订保管。

3) 凭证传递环节多

商业银行所办理的业务，有的业务凭证要在商业银行内部各部门间传递，有的业务又要使凭证在异地乃至于国家或地区之间传递，所以凭证传递环节多也是商业银行会计凭证的一个特点。

五、商业银行会计凭证的处理

会计凭证的处理是指从编制或审查凭证起，经过账务处理的各个环节，直到装订保管为止的整个过程。科学合理地组织凭证传递，对于迅速办理各项业务、加速资金周转、及时完成核算工作，都有重要的意义。

1．商业银行会计凭证的填制

基本凭证是在商业银行内部使用，应由商业银行会计人员根据业务自行填制。

1) 现金传票的编制

现金传票可分为现金收入传票和现金付出传票。金融机构内部发生现金收入或现金付出业务时，自行编制一张贷记××科目的现金收入传票或借记××科目的现金付出传票。

对外业务中的现金收付，则以客户提交的现金缴款单、现金支票等代替现金收入和现金付出传票。为了简化手续，不再另编现金科目传票。

2) 转账传票的编制

转账业务要填制转账借方传票和转账贷方传票，并且是业务发生时涉及多少个账户，就应填多少张转账传票。

(1) 一借一贷的转账业务，填制转账借方、贷方传票各一张。
(2) 一借多贷的业务，填制一张转账借方传票，多张转账贷方传票。
(3) 多借一贷的转账业务，填制多张转账借方传票，一张转账贷方传票。

2．凭证号码的编制

为了便于明确对转关系和事后查考以及核对账务，对于每笔业务涉及的一套转账传票，不论几张都应编列同一传票顺序，对其中每一张传票，还应编列分号，同时在相关传票上列出对方科目。对企业提交的特定凭证，可按规定分别代替转账借方传票和转账贷方传票。

3．会计凭证的审核

商业银行受理凭证时，必须根据有关业务的具体要求，根据业务事实及会计核算的需要，对凭证的真实、正确、完整及合法性进行认真审核，主要应审核以下内容。

(1) 是否属于本行受理的凭证。
(2) 使用的凭证种类是否正确，凭证内容、联数及附件是否齐全，是否超过有效期。
(3) 账号与户名是否相符。
(4) 大小写金额是否一致，字迹有无涂改。
(5) 密押、印鉴是否真实齐全。
(6) 款项来源、用途是否填写清楚，是否符合有关规定的要求。
(7) 内部科目的账户名称使用是否正确。
(8) 计息、收费和赔偿金等的计算方法与数额是否正确。

4．商业银行会计凭证的签章

会计凭证的签章是确认凭证的有效、合法，明确有关人员的经济责任及业务处理完毕的标志。经过审核无误并凭以处理业务的会计凭证，必须加盖有关人员名章和公章以明确责任。

5．商业银行会计凭证的传递

会计凭证的传递是指从会计部门编制凭证或是受理外来凭证开始，直到业务处理完毕传票装订保管为止的整个过程。一般来说，外来凭证首先要经接柜员审核，然后交给记账员确定会计分录，计入明细账，交复核员复核。自制凭证经有关人员签章并记账后，也交复核员复核。各行内部的凭证传递程序，由各行自定，但必须做到准确及时、手续严密。

在具体操作中应注意以下问题。

(1) 现金收入业务必须先收款，后记账。按照"审核→收款→记账→复核"的程序处理，以保证账款一致。

(2) 现金付出业务必须先记账，后付款。按照"审核→记账→复核→付款"的程序处理，严禁超支垫支。

(3) 转账业务必须"先借后贷"，即先借记付款单位账户，后贷记收款单位账户，以贯彻商业银行不垫款原则。

(4) 对他行票据，必须坚持收妥抵用，以确保商业银行不垫付资金。

(5) 对于联行业务的联行凭证，应当按照联行制度办理凭证的传递。

(6) 凭证在传递时，应考虑方便客户，服务群众，做到先外后内，先急后缓。

(7) 对要在商业银行之间或柜组之间传递的凭证，原则上都通过邮电部门或商业银行内部自行传递，不交付客户代为传递，另有规定者除外。

6．商业银行会计凭证的整理及装订

商业银行会计凭证是商业银行重要的会计档案。为便于事后查考，必须将已办妥各项手续的凭证整理装订归档，妥善保管。每天营业终了，对已办完会计核算的凭证，在装订之前，要按规定排列顺序进行整理，具体做法如下。

(1) 分货币排列，本币传票在前，外币传票在后，各种科目传票按日记表的科目顺序排列。

(2) 每个会计科目下，按现金借方、现金贷方、转账借方和转账贷方顺序排列，各科目的日结单分别放在各科目传票之前。

凭证经整理后，外加传票封面和封底，在封面上要写明日期、传票总数、册数和号码等内容。装订成册后，在结绳处用纸条加封，由装订人员加盖骑缝章，封面上应有装订人员、会计主管人员盖章，以明确责任。

装订成册的传票还要编列传票总号，并要和封面记载的传票张数一致。同时装订成册的传票还要登记"会计档案登记簿"，并交保管员及时妥善保管。

7. 商业银行会计凭证的管理

已经装订的传票,即是会计档案资料,不得随意拆封,任何人不能抽换、涂改。如需调阅已入库的凭证,必须按有关规定办理,履行必要的手续。对拆封的传票,要按规定重新装订和加封。

8. 商业银行会计凭证的销毁

对超过规定保管年限的凭证,需要销毁时要按规定经过审批手续,才能销毁。

第四节 商业银行会计的账务组织

一、账务组织

账务组织是指在会计核算中,账簿的设置、结构、核算程序和账务核对方法等相互配合的账务体系。商业银行的账务组织包括明细核算和综合核算两个系统及相应的核算程序和账务核对方法。其中明细核算和综合核算是账务组织的主要内容。

明细核算是按科目所属账户进行的核算,即在每一会计科目下,按单位或按资金性质开立账户,能详细反映各项资金变动的具体情况;综合核算是按科目进行的核算,旨在总括地反映各类资金运动的整体情况。

二、明细核算

明细核算分户反映各科目的详细情况,由分户账、登记簿、现金收入、现金付出日记簿和余额表组成。

1. 分户账

分户账是明细核算的主要形式,按照货币种类、单位或资金性质设立账户,根据传票逐笔、连续记载,并结计余额,是各科目的详细记录。

分户账的主要作用是据以办理具体业务核算及同有关贷款单位进行账务核对。分户账格式一般有甲、乙、丙、丁四种形式。

甲种账设有借方发生额、贷方发生额、余额三栏,适用于不计息科目的账户、使用余额表计息科目的账户和银行内部科目的账户,如损益类账户。甲种账格式如表 2-10 所示。

乙种账设有借方发生额、贷方发生额、余额和积数四栏,一般适用于在账页上计息的各账户,如存款账户、贷款账户。乙种账格式如表 2-11 所示。

第二章　商业银行会计的基本核算方法

表2-10　甲种账格式

中国××行(　　)＿＿＿＿＿账

户名：　　　　账号：　　　　领用凭证记录

××年		摘要	凭证号码	对方科目代号	借方(位数)	贷方(位数)	借或贷	余额(位数)	复核盖章
月	日								

表2-11　乙种账格式

中国××行(　　)＿＿＿＿＿账

本账总页数	
本户页数	

户名：　　　　账号：　　　　领用凭证记录

××年		摘要	凭证号码	对方科目代号	借方(位数)	贷方(位数)	借或贷	余额(位数)	日数	积数(位数)	复核盖章
月	日										

丙种账设有借方发生额、贷方发生额、借方余额和贷方余额四栏，一般适用于借贷双方反映余额应分别计息的账户，如待清算辖内往来、同业往来等账户。丙种账格式如表2-12所示。

表2-12　丙种账格式

中国××行(　　)＿＿＿＿＿账

本账总页数	
本户页数	

户名：　　　　账号：　　　　领用凭证记录

××年		摘要	凭证号码	对方科目代号	借方(位数)	贷方(位数)	借方余额(位数)	贷方余额(位数)	复核盖章
月	日								

丁种账设有借方发生额、贷方发生额、余额和销账四栏，一般适用于逐笔记账、逐笔销账，一次性业务的账户，如应收款项、应付款项和存入保证金等账户。丁种账格式如表2-13所示。

表 2-13 丁种账格式

中国××行(　　)_____账

本账总页数	
本户页数	

户名：　　　　账号：　　　　领用凭证记录

××年		账号	户名	摘要	凭证号码	对方科目代号	借方(位数)	销账			贷方(位数)	借或贷	余额(位数)	复核盖章
月	日							年	月	日				

分户账在记载时，除有关业务核算手续另有规定外，应注意以下几方面。

(1) 账面抬头规定应填事项，按规定填写(如科目、户名、账号、币别、利率、账页、编号以及额度等)。

(2) 业务发生后逐笔记载、在分户账"摘要"栏内扼要填明业务内容、有关凭证号码等事项，逐笔结出余额。

(3) 记账时先核对户名、账号、币别、印鉴、余额、业务内容及相应业务有关规定，防止错记、漏记及透支等现象的发生。

(4) "摘要"栏内简明扼要地写明业务内容和有关凭证号码。

(5) 采用复写账页的分户账，每记满一页后应及时将对账单撕下交有关单位对账，账目不符，及时查明。

2. 登记簿

登记簿(见表 2-14)是明细核算中的一种辅助性账簿，登记簿用来登记主要账簿中未能或不必记录而又需要备查的业务事项，此外，也可用于登记表外科目。

表 2-14 登记簿(卡)

本账总页数	
本户页数	

户名：　　　　单位：

××年		摘要	收入		付出		余额		复核盖章
月	日		数量	金额(位数)	数量	金额(位数)	数量	金额(位数)	

凡是属于分户账不能记载或不必用分户账记载,而又需要查考的业务活动,都可以使用登记簿进行记载;也可以用于统驭卡片账或控制重要的空白凭证、有价单证、实物及某些重要的业务事项等。

登记簿的种类主要包括:发挥分户账作用的表内科目登记簿;表外科目登记簿;起账外控制作用的登记簿。

登记簿格式根据业务需要而定,实物控制的登记簿一般都设有收入、付出和余额三栏来反映数量以及金额情况。也有用于配合利息核算调整账务所需要的登记簿,如定期储蓄提前(逾期)支取登记簿,如表2-15所示。

表2-15　定期储蓄提前(逾期)支取登记簿

取款日期		户名	账号	储种	金额(位数)	存款日期			原定		实际		应付与实付利息差额(位数)	营业员	复核员	事后监督
月	日					年	月	日	存期	利率	存期	利率				
合计																

3. 余额表

余额表是核对分户账与总账余额是否相符并据以计算利息的工具。它分为计息余额表(见表2-16)和一般余额表(见表2-17)两种。

表2-16　定期储蓄存款计息余额表

储蓄种类:　　　　　　　　　　　　　年　月　　　共　页　　第　页

余额 日期 \ 存期档次				
1日				
……				
10日				
10天小计				
11日				
……				

续表

余额＼存期档次＼日期							
20日							
20天小计							
21日							
……							
31日							
本月合计							
加：至上月底未计息积数							
减：至本月底不计息积数							
调账	应加积数						
	应减积数						
本月计息积数							

表2-17　一般存款余额表

年　月　日

科目代号	余　额	科目代号	余　额
合计		合计	

计息余额表适用于计息科目，每日营业终了，根据有关分户账最后余额填列。

一般余额表适用于不计息的各科目，定期抄列核对余额。

1) 计息余额表

按月、按科目分户设置，根据各科目分户账的最后余额抄列。遇有例假日及当日未发生借贷方业务的账户，根据上日余额填列。

余额表上每日客户余额的合计数应与同科目总账余额核对相符。旬末、月末要分别结出10天、20天及全月合计，并与同科目总账同期余额累计积数核对相符。

如遇应加或应减积数要分别填入"应加积数""应减积数"栏以保证利息计算的正确。

2) 一般余额表

一般余额表适用于不计息科目抄制各科目账户余额时使用，栏目内容有科目代号、余额，根据分户账的各户余额编制。

4. 现金日记账

现金日记账(见表 2-18)是控制现金付出和现金收入凭证的账簿。根据现金存放的地点，分别设立出纳现金和营业机构现金。出纳现金又分为业务出纳现金和财务出纳现金。

表 2-18　现金日记账

YYYY 年 MM 月
科目：
单位名称：　　　　　　　　　　　　　　　　　　　　　　　　　　　　ZZZ9 页

月	日	记账凭证编号	摘要	对方科目代号	借方	贷方	借贷区分	余额
MM	DD							
旬小计		—		—			—	
合计		—		—				
本月累计		—		—				

主管：　　　　　　　　会计：　　　　　　　　打印：

发生的现金收支业务，将现金付出和现金收入凭证分别编制顺序号，按照发生顺序逐笔登记。每日终了，应计算出当日现金借方合计数、现金贷方合计数和结余数，并要与实际现金库存核对相符。

三、综合核算

商业银行的综合核算系统是按科目组织的核算，反映各种业务、各类资金的增减变化情况，由科目日结单、明细分类账、总账、日记表和商业银行存款日记账组成。

1. 科目日结单

科目日结单(见表 2-19)是每一会计科目当日借、贷方发生额和传票张数的汇总记录，是据以监督明细账户发生额、轧平当日账务及登记总账的依据。每日营业终了，由综合会计人员按同一科目的凭证，分别按现金和转账，借方和贷方，各自加计总数填入科目日结单的有关栏，试算平衡，备记总账。

科目日结单的填制方法：根据同一科目的凭证分别按现金、转账，各自相加填入有关栏，并注明凭证和附件张数。"现金"科目日结单，根据各科目日结单的现金借方、贷方数各自相加,反方填写,科目日结单全部相加的借方、贷方合计数必须相等。使用计算机处理金融业务,系统根据当日各营业机构的业务发生情况,按照营业机构自动生成科目日结单。

表2-19 科目日结单

总字第　　　号
字第　　　号

科目:　　　　　　　　　　　　　年　月　日

借 方												贷 方												
传票张数	金　额											传票张数	金　额											
	亿	千	百	十	万	千	百	十	元	角	分		亿	千	百	十	万	千	百	十	元	角	分	
现金　张												现金　张												附
转账　张												转账　张												件
																								张
合计　张												合计　张												

会计　　　　　　　　　复核　　　　　　　　　制单

2. 明细分类账

明细分类账(见表2-20)是对每个会计科目(含一级科目)所包含内容分别详细记录的账簿。根据记账凭证,按照业务发生的顺序逐笔登记。

表2-20 明细分类账格式

×××××明细分类账

单位名称:　　　　　　　YYYY年MM月DD日
科目:　　　　　　　　　　　　　　　　　　　　ZZZ9页

月	日	记账凭证编号	摘要	对方科目代号	借方	贷方	借贷区分	余额
旬小计								
合计								

主管:　　　　　　　　会计:　　　　　　　　打印:

明细分类账按明细科目设置,采用借方发生额、贷方发生额、借贷方余额区分和余额四栏,根据明细分类账账页格式的要求生成明细分类账账页。

3. 总账

总账(见表2-21)是按货币分科目设户,用于总括反映商业银行经济业务,对明细账起控制和统驭作用的账簿,也是编制日计表、月计表、半年报表和年度业务状况报告的依据。商业银行总账采用活页账形式,固定设有借方发生额、贷方发生额、借方余额和贷方余额四栏,按月进行更换,按年进行装订。

表2-21 总账格式

单位名称:　　　　　　　　　科目:　　　　　　　　　YYYY年MM月DD日

月	日	顺序号	摘要	借方	贷方	借贷区分	余额
MM	DD						
				—			—
				—			—
合计				—			—
本月累计				—			—

主管:　　　　　　　　　会计:　　　　　　　　　打印:

总账账页根据各科目日结单的借、贷方发生额合计数填列,每日营业终了,根据各自科目日结单的借、贷方发生额分别填记,并结出余额。借贷双方反映余额的科目分别加总填记,不得轧差记载。当日无发生额的科目,应根据上一日余额填入当日余额栏内,以便结平当日账务。同时采用10天一小计,每月终了,应加计本月的借、贷方发生额和本年累计发生额。

4. 日计表

日计表(见表2-22)是反映当日业务活动和轧平当日全部账务的主要工具。日计表的各科目当日发生额和余额,根据总账各科目当日发生额和余额填记,收、付方发生额和收、付方余额的合计数必须各自平衡。

5. 商业银行存款日记账

商业银行存款日记账(见表2-23)由在同业开立存款账户的营业机构和在中国人民银行开立存放中央银行款项账户的各级银行使用,根据存款种类,开设的银行账户或系统内往来账户,逐个设立"银行存款""存放中央银行款项""存放同业款项"和"存放系统内款项"日记账,记载着中国人民银行、商业银行和开户中心资金的存入、支出、划拨和结余情况。

表 2-22　日计表

年　　月　　日　　　　　　　　　　　　　　　元

科目代号	科目名称	本日发生额		本日余额	
		借方	贷方	借方	贷方

会计　　　　　　　　　　　复核　　　　　　　　　　　制表

表 2-23　商业银行存款日记账

年　　月　　日

单位名称：

科目：　　　　　　　　　　　　分户名称：

账号：　　　　　　　　　　　　　　　　　　　　　页

主管：　　　　　　　　会计：　　　　　　　打印：

月	日	记账凭证编号	摘要	对方科目代号	借方	贷方	借贷区分	余额	起息日
旬小计									
合计									
本月累计									

发生的商业银行收支业务，按照业务发生的顺序逐笔登记。每日终了，应结出商业银行存款的余额。

四、明细核算和综合核算的关系

商业银行经济业务发生后，要遵守双线核算原则，既根据同一凭证、同一方向对经济业务既进行明细核算，又进行综合核算。明细核算对综合核算起补充说明作用，综合核算对明细核算起统驭作用,两者相互联系,相互制约,共同构成商业银行严密、科学的账务组织。

第五节 账务处理

账务处理是从受理或编制凭证开始,经过账务记载与核对,编制日计表,直至轧平账务为止的全部过程,包括账务处理程序与账务核对程序。

一、账务处理程序

商业银行账务处理程序包括明细核算和综合核算两个账务系统的全部处理过程。

1. 明细核算程序

(1) 根据经济业务编制或审查传票。
(2) 根据传票逐笔登记分户账(或登记簿)和现金收入、付出日记簿。
(3) 根据分户账编制余额表。

2. 综合核算程序

(1) 根据经济业务发生的凭证编制科目日结单,轧平当天所有科目的借方和贷方发生额。
(2) 根据经济业务发生的凭证登记明细账。
(3) 根据科目日结单合计发生额和余额登记总账。
(4) 最后根据总账各科目当日发生额和余额编制日计表,该表中的各科目借、贷方发生额和余额必须各自平衡。

二、账务核对程序

账务核对是对综合核算与明细核算两个系统中的账簿、账表和单证的数字记录进行检查核对的工作。它是防止差错、保证核算质量的重要措施。

通过账务核对,要求做到账账、账款、账据、账表、账实和内外账六相符。

账务核对相符后,经办人员应在有关账簿上盖章,以明确责任,会计主管人员也应加强督促检查,保证核对工作及时进行。

账务核对包括每日核对和定期核对。

1. 每日核对

1) 总分核对

每日营业终了，总账各科目余额与同科目分户账或余额表各户余额合计数核对相符。

2) 账款核对

现金收入、付出日记簿的合计数，必须与现金科目总账借方、贷方发生额核对相符；现金库存簿的现金库存数，应与实际库存现金和现金科目总账的余额核对相符。

3) 表外科目核对

各表外科目余额应与有关登记簿核对相符，其中空白重要凭证、有价单证应核对当日领入、使用、售出及库存数，并与实际库存数核对相符。

2. 定期核对

定期核对是对未纳入每日核对的账务按规定的时间进行的核对，主要是未编余额表又未按日核对余额的各科目余额的核对，各类贷款的账据及各种利息的核对，检查账实是否相符的核对，以及内外账务的核对等。

核对内容包括以下各项。

(1) 使用丁种账记账的科目，每旬末加计未销账的各笔金额总数与该科目总账进行核对。

(2) 计息积数核对。将余额表上的计息积数按旬、按月、按结息期与同科目总账的同期余额累计数进行核对。对应加、应减积数，应审查数字是否正确。

(3) 各种卡片账的核对。如定期储蓄账卡、联行账卡和农贷账卡等，按月与各科目总账进行核对。

(4) 账实核对。账实核对包括固定资产、金银、物品、有价单证和重要空白凭证等，每月进行账实核对，房屋器具定期和在年终决算前进行账实核对。

(5) 内外账务核对。内外账务核对包括商业银行与各企业之间，中国人民银行与商业银行以及与其他金融机构之间的往来款项按月或按季采用一定的对账方法进行核对。

三、商业银行的账务处理过程

商业银行的账务处理过程包括受理或编制凭证，审核后确定会计分录、记载账务，核对账务，营业终了轧平账务及编制日计表。商业银行账务处理程序如图2-8所示。

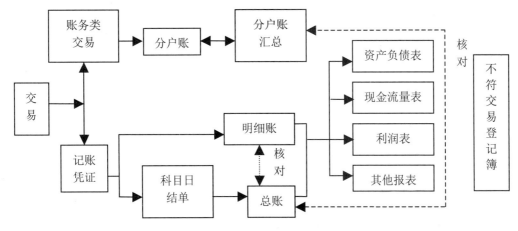

图 2-8 商业银行账务处理过程

第六节 记账规则和错账冲正

一、记账规则

记账是商业银行处理账务和实现业务的重要环节。因此,要认真按照记账规则记账,如出现差错,亦应按统一的错账更正方法更正。

记账必须遵循以下规则:账簿的各项内容,必须根据传票的事项记载,严禁弄虚作假;记账应用蓝、黑墨水书写,红色只用于划线和错账冲正;账簿上的文字及金额,一般占全格的 1/2;账簿上的一切记载,不准涂改、刀刮、皮擦、挖补和用药水销蚀;因漏记使账页发生空格时,应在空格的"摘要"栏用红字注明"空格"字样;一切账簿记载均以人民币"元"为单位,元以下计至角分位,分以下四舍五入。

二、错账更正

账务记载要力求正确无误,尽量减少直至消灭差错,一旦发生差错必须按规定的错账更正方法进行更正。

1. 产生错账的原因

一是凭证填制错误,主要表现为记录内容有误、计算错误、会计科目错误、借贷方向错误和借贷金额错误;二是记账错误,主要表现在账簿记录中出现重记、漏记、混记和错记等情况。

2. 错账更正的方法

常用的正确方法有划线更正法、红字冲正法、补充登记更正法三种，在计算机作业环境下，还有电脑错账更正的方法。

记账发生错误，不准涂改、挖补、刮擦或用药水消除字迹，不准重新抄写，必须用正确的方法更正。

1) 划线更正法

这种方法适应于记账后结账前，如果发现账簿记录有错误，而记账凭证无错误，即纯属笔误造成登账时文字或数字错误，应用划线更正法进行更正。

划线更正法的操作方法：先将错误的文字或数字全部用红线予以注销；然后在划线上方用蓝字填写正确的记录；更正后经办人应在划线的一端盖章以明确责任。在划线时，如果是文字错误，可只划错误部分，如果是数字错误，应将全部数字划销，不得只划错误数字。划线时必须注意使原来的错误字迹仍可辨认。

2) 红字冲正法

红字冲正法是用红字冲销或冲减原记录数，以更正或调整账簿记录的一种方法。这种方法适应于记账后发现由于记账凭证错误而导致记账错误的情况。红字记录表示对原记录的冲减。

红字冲正的操作方法：首先用红字(只限数字用红字，填写摘要仍用蓝字书写)填写一张与原凭证相同的记账凭证，在"摘要"中注明注销××凭证，并用红字将金额登记入账，以冲销原来的账簿记录，然后再用蓝字填写一张正确的会计凭证，并据以登记入账。

3) 补充登记更正法

补充登记更正法是用补记差额来更正账簿记录错误的一种方法，主要适用于记账依据的会计凭证金额有错误，并且错误金额小于应记的金额，导致账簿记录金额少记，而且会计科目及记账方向均无错误的情况。

补充登记更正的操作方法：填写一张会计科目，借贷方向与原始记账凭证一致，但金额为少记差额的记账凭证，并在"摘要"中注明补记××号记账凭证少记的金额，并据以记账。

4) 电脑错账更正的方法

实现会计电算化后，与手工错账的方法相对应，可以采用红字冲销法(用负数表示红字)和补充登记法更正，但不同的是会计电算化中无须划线更正。

(1) 商业银行当日发生差错的更正。凭证正确，账簿日期和金额写错时，按划线更正法更正。传票填错科目或账户，应先更正传票，然后再按划线更正法更正账簿。账页记载错误无法更改时，不得撕毁，经会计主管人员同意，可另换新账页记载，但必须经过复核，并在原账页上划交叉红线注销，由记账员及会计主管人员盖章证明。注销的账页另行保管，装订账页时，附在后面备查。记账时发现凭证内容不全或有错误，应由会计主管授权后，交至传票人更正、补充或更换,并加盖名章后再行记账。

(2) 银行次日或以后发现的差错的更正。

① 传票金额填错,账簿随之记错,应重新填制借、贷方红字传票将错误金额全部冲销,再按正确金额填制借、贷方蓝字传票补记入账,并在"摘要"栏内注明情况,同时在原错误传票上批注"已于×月×日冲正"字样。

【例2-7】6月21日计算拔丝厂贷款利息2546元,误将传票金额填写为2456元并已记账,于6月25日发现,办理冲正。其会计分录为:

借:单位活期存款——拔丝厂户　　　　　　　　2456　（红字）
　　贷:利息收入——普通短期贷款利息收入户　　2456　（红字）
借:单位活期存款——拔丝厂户　　　　　　　　2546
　　贷:利息收入——普通短期贷款利息收入户　　2546

② 记账串户,应填制同一方向红、蓝字冲正传票办理冲正。

用红字传票记入原错误的账户,在"摘要"栏内批注"注销×年×月×日错账"字样,用蓝字传票记入正确的账户,在"摘要"栏内注明"补记冲正×年×月×日错账"字样。

【例2-8】9月8日一笔转账业务,系拔丝厂签发转账支票支付五金商店款项1241元,误将款项贷记化工商店账户,于9月18日发现并冲正。其会计分录为:

贷:单位活期存款——化工商店户　　1241.00(红字)
　　贷:单位活期存款——五金商店户　　1241.00(蓝字)

③ 传票填错科目或账户,应填制同一方向红、蓝字冲正传票办理冲正。

3．计算机操作的错账处理

采用计算机处理账务的,如果当日发现已复核的账务错误时,应先由复核将错误账务注销,再由记账员删除或修改;次日或以后发现的账务错误,必须填写错账冲正凭证,经会计主管核准后办理冲正,不得做恢复处理。

4．以前年度的错账处理方法

凡本年度发现以前年度的错账,属于非重大会计差错,应填制蓝字反方向传票冲正,不再更改决算报表;属于重大会计差错的应当按照"资产负债表日后事项"调整规定进行调整。

5．错账积数的追溯

凡因冲正错账影响积数时,应对计算积数进行调整,计算应加、应减积数。冲正传票必须经会计主管人员审查盖章并将错账日期、情况、金额以及冲正的日期进行登记,以便考核分析原因,改进工作。

6．冲正传票的内部牵制

所有冲正、调账凭证必须经会计主管审查盖章后办理，并将错账的日期、情况、金额及冲正、调账的日期进行登记。

在计算机操作环境下，须经权限比较高的柜员授权。

第三章

现金出纳业务的核算

本章精粹：

- 营业现金出纳核算
- 中心金库现金出纳核算

通过本章的学习，要求掌握开户单位的现金使用范围、任务、现金出纳工作的基本规定，掌握营业现金出纳工作和金库现金出纳工作的内容，掌握营业现金出纳核算和中心金库现金出纳核算的内容。

关键词

现金出纳业务　尾箱

现金出纳业务是商业银行使用货币现钞进行资金收付的行为，是对现金、外币、金银、有价单证及贵重物品的收付保管等工作的总称。它是商业银行的一项基础性工作，主要分为两部分：一是营业网点的现金出纳；二是商业银行中心金库的现金出纳。

第一节　现金出纳业务概述

一、现金出纳业务的意义

根据我国《现金管理条例》的规定，凡在商业银行开立账户的机关、团体、部队、企业、事业单位和其他单位，必须依照《现金管理条例》的规定收支和使用现金，接受开户银行的监督。国家鼓励开户单位和个人在经济活动中，采取转账的方式进行结算，减少使用现金。开户单位之间的经济往来，除按《现金管理条例》规定的范围可以使用现金外，应当通过开户银行进行转账结算。各级中国人民银行应当严格履行金融主管机关的职责，负责对开户银行的现金管理进行监督和稽核。

由此可见，现金出纳业务既是银行信贷、结算、外汇和储蓄等业务活动的基础，又是国家现金投放和回笼的总枢纽，还是维护国家资金财产安全的重要部门。

二、商业银行开户单位现金使用范围

在商业银行开立账户的机关、团体、部队、企业、事业单位和其他单位，可以在下列范围内使用现金。

(1) 职工工资、津贴。
(2) 个人劳务报酬。
(3) 根据国家规定颁发给个人的科学技术、文化艺术和体育等各种奖金。
(4) 各种劳保、福利费用以及国家规定的对个人的其他支出。

(5) 向个人收购农副产品和其他物资的价款。
(6) 出差人员必须随身携带的差旅费。
(7) 结算起点以下的零星支出。
(8) 中国人民银行确定需要支付现金的其他支出。

开户单位支付给个人的款项，超过使用现金限额的部分，应当以支票或者银行本票支付；确需全额支付现金的，经开户银行审核后，予以支付现金。

三、现金出纳工作的任务

根据《全国银行出纳基本制度》的规定和银行业务性质的要求，现金出纳工作要完成以下主要任务。

(1) 贯彻执行国家的金融法令和有关法规制度，进行柜面监督。
(2) 办理现金收付、整点、保管和调运业务，做好现金回笼、供应工作。
(3) 办理人民币的兑换和挑残业务，调剂市场券别比例。
(4) 办理金银的收购、配售、封装、保管和调运业务。
(5) 宣传爱护人民币，负责反假、反破坏人民币工作和票样管理工作。

四、现金出纳工作的原则

为了确保商业银行现金出纳工作任务的顺利完成，商业银行出纳工作必须建立健全内部控制制度，责任分明，及时准确，并坚持以下原则和要求。

(1) 双人监柜、双人管库、双人守库、双人押运。
(2) 账实分管、收付分开、交接清楚、责任分明。
(3) 收入现金先收款后记账，付出现金先记账后付款，收购金银先收实物后付款，配售金银先收款后付实物，收必复点，付必复核，手续严密，数字准确。
(4) 严禁挪用库存现金、金银和白条抵库，坚持查库制度，做到账实相符。
(5) 维护国家利益和银行信誉，坚持服务与监督并重。

五、商业银行现金出纳工作的组织

商业银行的现金出纳工作，从服务对象上划分，可以分为营业现金出纳工作和金库现金出纳工作。

(一)营业现金出纳工作

营业现金出纳工作，由对外营业的机构办理对外的现金收付，伴随着各类金融业务的对外营业,实现现金的收付。根据对外营业人员的分工,通过网点设置尾箱和使用尾箱,实现对外营业和对内上下级间的现金缴拨。

尾箱是营业机构盛放现金和凭证的工具,分为现金柜员尾箱及普通柜员尾箱两种。现金柜员尾箱属于现金柜员权限,普通柜员尾箱属于普通柜员权限。系统建立现金柜员尾箱与现金柜员的对应关系,普通柜员尾箱与普通柜员的对应关系,每个网点允许有一个现金主尾箱及多个凭证尾箱及现金尾箱,在初始化时配置。

系统对普通柜员所做的每笔现金交易成功后,会自动更新尾箱金额。普通柜员间的凭证调剂通过上缴到现金柜员尾箱重新请领的方式实现。普通柜员间的现金调剂不允许通过普通柜员尾箱直接调剂,只能通过现金柜员尾箱进行处理。现金柜员尾箱和普通柜员尾箱中的现金和重要凭证可以通过手续进行调剂使用,日终,普通柜员可将尾箱中的现金全部划转到现金柜员尾箱中,也可上缴整数部分,但留下的零头必须是不成"把"的。

(二)金库现金出纳工作

出纳库房是存放现金、金银的专用金库,是保管现金、金银和有价证券等贵重物品的重要场所。库房必须坚固,符合安全条件,应有通风、防潮、防火以及报警等安全防范设施。为保证库款的安全,各级银行必须做好库房的管理工作,具体要求如下。

(1) 各级行处应设置出纳专用库房,并配备责任心强的人员负责库房工作。库房应力求坚固,具有防风、防火和防潮等安全设施,库房钥匙、密码必须分人掌管。

(2) 严格管库制度。坚持双人管库,同进同出。管库人员必须忠于职守,认真负责。非管库人员未经批准不得入内。

(3) 严格出入库制度。每日营业终了,应按规定手续将所有现金、金银和有价证券等贵重物品入库保管。库内保管的物品必须有账记载,做到账款、账实相符。上述物品的出库也必须按规定手续办理。

(4) 业务库款和发行库款必须分别列账,分别保管,严格划分,不得混淆。

(5) 建立定期或不定期的查库制度。查库不仅要查对库存实物,还要检查库房管理制度的贯彻执行情况。凡入库的现金、金银都必须有账记载,出入库须填制出入库票。库内不准存放其他物品。

各行必须建立查库制度。行长和出纳业务负责人要经常不定期查库。上级行对下级行也要不定期进行查库,查库时须携带查库介绍信。各行库应建立"查库登记簿"。运送现金、金银必须有两人以上武装押运。

第二节 营业现金出纳核算

一、柜员领取现金

柜员领交现金只限于普通柜员与现金柜员之间进行,普通柜员之间不允许相互调拨现金。营业机构柜员向现金柜员领取现金时,应填制"现金调拨单"(见表 3-1),一式两联,加盖个人名章,经出纳负责人审核签字后交现金柜员。

表 3-1 现金调拨单

账别:				调拨日期		年	月	日			第	号	
券别			合计	调出方									
				调入方									
捆			收款方签章:										
把			负责人:										
张													
大写金额			百	十	亿	千	百	十	万	千	百	十	元	角	分

付款方(柜员)   收款方(柜员)

现金柜员接到领款柜员交来的"现金调拨单",审查无误后加盖个人名章和"现金讫章",登记"现金收付清单",第二联"现金调拨单",连同现金交领款柜员。领款柜员收妥现金,根据"现金调拨单"第二联登记"库存现金尾箱登记簿"(见表 3-2)。

表 3-2 库存现金尾箱登记簿

账别:		年 月 日		第 页
项 目	金 额	本日箱内库存		
		券别	张 数	金 额
昨日箱内库存				
本日收入		壹佰元		
本日付出		伍拾元		
从业务库出库		贰拾元		
交业务库入库		拾元		
		伍元		

续表

项　　目	金　　额	本日箱内库存现金	
		贰元	
		壹元	
		伍角	
		贰角	
		壹角	
本日箱内库存	出纳员(交接)签章	伍分	
	初　点 | 复　点	贰分	
		壹分	
		损伤券	
		合计	
营业机构	负责人	柜员	打印

规格：连边 23cm×26cm。

使用说明：① 用于柜员尾箱库存现金的登记。手工输入后，日终由计算机自动产生打印。

② "券别"栏内容由币种确定，以上为人民币式样。

二、柜员上缴现金

营业机构柜员向现金柜员上缴现金时，应填制"现金调拨单"，一式两联并加盖个人名章，经出纳负责人审核签字后连同现金交现金柜员。现金柜员收妥现金后，在两联"现金调拨单"上加盖个人名章和"现金讫章"，登记"现金收付清单"，第一联"现金调拨单"，退交款柜员。交款柜员根据"现金调拨单"第一联登记"尾箱库存现金登记簿"。

三、收入和付款的核算

现金收入、付款的核算，根据业务的发生情况，由各个业务系统分别联动产生核算，摘要根据业务系统输入记账。柜员受理客户交来的现金和"现金交款单"或其他存款凭证时，清点现金、审查交款凭证要素无误后，应将确认的"现金交款单"第一联加盖"现金讫章"后退客户。会计分录如下：

借：现金——营业现金——××机构业务现金户

　　贷：单位活期存款——××申请人户

　　　　或　相关科目

柜员受理客户提交的现金支票或其他取款凭证时，按有关规定审查无误后，以现金支票或其他取款凭证作借方记账凭证。会计分录如下：

  借：单位活期存款——××申请人户

  或 相关科目

    贷：现金——营业现金——××机构业务现金户

四、现金长款的核算

  发生出纳长款应及时退还原主。当日无法退还的，营业终了前，按暂收款项列账处理。会计分录为：摘要"出纳长款"

  借：现金——营业现金——××金库分户

    贷：其他应付款——出纳长款——××金库分户

  同时登记"机构长、短款登记簿"。

  确实无法查清的长款，应按规定审批处理权限经上级行审批。经批准作为本行收益的，会计分录为：摘要"出纳长款"

  借：其他应付款——出纳长款户

    贷：营业外收入——出纳长款及结算长款收入户

  同时登记"机构长、短款登记簿"。

五、现金短款的核算

  发生出纳短款应及时收回。当日无法收回的，营业终了前，错款人应填制"出纳错款列账报告单"，经出纳负责人审核签章、主管人员批准后，按暂付款项列账处理。会计分录为：摘要"出纳短款"

  借：其他应收款——出纳短款——××金库分户

    贷：现金——营业现金——××金库分户

  同时登记"机构长、短款登记簿"。

  经授权列为本行损失的出纳短款，列支时，会计分录为：摘要"出纳短款"

  借：营业外支出——出纳短款户

    贷：其他应收款——出纳短款户

  同时登记"机构长、短款登记簿"。

第三节　中心金库现金出纳核算

一、现金出纳工作使用的会计科目

1. 现金

本科目用于核算和反映本行用于业务经营和经费开支方面的现金情况,属于资产类科目,余额反映在借方。本科目为一级科目,设置两个二级科目。

1) 营业现金

本科目用于核算和反映本行营业机构用于办理各类金融业务所使用现金的情况。本科目为总行、一级分行、直属分行、二级分行、县支行用科目。

营业机构收到客户存入的现金时,借记本科目,贷记"个人活期存款——活期储蓄存款"、"存放行内款项——资金清算"等有关科目;客户支取现金时,借记"个人活期存款——活期储蓄存款"、"存放行内款项——资金清算"等有关科目,贷记本科目。

本科目余额反映在借方。

营业现金为设有三级科目的二级科目,须按营业机构设置分户明细核算。

2) 库存现金

本科目用于核算和反映本行业务出纳库存的现金情况。本科目为二级分行、县支行用科目。

收到营业机构缴存的现金时,借记本科目,贷记"运送中现金"等有关科目;向营业机构下拨现金时,借记"运送中现金"等科目,贷记本科目。

收到从银行提入的现金时,根据现金收入凭证、现金支票等凭证,借记本科目,贷记"存放中央银行款项——准备金""存放同业——存放同业活期款项"等有关科目;将现金送存银行时,借记"运送中现金"等有关科目,贷记本科目。

本科目余额反映在借方。

本科目为设有三级科目的二级科目,按人员设置分户明细核算。

2．运送中现金

本科目用于核算和反映本行或代理他行运送业务现金在途的情况。本科目为总行、一级分行、直属分行、二级分行、县支行用科目。

营业机构上缴现金时,借记本科目,贷记"现金——业务现金——营业现金"科目;出纳收到营业机构上缴的现金时,借记"现金——业务现金——营业现金"科目,贷记本科目。出纳将现金送存其他银行时,借记本科目,贷记"现金——业务现金——营业现金"科目;收到银行的收款通知单时,借记"存放同业——存放同业活期款项"科目,贷记本科目。

出纳向营业机构下拨现金时,借记本科目,贷记"现金——业务现金——营业现金"科目;营业机构收到拨入的现金时,借记"现金——业务现金——营业现金"科目,贷记本科目。

本科目余额反映在借方。

本科目为一级科目,按机构设置分户明细核算。

3. 银行存款

本科目用于核算和反映本行用于经费方面支出的款项。本科目为总行、一级分行、直属分行、二级分行、县支行用科目。

增加银行存款时,借记本科目,贷记"营业外收入"等科目;支付税费时,借记"业务及管理费——印花税"等科目,贷记本科目。

本科目属于资产类科目,余额反映在借方。

本科目为一级科目,按机构设置分户明细核算。

4. 存放中央银行款项

本科目用于核算和反映本行存放于中国人民银行(以下简称"中央银行")的各种款项,包括业务资金的调拨、办理同城票据交换和异地跨系统资金汇划、提取或缴存现金等。本科目为总行、一级分行、直属分行、二级分行、县支行用科目。

本科目属于资产类科目,余额反映在借方。

本科目为一级科目,并按资金性质设置准备金等二级科目。

准备金,用于核算和反映本行存放在中国人民银行准备金账户款项的情况。本行通过中国人民银行领缴现金、行内资金调拨、行内资金清算、办理同城票据交换和异地跨行资金清算以及日常其他支付的款项均在本二级科目核算。

增加准备金存款时,借记本二级科目,贷记"存放中央银行款项""跨行清算资金往来""存放同业——存放同业活期款项"等有关科目;减少存款时,借记"存放同业——存放同业活期款项""拆出资金——拆放银行""跨行清算资金往来""现金——业务现金——营业现金""银行存款——经费存款"等有关科目,贷记本科目。收到存放款项的利息时,借记本二级科目,贷记"应收金融机构往来利息——央行利息"。

"准备金"科目为"存放中央银行款项"科目之下的二级科目,期末余额反映在借方。

5. 存放同业

本科目用于核算和反映本行存放于商业银行等金融机构款项的情况。本科目为总行、一级分行、直属分行、二级分行、县支行用科目。

本科目属于资产类科目,余额反映在借方。

本科目为一级科目,并按存款期限种类设置二级科目。

二、向中国人民银行领缴现金的核算

中心库向中国人民银行发行库提取现金时,由出纳员签开中国人民银行"现金支票",经出纳负责人和主管行长审批同意,在现金支票存根联上签字,由会计主管人员审核,加盖预留中国人民银行印鉴,交提款人向中国人民银行发行库提取现金。

出纳员根据支票存根,编制银行付款凭证,会计分录如下:

借:运送中现金——库存现金——××金库分户

贷:存放中央银行款项

现金提回后,应立即交管库员办理现金入库手续。填制"现金出/入库票"一式两联,由两名管库员签章,办理入库。会计分录如下:

借:现金——库存现金——××金库分户

贷:运送中现金——库存现金——××金库分户

三、向中国人民银行缴存现金的处理

向中国人民银行发行库缴存现金时,由管库员填制"现金出/入库票"一式两联和中国人民银行"现金交款单",经出纳负责人审核签章后办理现金出库手续。出库运送现金时,会计分录如下:

借:运送中现金——库存现金——××金库分户

贷:现金——库存现金——××金库分户

根据中国人民银行盖章退回的回单,作会计分录如下:

借:存放中央银行款项

贷:运送中现金——库存现金——××金库分户

实际存入银行的金额小于原入账金额的情况下,对于领回未存部分,会计分录为:

借:现金——库存现金——××金库分户

贷:运送中现金——库存现金——××金库分户

异常短款部分,会计分录为:

借:其他应收款——出纳短款

贷:存放中央银行款项

四、向同业领缴现金

与向中国人民银行领缴现金的流程一样,只是使用的会计科目不一样,与同业往来使用"存放同业清算款项——存××银行户"。

从同业提取现金时，由出纳员签开同业"现金支票"，经出纳负责人和主管行长审批同意，在现金支票存根联上签字，由会计主管人员审核，加盖预留中国人民银行印鉴，交提款人向同业业务库提取现金。

出纳员根据支票存根，编制银行付款凭证，会计分录为：

借：运送中现金——库存现金——××金库分户
　　贷：存放同业清算款项——存××银行户

清点无误入库时，会计分录为：

借：现金——库存现金——××金库分户
　　贷：运送中现金——库存现金——××金库分户

向同业业务库交存现金时，由会计填制"现金出/入库票"一式两联和同业"现金交款单"，经出纳负责人审核签章后办理现金出库手续。出库运送现金时，会计分录为：

借：运送中现金——库存现金——××金库分户
　　贷：现金——库存现金——××金库分户

根据同业盖章退回的回单，作会计分录如下：

借：存放同业清算款项——存××银行户
　　贷：运送中现金——库存现金——××金库分户

五、内部现金调拨的核算

1. 商业银行系统内不同核算单位之间的现金调剂

商业银行系统内不同核算单位之间的现金调剂，通常可以通过一方向当地中国人民银行或其他金融机构存款，另一方支取的方式解决。如果当地中国人民银行机构撤销或无其他金融机构时，通过系统内不同核算单位间的现金调拨实行的调拨，均采用申请审批调拨的流程模式。

调出时，上级行下达"资金调拨单"（见表 3-3），调出方财会部门接到调款命令，登记"内部现金调拨"登记簿，签发"现金出/入库票"一式三联，和"现金交款单"一式两联，经出纳负责人审核签章后办理现金出库手续。调出方的会计分录为：

借：运送中现金——库存现金——××金库分户
　　贷：现金——库存现金——××金库分户

收到调入方盖章退回的缴款单回单，会计分录为：

借：存放行内款项——现金调剂
　　贷：运送中现金——库存现金——××金库分户

调入方接到上级下发的资金调拨通知，作会计分录为：

借：运送中现金——库存现金
　　贷：存放行内款项——现金调剂

表 3-3　资金调拨单

××中心　　　　　　　　　××××年××月××日　　　　　　　　　单位：元

转出存款单位名称		转出清算账号	
转入存款单位名称		转入清算账号	
金额		起息日	
摘要			
备注			

负责人：　　　　　　　　　　经办人：

说明：此通知单系统日终自动下发至转出方中心、转入方中心，各中心在收到此通知信息后，自动进行相关账务处理。

调入方收到调入的现金和"现金交款单"一式两联，根据上级下发的资金调拨通知核点现金无误，一联留存，一联盖章退给押款人，会计分录为：

　　借：现金——库存现金——××金库分户
　　　　贷：运送中现金——库存现金——××金库分户

2. 营业机构缴拨款、核算单位内金库间现金调拨的处理

适用于营业机构与其指定的上级机构(缴拨款关系对应机构)间的资金调拨。

(1) 由上级中心金库办理调出手续，营业机构办理现金入库。

中心金库调出时，会计分录为：

　　借：运送中现金——库存现金——××金库分户
　　　　贷：现金——库存现金——××金库分户

营业机构现金提回后，将提回的现金与"现金调拨单"核对无误后，填制"现金入库票"一式两联。会计分录为：

　　借：现金——库存现金——××金库分户
　　　　贷：运送中现金——库存现金——××金库分户

(2) 营业机构向中心库或分金库上缴现金的处理与提取时的核算相反。

中心金库的会计分录为：

　　借：现金——库存现金——××金库分户
　　　　贷：运送中现金——库存现金——××金库分户

营业机构的会计分录为：

　　借：运送中现金——库存现金——××金库分户
　　　　贷：现金——库存现金——××金库分户

六、票币的整点挑剔与损伤票币的兑换

(一)票币的整点与挑剔

为了节约现金使用，提高现金收入的抵用率，保证付出票币的准确、整洁，按中国人民银行的相关规定，投放市场的票币必须做到七成新，对日常收入的票币，银行出纳部门要随时做好整点与挑剔。发现挖补、拼凑和揭去一面等票币，须及时追查，并向有关部门报告；如确系交款单位误收的，按规定予以兑换。发现票样，是误收的可以兑换，并按票样编号报中国人民银行追查。发现假币，应予以没收并报告有关部门。发现疑点钞券，不能肯定真伪的，应提出具体疑点，报上级行或当地中国人民银行鉴定。

对在流通过程中因长期使用磨损或由于自然灾害等特殊原因以致不能再继续流通的票币即损伤票币，应将其剔出。挑剔损伤票币，既要考虑市场票币的整洁，又要贯彻节约的原则。挑剔时，按以下标准掌握。

(1) 票面缺少一块，损及行名、花边、字头、号码、国徽之一者。
(2) 裂口超过 1/3 者或票面裂口损及花边图案者。
(3) 纸质较旧、四周或中间有裂缝，或票面断开又粘补者。
(4) 票面由于油浸、墨渍造成脏污的，面积较大或涂写字迹过多，妨碍票面整洁者。
(5) 票面变色严重影响图案清晰者。
(6) 硬币破缺、穿孔、变形或磨损，氧化腐蚀破坏部分花纹者。

整点票币必须做到点数准确、残钞挑净、平铺整齐、捆把扎紧、盖章清晰。收入票币经过整点，按不同券别平铺捆扎，每 100 张为 1 小把，用纸条结扎腰间。每 10 小把为 1 捆，用线绳以双十字捆紧；硬币每 100 枚或 50 枚为 1 卷，10 卷为 1 捆。每把(卷)须加盖带行号和经手人的名章，每捆应在其绳头结扣处粘贴封签，注明券别、金额、封捆日期以及经办人名章。整点票币结束后，填写一式两联的入库票，按数办理交接入库手续。

(二)损伤票币的兑换

损伤票币的兑换，应按照国家公布的《残缺人民币兑换办法》办理。

(1) 凡票面残缺不超过 1/5，其余部分的图案、文字能照原样连接者；票面残缺污损、熏焦、水湿、油浸、变色，但能辨别真假；票面完整或残缺不超过 1/5，票面其余部分的图案、文字，能照原样连接者，均可按原票面额给予全额兑换。

(2) 如果票面残缺超过 1/5 以上至 1/2 者，其余部分图案、文字能照原样连接者，可照原面额半额兑换。

(3) 凡票面残缺 1/2 以上者，或者票面污损、熏焦、水湿、油浸、变色不能辨别真假者；以及故意挖补、涂改、剪贴、拼凑、揭去一面者，均不予兑换。

损伤票币的兑换需经两人共同鉴定，并当着顾客的面在损伤票币上加盖"全额"或"半额"戳记。如遇特殊原因的损伤票币需放宽标准的，兑换时须经有关领导批准。

第四章

现代化支付系统的会计处理

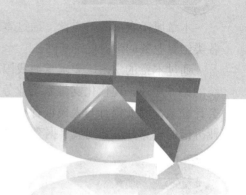

本章精粹：

- 现代化支付系统概述
- 现代化支付系统业务核算
- 商业银行行内汇划业务的核算
- 商业银行与人民银行往来的核算
- 商业银行间同业存款的核算
- 商业银行间同业拆借的核算
- 同城票据交换业务的核算

学习目的与要求

本章属于全书的重点章,通过本章的学习,了解我国支付结算及清算的整体框架,为各类结算业务的学习奠定基础。

通过本章的学习,要求掌握我国现代化支付系统的构成,小额批量和大额实时支付系统的结算途径,现代化支付系统业务核算分录,商业银行行内汇划业务核算的基本做法、会计分录,商业银行与人民银行往来的核算分录,银行间同业存款的核算分录,银行间同业拆借的核算分录和同城票据交换业务的核算分录。

关键词

中国现代化支付系统 大额实时支付系统 小额批量支付系统 行内汇划系统 支付准备金 法定准备金 同业存款 同业拆借 同城票据交换 金融机构往来 再贴现 转贴现

金融机构往来是指商业银行内部上下级之间,商业银行与人民银行之间,商业银行与商业银行之间,以及商业银行与非银行金融机构之间,由于办理资金划拨、拆借、票据交换以及债权债务清算等业务而引起的资金账务往来。

现代化支付系统是金融机构往来业务的核心系统。我国现代化支付系统包括中国人民银行现代化支付系统、中国人民银行票据交换系统和商业银行系统内资金汇划系统构成的多元化资金清算体系,这些系统为客户搭建了更加便捷的支付结算渠道。

第一节 现代化支付系统概述

随着我国金融业信息时代的到来,上至中央银行下至商业银行营业网点的业务处理,共同迎接信息时代的流程再造。崭新的即将彻底淘汰传统联行往来结算模式的中国现代化支付系统(CNAPS),正迅速在全国铺开。中国现代化支付系统包括大额实时支付系统和小额批量支付系统,当大额实时支付系统和小额批量支付系统推广到全国时,即取消全国手工联行。

中国现代化支付系统是中国人民银行按照我国支付清算的需要,利用现代计算机技术和通信网络自主开发建设的,能够高效、安全处理各银行办理的异地、同城各种支付业务及其资金清算和货币市场交易的资金清算的应用系统。

中国现代化支付系统是我国重要的金融基础设施,是各银行和货币市场的公共支付清算平台,是中国人民银行发挥其金融服务职能的重要的核心支持系统,是连接商品交易和社会经济活动的资金"大动脉"。

一、中国现代化支付系统的构成

中国现代化支付系统基本由两个业务应用系统，即大额实时支付系统(HVPS)和小额批量支付系统(BEPS)组成。

(一)大额实时支付系统

大额实时支付系统(以下简称大额支付系统)是金融基础设施的核心系统，是连接社会经济活动及其资金运行的"大动脉""金融高速公路"。一般大额业务的处理流程如图 4-1 所示。

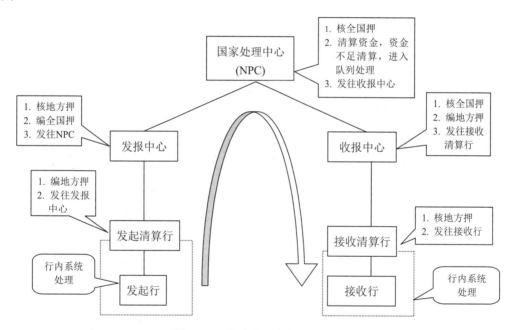

图 4-1　一般大额业务的处理流程

2005 年 6 月，中国人民银行建成大额支付系统，并实现该系统与各银行业金融机构行内支付系统、中央债券综合业务系统、银行卡支付系统、人民币同业拆借和外汇交易系统等多个系统以及香港地区、澳门地区人民币清算行的连接，为银行业金融机构及金融市场提供安全高效的支付清算服务，支持香港地区、澳门地区人民币清算业务。

大额支付系统主要处理跨行同城、异地每笔金额在规定起点以上的贷记支付业务、紧急的金额在规定起点以下的贷记支付业务及城市商业银行汇票资金移存和兑付业务。大额支付系统实时逐笔发送支付指令，全额方式清算资金，旨在为各银行和广大企事业单位以及金融市场提供快速、安全、可靠的支付清算服务。

1．大额支付系统参与者

大额支付系统参与者分为直接参与者、间接参与者和特许参与者。直接参与者，是指直接与支付系统城市处理中心连接，并在中国人民银行开设清算账户的银行机构以及中国人民银行地市级(含)以上中心支行(库)；间接参与者，是指未在中国人民银行开设清算账户而委托直接参与者办理资金清算的银行和非银行金融机构以及中国人民银行县(市)支行(库)；特许参与者，是指经中国人民银行批准通过大额支付系统办理特定业务的机构。

2．清算账户的开立

经中国人民银行批准的直接参与者和特许参与者需要在中国人民银行总行开设用于资金清算的存款账户。清算账户由大额支付系统参与者及其分支行负责管理，集中摆放在国家处理中心。小额支付系统和大额支付系统共享清算账户资金。

3．大额支付系统的结算途径

大额支付系统处理的支付业务，其信息从发起行发起，经发起清算行、发报中心、国家处理中心(NPC)、收报中心、接收清算行，至接收行止。

发起行是向发起清算行提交支付业务的参与者。

发起清算行是向支付系统提交支付信息并开设清算账户的直接参与者或特许参与者。发起清算行也可作为发起行向支付系统发起支付业务。

发报中心是向国家处理中心转发发起清算行支付信息的城市处理中心。

国家处理中心是接收、转发支付信息，并进行资金清算处理的机构。

收报中心是向接收清算行转发国家处理中心支付信息的城市处理中心。

接收清算行是向接收行转发支付信息并开设清算账户的直接参与者。

接收行是从接收清算行接收支付信息的参与者。接收清算行也可作为接收行接收支付信息。

发起清算行与发报中心，接收清算行与收报中心之间发送和接收支付业务信息，应采取联机方式。出现联机中断或其他特殊情况时，可以采用磁介质方式。

4．大额支付系统处理的业务种类

大额支付系统处理下列支付业务：规定金额起点以上的跨行贷记支付业务；规定金额起点以下的紧急跨行贷记支付业务；商业银行行内需要通过大额支付系统处理的贷记支付业务；特许参与者发起的即时转账业务；城市商业银行银行汇票资金的移存和兑付资金的汇划业务；中国人民银行会计营业部门、国库部门发起的贷记支付业务及内部转账业务；中国人民银行规定的其他支付清算业务。

(二)小额批量支付系统

小额批量支付系统(以下简称小额支付系统)主要处理跨行同城、异地的借记支付业务以及金额在规定金额以下的贷记支付业务。小额支付系统定时批量发送支付指令，轧差净额方式清算资金，支撑各种支付工具的应用，旨在为社会提供低成本、大业务量的支付清算服务，为社会公众办理网上支付、电话支付等电子支付业务提供了全天候的支付清算业务，满足社会各种经济活动的需求。

"小额"是指规定起点以下的金额，上海市小额支付系统上线后，小额支付系统普通贷记业务金额上限为 2 万元(含)。普通贷记业务外的贷记退汇业务、借记业务等没有金额上限。

"批量"是指小额支付系统对业务进行组包并批量发送，实时贷记业务包、实时借记业务包，每包限一笔业务；其他业务包每包业务不超过 2000 笔。

1．小额支付系统参与者

小额支付系统参与者分为直接参与者、间接参与者和特许参与者。直接参与者，是指直接与支付系统城市处理中心连接并在中国人民银行开设清算账户的银行业金融机构以及中国人民银行地(市)以上中心支行(库)；间接参与者，是指未在中国人民银行开设清算账户而委托直接参与者办理资金清算的银行业金融机构以及中国人民银行县(市)支行(库)；特许参与者，是指经中国人民银行批准通过小额支付系统办理特定支付业务的机构。

2．小额支付系统处理的业务种类

小额支付系统处理同城、异地的借记支付业务以及金额在规定起点以下的贷记支付业务。

同城业务，是指同一城市处理中心的参与者相互间发生的支付业务。异地业务，是指不同城市处理中心的参与者相互间发生的支付业务。

小额支付系统直接参与者、特许参与者与城市处理中心之间发送和接收支付信息，应当采取联机方式。出现联机中断或其他特殊情况时，可以采取磁介质方式。

3．小额支付系统的结算途径

小额支付系统处理的同城贷记支付业务，其信息从付款行发起，经付款清算行、城市处理中心、收款清算行，至收款行止。

小额支付系统处理的异地贷记支付业务，其信息从付款行发起，经付款清算行、付款行城市处理中心、国家处理中心、收款行城市处理中心、收款清算行，至收款行止。

小额支付系统处理的同城借记支付业务，其信息从收款行发起，经收款清算行、城市处理中心、付款清算行、付款行后，付款行按规定时限发出回执信息原路径返回至收款行止。

小额支付系统处理的异地借记支付业务，其信息从收款行发起，经收款清算行、收款行城市处理中心、国家处理中心、付款行城市处理中心、付款清算行、付款行后，付款行按规定时限发出回执信息原路径返回至收款行止。

付款清算行，是指向小额支付系统提交贷记支付业务信息或发起借记支付业务回执信息的直接参与者。

收款清算行，是指向小额支付系统提交借记支付业务信息，并接收借记支付业务回执信息或贷记支付业务信息的直接参与者。

付款行城市处理中心，是指付款行所属的城市处理中心。

收款行城市处理中心，是指收款行所属的城市处理中心。

小额支付系统处理的支付业务一经轧差即具有支付最终性，不可撤销。

银行业金融机构收到已轧差的贷记支付业务信息或已轧差的借记支付业务回执信息时应当贷记确定收款入账户。

支付业务信息在小额支付系统中以批量包的形式传输和处理。

各商业银行在加入国家现代化支付系统后，所发生的一切结算业务全部通过现代化支付系统结算。

中国现代化支付系统的网络采用虚拟或专用网络，以地面网为主，卫星网备份。

中国现代化支付结算系统的清算关系可用图 4-2 来表示。

二、中国现代化支付系统的特点

我国各商业银行清算组织的一个重要特点是分散的以城市处理中心为业务服务单元的组织模式。这种模式的清算特点是：各商业银行的城市处理中心(二级分行)为辖属经办汇划业务的银行集中提供清算服务，根据结算对象是否属于本行机构进行处理，属于本行异地的通过行内汇划系统经总行清算中心送达收报清算行城市中心，再转给接收经办行；属于同城跨行的结算业务，提交中国人民银行同城票据交换所进行票据交换清算处理；属于异地跨行的结算业务，送经中国人民银行城市处理中心转中国人民银行总行处理中心至接收行所在地的中国人民银行城市处理中心再转汇入商业银行的清算中心到接收经办行。在结算业务办理过程中，根据时限和金额大小选用小额支付系统或大额支付系统处理。

第四章　现代化支付系统的会计处理

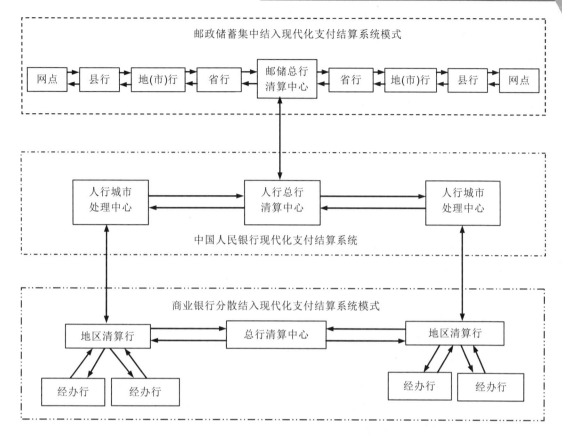

图 4-2　商业银行行内汇划结算与中国人民银行现代化支付结算系统清算关系图

三、商业银行在现代化支付系统中资金头寸清算的有关规定

直接参与者和特许参与者经批准参与大额支付系统的，中国人民银行当地分支行应将其清算账户信息发送国家处理中心，并于次日生效。直接参与者和特许参与者应在其清算账户存有足够的资金，用于本机构及所属间接参与者支付业务的资金清算。

国家处理中心对清算账户中不足清算的支付业务，按以下队列排队等待清算：错账冲正；特急大额支付(救灾、战备款项)；日间透支利息和支付业务收费；同城票据交换轧差净额清算；紧急大额支付；普通大额支付和即时转账支付。

直接参与者根据需要可以对特急、紧急和普通大额支付在相应队列中的先后顺序进行调整。各队列中的支付业务按顺序清算，前一笔业务未清算的，后一笔业务不得清算。

中国人民银行根据协定和管理的需要，可以对直接参与者的清算账户设置自动质押融资机制和核定日间透支限额，用于弥补清算账户流动性不足。同一直接参与者在同一营业日只能使用自动质押融资机制或核定的日间透支限额。

同城票据交换等轧差净额清算时，国家处理中心按以下程序处理：对应贷记清算账户的差额，作贷记处理；对应借记清算账户的差额，清算账户头寸足以支付的作借记处理，不足以支付的作排队处理；一场同城票据交换轧差净额未全部清算完毕，不影响当日以后各场差额的清算；清算窗口关闭之前，所有排队等待清算的同城票据交换等轧差净额必须全部清算。

大额支付系统设置清算窗口时间，用于清算账户头寸不足的直接参与者筹措资金。在预定的时间，国家处理中心发现有透支或排队等待清算的支付业务时，打开清算窗口。在清算窗口时间内，处理弥补透支和清算排队的支付业务后，立即关闭清算窗口，进行日终处理。

清算窗口时间内，大额支付系统仅受理电子联行来账业务和用于弥补清算账户头寸的支付业务。清算窗口时间内，清算账户头寸不足的直接参与者应按以下顺序及时筹措资金：向其上级机构申请调拨资金；从银行间同业拆借市场拆借资金；通过债券回购获得资金；通过票据转贴现或再贴现获得资金；向中国人民银行申请再贷款。

清算窗口时间内，已筹措的资金应按以下顺序清算：错账冲正；特急大额支付(救灾、战备款项)；弥补日间透支；日间透支利息和支付业务收费；同城票据交换等轧差净额清算；紧急大额支付；普通大额支付和即时转账支付。

清算账户禁止隔夜透支。在清算窗口关闭前的预定时间，国家处理中心退回仍在排队的大额支付和即时转账业务。对直接参与者清算账户资金仍不足的部分，由中国人民银行当地分支行按规定提供高额罚息贷款。

中国人民银行总行及其分支行可查询所管辖的直接参与者的清算账户余额，并可通过设定余额警戒线，监视清算账户余额情况。各银行总行及其分支机构可查询本行及所属直接参与者清算账户的余额，并可通过设定余额警戒线，监视清算账户的余额情况。行间不能相互查询，同级行之间不能相互查询，下级行不能查询上级行清算账户的有关信息。中国人民银行总行及其分支行根据防范风险和管理的需要可以对直接参与者和特许参与者清算账户实行余额控制和借记控制。

实行清算账户余额控制时，清算账户不足控制金额的，该清算账户不得被借记；超过该控制金额的部分可以被借记。实行清算账户借记控制时，除中国人民银行发起的错账冲正和同城票据交换等轧差净额外，其他借记该清算账户的支付业务均不能被清算。直接参与者申请撤销清算账户的，中国人民银行当地分支行通过大额支付系统向国家处理中心发送撤销清算账户的指令。撤销指令生效日起的第三个营业日日终，清算账户余额为零时，国家处理中心自动进行销户处理。清算账户余额不为零时，国家处理中心顺延清算账户的销户日期。

第二节 现代化支付系统业务核算

一、大额支付系统

(一)大额支付系统概述

建设大额支付系统的目的,是为了给各银行和广大企业单位以及金融市场提供快速、高效、安全、可靠的支付清算服务,防范支付风险。同时,该系统对中央银行更加灵活、有效、迅速地实施货币政策具有重要作用。大额支付系统实行逐笔实时处理,全额清算资金。该系统用于处理同城和异地、商业银行跨行之间和行内的大额贷记及紧急的小额贷记支付业务,以及中国人民银行系统的贷记支付业务。

目前,我国银行业为社会提供的支付业务主要分为三类。

一是贷记支付业务,即付款行向收款行主动发起的付款业务,包括汇兑、委托收款划回和托收承付划回等;二是借记支付业务,即收款人开户行接受本行客户委托,对信用度高的见票即付的支付工具直接支付后,向付款人开户行收取垫付款项的业务,包括银行汇票、国内信用证、银行本票、支票和旅行支票;三是其他支付业务,如商业汇票、银行卡以及其他创新的支付业务。

(二)大额支付系统处理的业务种类

大额支付系统处理的支付业务暂不设定金额起点。各政策性银行、商业银行、城乡信用合作社(以下全部简称银行)发起的异地跨行贷记支付业务,中国人民银行会计营业部门、国库部门发起的贷记支付业务及内部转账业务应通过大额支付系统办理;同城范围内各银行的跨行贷记支付业务、行内异地汇划业务,可根据需要通过大额支付系统办理。

特许参与者发起的即时转账业务、城市商业银行签发银行汇票资金的移存和兑付资金的汇划暂不通过支付系统处理。

(三)大额支付系统的会计科目设置

1. 存款类科目

(1) ××银行准备金存款。本科目为负债类科目,中国人民银行使用,核算直接与支付系统城市处理中心连接并在中国人民银行开设清算账户的银行机构存放在中国人民银行的法定准备金和超额准备金。该科目借方登记中国人民银行对商业银行的负债减少金额,包括商业银行提款、清算往来支付的转账支付差额等;贷方登记中国人民银行对商业银行的负债增加金额,包括商业银行向中国人民银行存款、清算往来支付的转账收入差额等,余额在贷方反映。各商业银行日终存放在中国人民银行的法定准备金不得低于按各商业银行吸收的存款与法定存款准备金率计算的法定准备金数额。

本科目按直接参与者(不包括中国人民银行机构)、特许参与者分设账户。

(2) 其他存款。本科目为负债类科目,中国人民银行使用,核算经中国人民银行批准通过大额支付系统办理特定业务的机构用于清算的资金和支付业务收费的归集、划拨等。该科目借方登记中国人民银行对特定业务的机构的负债减少金额,包括特定业务的机构提款、清算往来支付的转账支付差额等。贷方登记中国人民银行对特定业务机构的负债增加金额,包括特定业务机构向中国人民银行存款、清算往来支付的转账收入差额等。本科目余额在贷方反映。

本科目按特定业务的机构(不包括中国人民银行机构)分设账户。

2. 联行类科目

(1) 大额支付往来科目。本科目属于共同类科目,具有资产与负债的双重属性,发起结算信息和接收结算信息的中国人民银行使用本科目。通过大额支付系统结算时,发送借记业务和接收贷记业务借记本科目,发送贷记业务和接收借记业务贷记本科目,余额在借方时,汇总反映本行办理大额支付结算业务产生的债权;余额在贷方时,汇总反映本行办理大额支付结算业务产生的债务。年终,本科目余额全额转入"支付清算资金往来"科目,结转后余额为零。

本科目按参与大额支付结算业务的中国人民银行分支行的会计营业部门、国库部门和电子联行转换中心等机构分设账户。

(2) 支付清算资金往来科目。本科目核算支付系统发起清算行和接收清算行通过大额支付系统办理的支付结算汇差款项。本科目属于共同类科目,具有资产与负债的双重属性。

年终,"大额支付往来"科目余额对清后,结转至本科目,余额轧差反映。国家处理中心将各行(库)支付清算资金往来账户的余额保留,纳入下一年度每一营业日的账务平衡。

本科目按参与大额支付结算业务的中国人民银行分支行的会计营业部门、国库部门和电子联行转换中心等机构分设账户。

3. 汇总平衡科目

本科目属于平衡国家处理中心代理中国人民银行分支行(库)账务处理,不纳入中国人民银行(库)的核算,可将其理解为国家处理中心对中国人民银行分支行(库)的债务科目。

(四)大额支付业务的核算

1. 商业银行发起大额支付业务的处理

(1) 商业银行行内业务处理系统未与前置机(中国人民银行现代化支付系统前置机是完

成商业银行行内汇划业务系统接入中国人民银行现代化支付系统的计算机系统)直连的,银行根据发起人提交的原始凭证和要求,确定普通、紧急的优先级次(救灾战备款为特急,低于规定的大额金额起点的,应设定为紧急),并由业务操作员录入、复核,系统自动逐笔加编地方密押后发送发报中心,待国家处理中心清算资金后接收回执。

(2) 商业银行行内业务处理系统与前置机直连的,根据发起人提交的原始凭证和要求,行内业务处理系统将规定格式标准的支付报文发送前置机系统,由前置机系统自动逐笔加编地方密押后发送发报中心,待国家处理中心清算资金后接收回执。

2. 中国人民银行会计营业部门发起大额支付业务的处理

(1) 县级中国人民银行会计营业部门发起大额支付业务的,在中央银行会计集中核算系统县级网点录入、复核相关业务信息,并发送至地市级中国人民银行会计营业部门。地市级中国人民银行会计营业部门收到县级网点发来的大额支付业务,确认无误后进行账务处理,并逐笔加编地方密押后发送发报中心,待国家处理中心清算资金后接收回执。

(2) 地市及以上中国人民银行会计营业部门发起大额支付业务的,在中央银行会计集中核算系统录入、复核相关业务信息,进行账务处理后,逐笔加编地方密押发送发报中心,待国家处理中心清算资金后接收回执。

3. 发报中心的处理

发报中心收到发起清算行发来的支付信息,确认无误后,逐笔加编全国密押,实时发送国家处理中心。

4. 国家处理中心的处理

国家处理中心收到发报中心发来的支付报文,逐笔确认无误后,分情况进行以下账务处理。

(1) 发起清算行、接收清算行均为商业银行的,会计分录为:

借:××银行准备金存款——××行户
　　贷:大额支付往来——中国人民银行××行户

借:大额支付往来——中国人民银行××行户
　　贷:××银行准备金存款——××行户

(2) 发起清算行为商业银行,接收清算行为中国人民银行会计营业部门或国库部门的,会计分录为:

借:××银行准备金存款——××行户
　　贷:大额支付往来——中国人民银行××行户

借:大额支付往来——中国人民银行××行(库)户
　　贷:汇总平衡——中国人民银行××行(库)户

(3) 发起清算行为中国人民银行会计营业部门或国库部门，接收清算行为商业银行的，会计分录为：

借：汇总平衡——中国人民银行××行(库)户
　　贷：大额支付往来——中国人民银行××行(库)户
借：大额支付往来——中国人民银行××行户
　　贷：××银行准备金存款——××行户

(4) 发起清算行为商业银行的，其清算账户头寸不足时，国家处理中心将该笔支付业务进行排队处理。

5. 日终处理

日终，清算窗口关闭后，国家处理中心以中国人民银行××行(库)为单位，将其管理的清算账户、大额支付往来、支付清算资金往来和汇总平衡科目账户当日累计发生额和余额以及各行(库)大额支付往来累计发生额和余额分别进行试算平衡。试算平衡后，立即下载账务信息和核对支付信息。

1) 账务信息下载及核对

(1) 国家处理中心下载账务信息的处理。国家处理中心试算平衡后，以中国人民银行××行(库)为单位将其所管理的清算账户、大额支付往来的上一日余额、当日借方发生额、当日贷方发生额和当日余额下载至相应的中国人民银行会计营业部门和国库部门。

(2) 中国人民银行会计营业部门和国库部门收到账务信息的处理。中国人民银行会计营业部门和国库部门收到账务信息后，分别纳入各行(库)业务核算系统进行试算平衡。试算平衡的，国家处理中心于当日夜间将账户明细信息下载至城市处理中心存储，次日由中国人民银行会计营业部门或国库部门根据需要向城市处理中心查询下载。试算不平衡的，转入暂收(付)款项科目，可以向国家处理中心发出下载账务明细信息的申请。国家处理中心收到申请后，及时将申请行(库)所管理的清算账户、大额支付往来、支付清算往来、汇总平衡科目当日的账务明细信息下载至申请行(库)。申请下载行(库)收到国家处理中心下载的账务明细信息后，将下载账务明细与当日存档的账务明细进行核对，查找账务不平衡的原因，查清后，按规定调整账务。

已申请并成功下载账务明细的中国人民银行会计营业部门和国库部门，不能再次申请下载账务明细信息。

2) 日终国家处理中心与城市处理中心的信息核对

(1) 国家处理中心下载核对信息的处理。国家处理中心在账务信息下载后，将当日发生的大额支付业务的总笔数、总金额及各类支付报文(含即时转账通知区分被借记、被贷记)的总笔数、总金额按规定格式发送相关的城市处理中心。

下载以上核对信息的同时，国家处理中心将当日银行间同业拆借信息下载至城市处理中心，并由城市处理中心转发中国外汇交易系统。

(2) 城市处理中心收到核对信息的处理。城市处理中心收到核对信息后，自动与存档的大额支付业务、各类支付报文(含即时转账通知)的总笔数、总金额进行核对。

当支付信息核对不符时，立即向国家处理中心申请下载不符信息的明细，并以国家处理中心下载的明细信息为准进行调整。

6．年终处理

1) 账务结转

(1) 大额支付往来科目的结转。年度最后一个工作日，国家处理中心完成日终试算平衡，并将日终账务信息下载后，立即将大额支付往来科目余额以人民银行××行(库)为单位，结转到支付清算资金往来科目。如大额支付往来科目为借方余额的，会计分录为：

借：支付清算资金往来——××行(库)户
　　贷：大额支付往来——××行(库)户

如大额支付往来科目为贷方余额的，会计分录相反。

国家处理中心将各行(库)支付清算资金往来账户的余额保留，纳入下一年度每一营业日的账务平衡。

中国人民银行会计营业部门和国库部门接收国家处理中心日终下载的账务信息，进行自身试算平衡后，办理年度账务结转，将"大额支付往来科目"余额结转"支付清算资金往来"科目。

(2) 汇总平衡科目的结转。年终总的试算平衡结束后，国家处理中心以中国人民银行行(库)为单位，将汇总平衡科目借方或贷方余额结转为下年度的期初余额。

(3) 清算账户的结转。年终总的试算平衡结束后，国家处理中心分别将每一个清算账户的借方或贷方余额结转为下年度的期初余额。

2) 支付清算资金往来科目余额的核对

国家处理中心账务结转后，将支付清算资金往来账户余额下载至中国人民银行会计营业部门和国库部门。

中国人民银行行(库)收到下载的支付清算资金往来账户余额，与自身结转存档的支付清算资金往来科目的余额进行核对。核对不符的，以国家处理中心下载的余额为准进行账务调整，纳入暂收(付)款项科目核算，查明原因后进行相应的处理。

二、小额支付系统

(一)小额支付系统概述

小额支付系统在一定时间内对多笔支付业务进行轧差处理，净额清算。建设小额支付系统的目的，是为社会提供低成本、大业务量的支付清算服务，支撑各种支付业务的使用，满足社会各种经济活动的需要。该系统处理同城和异地纸凭证截留的商业银行跨行之间的定期借记和定期贷记支付业务，中央银行会计和国库部门办理的借记支付业务，以及每笔金额在规定起点以下的小额贷记支付业务。小额支付系统采取批量发送支付指令，轧差净额清算资金。

小额支付系统与大额支付系统在同一物理平台上运行，并与大额支付系统共享主机、通信、存储、基础数据及清算账户资源。小额支付系统的布局充分考虑了我国幅员辽阔、业务量大、各地业务量不均衡等实际情况。为避免业务集中于一个节点而带来过大的处理压力，降低运行风险，系统采用了两级两层结构：第一层是NPC(国家处理中心)，第二层是CCPC(城市处理中心)。NPC通过专用通信网络分别与各CCPC连接，各参与者通过所属CCPC接入支付系统。NPC负责接收、转发跨CCPC的支付业务和信息，并对跨CCPC的支付业务进行轧差清算；CCPC负责接收、转发同一CCPC覆盖范围内的支付业务和信息，并对同一CCPC覆盖范围内的支付业务进行轧差清算。

(二)小额支付系统处理的业务种类

小额支付系统主要处理跨行同城、异地纸质凭证截留的借记支付业务以及金额在规定起点以下的小额贷记支付业务。小额支付系统批量或实时发送支付指令，轧差净额清算资金，主要服务于日常消费性支付，能够支撑多种支付工具的应用，主要处理以下七种类型的业务。

1) 普通贷记支付业务

普通贷记支付业务是指付款行向收款行主动发起的付款业务。它包括下列业务种类：汇兑、委托收款划回、托收承付划回、国库贷记汇划业务、网银贷记支付业务和中国人民银行规定的其他普通贷记支付业务。

目前，小额支付系统处理贷记业务的金额上限为2万元，即只有金额不超过2万元的贷记支付业务可以通过小额支付系统处理，对金额超过2万元的业务应通过大额支付系统处理。中国人民银行可根据管理需要对金额上限适时调整。

2) 定期贷记支付业务

定期贷记支付业务是指付款行依据当事各方事先签订的协议，定期向指定收款行发起的批量付款业务。它包括下列业务种类：代付工资业务，代付保险金、养老金业务和中国人民银行规定的其他定期贷记支付业务。

定期贷记支付业务的特点是单个付款人同时向多个收款人发起付款指令。定期贷记支付业务也受金额上限的控制。

3) 普通借记业务

普通借记业务是指收款人通过其开户银行向付款人开户银行主动发起的收款业务。它包括中国人民银行机构间的借记业务、国库借记汇划业务和支票截留业务等。

4) 定期借记支付业务

定期借记支付业务是指收款行依据当事各方事先签订的协议，定期向指定付款行发起的批量收款业务。它包括下列业务种类：代收水、电、煤气等公用事业费业务，国库批量扣税业务和中国人民银行规定的其他定期借记支付业务。

定期借记支付业务的特点是单个收款人向多个付款人同时发起收款指令。

5) 实时贷记支付业务

实时贷记支付业务是指付款人委托其开户银行发起的，将确定款项实时划拨到指定收款人账户的业务。它包括下列业务种类：个人储蓄通存业务和中国人民银行规定的其他实时贷记支付业务。

6) 实时借记支付业务

实时借记支付业务是指收款人委托其开户银行发起的，从指定付款人账户实时扣收确定款项的业务。它包括下列业务种类：个人储蓄通兑业务、对公通兑业务、国库实时扣税业务和中国人民银行规定的其他实时借记支付业务。

7) 信息服务业务

信息服务业务是指支付系统参与者间相互发起和接收的，不需要支付系统提供资金清算服务的数据信息，例如清算组织提交给商业银行的代收、代付信息和支票圈存信息等。

(三)小额支付系统的会计科目设置

1. 存款类科目

××银行准备金存款。本科目为负债类科目，中国人民银行使用，核算金融机构存放在中国人民银行的法定准备金和超额准备金。其他存款科目核算特许参与者用于支付业务收费的归集、划拨等。

该科目借方登记中国人民银行对商业银行的负债减少金额，包括商业银行提款、清算往来支付的转账支付差额等。贷方登记中国人民银行对商业银行的负债增加金额，包括商业银行向中国人民银行存款、清算往来支付的转账收入差额等。余额在贷方反映。各商业银行日终存放在中国人民银行的法定准备金不得低于按各商业银行吸收的存款与法定存款准备金率计算的法定准备金数额。

本科目按直接参与者(不包括中国人民银行机构)、特许参与者分设账户。

2. 联行类科目

(1) 小额支付往来科目。本科目核算支付系统发起清算行和接收清算行通过小额支付系统办理的支付结算往来款项，余额轧差反映。年终，本科目余额全额转入"支付清算资金往来"科目，余额为零。

本科目按中国人民银行分支行的会计营业部门、国库部门等机构分设账户。

(2) 支付清算资金往来科目。本科目核算支付系统发起清算行和接收清算行通过小额支付系统和大额支付系统办理的支付结算汇差款项。

年终,"小额支付往来"科目余额核对准确后,结转至本科目,余额轧差反映。

本科目按中国人民银行分支行的会计营业部门、国库部门等机构分设账户。

(3) 汇总平衡科目(国家处理中心专用)。本科目用于平衡国家处理中心代理中国人民银行分支行(库)账务处理,不纳入中国人民银行(库)的核算。

本科目按中国人民银行分支行的会计营业部门、国库部门等机构分设账户。

3. 商业银行小额批量支付系统的会计科目设置

待清算支付款项。本科目为资产负债共同类科目,核算商业银行清算行与中央银行的小额支付系统发生的往来结算款项。本行对外发出贷记业务时,借记"行内存放款项",贷记本科目;收到小额支付系统传来贷记业务时,借记本科目,贷记"行内存放款项"。

本科目轧差后如为借方余额,为应收中央银行款项,收到中央银行清算款时,借记"存放中央银行款项",贷记本科目;本科目轧差后如为贷方余额,为应付中央银行款项,收到中央银行划款通知时,借记本科目,贷记"存放中央银行款项"。

(四)小额支付业务的核算

1. 本行发起小额支付业务的处理

本行发起小额支付业务的处理是指付款行向收款行主动发起的付款业务。它包括汇兑、委托付款划回、托收承付划回等业务。普通贷记业务的发起行作录入、复核和审核,由省中心组包、发送。

1) 发起行的业务处理

录入员依据会计审核加盖相关印章后传递来的往账凭证,进行往账信息录入,并将支付交易序号填写在往账凭证的右上角,以便进行复核;复核员审查往账凭证使用是否正确、凭证要素是否齐全、是否经会计专柜记账,复核无误后,对应录入的要素进行逐项复核,审核员对各要素审核后,打印"支付系统专用凭证"一式一联,会计分录为:

借:单位活期存款——××户或相关科目
　　贷:存放行内款项

2) 发起行二级中心的业务处理手续

二级中心收到下级行的往来账业务,行内系统按收款清算行分别组包后发送前置机,前置机收到业务包后,对包的格式、业务权限、每笔业务的金额上限等进行检查,并对包的笔数和金额总数分别核对无误后加编地方密押发送至中国人民银行发报行处理中心。

密押是异地银行之间传递票据核验票据真伪的一种手段,异地银行之间传递票据,银行之间互相交换了自己的通过对票据的不同凭证要素取值,按照约定的计算方法对所规定的取值进行加工计算所得到的结果(数字和字母),即密押,收报行以发报行提供的密押计算方法进行计算,如果得到相同的结果,即认定该份文件是来自对方银行,才做业务处理,否则将进一步对收到的文件进行核对,或退回不做业务处理。

发起行二级中心会计分录为:

借:行内存放款项——××发起行户

  贷:待清算支付款项

3) 中国人民银行发报行的处理

中国人民银行对于发起行省中心传送的小额支付业务对于接收行发送报文,会计分录为:

借:××银行准备金存款

  贷:小额支付往来——中国人民银行××收报行户

4) 发起行二级中心的处理

商业银行发起行二级中心收到中国人民银行已清算通知时,会计分录为:

借:待清算支付款项

  贷:存放中央银行存款

5) 中国人民银行收报行的处理

中国人民银行收报行收到中国人民银行发报行发来的报文,会计分录为:

借:小额支付往来——中国人民银行××发报行户

  贷:××银行准备金存款

6) 接收行接收中国人民银行小额支付业务的处理

(1) 接收行二级中心的业务处理手续:二级中心支付系统通过前置机对接收中国人民银行城市处理中心发来的业务包,逐笔确认并核地方密押无误后,发送至行内系统拆包后立即进行账务处理,并发送至下级行,会计分录为:

借:待清算支付款项

  贷:行内存放款项——××接收行户

(2) 二级中心收到中国人民银行城市处理中心已清算通知,进行账务处理,会计分录为:

借:存放中央银行存款

  贷:待清算支付款项

(3) 汇入行的业务处理手续:汇入行监控到省中心行内系统来账信息时,要及时接收并打印来账凭证(支付系统专用凭证一式三联),对来账凭证逐项内容审核无误后,交会计专柜进行账务处理,第一联借方凭证做存放省中心清算保证金账户记账凭证,第二联贷方凭证做客户账户记账凭证,第三联做客户通知单。会计分录为:

借：存放行内款项
　　贷：单位活期存款——××户或相关科目

2．跨行通存通兑业务

跨行通存通兑业务是指依托小额支付系统，实现不同银行营业网点的资源共享，客户可以选择任何一家协议银行作为代理行，办理跨行存取款业务，该类业务是实时借(贷)记业务的具体业务种类。

小额支付系统跨行通兑业务包括个人储蓄通兑业务和对公通兑业务；小额支付系统跨行通存业务仅指个人储蓄通存业务。

银行办理跨行通存通兑业务，应按规定向客户收取手续费；对个人储蓄通存通兑，应逐笔实时实现代理行与开户行的手续费分配；代理行应向客户提供完整的交易金额和手续费信息。下面以省县两级分支行制为例介绍跨行通存通兑业务的处理。

(1) 代理行的处理：代理行收到客户取款凭条，按规定的格式组织实时借记业务包，其中业务类型为个人储蓄通兑业务或对公通兑业务，业务包金额为客户取款金额和代理行手续费之和，附加域应列出交易金额和代理行手续费。

(2) 开户行的处理：开户支行收到实时借记业务包，进行合法性检查，确认无误后进行如下账务处理。

借：单位活期存款——××户
　　贷：存放行内款项

开户省行收到所属支行返回的实时借记业务回执包，对中国人民银行城市处理中心结算会计分录为：

借：行内存放款项——××开户支行户
　　贷：待清算支付款项
　　　　手续费收入

账务处理完成后，开户行返回实时借记业务回执包，并列出开户行手续费的信息。

代理行收到开户行返回的回执后，为客户打印凭证，记载通兑业务发生额，付现金给客户；同时打印手续费回单交予客户。

开户省行可以按照行内政策对于辖属收入的手续费收入在省中心和所属县支行间进一步分配各自所得。如果交易的某一方采用免收手续费或者对客户的优惠政策，则相应手续费按照规定的比例或金额收取，并顺次进行结算。

(3) 中国人民银行城市处理中心的处理：中国人民银行城市处理中心所处理的交易按照客户开户的商业银行与本行的关系可分为跨出本城市处理中心处理和本城市处理中心内部处理两种。如果客户开户的商业银行的省中心不在本行开户，需要将通兑信息通过总行转发客户开户的商业银行的省中心开户的中国人民银行城市处理中心。如果客户开户的商业银行的省中心就在本行开户，则直接为两家银行的省中心提供清算服务。

如果是跨中国人民银行城市处理中心的交易，则客户开户省行所开户的中国人民银行发报行会计分录为：

借：××银行准备金存款
　　贷：小额支付往来——中国人民银行收报行户

代理行开户的中国人民银行收报行会计分录为：

借：小额支付往来——中国人民银行发报行户
　　贷：××银行准备金存款

如果是中国人民银行城市处理中心清算范围内的跨行交易(省内交易)，中国人民银行城市处理中心收到客户开户省行所开户的中国人民银行城市处理中心返回的回执时，会计分录为：

借：××银行准备金存款
　　贷：××银行准备金存款

(4) 代理省行的处理：代理省行收到中国人民银行城市处理中心传来的开户行返回的回执后，对所属县级支行进行清算，会计分录为：

借：待清算支付款项
　　贷：行内存放款项——××代理支行户
　　　　手续费收入

代理省行可以按照行内政策对于跨行代理业务收取的手续费收入在省中心和所属县支行间进一步分配各自所得。

(5) 代理支行的处理：代理支行收到省中心传来的开户行返回的回执后，为客户打印凭证，记载通兑业务发生额，付现金给客户；同时打印手续费回单交予客户。会计分录为：

借：存放行内款项
　　贷：现金

3．跨行通存业务的核算

代理行收到存款人存款凭条，按规定的格式组织实时贷记业务包，其中业务类型为通存业务，业务包金额为存款人存款本金及手续费。

1) 代理支行的处理

借：现金
　　贷：存放行内款项

2) 代理省行的处理

借：行内存放款项——××代理支行户
　　贷：待清算支付款项
　　　　手续费收入

代理省行可以按照行内政策对于辖属收取的手续费收入在省中心和所属支行间进一步分配各自所得。

3) 中国人民银行城市处理中心的处理

(1) 跨省交易的处理：如果是跨中国人民银行城市处理中心的交易，则代理省行所开户的中国人民银行发报行在收到代理省行发送的实时贷记业务包后，会计分录为：

借：××银行准备金存款
　　贷：小额支付往来——中国人民银行收报行户

开户省行开户的中国人民银行收报行收到代理省行开户的中国人民银行发报行发送的实时贷记业务包后，会计分录为：

借：小额支付往来——中国人民银行发报行户
　　贷：××银行准备金存款

(2) 省内交易的处理：如果是中国人民银行城市处理中心清算范围内的跨行交易(省内交易)，中国人民银行城市处理中心收到客户开户省行所开户的中国人民银行城市处理中心返回的回执时，会计分录为：

借：××银行准备金存款
　　贷：××银行准备金存款

4) 开户省行的处理

开户省行收到实时贷记业务包，进行合法性检查，确认无误后进行以下账务处理。

借：待清算支付款项
　　贷：行内存放款项——××开户支行户
　　　　手续费收入

账务处理完成后，开户行返回实时贷记业务回执包，并列出开户行手续费的信息。代理行收到开户行返回的回执后，为客户打印存款回单，记载个人储蓄通存业务发生额；同时打印手续费回单交予客户。

5) 客户开户支行的处理

客户开户支行收到实时贷记业务包，确认无误后对客户账户进行入账处理。会计分录为：

借：存放行内款项
　　贷：活期存款——××户

开户省行可以按照行内政策对于通存收入的手续费收入在省中心和所属支行间进一步分配各自所得。

(五) 年终处理

1. 小额支付往来科目的结转

年度最后一个工作日，国家处理中心完成日终试算平衡，并将日终账务信息下载后，将"小额支付往来科目"余额以中国人民银行××行(库)为单位,一并结转到支付清算资金往来科目。如小额支付往来科目为借方余额的,会计分录为:

借:支付清算资金往来——××行(库)户
　　贷:小额支付往来——××行(库)户

如小额支付往来科目为贷方余额的,会计分录相反。

国家处理中心将各行(库)支付清算资金往来账户的余额保留,纳入下一年度每一营业日的账务平衡。

中央银行会计集中核算系统和国家金库会计核算系统接收国家处理中心日终下载的账务信息,进行自身试算平衡后,办理年度账务结转,将"小额支付往来科目"余额一并结转"支付清算资金往来"科目。

2. 汇总平衡科目的结转

年终总的试算平衡结束后,国家处理中心以中国人民银行行(库)为单位,将汇总平衡科目借方或贷方余额结转为下一年度的期初余额。

3. 清算账户的结转

年终总的试算平衡结束后,国家处理中心分别将每一个清算账户的借方或贷方余额结转为下一年度的期初余额。

第三节　商业银行行内汇划业务的核算

随着计算机网络在商业银行中的广泛应用,全国各大商业银行都利用自己的技术优势,建立起完善的集异地结算、资金对账、资金清算和资金调拨职能为一体的行内汇划系统,逐步取代了传统的以实物凭证传递为特征的联行往来结算系统。

行内汇划系统主要服务于商业银行行内客户间的资金划转业务,其服务范围涵盖行内所有参加系统的入网机构,非入网机构可以通过入网机构代理进行行内资金汇划结算。商业银行的行内汇划系统以总行集中连接形式或城市清算中心分散连接形式与中国人民银行的现代化支付系统相互连接,共同构成覆盖全国的行内和跨行资金汇划服务系统。

一、商业银行行内汇划业务的基本做法

商业银行行内汇划清算系统在应用计算机网络处理业务的改造中,做法各异,比较先进的应属中国工商银行的行内汇划系统和中国邮政储蓄银行的"邮政金融计算机网络系统"。

邮政金融计算机网络系统与中国工商银行的资金汇划系统的结算模式基本一致，所使用的会计分录和结算方法也大同小异。邮政金融计算机网络系统利用先进的计算机网络系统，将发、收报行之间横向的资金往来转换成纵向的上下级行之间的直接的资金汇划，资金划拨快捷、清算及时，支撑着邮政储蓄对个人异地存取的结算和对公司业务的票据结算业务，包括支票、本票、银行汇票和商业汇票的结算，结算方式包括异地汇兑、委托收款和托收承付的服务与清算，每天对行与行相互之间的资金存欠进行清算，保证业务的正常办理和全行资金的运转。现以邮政金融计算机网络系统的清算为例介绍商业银行的行内汇划系统的清算。

(一)邮政金融计算机网络系统的结构和清算账户的开立

邮政金融计算机网络系统由市县支行、省区分行及总行清算中心组成，各行间通过计算机网络连接。

为了便于业务的操作，市县局、省中心和邮政储蓄银行总行都在当地中国人民银行开设账户存放资金，用于储蓄存款的转存或跨行结算的资金清偿，同时作为储蓄机构的邮政储蓄银行必须遵循中国人民银行颁布的法定存款准备金制度，向中国人民银行缴存法定存款准备金。

各级邮政储蓄机构除了在当地中国人民银行开设账户以外，市县局还要在省中心开立备付金存款账户，各省中心也要在邮政储蓄银行总行开立备付金存款账户，备付金存款账户要留有足量的资金，以便于异地业务的资金清算。备付金存款账户的作用在于完成跨地区的异地存取或转账业务所产生的债权债务的清偿。

(二)资金汇划清算的组织

系统内汇划按照隶属关系逐级清算，即市(县)支行中心为辖属网点清算，省中心为辖属市(县)支行中心清算，总行为省中心清算。

跨行业务区分本地和异地业务，区分以横联和直联方式接入中国人民银行现代化支付系统进行结算。本地跨行业务可以通过同城票据交换系统与中国人民银行横向直接结算，跨省业务通过行内逐级结算后，通过总行与中国人民银行集中交换结算信息，完成与中国人民银行的集中清算。

二、商业银行行内汇划业务的账户设置

作为以计算机处理行内汇划业务的商业银行，比较典型的是中国工商银行和中国邮政储蓄银行，其汇划网络，在会计核算上基本可以理解为树状结构的组织方式，其行内汇划使用的与清算相关的账户的关系可以用中国邮政储蓄银行内部清算账户关系示意图(见

图 4-3)来表示。

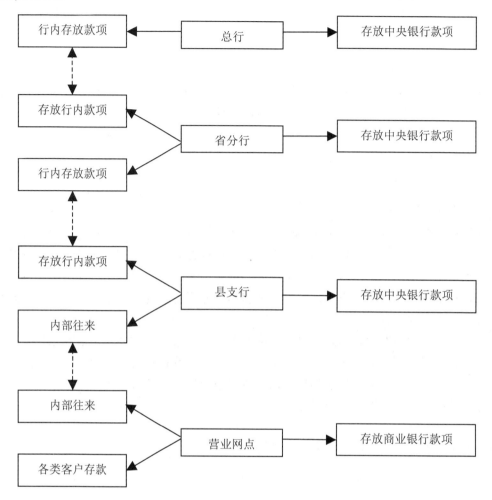

图 4-3　中国邮政储蓄银行内部清算账户关系示意图

图 4-3 中，实线箭头表示本行使用，虚线双向箭头表示双方对同一个账户分别核算，相互核对。

以邮政储蓄银行为例，行内汇划业务设置如下账户。

1. 其他应收款——上级款项

本科目为资产类科目，核算商业银行的县支行与省分行之间，或省分行与总行之间在资金调拨过程中已经调出尚未达账的在途资金，本科目由资金调拨的下级行在资金调出时使用。设置本科目的目的是使上下级之间清算账户每天的余额(计息积数)保持一致，以便计算清算账户利息。

账户的借方登记调出后没有到达调入行开户的中央银行账户的在途资金，贷方登记已经到达中央银行注销的在途资金，余额在借方。对于超过资金调拨时限没有到账的在途资金，应及时查明。

2. 存放行内款项

本科目为资产类科目，核算商业银行的市(县)支行在省分行，或省分行在总行开立备付金或其他专用账户所使用的会计科目，由下级行使用。借方登记下级行在上级行的存款包括调入、清算转入等增加的金额，贷方登记下级行在上级行的存款包括调出、清算转出等减少的金额，余额在借方反映结存。本科目应按备付金和其他专用资金分别设户进行明细核算。

3. 行内存放款项

本科目为负债类科目，核算商业银行的市(县)支行在省分行，或省分行在总行开立备付金或其他专用账户，由上级行使用。贷方登记下级行在上级行的存款包括调入、清算转入等增加的金额，借方登记下级行在上级行的存款包括调出、清算转出等减少的金额，余额在贷方反映下级结存。本科目应区分备付金和其他专用资金性质分别设户并按下级开户行设置分户进行明细核算。

行内存放款项和存放行内款项账户是商业银行上下级之间对同一个清算账户组织的核算，每天营业日终需要对本日发生的往来清算账项由计算机在日期切换前逐笔对账。对于商业银行上下级之间因为计算机的日期切换时间不一致造成的对账不符，由下级按照上级清算账户数据挂账，并于次日查清处理。

三、商业银行行内汇划业务的会计处理

(一)向上级备付金存款账户调拨资金的核算

市(县)支行或省中心向其上级备付金存款账户调拨资金时，为了保证上下级双方收账时间的一致，避免调整备付金存款账户的计息积数，下级中心应使用"其他应收款——上级款项"科目核算在途汇款，等上级收到后方可增加备付金存款。

(1) 市(县)支行或省中心在上级中心备付金存款账户不足，上存时填制付款凭证进行账务处理，其会计分录为：

借：其他应收款——上级款项
　　贷：存放中央银行款项——备付金

(2) 省中心或总行收到下级款项后，按中国人民银行收账通知进行账务处理。其会计分录为：

借：存放中央银行款项——备付金
　　贷：行内存放款项——××分户
(3) 市(县)支行或省中心收到上级汇款收账通知后，进行账务处理。其会计分录为：
借：存放行内款项
　　贷：其他应收款——上级款项

(二)在上级的备付金存款账户存款过多时划回下级中心的核算

市(县)支行或省中心在上级备付金存款账户余额过多，可要求上级中心划回，为了保证上下级双方收账时间的一致，避免调整备付金存款账户的计息积数，下级中心同样使用"其他应收款——上级款项"科目核算在途汇款。

(1) 省中心或总行下划下级款项时，进行账务处理。其会计分录为：
借：行内存放款项——××分户
　　贷：存放中央银行款项——备付金

(2) 市(县)支行或省中心收到上级中心备付金存款账户划款通知，填制转账凭证进行账务处理，其会计分录为：
借：其他应收款——上级款项
　　贷：存放行内款项——××分户

(3) 市(县)支行或省中心收到中国人民银行收账通知后，进行账务处理。其会计分录为：
借：存放中央银行款项——备付金
　　贷：其他应收款——上级款项

(三)省分行内异地贷记业务和借记业务的核算

1. 省分行内异地贷记业务核算

省分行内异地贷记业务是指发起结算行应客户要求，通过现金或账户扣款的形式，将款项支付给省内异地收款人的交易。按照收款人接收汇款的方式可以分为现金或结算账户。

(1) 办理异地贷记业务时，交易网点或自助设备收进现金，或者通过提交支票向发起结算的银行支付汇划资金，交易网点所隶属市县支行编制收款凭证，会计分录为：
借：现金——××户(库存或自助设备占款)
或借：单位活期存款——××委托人户
　　　　贷：存放行内款项——备付金

(2) 省中心的处理。交易支行的上级省中心对于辖属发起的异地贷记业务，对所属清算。系统自动编制转账凭证进行记账，会计分录为：
借：行内存放款项——备付金——发起行分户
　　贷：行内存放款项——备付金——汇入接收行分户

(3) 汇入接收行的处理。汇入接收行收到省分行清算中心发来的贷记业务，编制转账凭证，如为到账汇款，会计分录为：

借：存放行内款项——备付金
　　贷：单位活期存款——××委托人户

如果要求以现金支付收款人，则为收款人开立临时存款账户，并通知客户，来行取款，会计分录为：

借：存放行内款项——备付金
　　贷：应解汇款——××收款人户

当客户凭身份证和取款通知取款时，会计分录为：

借：应解汇款——××收款人户
　　贷：现金——业务现金——营业现金

2. 省分行内异地借记业务的核算

省分行内异地借记业务是指客户提交见票即付的银行汇票、本票，存折、银行卡等结算工具，要求银行向省内异地付款行收取款项的业务。该类业务因为支付工具信用度高，银行承担无条件支付的责任，在核验真实后，为客户兑现或收入委托人账户。

(1) 办理异地借记业务时，发起行网点按规定核验客户提交的债权凭证合格后，发起行网点隶属市县支行编制付款凭证，会计分录为：

借：存放行内款项——备付金
　　贷：现金——××户(库存或自助设备占款)
　　或贷：单位活期存款——××委托人户

(2) 省中心的处理。交易支行的上级省中心对于辖属发起的异地借记业务，对所属清算。系统自动编制转账凭证进行记账，会计分录为：

借：行内存放款项——备付金——接收行分户
　　贷：行内存放款项——备付金——发起行分户

(3) 接收行的处理。接收行收到省分行清算中心发来的借记业务，编制转账凭证，会计分录为：

借：××科目
　　贷：存放行内款项——备付金

(四)跨省二级分行异地贷记业务和借记业务的核算

1. 跨省二级分行异地贷记业务的核算

(1) 办理异地贷记业务时，交易局网点或自助设备收进现金，或者通过提交支票向发起结算的银行支付汇划资金，交易局所隶属市县局编制收款凭证，会计分录为：

借：现金——××户(库存或自助设备占款)

或借：单位活期存款——××委托人户

　　贷：存放行内款项——备付金

(2) 发起行省中心的处理。发起行的上级省中心对于辖属发起的异地贷记业务，对所属清算。系统自动编制转账凭证进行记账，会计分录为：

借：行内存放款项——备付金——发起行分户

　　贷：存放行内款项——备付金

(3) 总行的处理。总行对跨省的异地存款为两个省中心清算。系统自动编制转账凭证进行记账，会计分录为：

借：行内存放款项——备付金——发起省行分户

　　贷：行内存放款项——备付金——接收省行分户

(4) 接收市县支行的上级省中心的处理。接收市县行的上级省中心对于辖属发生的异地贷记业务对总行和所属清算。系统自动编制转账凭证进行记账，会计分录为：

借：存放行内款项——备付金

　　贷：行内存放款项——备付金——接收市县支行分户

(5) 汇入接收行的处理。汇入接收行收到省分行清算中心发来的贷记业务，编制收款凭证，如为到账汇款，会计分录为：

借：存放行内款项——备付金

　　贷：单位活期存款——××委托人户

如果要求以现金支付收款人，则为收款人开立临时存款账户，并通知客户，来行取款，会计分录为：

借：存放行内款项——备付金

　　贷：应解汇款——××收款人户

当客户凭身份证和取款通知取款时，会计分录为：

借：应解汇款——××收款人户

　　贷：现金——业务现金——营业现金

2. 跨省二级分行异地借记业务的核算

跨省二级分行异地借记业务是指客户提交见票即付的银行汇票、本票、存折、银行卡等结算工具，要求银行向他省异地付款行收取款项的业务。该类业务因为支付工具信用度高，银行承担无条件支付的责任，在核验真实后，为客户兑现或收入委托人账户。

(1) 办理异地借记业务时，发起行网点按规定核验客户提交的债权凭证合格后，发起行网点隶属市县支行编制付款凭证，会计分录为：

　　　　借：存放行内款项——备付金
　　　　　　贷：现金——××户(库存或自助设备占款)
　　　　　　或贷：单位活期存款——××委托人户
　(2) 交易省中心的处理。交易支行的上级省中心对于辖属发起的异地借记业务，对所属清算。系统自动编制转账凭证进行记账，会计分录为：
　　　　借：存放行内款项——备付金
　　　　　　贷：行内存放款项——备付金——发起行分户
　(3) 总行的处理。总行对跨省的异地借记为两个省中心清算。系统自动编制转账凭证进行记账，会计分录为：
　　　　借：行内存放款项——备付金——接收省行分户
　　　　　　贷：行内存放款项——备付金——发起省行分户
　(4) 接收市县支行的上级省中心的处理。接收市县行的上级省中心对于辖属发生的异地借记业务对总行和所属清算。系统自动编制转账凭证进行记账，会计分录为：
　　　　借：行内存放款项——备付金——接收市县支行分户
　　　　　　贷：存放行内款项——备付金
　(5) 接收行的处理。接收行收到省分行清算中心发来的跨省借记业务，编制转账凭证，会计分录为：
　　　　借：××科目
　　　　　　贷：存放行内款项——备付金

(五)清算利息的核算

总行清算中心按季计算各清算行及省区分行存入总行的备付金存款和借款利息，并下划各行。

1. 总行清算中心下划存款利息的处理

总行清算中心下划省中心存款利息时，其会计分录为：
借：金融企业往来支出——系统内往来支出户
　　贷：行内存放款项——××分行存放备付金户
清算行和省区分行收到后，进行账务处理。其会计分录为：
借：存放行内款项——备付金
　　贷：金融企业往来收入——系统内往来收入户

2. 总行清算中心下划借款利息的处理

总行清算中心下划借款利息时，其会计分录为：

借：行内存放款项——××分行存放备付金户
　　贷：金融企业往来收入——系统内往来收入户
清算行和省区分行收到后，进行账务处理，其会计分录为：
借：金融企业往来支出——系统内往来支出户
　　贷：存放行内款项——备付金
省区分行按季向辖属清算行计收借款利息及计付调拨资金存款利息的核算方法同上。

四、商业银行系统内拆借资金

(一)资金汇划清算系统

中国工商银行的资金汇划系统的清算组织如图4-4所示。账户关系可以用图4-5表示。为了保证能够日终及时清算各清算行的债权债务，还建立了系统内拆借资金制度，其核算方式值得各商业银行行内汇划清算系统借鉴。

图4-4　中国工商银行资金汇划系统示意图

资金汇划清算是中国工商银行利用先进的计算机网络系统在本行内办理结算和内部资金调拨所采用的联行往来核算办法。资金汇划清算系统由汇划业务经办行(简称经办行)、清算行、省区分行及总行清算中心组成，各行间通过计算机网络连接。

经办行就是办理结算和资金汇划业务的行。汇划业务的发生行为发报经办行，汇划业务的接收行为收报经办行。

清算行就是在总行清算中心开立备付金存款账户的行，各直辖市分行和二级分行(包括省区分行营业部)均为清算行，清算行负责办理辖属行处汇划款项的清算。

省区分行也在总行清算中心开立备付金户，但不用于汇划款项的清算，只用于办理系统内资金调拨和内部资金利息的汇划。

总行清算中心主要是办理系统内各经办行之间的资金汇划，各清算行之间的资金清算及资金拆借，账户对账等账务的核算与管理。

(二)清算账户的开立与使用方法

资金汇划清算与邮政储蓄银行的做法略有不同，它是以城市、地区二级分行为清算行，为辖属的市(县)支行经办业务机构提供清算服务，双方使用"待清算辖内往来"科目，上级按所属设置明细分户的形式，对同笔业务结算，双方反向记入"待清算辖内往来"科目的方法完成清算。以清算行为单位在总行清算中心开立备付金存款账户，同一个清算科目，清算行使用"上存系统内款项"科目，总行使用"系统内款项存放"科目，双方对同一笔结算业务，对应反向入账，进行用于汇划款项时的资金清算。

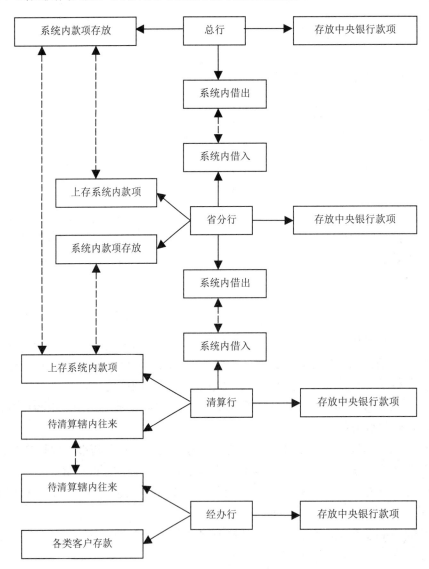

图 4-5　中国工商银行内部清算账户关系示意图

邮政储蓄银行则是以市县支行在省分行，省分行在总行开立清算户的形式，相互结算的上下级之间使用该清算户时，下级使用"存放行内款项"名称，上级使用"行内存放款项"名称，双方对同一笔结算业务，对应反向入账，进行用于汇划款项时的资金清算。与中国工商银行资金汇划清算大同小异。

中国工商银行资金汇划清算对于发生的每笔资金汇划业务，包括借记业务和贷记业务，由发报经办行通过其清算行经总行清算中心将结算账项结算给收报经办行。同时，总行清算中心每天根据各行汇出汇入资金的情况，从各清算行备付金账户付出资金或存入资金，从而实现各清算行之间的资金清算。

中国工商银行资金汇划清算，各清算行必须保证该备付金账户有足额的存款，如果存款不足，二级分行可向管辖省区分行借款，省区分行和直辖市分行可向总行借款。

在资金汇划清算系统中，总行清算中心对汇划往来数据的发送、资金清算、备付金账户资信情况和行际间查询查复情况进行管理和监督。

1．一般借入

清算行如不能通过中国人民银行汇款补足在总行清算中心的备付金存款，经有权人批准，向管辖行申请借入资金。

省区分行接到二级分行(清算行)资金借款申请书后，经有权人批准，向总行清算中心办理资金借出手续。其会计分录为：

借：系统内借出——一般借出借入户

　　贷：上存系统内款项——上存总行备付金户

总行清算中心收到省区分行借出资金信息后，当日自动进行账务处理。其会计分录为：

借：系统内款项存放——××省区分行存放备付金户

　　贷：系统内款项存放——××清算行存放备付金户

清算行收到借款信息后，自动进行账务处理。其会计分录为：

借：上存系统内款项——上存总行备付金户

　　贷：系统内借入——一般借入户

省区分行经有权人批准可向总行借款，账务处理过程同清算行向上级行一般借入款项一致。

2．强行借款

如二级分行在总行备付金不足，日终又不能立即借入资金补足时，总行清算中心有权主动代省区分行强行向二级分行借出资金，同时通知二级分行和省区分行。

强行借款的处理，除将"系统内借出(入)"科目的"一般借出(入)户"改为"强行借出(入)户"外，其余处理手续与上述相同。

如省区分行在总行备付金存款余额不足以向二级分行借出资金时，总行清算中心先向省区分行强行借出资金，然后再向二级分行借出资金。其会计分录为：

借：系统内借出——强行借出户
　　贷：系统内款项存放——××省区分行存放备付金户
借：系统内款项存放——××省区分行存放备付金户
　　贷：系统内款项存放——××清算行存放备付金户

省区分行收到总行清算中心强行拆入通知后进行账务处理。其会计分录为：

借：上存系统内款项——上存总行备付金户
　　贷：系统内借入——强行借入户

省区分行收到总行清算中心代本行强行拆借给辖属二级分行的强行借款通知后，进行账务处理。其会计分录为：

借：系统内借出——强行借出户
　　贷：上存系统内款项——上存总行备付金户

二级分行收到总行清算中心通知后进行账务处理。其会计分录为：

借：上存系统内款项——上存总行备付金户
　　贷：系统内借入——强行借入户

(三) 归还借款

二级分行在总行清算中心备付金存款足以归还向省区分行的借款时，经有权人批准，向总行清算中心发出还款通知。填制特种转账凭证，进行账务处理。其会计分录为：

借：系统内借入——一般借入户或强行借入户
　　贷：上存系统内款项——上存总行备付金户

总行清算中心系统自动更新二级分行清算中心和省区分行有关账户。总行清算中心的会计分录为：

借：系统内款项存放——××清算行存放备付金户
　　贷：系统内款项存放——××省区分行存放备付金户

省区分行的会计分录为：

借：上存系统内款项——上存总行备付金户
　　贷：系统内借出——一般借出户或强行借出户

二级分行或省区分行借款到期不能归还，到期日营业终了，自动转入各该科目逾期贷款户，并自转入日起按规定的逾期贷款利率计息。

(四) 利息清算

(1) 总级行对下级清算行的存放行内款项，根据不同种类，按季计提利息支出时，编制转账凭证，会计分录为：

借：金融企业往来支出——××利息支出
　　贷：应付行内往来利息——应付××利息——××下级单位
(2) 总级行支付下级分行各种存款利息时，编制转账凭证，会计分录为：
借：应付行内往来利息——应付××利息——××下级单位
　　贷：系统内款项存放——××分行存放备付金户
(3) 下级行计提应收存放行内款项利息收入时，会计分录为：
借：应收行内往来利息——应收××利息
　　贷：金融企业往来收入——××利息收入
(4) 下级行收到总行支付利息时，编制收款凭证，会计分录为：
借：上存系统内款项——上存总行备付金户
　　贷：应收行内往来利息——应收××利息——××下级单位
(5) 总行根据不同种类，按季计提下级在本行借款利息收入时，编制转账凭证，会计分录为：
借：应收行内往来利息——应收××借款利息——××下级单位
　　贷：金融企业往来收入——××借款利息收入
(6) 上级行收取下级借款款项利息时，编制转账凭证，会计分录为：
借：系统内款项存放——××下级单位
　　贷：应收行内往来利息——应收××透支利息——××下级单位
(7) 下级行计提应付借款款项利息时，编制转账凭证，会计分录为：
借：金融企业往来支出——××利息支出
　　贷：应付行内往来利息——应付××利息
(8) 下级行支付透支款项利息时，编制付款凭证，会计分录为：
借：应付行内往来利息——应付××利息
　　贷：上存系统内款项——上存×行备付金户

由于上下级行对每种计息的资金都要按照规定的时间段计提利息，一方做应收利息，一方做应付利息，双方在计提利息时，必须对同一计息账户核对每日余额相符，才能计算一致。

五、对账

无论什么样的行内汇划系统，都要在日期切换之前进行对账。

每日营业终了对账时按照清算系统的组织隶属关系，下级自动将汇划及资金清算明细数据逐级上传进行明细对账。

省区分行收到上传的明细数据后与辖属各行汇划业务明细数据及清算信息配对对账。

总行收到传来的明细数据后，与各行在总行的"系统内款项存放"科目有关账户汇划业务明细数据及清算信息配对对账，并将对账结果逐级下传，发现疑问要发出对账差错信息，同时登记"对账差错登记簿"；各行每日接收总行发出的对账差错信息后，打印差错清单，在规定的时间内必须查清原因，并按规定处理完毕。

第四节　商业银行与中国人民银行往来的核算

商业银行与中国人民银行往来是指商业银行由于办理缴存款、借款和再贴现、领缴现金，以及与其他银行互相代理业务而发生的同业存放款项往来必须通过在中国人民银行开立的存款户进行清算资金往来。

商业银行同中国人民银行的往来业务主要有以下几种：商业银行经收的国家金库款以及财政性存款全部缴存中国人民银行，各商业银行吸收的一般性存款须按规定比例缴存中国人民银行，各商业银行通过中国人民银行办理银行间的资金往来清算，商业银行通过中国人民银行清算本系统联行汇差，清算同城票据交换差额，商业银行通过中国人民银行调拨业务资金，商业银行在规定的额度内向中国人民银行借入信贷资金，商业银行向中国人民银行发行库领存现金等。

一、商业银行准备金存款账户的开立

商业银行为满足通过中国人民银行办理各种业务、资金清算以及考核法定存款准备金的需要，各级机构都在中央银行开立准备金存款账户。

各商业银行法人在中国人民银行开立的准备金存款账户，承担缴存全行法定准备金及日常资金支付清算的功能。该账户余额必须大于等于按规定的法定存款准备率计算的准备金数额。

商业银行的准备金包括支付准备金和法定准备金。支付准备金也称备付金，是保证日常结算业务的完成，为清算因跨行结算业务形成的汇差支付而准备的备用金；法定准备金是根据商业银行吸收存款的增减变化，按照法定比例，必须保留在中央银行的存款准备金。存款准备金是中央银行制约商业银行信用创造、保证银行间支付能力、贯彻金融政策的重要手段。

各分支行的"准备金存款"账户仅承担分支行本身的日常资金支付清算功能，属"备付金存款账户"，不用于考核法定存款准备金，仅用于向中央银行存取现金、资金调拨、资金清算和其他日常支付的款项，不允许透支，如果账户资金不足，可以通过向上级行调入资金或向同业拆借等及时补充。

二、商业银行与中国人民银行往来的核算

(一)账户设置

商业银行机构须按照规定在当地中国人民银行业务专柜开立的存、借款账户,分别使用"存放中央银行款项"和"向中央银行借款"科目进行核算。

1. "存放中央银行款项"科目

本科目用于反映本行存放中央银行款项增减的情况,属资产类科目。在本科目之下分设"准备金存款户""财政性存款户"和其他需要专门设户核算的不同性质的存款户。

"准备金存款户",是核算本行与中央银行往来业务的基本账户。凡本行与其他银行,包括中央银行的资金账务往来,如向中央银行存入业务资金,调拨、提取或解缴现金,同城、异地跨行往来结算形成的汇差资金清算等均通过该账户。存入资金时记借方,支用时记贷方,余额在借方。

"财政性存款户",用于核算本行缴存中央银行财政性存款的情况。凡本行按规定向中央银行缴存或调增财政性存款时记借方,调减时记贷方,余额反映在借方。

其他专设分户,根据中国人民银行相关规定设立,用于核算本行缴存中央银行规定专门存储资金的存款情况。凡本行按规定向中央银行缴存时记借方,调减时记贷方,余额反映在借方。

2. "向中央银行借款"科目

本科目用于反映本行向中央银行借款的情况,属负债类科目。在本科目之下应按借款性质设置"年度借款户""季节性借款户""日拆性借款户"和"再贴现户"等明细账户。

当本行向中央银行借入资金时,记入有关账户的贷方,按期归还时记入有关账户的借方。余额均反映在贷方,表示向中央银行借入的尚未归还的借款。

中央银行对商业银行的准备金存款账户,用"××银行准备金存款"科目核算,属于负债性质账户。

(二)商业银行与中国人民银行往来会计核算

1. 商业银行向中央银行存取现金的核算

商业银行向中国人民银行支取或存入现金必然引起中国人民银行的货币发行或货币回笼。中国人民银行是我国唯一管理货币发行的机关,按照国家批准的发行计划组织货币发行与回笼,所以发行库设在中国人民银行的各级机构。商业银行只设立业务库,业务库存现金核定有库存限额,库存现金不足限额时,向中国人民银行提取,中国人民银行从发行

库出库,作为货币发行。发行货币引起中国人民银行发行库里的发行基金减少、流通中货币增加、商业银行库存现金增加和准备金存款减少。商业银行业务库存现金超过限额应交存人民银行,中国人民银行交入发行库,作为货币回笼。回笼货币引起中国人民银行发行库的发行基金增加、流通中货币减少、商业银行业务库存现金减少和准备金存款增加。

(1) 商业银行向央行交存现金时,填制"现金交款单"(见表 4-1)一式两联,连同现金一并交给中央银行。央行点收无误办妥缴库手续后,退回一联现金交款单,商业银行据以进行账务处理,会计分录为:

借:运送中现金
　　贷:现金——库存现金(金库分户)

表 4-1　现金交款单

中国××银行

现金交款单(回单)

年　　月　　日

款项来源		收款单位	全称								此联由银行盖章后退回交款单位
解款部门			账号								
			开户行								
人民币 (大写)				百	十	万	千	百	十	元	角	分
券别	张数	金额	券别	张数	金额	券别	张数	金额	银行盖章		
壹佰元											
伍拾元									收款员		
壹拾元									复核员		
伍　元											

(2) 收到中国人民银行盖章退回的"现金交款单"时,编制收款凭证,会计分录为:

借:存放中央银行款项——××分户
　　贷:运送中现金——××金库分户

(3) 中国人民银行会计部门审查现金与现金交款单一式两联无误,办理发行基金入库手续。其会计分录为:

借:发行基金往来
　　贷:××银行准备金存款

发行库填制入库凭证,凭以入库并登记发行基金库存簿。发行库记账如下:

收入:发行基金本身库户

（4）商业银行向中央银行支取现金时，从中国人民银行取出款项时，以中国人民银行付款回单和管库员填制的"现金入库票"作为记账凭证附件，编制付款凭证。其会计分录为：

借：现金——库存现金——××金库分户
　　贷：存放中央银行款项——备付金分户

（5）中国人民银行会计部门审查现金支票无误，并且商业银行准备金存款账户有足够的资金支付，凭以填制发行基金往来科目现金收入传票，一并交发行部门。其会计分录为：

借：××银行准备金存款
　　贷：发行基金往来

发行库填制出库凭证，凭以出库并登记发行基金库存簿。发行库记账如下：

付出：发行基金本身库户

2. 商业银行从中国人民银行开立的备付金账户向其他专用分户调入资金的核算

（1）商业银行签开备付金账户支票，提交向其他专用分户调入资金的进账单，根据中国人民银行盖章退回的进账单回单，编制付款凭证，会计分录为：

借：存放中央银行款项——××分户
　　贷：存放中央银行款项——备付金分户

（2）中国人民银行接到商业银行签开的备付金账户支票和进账单，以支票作备付金账户的借方凭证，进账单作调入账户的贷方凭证，进账单一联盖章后交商业银行，会计分录为：

借：××银行准备金存款——备付金分户
　　贷：××银行准备金存款——××分户

商业银行如果从专用账户调出资金，则须签开专用分户支票，填写备用金账户的进账单，提交中国人民银行，业务处理手续与上述业务相同，但会计分录与上述业务相反。

3. 商业银行向中央银行清算跨行同城票据交换差额的核算

（1）商业银行日常参与跨行票据交换，日终与中央银行清算时，如果其业务科目"跨行清算资金往来——同城票据交换"反映在借方，表示本行对他行汇总计算跨行票据交换差额为应收款，收到中央银行的进账通知，会计分录为：

借：存放中央银行款项——××分户
　　贷：跨行清算资金往来——同城票据交换

（2）商业银行日常参与跨行票据交换，日终与中央银行清算时，如果其业务科目"跨行清算资金往来——同城票据交换"反映在贷方，表示本行对他行汇总计算跨行票据交换差额为应付款，需签发支票向中央银行支付差额，会计分录为：

借：跨行清算资金往来——同城票据交换
　　　　贷：存放中央银行款项——××分户
(3) 中央银行收到付款行支付的跨行同城票据交换欠款时，为商业银行清算，会计分录为：
　　借：××银行准备金存款——××应付差额行户
　　　　贷：××银行准备金存款——××应收差额行户

4. 商业银行通过中国人民银行大额支付系统进行跨行资金转汇业务的核算

中国人民银行大额支付系统只对商业银行提供大额贷记服务业务，即汇款人向收款人顺汇款项的业务。以中国工商银行资金汇划为例，其转汇途径如图 4-6 所示。

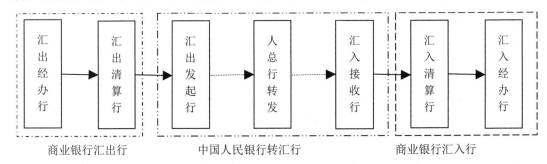

图 4-6　商业银行跨行资金转汇示意图

(1) 商业银行汇出行经办行向汇款人收取汇款，对城市清算行发送汇款信息，会计分录为：
　　借：单位活期存款——××汇款人户
　　　　贷：待清算辖内往来
(2) 商业银行汇出行清算行，接收所属汇划信息，对其开户的人民银行城市清算中心转汇，会计分录为：
　　借：待清算辖内往来——汇出经办行
　　　　贷：存放中央银行款项——××分户
(3) 商业银行汇出行清算行开户的中国人民银行城市清算中心对异地接收汇款业务的商业银行汇入行清算行开户的中国人民银行城市清算中心结算，会计分录为：
　　借：××银行准备金存款——××商业银行汇出行清算行
　　　　贷：大额支付往来——××中国人民银行收报行
(4) 商业银行汇入行清算行开户的中国人民银行城市清算中心对商业银行汇入行的清算行结算，会计分录为：
　　借：大额支付往来——××中国人民银行发报行
　　　　贷：××银行准备金存款——××商业银行汇入行清算行

(5) 商业银行汇入行清算行收到其开户的中国人民银行城市清算中心发来的汇款信息，对辖属汇入行实时结算，会计分录为：
　　借：存放中央银行款项——××分户
　　　　贷：待清算辖内往来——汇入经办行
(6) 商业银行汇入经办行收到上级清算行发来的汇款信息，为客户收账，会计分录为：
　　借：待清算辖内往来
　　　　贷：单位活期存款——××收款人户

三、法定存款准备金的核算

法定存款准备金由各金融企业法人在法人所在地中国人民银行开立一个账户，统一缴存与考核。各金融企业法人在中国人民银行开立的准备金存款账户，用于核算全系统的法定存款准备金以及日常支付的款项。金融企业分支机构在中国人民银行开立准备金存款账户则不用于考核法定存款准备金。

(一)缴存比例与范围

法定存款准备金的缴存比例，由中央银行根据调整和控制信用规模和货币供应量的需要确定，并根据经济与金融发展状况及需要进行调整，目前执行的缴存比例为吸收一般存款的 6%。法定存款准备金由各行逐级向总行缴存，总行统一缴存中国人民银行。

各商业银行应缴存法定准备金的一般存款包括：机关团体存款、财政预算外存款、单位存款、个人储蓄存款及其他各项存款。委托、代理业务的负债项目减去资产项目的借方余额，如果委托、代理业务的负债、资产轧差为借方余额，该项目视为零，不允许以借方余额抵减其他存款项目。

(二)法定存款准备金的考核

每日营业终了，各商业银行自下而上编制一般存款余额表，如表 4-2 所示。由法人汇总后报送法定存款准备金账户开户的中国人民银行，月末应报送全系统汇总的月末日计表。日间，中国人民银行要控制法定存款准备金账户不能发生透支；中国人民银行于每日营业终了按一般存款余额的一定比例考核法定准备金。如准备金存款低于法定准备率，对不足的部分处以罚息；商业银行不按时报送一般存款余额表和月末日计表的，责令其报送，逾期不报送的处以罚款。

表 4-2　一般存款余额表格式

年　　月　　日　　　　　　　　　　　　　　　　　　　　　(单位：元)

科目代号	余　额	科目代号	余　额
2010	1 896 000		
2020	4 530 000		
2030	1 425 000		
2060	3 524 000		
2170	4 628 000		
2196	4 210 000		
合计	20 213 000		

根据表 4-2 中一般存款余额情况，当日营业终了，该商业银行法人在中国人民银行开立的"准备金存款账户"的余额不得低于 1 212 780 元。

其计算方法如下：

法定存款准备金＝一般存款余额表合计余额×缴存比例

　　　　　　　＝20 213 000×6%

　　　　　　　＝1 212 780(元)

每日日终，中国人民银行对法定准备金进行考核时，如果商业银行法人统一存入中国人民银行的准备金存款低于规定的一般存款余额的一定比例，中国人民银行应对其不足的部分处以罚息；商业银行不按时报送一般存款余额表和按月报送月末日计表的，中国人民银行应责令其报送，逾期不报送的，中国人民银行处以 1 万元以上 10 万元以下罚款。

收到中国人民银行罚息单时，以中国人民银行的罚息单作记账凭证附件，编制付款凭证，其会计分录为：

借：营业外支出——罚款支出

　　贷：存放中央银行款项——××分户

商业银行根据每天一般存款应缴数字由总行向中国人民银行当地营业机构缴存准备金的会计处理，与下级银行向总行调拨资金的会计处理一致，只是数额不能低于规定标准，总行收到下级行调来的准备金存款，对下级行形成负债，在中央银行形成资产。

以下以中国邮政储蓄银行省分行为例介绍准备金的调拨过程。假定根据河北省分行一般准备金余额计算需要补缴 1000 万元准备金，处理过程如下。

(1) 省中心在上级中心备付金存款账户不足。上存时填制电汇凭证进行账务处理，其会计分录为：

借：其他应收款——上级款项　　　　　　　10 000 000

　　贷：存放中央银行款项——备付金　　　　　　10 000 000

(2) 总行收到下级行款项后，按中国人民银行收账通知增加河北省分行准备金存款，并通知河北省分行转账。其会计分录为：

借：存放中央银行款项——备付金　　　10 000 000
　　贷：行内存放款项——河北省分行　　　　　10 000 000

(3) 河北省分行收到总行汇款收账通知后，进行账务处理。其会计分录为：

借：存放行内款项　　　　　　　　　10 000 000
　　贷：其他应收款——上级款项　　　　　　　10 000 000

当在中国人民银行准备金存款未达到法定准备金的最低限额时，中国人民银行将按照欠缴金额和规定利率计收罚息。

四、缴存财政存款的核算

商业银行的各级机构代办的中央预算收入、地方金库款和代理发行国债(抵减代理兑付国债)款项等吸收的财政存款，由各级行直接向其开户的中国人民银行全额就地缴存，一般是按旬调整划缴，旬后5日内办理。

缴存财政性存款，在处理方法上因初次缴存处理、定期调整缴存处理和欠缴存款的核算而有所不同。

1. 初次缴存的处理

1) 商业银行的处理

商业银行开业后第一次缴存财政性存款时，应根据财政性存款所属的有关存款科目余额，分别填制"缴存财政性存款科目余额表"(见表4-3)一式两份，并按规定的比例计算出应缴存金额，填制"缴存财政性存款划拨凭证"(见表4-4)一式四联：第一联，由缴存行代贷方传票；第二联，由缴存行代借方传票；第三联，由中国人民银行代贷方传票；第四联，由中国人民银行代借方传票。

表4-3　缴存财政性存款科目余额表

年　月　日

科目代号	余额										科目代号	余额									
	亿	千	百	十	万	千	百	十	元	角	分		亿	千	百	十	万	千	百	十	元	角	分
合计																							

商业银行以划拨凭证第一、第二联作转账传票进行账务处理。其会计分录为：

借：缴存中央财政性存款
　　贷：存放中央银行款项——备付金户

转账后，商业银行将划拨凭证第三、第四联连同缴存存款各科目余额表一份，一并送交中国人民银行，另一份余额表留存。

表4-4　缴存(或调整)财政性存款划拨凭证(贷方凭证)

总字第	号
字第	号

年　　月　　日

收受银行	名称	中国人民银行　　　行	缴存银行	名称	银　　行
	账号			账号	
存款类别		年　月　日余额	缴存比例		应缴存款金额
财政性存款			100%		
1. 合计					
2. 已缴存金额					
3. 本次应补缴金额(1-2)					
4. 本次应退回金额(2-1)					
上列缴存金额或应补缴和应退回金额，已按规定办理划转。	备注：	会计分录： 科目　(借) 对方科目(贷) 会计　　　复核　　　记账			

2) 中国人民银行的核算

中国人民银行收到商业银行提交的划拨凭证和缴存存款科目余额表，如为调增补缴。其会计分录为：

借：××银行准备金存款——备付金存款户
　　贷：××银行准备金存款——财政性存款户

转账后，中国人民银行对商业银行送来的缴存财政性存款科目余额表应妥善保存备查。

2. 定期调整缴存的处理

1) 商业银行的处理

初次缴存以后，商业银行一般是按旬调整划缴，调整时，将上次已缴存金额和本次应缴金额相比较，计算应调整后增减的差额。办理补缴或退回。调增时与初次上缴处理手续一致，调减(退缴)财政性存款准备金，商业银行也要分别填制"缴存财政性存款科目余额表"一式两份，并按规定的比例计算出应缴存金额，填制"缴存财政性存款划拨凭证"一式四联，商业银行以划拨凭证第一、第二联做转账传票进行账务处理，编制收款凭证。其会计分录为：

借：存放中央银行款项——备付金存款户
　　贷：缴存中央财政性存款

2) 中国人民银行的核算

中国人民银行收到商业银行提交的划拨凭证和缴存存款科目余额表，调减(退缴)财政性存款准备金。其会计分录为：

借：××银行准备金存款——财政性存款户
　　贷：××银行准备金存款——备付金存款户

3. 欠缴存款的核算

1) 商业银行的核算

对欠缴的存款，商业银行应另填财政性存款欠缴凭证(见表 4-5)一式四联和表外科目收入传票，逐笔记入"待清算凭证"登记簿。其分录为：

收入：待清算凭证——中国人民银行户

然后将第一、第二联欠缴凭证留存专夹保管，第三、第四联欠缴凭证与划拨凭证第三、第四联以及各科目余额表一并送交中国人民银行。

表 4-5　财政性存款欠缴凭证(第三联)

总字第	号
字第	号

年　　月　　日

收受银行	名称	中国人民银行	缴存银行	名称	银行
	账号			账号	

欠缴存款类别	欠缴存款金额								
	亿	千	百	十	万	千	百	十	元	角	分
本(上)次(月　　旬止)财政性存款欠缴											

上次欠缴金额,请从本行存款户办理划转	备注：	会计分录： 科目　(借) 对方科目(贷)
缴存银行盖章		会计　　复核　　记账

2) 中国人民银行的核算

中国人民银行收到商业银行送来的本次实缴金额的划拨凭证及余额表时，根据第三、第四联办理转账，其会计分录与调增补缴相同。

对收到的欠缴凭证第三、第四联应妥善保管，并通过"待清算凭证"表外科目核算，记载登记簿。其分录为：

    收入：待清算凭证——××银行户

4. 扣收欠缴款项的核算

1) 中国人民银行的核算

待商业银行调入资金时，中国人民银行应立即将欠缴金额全额收回。抽出原保管的欠缴凭证第三、第四联代转账借、贷方传票，办理转账。其会计分录为：

    借：××银行准备金存款——备付金存款户
        贷：××银行准备金存款——财政性存款户

转账后，填制"待清算凭证"表外科目付出传票，销记表外科目和登记簿。其分录为：

    付出：待清算凭证——××银行户

中国人民银行对商业银行超过规定时间的欠缴存款，应按规定计收罚款。填制特种转账借方、贷方传票各两联，以其中特种转账借方、贷方传票各一联进行账务处理。其会计分录为：

    借：××银行准备金存款——备付金存款户
        贷：业务收入——罚款净收入户

将另两联特种转账借方、贷方传票各联盖章后转交商业银行。

2) 商业银行的核算

商业银行收到中国人民银行转来的特种转账借方、贷方传票后，与原保存的欠缴凭证第一、第二联一起办理转账。其会计分录为：

    借：缴存中央银行财政性存款
        贷：存放中央银行款项——××分户
    借：营业外支出——罚款支出
        贷：存放中央银行款项——××分户

同时，填制"待清算凭证"表外科目付出传票，销记表外科目和登记簿。其分录为：

    付出：待清算凭证——中国人民银行户

五、再贷款业务的核算

再贷款是指中国人民银行根据金融机构资金头寸情况，以其信用为保证发放的贷款。中央银行只对商业银行提供信用贷款，不包括商业银行之外的其他金融机构。

(一)再贷款与再贴现账户的开立

中国人民银行对商业银行办理再贷款和再贴现时，应按贷款种类开立贷款账户。中国人民银行对商业银行的再贷款账户，使用"××银行贷款"科目核算。商业银行为反映向中国人民银行取得和归还贷款的情况，在"向中央银行借款"科目下设立各种再贷款账户。现行的再贷款按照贷款期限的不同主要设置以下几个账户。

(1) 年度性贷款户：各商业银行因经济合理增长引起年度信贷资金不足而向中国人民银行的借款，通过此账户核算。这种贷款期限一般为1年，最长不超过2年。

(2) 季节性贷款户：各商业银行因信贷资金先支后收或存款季节性下降、贷款季节性上升等原因引起的资金暂时不足，面向中国人民银行的借款，通过此账户核算。这种贷款期限一般为2个月，最长不超过4个月。

(3) 日拆性贷款户：各商业银行由于汇划款项未达等原因发生临时性资金短缺而向中国人民银行的借款，通过此账户核算。这种借款的期限一般为10天，最长不超过20天。

(4) 再贴现户：商业银行以已贴现而未到期的商业汇票向中国人民银行申请再贴现，在此账户核算。此账户在中国人民银行以"再贴现"科目核算，按申请再贴现的商业银行立户。

以上再贷款与再贴现账户在中国人民银行为资产性质账户，余额均为借方；在商业银行为负债性质账户，余额均为贷方。

(二)再贷款的操作流程

商业银行在计划额度内，根据资金营运情况需向中国人民银行借款时，首先要提交贷款申请书和中国人民银行要求具备的其他申请资料。经过中国人民银行货币信贷部门签署审查意见，送分管行长审批，批准同意后与借款人签订合同，然后由会计营业部门凭《贷款合同》及相关凭证办理会计手续，会计营业部门在贷款到期时收回或逾期扣划。

(三)再贷款业务的核算

1. 发放再贷款的核算

借款时，填写一式五联(季节性贷款)借款凭证(见表4-6)，加盖印鉴后，提交中国人民银行。

1) 中国人民银行的核算

借款凭证经中国人民银行计划业务部门签署意见并留存第四联贷款记录卡后，其余四联转送会计部门。

会计部门收到四联借款凭证并审查手续齐全，即以借款凭证第一、第二联分别作转账借方和贷方传票，办理转账，并登记借款商业银行的存、贷款分户账。其会计分录为：

借：××银行贷款——××贷款户
　　贷：××银行准备金存款

第三联借款凭证盖章后，退还借款的商业银行，第五联妥善保管，并定期与贷款分户账核对，以保证账据一致。

表 4-6　(季节性贷款)借款凭证(申请书借据)

年　　　月　　　日

收款行	名称		借款行	名称	
	往来户账号			借款户账号	
	开户银行			开户银行	
借款期限(最后还款日)			借款计划指标		
借款申请金额 人民币(大写)			小写金额		
借款原因及用途			银行核定金额		
期限	计划还款日	计划还款金额			
1					
2					
3					

2) 商业银行的核算

商业银行取得贷款后,以中国人民银行退回的第三联借款凭证和收账通知作附件,编制收款凭证。其会计分录为:

借:存放中央银行款项——××分户
　　贷:向中央银行借款——××贷款户

2．再贷款到期收回的核算

1) 中国人民银行的核算

中国人民银行会计部门应经常检查借据的到期情况,以监督商业银行按期偿还贷款。

贷款到期,商业银行应主动填制一式四联(季节性贷款)还款凭证(见表 4-7),偿还本金及尚未支付的利息。加盖预留印鉴后提交中国人民银行办理贷款归还手续。会计部门审查还款凭证上的印鉴无误,并抽出原借款凭证第五联"贷款到期卡"核对内容一致后,以第一、第二联还款凭证分别代转账借方、贷方传票,"贷款到期卡"作贷方传票附件办理转账。其会计分录为:

借:××银行准备金存款
　　贷:××银行贷款——××贷款户

转账后,分别登记借款行的存、贷款分户账,并将第四联还款凭证退交借款行,第三联还款凭证由计划部门保管。

贷款到期,如果借款行不能主动办理还款手续,而其存款账户又有足够的资金归还贷款,可由中国人民银行会计部门填制特种转账借方、贷方传票各两联,主动扣收贷款,特种转账借方、贷方传票的使用与还款凭证相同。

表 4-7　(季节性贷款)还款凭证(支款凭证)

　　　　　　　　　　　年　　月　　日

借款行	名称		还款行	名称	
	借款户账号			往来户账号	
	开户银行			开户银行	
计划还款日期			还款次序		第　次还款
偿还金额 人民币(大写)			小写金额		
还款内容：			会计分录：		
由借款行账户内转还上述借款额 (借款行预留印鉴)			借： 贷：		

商业银行如提前归还部分贷款，亦应填制还款凭证向中国人民银行办理手续。中国人民银行会计部门应在第五联(到期卡)的分次还款记录栏内进行批注，并结出未还金额，仍按原到期日排列。待最后一次归还贷款时作贷款账户贷方传票附件。

贷款到期，借款行无力偿还贷款时，应于到期日将贷款转入逾期贷款账户，并按规定计收逾期贷款利息。

2) 商业银行的核算

借款商业银行收到中国人民银行退回的还款凭证第四联代准备金存款账户的贷方传票，另编贷款账户的转账借方传票办理转账。其会计分录为：

借：向中央银行借款——××户
　　贷：存放中央银行款项——××分户

3. 商业银行再贷款利息的核算

(1) 商业银行计提或补计提向央行借款的利息时，编制转账凭证，会计分录为：

借：金融企业往来支出——向央行借款利息支出
　　贷：应付金融机构往来利息——向央行借款利息

(2) 计提利息的冲回，按多计提的金额编制转账凭证，会计分录为：

借：金融企业往来支出——向央行借款利息支出(红字)
　　贷：应付金融企业往来利息——向央行借款利息(红字)

(3) 支付向央行借款的利息时，编制付款凭证，会计分录为：

借：应付金融企业往来利息——向央行借款利息
　　贷：存放中央银行款项——××分户

4. 中央银行再贷款利息的核算

(1) 中国人民银行对商业银行的再贷款利息，也要采用定期计提的方法核算，编制转账凭证，会计分录为：

借：应收金融企业往来利息——××银行借款利息
　　贷：金融企业往来收入——××金融机构利息收入户

(2) 中国人民银行向商业银行实际收取再贷款利息时，会计分录为：

借：××银行准备金存款
　　贷：应收金融企业往来利息——××银行借款利息

中央银行对于各商业银行再贷款可以采用按日填制贷款余额表(见表4-8)，通过计算累计计息积数形式，计提商业银行的再贷款利息，其计算方法与储蓄存款利息的计算相同。

表4-8 再贷款计息余额表

　　年　　月份　　共　　页　　第　　页

余额＼户名　日期	甲银行	乙银行	丙银行	丁银行	戊银行

六、再贴现业务的核算

再贴现是中央银行通过买进商业银行持有的已贴现但尚未到期的商业汇票，向商业银行提供融资支持的行为。

中国人民银行办理再贴现的对象，是在中国人民银行及其分支机构开立存款账户的国有商业银行、股份制商业银行、政策性银行及其分支机构。对非银行金融机构的再贴现，仅限于城乡信用社和企业集团财务公司。

贴现银行向中国人民银行申请贴现所提交的票据只能是已经贴现或转贴现的未到期银行承兑汇票和商业承兑汇票。用于再贴现的商业汇票应以真实合法的商品、劳务交易为基础，汇票的签发、转让应遵循诚实信用原则。申请再贴现的商业银行应对票证的真实性、合法性、合规性负责。

再贴现的金额以再贴现的票据面额为准，扣除再贴现利息后，将其差额作为实付再贴现额支付给申请再贴现的商业银行。再贴现期限从再贴现之日起至汇票到期日止。再贴现有买断式和回购式两种，其区别在于是否转移票据权利，转移票据权利的为买断式再贴现，不转移票据权利的为回购式再贴现。

(一)再贴现业务的操作流程

(1) 再贴现申请人向中国人民银行分支机构提出申请，提供如下资料：再贴现申请书、商业汇票正本及复印件、票据查询查复书复印件、贴现申请人与出票人或其前手之间的交易合同、增值税发票复印件及其他相关材料和再贴现凭证。

(2) 中国人民银行货币信贷部门提出审查意见。

(3) 中国人民银行会计营业部门按有关规定审查商业汇票正本及票据查询查复书。

(4) 中国人民银行分管行长审批意见。

(5) 经批准后，中国人民银行货币信贷部门登录《中央银行资金管理系统》台账，再送会计营业部门。

(6) 中国人民银行会计营业部门审查无误后处理入账手续。

(7) 票据到期由中国人民银行会计部门向付款人收取票款。如承兑行拒付可直接从再贴现申请人账户扣划票款。

(二)买断式再贴现

买断式再贴现是指贴现银行将其持有的已经在其银行贴现但尚未到期的商业汇票背书后转让给中国人民银行，票据权利人改为中国人民银行，汇票到期后由中国人民银行向承兑人收取票据款项的融资行为。

1. 办理再贴现的核算

1) 中国人民银行受理商业银行提交再贴现凭证

商业银行向中国人民银行申请再贴现时，应填制一式五联再贴现凭证(见表 4-9)，与商业承兑汇票或银行承兑汇票一并提交中国人民银行。第一联为再贴现借方凭证，第二联为商业银行准备金存款贷方凭证，第三联为中国人民银行利息收入贷方凭证，第四联为回单，第五联为到期卡。

根据《支付结算办法》的规定，票据贴现利息和实付贴现金额应按下列公式计算：

$$贴现利息=票据票面金额\times 贴现天数\times (月贴现利率\div 30)$$

$$实付贴现金额=票据票面金额-贴现利息$$

中国人民银行会计部门接到计划部门转来的核准意见后的再贴现凭证和商业汇票，经审查无误，以第一、第二、第三联再贴现凭证代传票办理转账。其会计分录为：

借：再贴现——××银行买断式再贴现户

　　贷：××银行准备金存款

　　　　金融企业往来收入——再贴现利息收入户

转账后，第四联回单盖转讫章退给商业银行，第五联到期卡按到期日顺序排列妥善保管，并定期与再贴现科目账户余额核对。

表4-9　再贴现凭证(借方凭证)

年　　月　　日

申请银行	名称		再贴现汇票	号码	
	存款账号			发票日	
	开户银行			到期日	
汇票金额 人民币(大写)			小写金额		
核定再贴现金额 人民币(大写)			小写金额		
再贴现率		再贴现利息	实付再贴现金额		
再贴现天数					
承兑单位	名　称		中国人民银行审批		
	账　号				
	开户银行		负责人　　主管　　经办		
兹根据"票据再贴现办法"规定，附送上承兑汇票申请再贴现，请核准 此致 (再贴现申请行印鉴)			会计分录： 借： 贷： 会计　　　　复核　　　　记账		

2) 商业银行的处理

商业银行收到中国人民银行退回的第四联再贴现凭证，据以编制特种转账借方、贷方传票，以第四联再贴现凭证作附件，办理转账。商业银行取得再贴现款的转账，买断式再贴现直接冲减"贴现及买入票据"科目。

借：存放中央银行款项——××分户

　　金融企业往来支出——中央银行往来支出户

　　贷：贴现及买入票据

2. 再贴现票据到期收回的核算

买断式再贴现票据到期，中国人民银行作为持票人向付款人收取票款。对付款人在异地的，应在汇票到期前匡算邮程，提前办理委托收款。将第五联贴现凭证作第二联委托收款凭证的附件存放，其余手续比照发出委托收款凭证的处理。

再贴现银行在收到款项划回时，比照委托收款的款项划回的处理；一般使用大额实时汇划渠道结算，其会计分录为：

借：大额支付往来——××承兑银行清算行开户央行户
　　贷：再贴现——××银行买断式再贴现户

对未收回票款的，应按照《票据法》的规定向转贴现申请人或其他前手进行追索。

(三)回购式再贴现

回购式再贴现是再贴现申请人将已贴现的尚未到期的商业汇票以不改变票据权利人的方式暂出售给中国人民银行，中国人民银行按票面金额扣除回购利息后，将余额支付给转贴现申请人，在双方约定的票据回购日，再贴现申请人按汇票票面金额向贴现人支付资金以购回汇票，到期日由再贴现申请人向承兑人收取票据款项的融资行为。

1. 办理再贴现的核算

1) 中国人民银行受理回购式再贴现的核算

中国人民银行受理再贴现手续以及计算再贴现利息等的处理与买断式再贴现基本相同，只是使用的二级科目不同。其会计分录为：

借：再贴现——××银行回购式再贴现户
　　贷：××银行准备金存款
　　　　金融企业往来收入——再贴现利息收入户

2) 商业银行办理回购式再贴现的核算

商业银行收到中国人民银行退回的第四联再贴现凭证，据以编制特种转账借方、贷方传票，以第四联再贴现凭证作附件，办理转账。其会计分录为：

借：存放中央银行款项——××分户
　　金融机构往来支出——中央银行往来支出户
　　贷：再贴现——××汇票再贴现户

3) 商业银行回购票据的核算

商业银行回购票据的核算，会计分录为：

借：再贴现——××汇票再贴现户
　　贷：存放中央银行款项——××分户

4) 中国人民银行返售回购式再贴现的核算

商业银行回购票据，中国人民银行的会计分录为：

借：××银行准备金存款——××分户

贷：再贴现——××银行再贴现户

2．再贴现银行票据到期收回的核算

再贴现银行票据到期收回，按贴现票据到期收回手续办理委托收款结算，此处不赘述。

第五节　商业银行间同业存款的核算

同业存款是指同业金融机构之间，由于代理支付结算业务、资金划拨和协议转存款生息所产生的存放款项。

同业存款有两种形式：一种是单向存放款项，是指同业往来双方由一方将资金存到另一方，结算资金时只从一个账户结算，即本行存入他行或他行存入本行；另一种是双向存放款项，是指同业往来双方相互将资金存到对方，即每一方对另一方要同时开设两个账户，一个为资产账户，核算本行存入他行的款项，一个为负债账户，核算他行存入本行的款项。

商业银行间同业存款的核算，包括存入资金的核算、利息的核算、取款的核算和手续费的核算等。

一、存放同业存款的核算

(一)账户设置

1. 存放同业款项

本科目属资产类科目，用于反映本行存放在其他金融机构的款项的增减变化情况，借方登记本行在其他金融机构的存款(包括调入、清算转入)、接受存款行支付本行的存款利息和接受存款行支付本行的手续费等增加的金额，贷方登记本行在其他金融机构的存款转出(包括调出、清算转出)、接受本行支付存款行的透支利息支出和本行支付存款行的手续费支出等减少的金额，余额在借方反映结存。

2. 同业存放款项

本科目属负债类账户，用于反映其他金融机构存入本行款项的增减变化情况，贷方登记其他金融机构在本行的存款调入(包括调入、清算转入)、接受本行支付其他金融机构的存款利息和手续费等增加的金额，借方登记其他金融机构在本行存款的调出、清算转出，接受本行扣收其他金融机构的透支利息支出和支付本行的手续费等减少的金额，余额在贷方反映结存。

(二)存放同业存款的核算方法

同业存款是指因为结算、协议转存款生息等需要，本行存放在其他商业银行或金融机构的款项，包括活期存款和定期存款。存放同业资金的核算包括存入资金的核算、利息的核算、取款的核算和手续费的核算。

存放同业存款的处理手续主要有：商业银行之间达成存款协议，本行填制开户申请书，申请开户，并按照中国人民银行账户管理的有关规定，提交所需的证明文件，办理开户手续，存入资金。存款利率根据中国人民银行的有关规定，双方协商确定。

1. 存入资金的账务处理

(1) 现金存入资金时，根据现金出库单，编制付款凭证，会计分录为：
借：运送中现金——××金库分户
　　贷：现金——库存现金——××金库分户

(2) 本行根据账户行盖章退回的送款回单，与出库单核对相符，编制收款凭证，会计分录为：
借：存放同业款项——××种类存款——××商业银行
　　贷：运送中现金——××金库分户

(3) 转账存入资金时，编制付款凭证，会计分录为：
借：存放同业款项——××种类存款——××商业银行
　　贷：存放中央银行款项——××分户

2. 存放同业利息的账务处理

(1) 计提或补计提利息时，系统生成转账凭证，会计分录为：
借：应收金融机构往来利息——应收××种类存款利息——××商业银行
　　贷：金融机构往来利息收入——存放同业——××种类存款利息收入

(2) 计提利息的冲回，系统负金额记账，生成转账凭证，会计分录为：
借：应收金融机构往来利息——应收××种类存款利息——××商业银行(红字)
　　贷：金融机构往来利息收入——存放同业——××种类存款利息收入(红字)

(3) 收到同业利息时，编制收款凭证，会计分录为：
借：存放同业款项——××种类存款——××商业银行
　　贷：应收金融机构往来利息——应收××种类存款利息——××商业银行

3. 存放同业取款的账务处理

1) 存放同业定期款项到期时的处理
应将存款从定期账户转到活期账户，并计收利息，编制收款凭证，会计分录为：

借：存放同业款项——存放同业活期款项——××商业银行
贷：存放同业款项——存放同业定期款项——××商业银行
　　应收金融机构往来利息——应收××种类存款利息——××商业银行

2) 取出存放同业款项时的处理

(1) 现金取出存放同业款项时，编制付款凭证，会计分录为：

借：运送中现金——××金库分户
贷：存放同业款项——××种类存款——××商业银行

(2) 自同业取回现金抵达本行存入金库时，编制收款凭证，会计分录为：

借：现金——库存现金——××金库分户
贷：运送中现金——××金库分户

3) 转账取出存放同业款项时，编制付款凭证，会计分录为：

借：存放中央银行款项——××分户
贷：存放同业款项——××种类存款——××商业银行

4) 手续费的账务处理

支付同业手续费时，编制付款凭证，会计分录为：

借：手续费支出——××手续费支出
贷：存放同业款项——存放同业活期款项——××商业银行

二、同业存放资金的核算

同业存放资金是指因为结算、协议转存款生息等需要，其他商业银行或金融机构存放在本行的款项，包括活期存款和定期存款。同业存放资金的核算包括同业存入资金的核算、利息的核算、同业取款的核算和手续费的核算。

首次接受他行在本行的同业存放资金的手续如下：商业银行之间达成存款协议，他行向本行填制开户申请书，申请开户。并按照中国人民银行账户管理的有关规定，向本行提交开户所需要的证明文件，办理开户手续，存入资金。存款利率根据中国人民银行的有关规定，双方协商确定。

1. 同业存入资金的账务处理

(1) 同业现金存入活期款项时，编制收款凭证，会计分录为：

借：现金——业务现金——营业现金
贷：同业存放款项——××活期存款——××商业银行

(2) 转账存入活期款项时，编制收款凭证，会计分录为：

借：存放中央银行款项——××分户
贷：同业存放款项——××活期存款——××商业银行

(3) 同业存入定期或通知存款等其他种类款项时，编制转账凭证，会计分录为：
借：同业存放款项——××活期存款——××商业银行
　　贷：同业存放款项——××种类存款——××商业银行

2. 同业存放利息的账务处理

(1) 计提利息时，编制转账凭证，会计分录为：
借：金融企业往来利息支出——同业存放——××种类存款利息支出
　　贷：应付金融企业往来利息——应付××种类存款利息——××商业银行
(2) 补计少提利息时，编制转账凭证，会计分录同上述计提利息的处理。
(3) 计提利息的冲回，按照冲多计提的金额编制转账凭证，会计分录为：
借：金融企业往来利息支出——同业存放——××种类存款利息支出(红字)
　　贷：应付金融企业往来利息——应付××种类存款利息——××商业银行(红字)
(4) 支付同业利息时，编制转账凭证，会计分录为：
借：应付金融企业往来利息——应付××种类存款利息——××商业银行
　　贷：同业存放款项——××活期存款——××商业银行

3. 同业取款的账务处理

1) 同业存放定期或通知存款到期时的处理

应将存款从相关账户转到活期账户，编制转账凭证，会计分录为：
借：同业存放款项——××种类存款——××商业银行
　　贷：同业存放款项——××活期存款——××商业银行

2) 同业取出款项时的处理

同业取出款项时，分别进行现金取款与转账取款处理。
(1) 现金取出款项时，编制付款凭证，会计分录为：
借：同业存放款项——××活期存款——××商业银行
　　贷：现金——库存现金——××金库分户
(2) 转账取出款项时，编制转账凭证，会计分录为：
借：同业存放款项——××活期存款——××商业银行
　　贷：存放中央银行款项——××分户

3) 同业存放手续费的账务处理

取得同业手续费收入时，编制转账凭证，会计分录为：
借：同业存放款项——××活期存款——××商业银行
　　贷：金融企业往来收入——××手续费收入

第六节　商业银行间同业拆借的核算

一、同业拆借概述

　　同业拆借是指金融机构(主要是商业银行)之间为了调剂资金余缺，利用资金融通过程的时间差、空间差、行际差来调剂资金而进行的短期借贷行为。同业拆借的主体是经中央银行批准并在工商行政管理机关登记注册的具有法人资格的银行和非银行金融机构。严禁非金融机构和个人参与同业拆借活动。同业拆借的主管机关是中央银行，拆借的资金都要通过各自在中央银行开立的存款账户进行核算，按照中央银行的有关规定办理，不能互相直接拆借。

　　金融机构用于拆出的资金只限于交足准备金、留足5%备付金、归还中国人民银行到期贷款之后的闲置资金，拆入的资金只能用于弥补票据清算、先支后收等临时性资金周转的需要。资金拆借最长期限不得超过1个月，一般不得展期，遇特殊情况可一次性展期7天。所有金融机构拆借资金的利率，不得超过中央银行的最高限。

　　同业拆借市场是金融机构之间相互融通资金的市场，是货币市场的主要组成部分。通过同业拆借市场，金融机构可以对其资金按照安全性、流动性和盈利性原则进行管理。同时，中央银行也可以通过该市场进行金融监管，实施货币政策等。

　　商业银行间同业拆借市场分为两大部分，一部分为通过全国银行同业拆借中心交易的场内交易，另一部分为金融机构的场外交易。未成为全国银行间同业市场成员的金融机构，可自行协商，自行配对进行场外交易，进行一天的同业拆借业务，但必须由其总部在双方交易前报所在地中国人民银行分支行备案，否则按违规处理。

二、同城同业拆借的核算

(一)同业拆借的会计科目设置

1. "拆放同业"科目

　　本科目属于资产类科目，核算商业银行拆借给其他银行的短期资金。拆借资金给他行时，借记本科目；他行归还拆借资金时，贷记本科目。余额应该在借方。本科目应按拆借的银行进行明细核算。

2. "同业拆入"科目

　　本科目属于负债类科目，核算商业银行向其他银行借入的短期或临时性资金。借入资金时，贷记本科目；归还资金时，借记本科目。本科目应按拆出银行设明细账。

(二)同城同业拆借的账务处理

1. 拆出的核算

(1) 拆出行的处理。拆借双方签订协议后，拆出行签发转账支票(如为异地则填制电汇凭证)提交开户央行，将拆借资金划转汇入行存款户。其会计分录为：

借：拆放同业——××拆入行户
　　贷：存放中央银行款项——××分户

(2) 拆入行的处理。拆入行收到中央银行的收账通知，另填制特种转账借、贷方传票办理转账。其会计分录为：

借：存放中央银行款项——××分户
　　贷：同业拆入——××拆出行户

(3) 中国人民银行收到拆入行送存的支票及进账单后转账。其会计分录为：

借：××银行准备金存款——××拆出行户
　　贷：××银行准备金存款——××拆入行户

2. 归还借款的核算

(1) 拆借资金到期，拆入行需主动填制转账支票，送交中央银行办理还本付息手续，办理转账。其会计分录为：

借：金融企业往来支出——同业往来利息支出户
　　同业拆入
　　贷：存放中央银行款项——××分户

(2) 中国人民银行收到拆入行提交的转账支票和进账单，支票作拆入行户借方凭证，进账单一联作拆出行户贷方凭证，一联加盖转讫章通知拆出行收账。其会计分录为：

借：××银行准备金存款——××拆入行户
　　贷：××银行准备金存款——××拆出行户

(3) 拆出行收到中央银行的进账通知后，办理转账。其会计分录为：

借：存放中央银行款项——××分户
　　贷：金融企业往来收入——同业往来利息收入户
　　　　拆放同业

三、异地同业拆借的核算

异地商业银行间进行拆借时，拆出行通过开户的中国人民银行将款项汇往拆入行开户的中国人民银行转入拆入行账户；归还拆借款时，由拆入行将款项汇给拆出行。结算时，通过大额支付系统办理结算。

1. 拆借时的核算

(1) 拆出行拆放资金，会计分录为：

借：拆放同业——××拆入行户
　　贷：存放中央银行款项——××分户

(2) 拆出行的开户行中央银行的会计分录为：

借：××银行准备金存款——××拆出行户
　　贷：大额支付往来——××拆入行开户央行

(3) 拆入行开户的中央银行会计分录为：

借：大额支付往来——××拆出行开户央行
　　贷：××银行准备金存款——××拆入行户

(4) 拆入行拆入资金，接中国人民银行收账通知，会计分录为：

借：存放中央银行款项——××分户
　　贷：同业拆入——××拆出行户

2. 拆借资金归还时的核算

(1) 拆入行归还拆借本息，会计分录为：

借：同业拆入——××拆出行户
　　金融企业往来支出——同业往来利息支出户
　　贷：存放中央银行款项——××分户

(2) 拆出行收到归还拆借本息时，会计分录为：

借：存放中央银行款项——××分户
　　贷：拆放同业——××拆入行户
　　　　金融企业往来收入——同业往来利息收入户

(3) 拆入行开户中央银行的会计分录为：

借：××银行准备金存款——××拆入行户
　　贷：大额支付往来——××拆出行开户央行

(4) 拆出行开户中央银行的会计分录为：

借：大额支付往来——××拆入行开户央行
　　贷：××银行准备金存款——××拆出行户

第七节　同城票据交换业务的核算

一、同城票据交换概述

同城票据交换是为了满足收、付款人在同一城市或规定区域但不在同一行处开户的企事业单位和个人之间办理资金清算的需要，由开户银行将有关的结算票据按照规定的时间和要求将有关商业银行和金融机构之间相互代收代付款项的凭证，按规定的时间和场次统一在某一场所进行交换，并轧记往来行之间应收应付差额，由主办清算行(中国人民银行)以转账的方式进行的资金清算。

它是银行的一项传统业务，票据交换业务不仅涉及银行间票据的交换与清算，而且还牵涉社会资金的使用效益等。同城交换与行内汇划、大额实时和小额批量并称为资金汇划的四种渠道。当收款人或付款人在本地他行开户时，客户可选择同城交换渠道办理资金的结算。

这里的同城既指狭义的同城，即同一城市，也指广义的同城，即规定的区域，如长三角区域，具体由各地中国人民银行规定。

1. 票据清算业务的分类

(1) 根据地域和币别的不同，票据清算分为同城票据清算和异地票据清算两种。同城票据清算是指本地区范围内金融同业之间的票据资金清算；除此地域以外的金融同业间的票据清算称为异地票据清算。

(2) 根据票据币别的不同，票据清算可分为人民币票据清算和外币票据清算两种。

(3) 根据持票人向商业银行提交票据的方式不同，票据清算分为顺汇清算和委托收款清算两种。顺汇清算是指付款人开户银行(付款行)直接将款项划入收款人开户银行(收款行)的资金结算方式；委托收款清算则是指收款人委托其开户行向付款行收取票据款项的资金清算方式。

2. 票据清算业务的流程

(1) 支票出售(打码)银行在支票出售之前，票据必须进行打码，即在支票上方打印支票磁码。比较规范的做法是在支票的相关栏目打印本行行号和支票购买人账号。

(2) 商业交易企业间实现商品、劳务等交易后，以支票为支付手段进行资金清算。

(3) 提出票据银行交换行的业务柜台在收到票据准备提出票据之前，要对提出的票据进行打码处理；对支票补打交易码、金额，其他票据依次打印交换行号、账号对照码、交易码和金额；同时按照要求进行批控卡、提出卡的输出。

(4) 清算中心接票和审票由清算中心工作人员在柜台受理各交换行的提出票据、每批提出清单、批控卡和提出卡,按有关规定审核之后进行票据整理,为票据清分做好准备。

(5) 票据上机清分,清算中心工作人员进行票据清算,统计各种清算报表。

(6) 各提入交换点在规定的时间内到清算中心领取提入票据、提入清单、差额报表、清算调整表和交换轧差划款凭证。提入行把提入票据与提入清单进行核对,检查有无差错,然后带回提入行进行账户处理并按时划转资金,交易结束。

参加票据交换的机构必须坚持"及时处理、差额清算和银行不予垫款"的原则。

商业银行受理客户提交的同城跨行票据,通过"交换提出",将他行票据提往本区域的票交所;再通过"交换提入",从票交所提回他行提出的本行票据,从而实现同城票据交换。

票据交换产生的原因和票据交换流程如图 4-7 和图 4-8 所示。

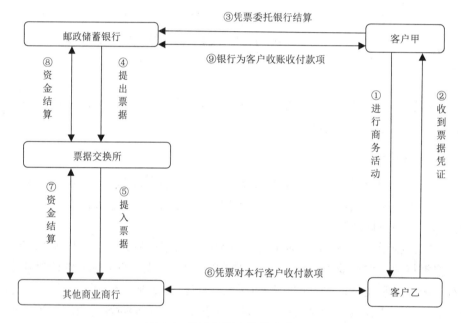

图 4-7 提出票据交换的产生原因

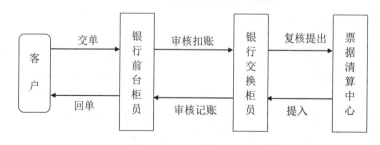

图 4-8 票据交换的流程

3. 同城票据交换包括的要素

1) 交换提出

交换提出是商业银行由于为本行客户提供服务，主动向他行客户收款，或接受本行客户委托主动向他行客户付款，通过票据交换所提交给对方银行的票据。

交换提出的票据由主动为本行客户向他行收款的票据，称为提出借方票据。提出借方票据，本行对票交所产生债权。接受本行客户委托，主动向他行付款的票据称为提出贷方票据。提出贷方票据，本行对票交所产生负债。

交换票据的提出，是由经办柜员在受理支票、银行本票、银行汇票、银行承兑汇票和信汇等业务时，通过不同的交易，分别选择"交换提出"渠道办理的。通过交换提出，将票据提到交换所。提出票据时应登记"提出登记簿"，如表4-10所示。

表4-10　中国××银行提出登记簿

借贷别：

日期	付款人		票据种类	票据号码	收款人名称		票面金额	经办	提出记录		销账记录	
	户名	账号			户名	账号			日期	交换场次	日期	交换场次

营业机构　　　　　　　　　　打印

2) 交换提入

交换提入票据是在票据交换所，商业银行被动接受的他行提交给本行的他行客户主动向本行客户收款或付款的票据。

交换提入票据产生的债权债务关系：交换提入的票据由他行客户主动向本行客户收款的票据，称为提入借方票据。提入借方票据本行对票交所产生负债。

交换提入的票据由他行客户主动向本行客户付款的票据称为提入贷方票据。提入贷方票据本行对票交所产生债权。提入票据时应登记"提入登记簿"，如表4-11所示。

3) 票据交换所

票据交换所是指实施票据交换及清算职能的当地中国人民银行的执行机构，是各家商业银行完成实物票据交换的处理平台。

有的票据交换所在组织各参与行进行票据实物的同时，也进行交换票据电子数据的交换，将交换票据的电子信息与实物票据同时采用磁盘传递或网络传输的形式与票据交换所进行电子信息交换。

表 4-11　中国××银行提入登记簿

借贷别：

日期	付款人		票据种类	票据号码	收款人名称		票面金额	经办	提入记录		原凭证种类	销账记录	
	户名	账号			户名	账号			日期	交换场次		日期	退票场次

营业机构　　　　　　　　　　　　打印

4) 同城票据交换的组织

同城票据交换的组织如图 4-9 所示。

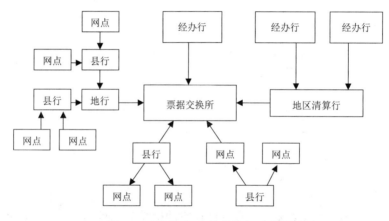

图 4-9　同城票据交换的组织示意图

5) 同城票据交换的对象

票据是商业银行间结算债权债务的依据，商业银行对客户账户的一切收付，必须做到收有凭支有据，这些凭证都可以理解为票据。同城票据交换的对象一般包括支票、银行汇票、银行本票、进账单、信汇、托收凭证和特种转账凭证等遵循各地中国人民银行规定的允许参加同城交换业务的各种票据及凭证。

6) 同城票据交换涉及的资金清算

同城票据交换涉及的资金清算有两大块：一是与直接参与者的清算，即与参加同城交换各行的资金清算，通过各行的清算行在中国人民银行开立的清算账户完成；二是与各间接参与者的清算，即本系统内代理行与被代理行间的清算，通过其在省行开立的清算账户来完成。

二、同城票据交换的提出提入模式

票据交换提出提入模式主要有三种：分散提出分散提入模式、分散提出集中提入模式和代理提出代理提入模式。

1. 分散提出分散提入模式

分散提出分散提入模式是指拥有交换席位的网点自行进行提出提入票据工作。

2. 分散提出集中提入模式

分散提出集中提入模式是指拥有交换席位的网点自行提出票据，而由营运中心(业务集中处理中心)对其所辖同城票据交换区域内的所有网点的提回票据做集中统一处理，以大幅降低管理和运营成本。

对提回的票据原则上不返回原开户行处理，有条件的应集中处理提回票据，此时应做好工作场地、工作人员的管理，确保账务不错不乱。

交换提回的票据由营运中心操作员按规定进行审核，确保提回票据的真实性、合法性、完整性和准确性。审核无误后，按提入行交换号、收付款方和业务种类分别进行处理。

3. 代理提出代理提入模式

代理提出代理提入模式是指网点自身没有交换席位，由有交换席位的网点代理其进行票据交换提出、提入工作。

三、交换票据的审核与管理

1. 交换票据的审核

提出、提入的贷方凭证必须认真逐笔核对清单上的收付款单位账号、金额，保证原始凭证与清单上的内容相符，防止犯罪分子偷换凭证；认真核对凭证要素，防止错提；严密交换票据交接手续，在装包前或拆包后要认真核对清单与票据实物是否相符，防止空提。

对交换的票据必须密封或装包加锁并按规定进行存放保管，不得将交换的票据带回家中，不得委托他人代理交换，不得在交换途中办理与交换无关的事宜。如委托专业公司代为传递票据交换包的，应与公司签订协议，明确责任，并建立交接登记簿，严密交接签收手续。

同城票据交换必须将收受的票据按场次全部提出交换，不得截留积压，不得擅自涂改、更改票据及附件内容；代收他行票据必须保证收妥抵用，未收妥款项不得提前签发进账单回单。

2. 岗位分离制度

办理同城票据交换，实行经办员、复核员和票据交换员三分离，相互制约，不得兼岗、混岗。票据交换员不得兼管客户账户、系统内往来账户、同业往来账户和其他应付款等过渡账户的账务处理与对账，不得兼管业务专用章和重要空白凭证。

3. 票据交换的原则

参加票据交换的机构必须坚持"及时处理、差额清算；先借后贷、收妥抵用；银行不予垫款"的原则。

例如，收、付款银行之间受理支票，在提交开户行以后要等商业银行通过内部账务处理(或票据清算)将款项从出票人账户付出，并收入持票人账户后才能抵用。

收妥抵用票据退票规定如下。

(1) 每日只进行一场交换清算的，隔日必须退票。隔日未退票的，提出行于隔日清算完毕后(即提出票据后第二天清算完毕后)入账。

(2) 每日进行两场交换清算的，隔场必须退票。隔场未退票的，提出行于提出票据后第二场清算完毕后入账。

(3) 超过规定的退票时间后不允许退票。

四、交换行对于提出借记票据的转销处理

交换行对于提出借记票据的转销处理，分为自动转销模式和手工转销模式。

1. 自动转销模式

系统预先维护《同城交换名册》，对本交换行和对方交换行参加的交换场次进行维护。提出票据后，系统自动根据交换日期、本交换行和对方交换行参加的交换场次的组合(2-2、1-1、2-1 或 1-2)、交换轧差等要素，计算确定提出票据的转销时机。转销时机到，系统自动对满足条件的提出票据做转销的账务处理。

自动转销模式适用于实行不允许隔场退票、托收票据转销时间为隔场、交换场次每日固定且交换资金清算次数与场次匹配的同城票据交换区域。设定自动转销模式的，系统在交换场次切换后，自动对满足条件的票据进行转销的账务处理。

交换场次切换由人工发起，对于提入票据尚未处理完毕的，系统控制不得切换场次。

2. 手工转销模式

由操作员根据实际情况人工确认提出票据的转销时间。人工确认提出票据的转销要素包括交换日期、交换场次和对方行交换场次。

手工转销模式适用于中国人民银行对提入票据的退票时间无严格要求、托收转销时间

固定或不固定、交换场次资金清算次数不匹配的同城票据交换区域。

交换场次切换由人工发起,可以跳空场次切换;对提入未处理凭证不进行控制,仍可以进行场次切换。

五、交换轧差与清算

在完成交换提入后,将本场提入的票据与上一场提出的票据进行轧差,将此轧差数与中国人民银行的交换轧差报单的头寸数进行核对,系统中调用交换轧差交易,轧差金额不一致时,应及时查找原因,避免错误处理客户账。轧差不平可选择挂账。

轧差金额=提入轧差金额+提出轧差金额

其中:

提入轧差金额=提入贷方金额-提入借方金额

提出轧差金额=提出借方金额-提出贷方金额

同城票据交换差额清算的产生如图 4-10 所示。

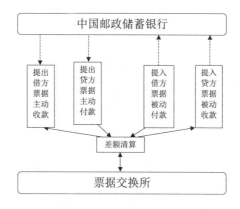

图 4-10　同城票据交换差额清算关系图

六、退票处理

按票据来源划分,退票可分为提入票据退票和提出票据退票。提入票据退票是指经交换提入后,将票据退给提出行。提出票据退票指提出给他行的票据被他行退回。

按退票原因划分,退票可分为透支原因退票和非透支原因退票。透支原因退票是指在本行开户的付款人账户余额不足以致无法正常扣款,而将票据退回给提出行。非透支原因退票是指因票面金额不符、票据记载事项不全等非透支原因将票据退给提出行。

按票据是否是实物被退划分,退票分为电话退票和实物退票。电话退票是指根据当地中国人民银行的规定,在规定的退票通知时限内,采取电话、传真或网络的形式,将票据的详细信息和退票理由通知原票据提出行。实物退票是指通过交换提出方式,将实物票据退给提出行。实物退票通常发生在电话退票的下一场次。

七、交换批次入账/交换手工入账

交换批次入账分为提入批次入账和转销批次入账。对提入票据的入账称为提入批次入账，对提出票据的入账称为转销批次入账。批次入账不适用于汇票和大额其他票据。系统做完提出提入交易后，在规定时间内，通过调用[交换批次入账]交易，可将所有符合条件的票据做入账处理。

交换手工入账是对金融汇票和大额其他票据的转销和入账，该操作需经主管授权，其他单笔入账的票据也可进行手工入账，电子验印未通过的票据，手工入账前，需再次进行电子验印。

八、同城票据交换的核算

(一)账户设置

1. 跨行清算资金往来——同城票据交换

本科目具有资产与负债的双重属性的共同类账户，为参与同城票据交换的商业银行与中国人民银行进行票据交换差额结算使用。

(1) 提出借方凭证，借记本科目，贷记"其他应付款"科目。发生退票，借记"其他应付款"科目，贷记本科目。已过退票时间未发生退票，借记"其他应付款"科目，贷记"单位活期存款"等科目。

提出贷方凭证，借记"单位活期存款"等科目，贷记本科目；发生退票做相反的会计分录。

(2) 提入借方凭证，提入凭证正确无误的，借记"单位活期存款"等科目，贷记本科目。因误提他行凭证等原因不能入账的，借记"其他应收款"科目，贷记本科目。再提出时，借记本科目，贷记"其他应收款"科目。

提入贷方凭证，提入凭证正确无误的，借记本科目，贷记"单位活期存款"等科目。因误提他行票据等原因不能入账的，借记本科目，贷记"其他应付款"科目。退票或再提出时，借记"其他应付款"科目，贷记本科目。

(3) 将提出凭证和提入凭证计算轧差后为应收差额的，借记"存放中央银行款项"等科目，贷记本科目；如为应付差额做相反的会计分录。

2. 其他应付款——同城票据交换

本科目为负债类科目，核算本行向同城票据交换所提出借方凭证因"收妥抵用"原则而延期支付给本行客户的应付款项，本科目应按提出、退票和待转同城票据清算设置明细科目分户核算。

1) 提出户

核算本行提出的借方凭证，提出时记贷方，超过退票时间未被退票，为客户收账或接收提入方电话退票时，记借方，余额在贷方，反映提出借方凭证因收妥抵用而等待为客户收账的应付款项。

2) 退票户

核算本行向同城票据交换所交换票据凭证发生退票的情况。贷方反映提出借方凭证收到提入行电话退票，从提出户转入本户的款项和提入贷方凭证不能为本行客户收账记入的款项。借方反映收到提出借方凭证的退票和退回的提入贷方凭证款项。余额在贷方，反映尚未完成实物退票的票据交换业务。

3) 待转同城票据清算

核算本行在与中央银行核对账目时发生对账不符，本行应向中央银行收取款项，支付本行客户的业务款项。

查出不符，登记时，借记"跨行清算资金往来——同城票据交换"科目，贷记本科目。查明原因实际支付给本行客户时，借记本科目，贷记单位活期存款科目。

本科目如有余额应在贷方，反映尚未处理的对账不符款项。

3. 其他应收款——同城票据交换

本科目为资产类科目，核算本行因票据交换应向本行客户收取的款项。本科目应退票户和待转同城票据清算户设置明细科目分户核算。

1) 退票户

核算本行提入借方凭证需要办理退票的款项。提入借方凭证因凭证瑕疵或本行客户资金不足，不能向本行客户收款的款项。发生提入借方凭证需要退票时记借方，退回时记贷方。余额在借方，反映尚未完成实物退票的提入借方凭证业务。

2) 待转同城票据清算

核算本行在与中央银行核对账目时发生对账不符，本行应向本行客户收取款项，支付中央银行的业务款项。

查出不符，登记时，借记本科目，贷记"跨行清算资金往来——同城票据交换"科目。查明原因实际向本行客户收取，支付给中央银行时，借记"单位活期存款"科目，贷记本科目。本科目如有余额应在借方，反映尚未处理的对账不符款项。

(二)核算举例

1. 提出借方凭证的核算

所谓提出借方凭证，是商业银行根据本行客户出具的有效债权证明，要求借记对方银行客户账户,向其收取款项的业务。其业务主要包括:提出借方票据、为本行客户收账、接受对方银行电话退票、接受提入银行实物退票和向中央银行票据交换所清算等环节。

(1) 支行提出借方票据,填制转账凭证,会计分录为:

借:跨行清算资金往来——同城票据交换

贷:其他应付款——同城票据交换——提出户

(2) 支行提出的借方凭证,隔场未被退票,为客户收账,填制转账凭证,会计分录为:

借:其他应付款——同城票据交换——提出户

贷:单位活期存款

(3) 支行提出借方凭证,发生电话退票,填制转账凭证,会计分录为:

借:其他应付款——同城票据交换——提出户

贷:其他应付款——同城票据交换——退票户

(4) 支行收到退票的原行提出的借方凭证,填制转账凭证,会计分录为:

借:其他应付款——同城票据交换——退票户

贷:跨行清算资金往来——同城票据交换

(5) 轧记提出借方凭证与退票提回的借方凭证应收差额与票据交换所结清债权,填制银行收款凭证,会计分录为:

借:存放中央银行款项——准备金

贷:跨行清算资金往来——同城票据交换

2. 提入借方凭证的核算

所谓提入借方凭证,是商业银行从中央银行票据交换所提回本行客户签发向他行客户付款,如支票、本票、银行承兑汇票、存单等债务证明,与本行和票据交换所进行结算的业务。其业务主要包括:提回借方票据对本行客户扣款、通知对方银行电话退票、实物票据退票提出以及向中央银行票据交换所清算等环节。

(1) 提回借方票据对本行客户扣款,填制转账凭证,会计分录为:

借:单位活期存款

贷:跨行清算资金往来——同城票据交换

(2) 提入借方凭证发生电话退票,先挂账,根据退票通知,填制转账凭证,会计分录为:

借:其他应收款——同城票据交换——退票户

贷:跨行清算资金往来——同城票据交换

(3) 提出退票的提入借方凭证实物,填制转账凭证,会计分录为:

借:跨行清算资金往来——同城票据交换

贷:其他应收款——同城票据交换——退票户

(4) 轧记提入借方凭证与退票提出的借方凭证应付差额与票据交换所清算负债,填制付款凭证，会计分录为：

借：跨行清算资金往来——同城票据交换
　　贷：存放中央银行款项——准备金

3．提出贷方凭证的核算

所谓提出贷方凭证，是商业银行根据本行客户出具的有效付款证明支票和进账单，委托本行扣收款项，并通知对方银行贷记客户账户的业务。其业务主要包括：提出贷方票据、接受提入方银行电话退票、接受提入银行实物退票和向中央银行票据交换所清算等环节。

(1) 支行根据客户提交的有效支付命令，比如支票、扣收款项、提出进账单等贷方凭证，填制转账凭证，会计分录为：

借：单位活期存款
　　贷：跨行清算资金往来——同城票据交换

(2) 提出行收到对提出的贷方凭证的电话退票通知，填制转账凭证，会计分录为：

借：其他应付款——同城票据交换——退票户
　　贷：单位活期存款

(3) 提出行收到对提出的贷方凭证的实物退票，与票交所结算，填制转账凭证，会计分录为：

借：跨行清算资金往来——同城票据交换
　　贷：其他应付款——同城票据交换——退票户

(4) 轧记提出贷方凭证与退票提回的贷方凭证应付差额与票据交换所结清负债，填制付款凭证，会计分录为：

借：跨行清算资金往来——同城票据交换
　　贷：存放中央银行款项——准备金

4．提入贷方凭证的核算

所谓提入贷方凭证，是商业银行提回他行客户对本行客户支付款项的进账单为收款人收取款项贷记本行客户账户的业务。其业务主要包括：提回贷方票据为本行客户收账、电话通知提出方无法收账、退票提出、提入票据实物和向中央银行票据交换所清算等环节。

(1) 提入贷方凭证未退票，填制转账凭证，会计分录为：

借：跨行清算资金往来——同城票据交换
　　贷：单位活期存款

(2) 提入贷方凭证，无法收账，电话通知提出方退票，先挂账，填制转账凭证，会计分录为：

借：跨行清算资金往来——同城票据交换
　　贷：其他应付款——同城票据交换——退票户

(3) 提入行对提入的贷方凭证进行实物退票，填制转账凭证，会计分录为：

借：其他应付款——同城票据交换——退票户

贷：跨行清算资金往来——同城票据交换

(4) 轧记提入贷方凭证与退票提出的贷方凭证应收差额与票据交换所结清债权，填制银行收款凭证，会计分录为：

借：存放中央银行款项——准备金

贷：跨行清算资金往来——同城票据交换

需要说明的是，上述四项与中央银行票据交换所的清算分录，仅仅是从账务清算的角度分述清算原理，实际结算是所有票据汇总结算，根据"跨行清算资金往来——同城票据交换"中央银行票据交换所核对相符的数据集中清算，通过"存放中央银行款项"账户收付差额。

5. 与人行轧差不符的核算

商业银行完成票据交换后，如果与中国人民银行的"跨行清算资金往来——同城票据清算"账户余额不符，则以中国人民银行数据为准，调整账目。

(1) 若轧差不符，挂账后为应付款项时，填制转账凭证，会计分录为：

借：跨行清算资金往来——同城票据清算

贷：其他应付款——待转同城票据清算

(2) 若轧差不符，挂账后为应收款项时，填制转账凭证，会计分录为：

借：其他应收款——待转同城票据清算

贷：跨行清算资金往来——同城票据清算

(3) 查明原因后，将应付客户资金支付给客户时，填制转账凭证，会计分录为：

借：其他应付款——待转同城票据清算

贷：单位活期存款

(4) 查明原因后，将应收客户资金向客户收取款项时，填制转账凭证，会计分录为：

借：其他应付款——待转同城票据清算

贷：单位活期存款

第五章

支付结算中间业务的核算

本章精粹：

- 支付结算的相关概念
- 支付结算原则与结算纪律
- 票据的基本规定，其中以票据权利、票据背书为重点内容
- 支票、银行本票、银行汇票、商业汇票承兑与代收、汇兑的处理程序与核算

学习目的与要求

本章叙述了支付结算的原则和纪律，各种结算方式(包括汇兑、托收承付、委托收款)、票据(包括银行汇票、商业汇票、支票、本票)以及信用卡的概念、使用规定和核算手续。介绍了各种票据结算和支付方式结算的程序。

通过本章的学习，应全面理解与认识结算业务的性质、原则、纪律等问题；熟悉各种结算方式与票据的概念；掌握各种结算方式和信用支付工具的核算程序及账务处理方法。

关键词

支付结算　支票　银行汇票　商业汇票　银行本票　支付密码　汇兑　托收承付　委托收款

支付结算是指各单位之间、单位与个人之间，由于商品交易、劳务供应、资金划拨等经营活动，使用银行汇票、商业汇票、银行本票、支票、信用卡和汇兑、托收承付和委托收款等支付结算方式进行货币给付及资金清算的行为。支付结算业务按照业务属性划分属于中间业务范畴。

第一节　支付结算业务概述

一、支付结算业务介绍

(一)支付结算的基本工具

商业银行的支付结算是以票据为基础的货币给付及资金清算的行为。票据一般是指由出票人签发，无条件约定自己或要求他人支付一定金额，可流通转让的有价证券，持有人具有一定权利的凭证，包括：汇票、本票、支票、提单、存单、股票和债券等。

广义的票据泛指各种有价证券，如债券、股票和提单等。狭义的票据仅指以支付金钱为目的的有价证券，即出票人根据票据法签发的，由自己无条件支付确定金额或委托他人无条件支付确定金额给收款人或持票人的有价证券。

在我国，票据即银行汇票、商业汇票、银行本票和支票。票据连同信用卡一起构成了商业银行支付结算体系的基本债权债务工具。

1. 银行汇票

银行汇票是汇款人将款项交存当地银行，由银行签发给汇款人持往异地办理转账结算或支取现金的票据。单位、个体经济户和个人需要支付各种款项,均可使用银行汇票。

2. 商业汇票

商业汇票是收款人或付款人(或承兑申请人)签发,由承兑人承兑,并于到期日向收款人或背书人支付款项的票据。按其承兑人的不同,分为商业承兑汇票和银行承兑汇票。

商业承兑汇票是由收款人签发,经付款人承兑,或由付款人签发并承兑的票据。银行承兑汇票是由收款人或承兑申请人签发,并由承兑申请人向开户银行申请,经银行审查同意承兑的票据。

在银行开立账户的法人之间根据购销合同进行商品交易,均可使用商业汇票。

3. 支票

支票是商业银行的存款人签发给收款人办理结算或委托开户银行将款项支付给收款人的票据。支票分为现金支票和转账支票。现金支票可以转账,转账支票不能支取现金。

4. 银行本票

银行本票是申请人将款项交存银行,由银行签发给其凭以办理转账结算或支取现金的票据。银行本票一律记名,允许背书转让。银行本票分为不定额和定额两种。不定额银行本票的金额起点为100元。定额银行本票面额为500元、1000元、5000元和1万元。单位、个体经济户和个人在同城范围的商品交易和劳务供应以及其他款项的结算均可以使用银行本票。

5. 信用卡

信用卡是指商业银行向个人和单位发行的,凭以向特约单位购物、消费和向银行存取现金,且具有消费信用的特制载体卡片。

信用卡按使用对象分为单位卡和个人卡;按信誉等级分为金卡和普通卡;按币种分为人民币卡和外币卡;按载体材料分为磁条卡和芯片(IC)卡。商业银行利用其发达的计算机网络系统和遍布各地的网点、自动柜员机和遍布各公共场所的销售终端机为持卡人提供便捷的支付结算服务。

(二)支付结算的方式

所谓结算方式,是商业银行根据委托人提供的票据,以银行内部的清算系统和中央银行的现代化支付系统为基础,采用一定的结算凭证及其传递的程序和方法,来实现异地各单位(或个人)之间货币收付的具体组织形式。

我国银行支付结算的结算方式有汇兑、托收承付和委托收款三种。

1. 汇兑

汇兑是汇款人委托银行将其款项支付给收款人的结算方式。在我国，汇兑与委托收款和托收承付业务并称为支付结算业务的三种结算方式。单位和个人的各种款项的结算，均可使用汇兑结算方式。其业务特点是：客户主动付款、汇款金额确定、有明确的收款人、必须在柜台办理。

汇兑是汇款人委托银行将其款项支付给收款人的结算方式，汇兑分为信汇和电汇两种，由汇款人选择使用。

信汇的使用范围非常小，仅当汇划渠道为同城交换时，选择信汇方式，需填写"信汇凭证"；当汇划渠道为行内汇划、大额支付或小额支付时，选择电汇方式，需填写"电汇凭证"。

2. 托收承付

托收承付是根据购销合同由收款人发货后委托银行向异地付款人收取款项，由付款人向商业银行承认付款的结算方式。

使用托收承付结算方式的收款单位和付款单位，必须是国有企业、供销合作社以及经营管理较好，并经开户银行审查同意的城乡集体所有制工业企业。办理托收承付结算的款项，必须是商品交易，以及因商品交易而产生的劳务供应的款项。代销、寄销和赊销商品的款项，不得办理托收承付结算。

托收承付比普通委托收款适用范围更窄，对使用对象要求更高，对于托收、承付、逾期付款、拒绝付款、重办托收和违规处罚均有严格规定。

3. 委托收款

委托收款是收款人委托银行向付款人收取款项的结算方式。收款人办理委托收款应向银行提交托收凭证和有关债务证明。已承兑商业汇票、债券、存单等均可作为委托收款单证。委托收款在同城、异地均可以使用。付款人审查有关债务证明后，对收款人委托收取的款项需要拒绝付款的，可以办理拒绝付款，但不可办理部分拒绝付款。

(三)支付结算的服务体系

支付结算的服务体系通过两个层次完成，下层是商业银行为客户提供资金的支付往来与结算；上层是中央银行为商业银行之间的支付结算提供银行间的清算。

商业银行为客户提供资金的支付往来与结算，以参与支付结算服务的商业银行内部的清算系统为基础，根据结算的对方是否属于本银行系统决定结算信息的传递途径，收付双方都在本系统银行开户的，使用商业银行内部的清算系统即行内汇划系统进行资金的汇划结算；收付双方属于两个不同商业银行开户的，一般通过中央银行的现代化支付系统实现跨行资金的结算与清算。

中央银行为商业银行之间的支付结算提供银行间的清算，主要依靠中国现代化支付系统来完成。中国现代化支付系统，是中国人民银行按照支付清算需要，利用现代计算机技术和通信网络开发建设的，处理各银行办理的异地、同城各种人民币支付业务及其资金清算和货币市场交易资金清算的应用系统。CNAPS 主要由大额实时支付系统(HVPS)和小额批量支付系统(BEPS)两个业务应用系统组成。

大额支付系统主要用于处理跨行同城和异地的金额在规定起点以上(目前规定为含 2 万元以上)的大额贷记支付和紧急的小金额贷记支付(无金额起点限制)业务。其主要特点是：逐笔发送支付指令，全额实时结算资金。

小额支付系统，主要处理跨行同城、异地纸质凭证截留的借记支付以及金额在规定起点以下(目前规定为 2 万元以下)的小额贷记支付业务。小额支付指令批量或实时发送，净额清算资金。小额支付系统支撑各种支付工具的应用，为银行业金融机构提供低成本、大业务量的支付清算服务，满足社会各种支付的需要。实行 7×24 小时不间断运行，采取批量发送支付指令，轧差净额清算资金。

同城票据交换是为了满足收、付款人在同一城市或规定区域但不在同一行处开户的企事业单位和个人之间办理资金清算的需要，由开户银行将有关的结算票据持往指定场所相互交换代收、代付票据，相互交换清算资金头寸的金融行为，是商业银行间结算工作的一项重要内容。同城票据交换由当地人民银行统一组织实施和管理，通过交换票据方式并按照中国人民银行相关规定在同一票据交换区域办理各商业银行和金融机构之间各种款项的票据资金清算。当收款人或付款人在本地他行开户时，客户可选择同城交换渠道办理资金的结算。

三种结算方式可根据结算对方银行所在地、是否为同系统银行、汇款金额的大小、时限的要求和资费的高低进行行内汇划、大额实时、小额批量和同城交换渠道等不同的汇划渠道选择。

行内汇划渠道，就是支付结算的对方是本系统的其他银行，结算信息只在本行计算机网络清算系统内传递即可完成款项汇划的结算渠道。当收款人在行内开户时，需选择行内汇划渠道。当收款人在本地他行开户时，可选择大额实时、小额批量和同城交换支付渠道。当收款人在异地他行开户时，可选择大额实时、小额批量。

各种汇划渠道的处理，在核算手续上基本一致，只是需要选择不同的渠道完成汇划。

两个层次支付活动的全过程，将经济交往活动各方与商业银行、中央银行维系在一起，构成复杂的系统整体，被称为支付系统。在国民经济大系统之中，支付系统发挥着重要的宏观经济"枢纽"作用。

(四)票据、结算方式和汇划渠道的关系

根据《票据法》和《票据管理实施办法》以及有关法律、法规，我国银行的支付结算

业务的基本结算工具和结算方式，概括起来是上述的"三票一卡三方式"。三票是指汇票、本票和支票，汇票又分为银行汇票和商业汇票；一卡是指信用卡，三票和一卡是债权债务的载体；三方式是指汇兑、托收承付、委托收款三种结算方式，三方式分别为银行间上述票据的结算提供了结算凭证及其传递的程序和方法；而行内汇划、大额实时、小额批量和同城交换等则为"三票一卡三方式"的结算提供了不同银行间支付结算的资金清算路线或渠道。

二、支付结算的特征

1. 中国人民银行批准的金融机构是支付结算的法定主体

商业银行是支付结算和资金清算的中介机构。未经中国人民银行批准的非银行金融机构和其他单位不得作为中介机构经营支付结算业务。

2. 支付结算必须严格依法进行

商业银行、城市信用合作社、农村信用合作社以及单位和个人(含个体工商户)办理支付结算必须遵守国家的法律、行政法规和本办法的各项规定，不得损害社会公共利益。

3. 支付结算必须依照委托人的意志进行

在支付结算业务中，商业银行结算只是起到中介人的作用，提供结算渠道，按照委托人的意志完成相关结算关系人之间的结算，收取相应的结算手续费用。

三、支付结算业务的原则

支付结算原则是商业银行和客户在办理结算的过程中必须共同遵守的行为准则。在总结我国长期以来结算工作经验的基础上，《支付结算办法》确立了"恪守信用，履约付款；谁的钱进谁的账，由谁支配；银行不垫款"的三项基本原则。

1. 恪守信用，履约付款

"恪守信用、履约付款"原则，表明商业银行结算贯彻了民法通则"诚实信用"的原则，是商业银行结算执行经济合同法中"当事人必须全面履行合同"规定的具体表现。这条原则要求结算当事人必须树立信用观念，讲信誉，重信用，依法承担义务和行使权利，尤其是应按照约定的付款金额或付款日期进行支付。

2. 谁的钱进谁的账，由谁支配

"谁的钱进谁的账，由谁支配"原则，表明商业银行结算要维护存款人权益，保证存款人对其资金的自主支配。商业银行作为资金清算的中介机构，在办理结算时必须遵循存款人的委托，按照其意志，保证将其所收款项支付给其指定的收款人，对存款人的存款，除按国家法律另有规定之外，必须由其自主支配，其他任何单位、个人以及银行本身都不得对其资金进行干预和侵犯。

3. 银行不垫款

"银行不垫款"这一原则主要在于划清银行资金和存款人资金的界限。商业银行在办理结算过程中，只负责办理结算当事人之间的资金转移，即将款项从付款单位账户划转到收款单位账户，而不垫付资金。商业银行如果不坚持这一原则，在结算过程中垫付资金，不仅影响银行信贷资金的合理使用，还会被单位套用银行信用，引起信用泛滥和通货膨胀，给国家经济带来不良后果。

四、支付结算的分类

1. 按收付款项的方向分类

按收付款项的方向可分为借记支付结算和贷记支付结算。

借记支付结算也叫收款人委托支付结算，是由收款行发起的要求付款行付款的业务，指收款人或持票人以其正当合法的要求委托其开户的银行向付款人收取款项的支付结算。如商业汇票、委托收款和托收承付等结算方式。

贷记支付结算也称委托银行付款结算，是由付款行发起的主动付款业务，是付款行接受出票人委托，将款项付给在本行或其他银行开户的收款人的结算形式。如银行汇票、本票和支票等支付结算。

2. 按收付款项的地区分类

按收付款项的地区可分为同城支付结算和异地支付结算。

同城支付结算是指收付款双方在同一地域所进行的货币收付，同一地域的范围一般以当地人民银行的票据交换所的服务区域定义。

异地结算是指收付双方在两地所进行的货币收付。或者说跨同城票据交换区域的货币收付，如银行支票、汇票、汇兑等支付结算。

3. 按支付结算工具的特点和组织形式分类

按支付结算工具的特点和组织形式可分为票据结算(包括银行汇票、商业汇票、银行本票和支票)、信用卡结算和结算方式结算(包括汇兑结算、托收承付和委托收款)。

4. 按支付方式分类

按支付方式分为现金结算和转账结算两种形式。

现金结算是指在商品交易、劳务供应等经济往来中直接使用现金进行应收应付款结算的行为,是货币结算的形式之一。在我国主要适用于单位与个人之间的款项收付以及单位之间在转账结算起点金额以下的零星小额收付。

转账结算亦称"非现金结算"、"划拨结算",是指通过商业银行把款项从付款人账户划转到收款人账户而完成的货币收付行为。在我国支付结算业务体系中,转账结算成为商品流通的主要结算形式。

五、支付结算纪律与责任

办理结算工作必须要有严明的支付结算纪律和责任,它是保证支付结算制度得以贯彻实施的重要条件。

1. 支付结算纪律

单位和个人在办理结算过程中,必须严格遵守的结算纪律有如下四条。

第一,不准套取银行信用,不准签发空头支票、签章与预留印章不符的支票、支付密码不符的支票和远期支票以及没有资金保证的票据。

第二,不准签发、取得和转让没有真实交易和债权、债务的票据,套取银行和他人资金。

第三,不准无理拒绝付款,任意占用他人资金。

第四,不准违反规定开立和使用账户。

商业银行在办理结算过程中,必须认真执行的结算纪律,归纳起来有以下"十不准"。

第一,不准以任何理由压票、任意退票、截留挪用客户和他行资金。

第二,不准无理由拒绝支付应由银行支付的票据款项。

第三,不能受理无理拒付、不扣少扣滞纳金。

第四,不准违章签发、承兑和贴现票据,套取银行资金。

第五,不准签发空头银行汇票、银行本票和办理空头汇款。

第六,不准在支付结算制度之外规定附加条件,影响汇路畅通。

第七,不准违反规定为单位和个人开立账户。

第八,不准拒绝受理、代理他行正常业务。

第九,不准放弃对企事业单位和个人违反结算纪律的制裁。

第十,不准逃避向中国人民银行转汇大额汇划款项。

2. 支付结算责任

明确结算当事人各方面的结算责任是坚持结算原则和执行结算纪律的保证。结算当事人包括出票人、背书人、承兑人、保证人、持票人、付款人、收款人和银行等。凡是未按有关法律法规的规定处理,而影响他人利益的责任人,应视具体情况,承担票据责任、民事责任、行政责任和刑事责任。

如单位签发商业汇票后，必须承担保证该汇票承兑和付款的责任；单位和个人签发支票后，必须承担保证该支票付款的责任；商业银行签发银行汇票、银行本票后，即承担该票据付款的责任；承兑人或者付款人拒绝承兑或拒绝付款，未按规定出具拒绝证明或者出具退票理由书的，应当承担由此产生的民事责任；单位和个人签发空头支票、签章与预留银行印章不符或者支付密码错误的支票，应按有关的规定承担行政责任，商业银行在结算制度之外规定附加条件，影响汇路畅通的，应按规定承担行政责任；金融机构的工作人员在票据业务中玩忽职守，对违反规定的票据予以承兑、付款、保证或者贴现的，应按规定承担行政责任或刑事责任等。

第二节　支票的核算

一、支票定义

支票是出票人签发的，委托办理支票存款业务的银行在见票时无条件支付确定的金额给收款人或者持票人的票据。支票主要使用于同城结算，我国票据法规定，支票可以作为异地支付工具使用。随着我国全国支票影像交换系统的建立和商业银行对这一系统的参与，支票正成为全国性的跨交换区域的支付结算工具。

二、支票的有关规定

1. 支票的分类

支票分为现金支票、转账支票和普通支票(划线支票)。现在一般使用的支票只有现金支票(如表 5-1 所示)和转账支票(如表 5-2 所示)。

支票上印有"现金"字样的为现金支票，现金支票只能用于支取现金；支票上印有"转账"字样的为转账支票，转账支票只能用于转账；支票上未印有"现金"或"转账"字样的为普通支票，普通支票可以用于支取现金，也可以用于转账。在普通支票左上角划两条平行线的，为划线支票，划线支票只能用于转账，不得支取现金。

2. 支票的基本当事人

支票的基本当事人有三人，即出票人、付款人和收款人。

(1) 支票的出票人，为在经中国人民银行当地分支行批准办理支票业务的银行机构开立可以使用支票的存款账户的单位和个人。

(2) 支票的付款人为支票上记载的出票人开户银行。出票人必须预先在其开户银行开有账户,并存有足够支付所开支票金额款项的资金,方能开出支票,付款行须按支票的确定金额见票即付,出票人如与付款人之间没有存放足够支付支票的资金,不能签发支票。

表5-1 现金支票

| 中国工商银行 现金支票存根 ⅦⅡ02028889 科　目_____ 对方科目_____ 出票日期_____ 收款人：_____ 金　额：_____ 用　途：_____ 单位主管：　会计 | 中国工商银行　　现金支票　　ⅦⅡ02028889 出票日期　年　月　日　付款行名称： 收款人：　　　　出票入账号：2005001 人民币(大写)　　　　千 百 十 万 千 百 十 元 角 分 用途：_____ 上列款项请从 我账户内支付 出票人签章 | 科目(借) 对方科目(贷) 付讫日期　年　月　日 出纳　　复核　　记账 贴对号单处　　ⅦⅡ02028889 |

表5-2 转账支票

| 中国工商银行 转账支票存根 ⅦⅡ02028875 科　目_____ 对方科目_____ 出票日期_____ 收款人：_____ 金　额：_____ 用　途：_____ 单位主管：　会计 | 中国工商银行　　转账支票　　ⅦⅡ02028875 出票日期　年　月　日付款行名称： 收款人：　　　　出票入账号： 人民币(大写)　　　　千 百 十 万 千 百 十 元 角 分 用途：_____ 上列款项请从 我账户内支付 出票人签章 | 科目(借) 对方科目(贷) 转账日期　年　月　日 出纳　　复核　　记账 贴对号单处　　ⅦⅡ02028875 |

(3) 支票的收款人为在支票上记载的持有支票接收付款的人。

3. 支票使用的相关规定

(1) 支票的提示付款期限自出票日起10日内,但中国人民银行另有规定的除外。超过提示付款期限提示付款的,持票人开户银行不予受理,付款人不予付款。

(2) 支票的出票人预留银行签章是商业银行审核支票付款的依据。商业银行也可以与出票人约定使用支付密码,作为商业银行审核支付支票金额的条件。

支票的出票人使用支票可以向开户银行申购支付密码器,在支票上加载密码以保证资金的安全。

(3) 出票人签发空头支票、签章与预留银行签章不符的支票、使用支付密码地区,支付密码错误的支票,商业银行应予以退票,并按票面金额处以5%但不低于1000元的罚款;持票人有权要求出票人赔偿支票金额2%的赔偿金。对屡次签发的,商业银行应停止其签发支票。

(4) 出票人在付款人处的存款足以支付支票金额时,付款人应当在见票当日足额付款。

(5) 转账支票持票人可以委托开户银行收款(一般称为顺进)或直接向付款人提示付款(一般称为倒进)。现金支票持票人只能直接向付款人提示付款。

(6) 签发支票的绝对记载事项:表明支票字样;无条件支付的委托;确定的金额;付款人名称;出票日期;出票人签章。支票上未记载前款规定事项之一的,支票无效。

三、转账支票的处理手续

支票转账取款是指商业银行营业机构将受理的持票人提交的支票的款项从付款人账户上转入在本行开户的收款人或他行开户的收款人账户上的业务。根据收款人开户机构的不同,分为本网点内支票内部对转、系统内不同行处内部交换和跨行交换提出支票转账取款等不同的处理。其中,跨行转账支票结算又可以分为同城跨行票据交换和异地跨行票据交换。异地跨行票据交换主要通过全国支票影像交换系统在不传递支票实物的前提下,通过提出、提入支票影像完成结算;跨行转账支票结算已在第四章中作了介绍,此不赘述。

这里仅介绍本网点内支票内部对转和系统内不同行处内部交换的处理方法。系统内不同行处内部交换处理方法适用于使用支票比较多、数据集中化程度不高的小银行范围,数据集中化程度高的银行,直接使用计算机网络处理业务,无须交换。

单位签发支票等结算凭证,对于要求使用密码验证票据真伪者,还要按照要求在票据上填写支付密码。支付密码是根据一定规则生成并填写在支付凭证上的一组数字,主要用来判断票面相关要素是否正确。

支付密码包括:支付密码器密码(16 位)和支付密码单密码(12 位)两种。

支付密码器(如图5-1所示)密码主要用于支票、支付结算业务申请书、汇兑凭证以及中国人民银行批准的其他支付凭证,编码要素由支付凭证上的签发人账号、签发日期、凭证号码、

图 5-1 支付密码器

金额和凭证种类组成。支付密码器系统具有通用性，客户可向商业银行申请，签订支付密码使用协议使用支付密码。

支付密码单密码主要用于支票，编码要素由购买支票的客户账号、凭证号码和凭证种类组成。

生成支付密码后，要按规定填在支票的指定位置，以便受理支票的银行核验真伪。

(一)支票内部对转的处理

支票内部对转即持票人、出票人在同一营业机构开户的支票转账业务的处理。内部对转可以分为持票人委托收款结算和出票人委托付款结算两种。

1. 持票人委托收款结算

持票人送交支票委托其开户银行向出票人开户银行收取支票款项，需要填制三联进账单(如表5-3所示)，提交转账支票和三联进账单，第一联为回单，第二联为收款人开户银行贷方凭证，第三联为收款人开户银行给收款人的收账通知，交银行记账柜员。

表 5-3 进账单

中国××银行 进账单(回单)1

年　　月　　日

出票人	全　称			收款人	全　称										
	账　号				账　号										
	开户银行				开户银行										
金额	人民币 (大写)					亿	千	百	十	万	千	百	十	元	角	分
票据种类		票据张数		科　目(贷)_____											
票据号码				对方科目(借)_____											
复核　　　记账				开户银行盖章											

记账复核柜员先按照业务规定对支票的真伪和支付的要素进行人工检查，检查的内容主要包括：

支票是否是统一规定印制的凭证，支票是否真实，提示付款期限是否超过；支票填明的持票人是否在本行开户，持票人的名称是否为该持票人，与进账单上的名称是否一致；出票人账户是否有足够支付的款项；出票人的签章是否符合规定，与预留银行的签章是否相符，使用支付密码的，其密码是否正确；支票的大小写金额是否一致，与进账单的金额是否相符；支票必须记载的事项是否齐全，出票金额、出票日期、收款人名称是否更改，其他记载事项的更改是否由原记载人签章证明；背书转让的支票是否按规定的范围转让，其背书是否连续，签章是否符合规定，是否在支票的背面作委托收款背书，背书使用粘单的是否按规定在粘接处签章。

经审查无误后，支票作借方凭证，进账单第一联作为受理回单，第三联进账单加盖转讫章作收账通知交给持票人，第二联进账单作贷方凭证，其会计分录是：

借：单位活期存款——××出票人户
    贷：单位活期存款——××持票人户

2. 出票人委托付款结算

商业银行受理出票人送交支票，俗称倒进账，是指出票人开户行受理出票人或持票人送交的跨系统他行收款的支票转账业务。

商业银行接到出票人送来的支票和三联进账单时，应认真审查：支票是否统一规定印制的凭证，支票是否真实，提示付款期限是否超过；出票人的签章是否符合规定，与预留银行的签章是否相符，使用支付密码的，其密码是否正确；出票人账户是否有足够支付的款项；支票的大小写金额是否一致，与进账单的金额是否相符；支票必须记载的事项是否齐全，出票金额、出票日期和收款人名称是否更改，其他记载事项的更改是否由原记载人签章证明。

经审查无误后，支票作借方凭证，第二联进账单作贷方凭证。其会计分录是：

借：单位活期存款——××出票人户
    贷：单位活期存款——××持票人户

第一联进账单加盖转讫章作回单交给出票人，第三联进账单加盖转讫章作收账通知交给收款人。

(二)系统内不同行处内部支票转账通兑

系统内不同行处内部支票转账通兑，是指本行其他网点客户持转账支票到业务受理行的窗口办理客户收款的转款业务。业务的开办区域可以选择省内二级分行内部通兑和全国通兑，由上级银行负责清算。

系统内不同行处内部支票转账通兑业务处理有顺进账和倒进账两种类型。

1) 顺进账

指持票人开户行受理持票人送交支票本系统其他银行客户签发的支票的处理方法。

(1) 柜员审查持票人交来的出票人为本系统的转账支票和进账单无误后，对收款人开立的单位活期账户进行转账存入，录入支票相关信息并通过交易流水号和授信额度复核与授权。

录入的支票要素包括交易类别、收款人账号、支票种类、支票号码、支票日期、转账金额、付款人账号、付款人凭证种类和手续费收取方式。

系统自动校验判断以下内容：提示付款期限是否超过，支票日期与系统日期的相隔时间不能超过 10 天；付款人是否在本系统开户；出票人账户余额是否大于该支票支付的款项，不够支付提示不予处理；支付密码是否正确；支票是否为本系统出售，是否为该出票人购买使用的号码区间。

校验通过，为客户进账，支票留存，进账单第一联做受理回单交客户，第二联商业银行做贷方凭证贷记持票人账户，第三联做入账通知交客户。会计分录为：

  借：存放行内款项——资金清算
    贷：单位活期存款——××持票人户

(2) 持票人开户行受理持票人送交支票进账单付款后，系统联动一级分行对出票人开户行和持票人开户行进行清算，会计分录为：

  借：行内存放款项——资金清算——出票人开户行
    贷：行内存放款项——资金清算——持票人开户行

(3) 持票人开户行受理持票人送交支票进账单付款后，系统对出票人账户和出票行清算，会计分录为：

  借：单位活期存款——××出票人户
    贷：存放行内款项——资金清算

2) 倒进账

指出票人开户行受理出票人提交支票和进账单将款项支付本系统其他银行客户账户的处理方法。

(1) 出票人开户行的处理：柜员审查持票人或出票人提交的转账支票及进账单无误后，对出票人开立的单位活期账户，根据收款人开户行信息选择不同传送途径作转账支出，相关柜员通过交易流水号和授信额度复核与授权；柜员录入支票要素，系统自动校验通过后，为客户进账，进账单第一联交客户，进账单第二联、第三联和支票留存。会计分录为：

  借：单位活期存款——××出票人户
    贷：存放行内款项——资金清算

(2) 一级分行清算处理：出票人开户行受理持票人送交支票进账单付款后，系统联动一级分行对出票人开户行和收款人开户行进行清算，会计分录为：

  借：行内存放款项——资金清算——××出票人开户行
    贷：行内存放款项——资金清算——××收款人开户行

(3) 收款人开户行的处理：出票人开户行受理持票人送交支票进账单付款后，系统联动收款人开户行对收款人进行清算，会计分录为：

借：存放行内款项——资金清算
　　　　贷：单位活期存款——××收款人户
　　系统内不同行处内部支票转账通兑，收款人开户行通过打印电子补充回单作为客户收账通知。

四、现金支票的处理手续

　　出票人开户行接到收款人持现金支票支取现金时，应认真审查：支票是否是统一规定印制的凭证，支票是否真实，提示付款期限是否超过；支票填明的收款人名称是否为该收款人，收款人是否在支票背面"收款人签章"处签章，其签章是否与收款人名称一致；出票人的签章是否符合规定，并折角核对其签章与预留银行签章是否相符，使用支付密码的，其密码是否正确；支票的大小写金额是否一致；支票必须记载的事项是否齐全，出票金额、出票日期和收款人名称是否更改，其他记载事项的更改是否由原记载人签章证明；出票人账户是否有足够支付的款项；支取的现金是否符合国家现金管理的规定。

　　收款人为个人的，还应审查其身份证件，是否在支票背面"收款人签章"处注明身份证件名称、号码及发证机关。审查无误后，发给铜牌或对号单，交收款人凭以向出纳取款。同时从出票人账户付出，将支票送出纳凭以付款后作借方凭证。其会计分录为：
　　借：单位活期存款——××出票人户
　　　　贷：现金——业务现金——营业现金

五、其他相关费用

　　无论办理哪种方式的结算，都需向客户收取相关结算费用。办理支票业务向客户收取各种手续费收入时，可以通过现金或账户两种方式收取。
　　(1) 柜员办理支票结算业务以账户扣收方式收取相关费用时，会计分录为：
　　借：单位活期存款——××付款人户
　　　　贷：结算业务收入——支票业务收入
　　(2) 柜员办理支票结算业务以现金方式收取相关费用时，会计分录为：
　　借：现金——营业现金——××机构业务现金户
　　　　贷：结算业务收入——支票业务收入
　　(3) 罚款的处理。
　　① 出票人签发空头支票、签章与预留银行签章不符的支票，不以骗取财物为目的的，以账户扣收的方式收取结算罚款时，会计分录为：
　　借：单位活期存款——××付款人户
　　　　贷：营业外收入——支票罚款收入

② 出票人签发空头支票、签章与预留银行签章不符的支票；不以骗取财物为目的的，以现金方式收取结算罚款时，会计分录为：

借：现金——营业现金——××机构业务现金户
　　贷：营业外收入——支票罚款收入

六、领购支票的处理手续

存款人购买支票时，应填写三联票据和结算凭证领用单(由各行自制)，并在第二联上加盖预留银行签章，经银行核对填写正确、签章相符，收取支票工本费和手续费后，在空白重要凭证登记簿上注明领用日期、存款人名称、支票起止号码以备查核，将支票号码和付款人账号建立对应关系。

第一联交给存款人，第二联作借方凭证(收取现金的本联注销)，第三联作工本费贷方凭证附件，会计分录为：

借：单位活期存款(或现金——业务现金——营业现金)
　　贷：业务支出——印刷费户
　　或贷：手续费收入

商业银行发售支票每个账户一般一次一本，业务量大的可以适当放宽。出售时应在每张支票上加盖本行行名行号和存款人账号，并记录支票号码。

存款人撤销、合并结清账户时，应将未用空白支票填列二联清单全部交回银行切角作废；一联清单由银行盖章退交存款人，一联作清户凭证附件。

七、支票挂失的处理手续

支票丧失，失票人到付款行请求挂失时，应当提交第一、第二联挂失止付通知书。付款行收到挂失止付通知书后，按规定审查无误并确未付款的，第一联挂失止付通知书加盖业务公章作为受理回单交给失票人，第二联于登记支票挂失登记簿后专夹保管，并在出票人账户账首明显处用红笔注明"×年×月×日第×号支票挂失止付"字样，凭以掌握止付。

第三节　银行汇票的核算

一、银行汇票定义

银行汇票(如表 5-4 所示)是出票银行签发的，由其在见票时按照实际结算金额无条件支付给收款人或者持票人的票据。银行汇票的出票银行为银行汇票的付款人。

表 5-4 银行汇票

中国××银行汇票   卡片   第   号

签发日期：(大写)	年 月 日	兑付地点：	兑付行：	行号：

收款人：账号或地址									
汇款金额：人民币 (大写)									
实际结算金额：人民币 (大写)	千	百	十	万	千	百	十	元	角	分

汇款人	会计分录：
签发行： 行号：	借：
汇款用途：	对方科目(贷)：
复核： 经办：	复核 记账 出纳

银行汇票以银行信用为基础，由银行在见票时无条件付款，可在全国范围内使用，且结算时可小于出票金额，多余金额可自动退回原申请入账户。当交易双方对交易金额事先无法确定或对交易成功与否不能把握时，可使用银行汇票。单位和个人各种款项结算，均可使用银行汇票。银行汇票可以用于转账，填明"现金"字样的银行汇票也可以用于支取现金。

银行汇票的处理过程分为签发、兑付和结清三个阶段。

二、银行汇票的有关规定

银行汇票的出票和付款，全国范围限于经中国人民银行批准具有办理银行汇票业务资格的银行机构。银行汇票的出票人在票据上的签章，应为经中国人民银行批准使用的该银行汇票专用章加其法定代表人或其授权经办人的签名或者盖章。

银行汇票的必须记载事项包括：表明"银行汇票"字样；无条件支付承诺；出票金额；付款人名称；收款人名称；出票日期；出票人签章。欠缺以上记载事项之一的，银行汇票无效。

签发现金银行汇票，必须注明代理付款人名称；签发转账银行汇票，不得填写代理付款人名称。

收款人可以将银行汇票背书转让给被背书人。银行汇票的背书转让以不超过出票金额的实际结算金额为准。未填明实际结算金额和多余金额或实际结算金额超过出票金额的银行汇票不得背书转让；填明"现金"字样的银行汇票不得背书转让；银行汇票被拒绝付款或者超过付款提示期限的，不得背书转让。

银行汇票的代理付款人是代理本系统出票行或跨系统签约银行审核支付汇票款项的银

行。代理付款人不得受理未在本行开立存款账户的持票人为单位直接提交的银行汇票。

跨系统银行签发的转账银行汇票的付款，应通过同城票据交换将银行汇票和解讫通知提交给同城的有关银行审核支付后抵用。银行汇票流转程序如图 5-2 所示。

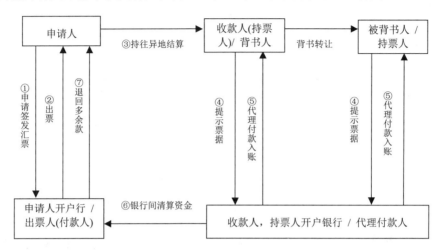

图 5-2　银行汇票流转程序图

持票人向商业银行提示付款时，必须同时提交银行汇票和解讫通知，缺少任何一联，商业银行不予受理。收款人提示付款时，未填明实际结算金额和多余金额或实际结算金额超过出票金额的，商业银行不予受理。银行汇票的实际结算金额不得更改，更改实际结算金额的银行汇票无效。持票人向开户银行提示付款时，应在汇票背面"持票人向银行提示付款签章"处签章，签章必须与预留银行印鉴相符。未在银行开立存款账户的个人持票人，可向选择的任何一家银行机构提示付款，提示付款时应在汇票背面"持票人向商业银行提示付款签章"处签章，并填明本人的身份证件名称、号码和发证机关，并要求其提交身份证件和复印件。

持票人对填明"现金"字样的银行汇票，需委托他人向商业银行提示付款的，应在汇票背面"持票人向银行提示付款签章"处签章，记载"委托收款"字样、被委托人姓名和背书日期以及委托人的身份证件名称、号码和发证机关；被委托人向商业银行提示付款时也应在汇票背面"持票人向银行提示付款签章"处签章，记载身份证件名称、号码和发证机关，同时交验委托人和被委托人身份证件，并要求其提供复印件留存备查。

银行汇票的提示付款期限自出票日起 1 个月，自出票日算起，统一按对月计算，到期日遇法定节假日顺延。持票人超过付款期限提示付款的，代理付款人不予受理。持票人对银行汇票的出票人的权利自出票日起两年，超过权利时效而丧失票据权利的，仍享有民事权利，可以请求出票人返还其与未支付的票据金额相当的权益。

申请人因银行汇票超过付款提示期限或其他原因要求退款时，应将银行汇票和解讫通知同时提交到出票银行。申请人为单位的,应出具该单位的证明;申请人为个人的,应出具本人的身份证件。对于代理付款银行已办理查询的该张银行汇票,应在汇票提示付款期满后方能办理退款。

出票银行对于转账银行汇票的退款,只能转入原申请人账户;对于符合规定填明"现金"字样银行汇票的退款,才能退付现金。申请人缺少解讫通知要求退款的,出票银行应于银行汇票提示付款期满一个月后办理。

持票人遗失现金银行汇票可向签发行或兑付行申请挂失,转账银行汇票不得申请挂失。银行汇票丧失,失票人可以凭人民法院出具的其享有票据权利的证明,向出票银行请求付款或退款。

印、押、证三分管,三分用,是办理汇票业务的一项基本制度,各行在安排劳动组合时必须严格遵守这一制度。

三、银行汇票出票的处理手续

银行汇票出票分为转账银行汇票出票和现金银行汇票出票。单位客户只能申请签发转账银行汇票。签发现金银行汇票,申请人和收款人必须均为个人,且缴存现金。单笔现金汇票的金额不得超过 30 万元(不含 30 万元)。同一开户银行一日内不得对同一收款人签发两张以上(不含两张)现金银行汇票。申请人或收款人为企业单位的,不得为其签发现金银行汇票。转账银行汇票只能转入单位或个体工商户的存款账户,严禁转入储蓄或信用卡账户。银行汇票出票流程可用图 5-3 表示。

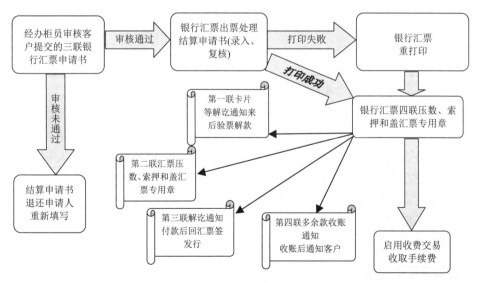

图 5-3 银行汇票出票流程

(一)客户填单

1. "结算业务申请书"的填制

申请人使用银行汇票,应向出票银行填写"结算业务申请书"(一式三联),如表5-5所示。申请单位经办人员需要提供有效身份证件。第一联存根,第二联借方凭证,第三联贷方凭证。交现金办理汇票的,第二联注销。

表5-5 结算业务申请书

中国××银行

简称 A00000000

业务种类	□银行汇票(1. 全国 2. 华东三省一市) □银行本票 □其他														
凭证种类	□现金 □转账														
汇款人	全 称			收款人	全 称										
	账 号				账 号										
	开户银行				开户银行										
金额(大写)						亿	千	百	十	万	千	百	十	元	角	分
密码					以上款项及相关费用从我账户内支付									
用途:															
备注:					客户签章									

事后监督: 会计主管: 复核: 经办:

申请日期: 年 月 日

出票行受理申请人提交的第二、第三联申请书时,应认真审查其内容是否填写齐全、清晰,其签章是否为预留银行的签章;申请书填明"现金"字样的,申请人和收款人是否均为个人,并交存现金。经审查无误后,才能受理其签发银行汇票的申请。

转账交付的,以第二联申请书作借方凭证,第三联作贷方凭证。其会计分录是:

借:单位活期存款——××出票人户
　　贷:汇出汇款——××银行汇票户

2. 收取手续费、邮电费

签发银行汇票可以现金或账户扣款方式收取手续费、邮电费等相关费用,需要与其他银行分配的手续费等相关费用于分配后确认结算业务收入，不需要分配的手续费直接确认结算业务收入。代理商业银行签发银行汇票根据与他行协议另收取手续费的，于收到时确认结算业务收入。

账户扣收银行汇票手续费打印"业务收费凭证"(一式三联)，如表 5-6 所示，第一联为贷方凭证，第二联为借方凭证，第三联为客户回单。会计分录为：

借：单位活期存款——××出票人户
  贷：结算业务收入——银行汇票业务收入

表 5-6　业务收费凭证

中国××银行

币别：		年　月　日			
付款人			账　号		
费率类别		单价	数量	合计金额	
金额(大写)：					
付款方式			科目(贷)		
备注：			对方科目(借)		
会计主管：	授权：	复核：		制单：	

（第一联银行作贷方凭证）

3．收取工本费

摘要：转账收取银行汇票工本费，会计分录为：

借：单位活期存款——××出票人户
  贷：结算业务收入——工本费收入

4．表外科目记账

商业银行对于售出的银行汇票，登记表外科目，会计分录为：

付：重要空白凭证——银行汇票——在用户

(二)签发银行汇票

出票行在办好转账或收妥现金后，签发银行汇票。汇票凭证一式四联，第一联卡片，第二联汇票，第三联解讫通知，第四联多余款收账通知。

签发银行汇票应当注意的事项如下：

(1) 汇票的出票日期和出票金额必须大写，如果填写错误应将汇票作废。

(2) 签发转账银行汇票一律不填写代理付款行名称，支付结算办法另有规定的除外。

(3) 按照支付结算办法规定，收款人可以在代理付款行支取现金的，须在四联汇票的"出票金额人民币(大写)"之后紧接填写"现金"字样，再填写出票金额，在代理付款行名称栏填明确定的本系统代理付款行名称。

(4) 申请书的备注栏内注明"不得转让"的，出票行应当在汇票正面的备注栏内注明。

(5) 由中国人民银行代理兑付汇票的商业银行，在向设有分支机构地区签发汇票时，应填明代理付款行名称，并在汇票备注栏注明"不得跨区转让"字样(区是指同一票据交换区)。在向未设立分支机构地区签发汇票时，一律按规定向中国人民银行当地分支行移存资金，并在汇票和解讫通知填写的出票行行号之后加盖"请划付人民银行××行(行号)"戳记(可事先盖好备用)。

(6) 在中国人民银行总行确定的跨省、市区域内使用汇票的，如出票行不办理全国联行业务，需要通过全国联行转划的，在汇票和解讫通知填写的出票行行号之后加盖"请划付××全国联行行号行"戳记(可事先盖好备用)。

(三)银行汇票各联的处理

填写的汇票经复核无误后，在第二联上加盖汇票专用章并由授权的经办人签名或盖章，签章必须清晰；在实际结算金额栏的小写金额上端用总行统一制作的压数机压印出票金额，然后连同第三联一并交给申请人。第一联上加盖经办、复核名章，在逐笔登记汇出汇款账并注明汇票号码后，连同第四联一并专夹保管。

(四)银行汇票的代理出票

在不能签发汇票的银行开户的申请人需要使用汇票，应将款项转交附近能够签发汇票的银行办理，出票行不得拒绝受理。具体处理手续由中国人民银行省级分行规定。

四、银行汇票付款的处理手续

银行汇票付款是通过代理付款行解付银行汇票，并向出票行结算的过程。银行汇票代理付款流程如图5-4所示。

代理付款行接到在本行开立账户的持票人直接交来的汇票、解讫通知和二联进账单时，应认真审查：汇票和解讫通知是否齐全，汇票号码和记载的内容是否一致；汇票是否是统一规定印制的凭证，汇票是否真实，提示付款期限是否超过；汇票填明的持票人是否在本行开户，持票人名称是否为该持票人，与进账单上的名称是否相符；出票行的签章是否符合规定，加盖的汇票专用章是否与印模相符；使用密押的，密押是否正确；压数机压印的金额是否由统一制作的压数机压印，与大写的出票金额是否一致；汇票的实际结算金额大小写是否一致，是否在出票金额以内，与进账单所填金额是否一致，多余金额结计是否正确；如果全额进账，必须是汇票和解讫通知的实际结算金；汇票必须记载的事项是否齐全，出票金额、实际结算金额、出票日期和收款人名称是否更改，其他记载事项的更改是否由原记载人签章证明；持票人是否在汇票背面"持票人向银行提示付款签章"处签章，背书转让的汇票是否按规定的范围转让，其背书是否连续，签章是否符合规定，背书使用粘单的是否按规定在粘接处签章。

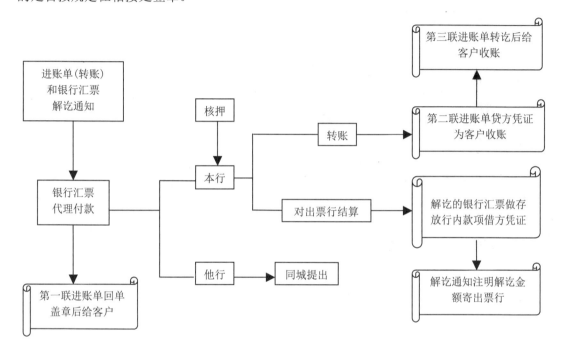

图 5-4　银行汇票代理付款流程

经审查无误，汇票作借方凭证附件(以下同)，第一联进账单上加盖转讫章作收账通知交给持票人，第二联进账单作贷方凭证，解讫通知加盖转讫章随系统内资金清算借方报单寄给出票行；区别情况办理转账。

1．持票人提交的银行汇票

如为在本行开户的出票人签发，直接为持票人收账。

(1) 转账为持票人收取汇票款，会计分录为：

借：汇出汇款——××银行汇票户

　　贷：单位活期存款——持票人户

(2) 代理付款行接到未在本行开立账户的持票人为个人交来汇票和解讫通知及二联进

账单时，除按前述的有关要求认真审查外，还必须认真审查持票人的身份证件，在汇票背面"持票人向银行提示付款签章"处是否有持票人的签章和注明身份证件名称、号码及发证机关，并要求提交持票人身份证件复印件留存备查。对现金汇票持票人委托他人向代理付款行提示付款的，代理付款行必须查验持票人和被委托人的身份证件，在汇票背面是否作委托收款背书，以及是否注明持票人和被委托人身份证件名称、号码及发证机关，并要求提交持票人和被委托人身份证件复印件留存备查。审查无误后，以持票人姓名开立应解汇款及临时存款账户，并在该分户账上填明汇票号码以备查考，第二联进账单作贷方凭证，办理转账。其会计分录是：

借：汇出汇款——××银行汇票户
　　贷：应解汇款

2．持票人提交的银行汇票，如为本系统的其他银行签发

(1) 转账为持票人收取汇票款，会计分录为：

借：存放行内款项
　　贷：单位活期存款——××活期存款——持票人户

(2) 如果持票人要求支取现金，按照前述要求，核准身份无误后，以持票人姓名开立应解汇款及临时存款账户，并在该分户账上填明汇票号码以备查考，第二联进账单作贷方凭证，办理转账。会计分录为：

借：存放行内款项
　　贷：应解汇款

3．出纳柜员为持票人支付现金

出纳柜员为持票人支付现金，会计分录为：

借：应解汇款
　　贷：现金——业务现金——营业现金

4．持票人提交的银行汇票，如为跨系统银行签发

跨系统银行签发的转账银行汇票的付款，应通过同城票据交换将银行汇票和解讫通知提交给同城的有关银行审核支付后抵用。

经审查无误后，应通过同城票据交换将汇票和解讫通知提交给同城有关的代理付款行审核支付后抵用；有关的代理付款行收到通过票据交换提入的汇票和解讫通知应按照有关规定审查。

代理付款行持票人交来的跨系统银行签发汇票和解讫通知及一式三联进账单时，经审各种手续合格，确认收款人身份同意代理解付。在"进账单"(第一联)加盖"凭证受理专用章"交客户留存。通过交换提出交易将解讫通知提出交换，汇票作本行对上级行发起收款

结算的债权凭证。

(1) 同城提出的会计分录：

借：跨行清算资金往来——同城票据清算

　　贷：其他应付款——同城票据清算

(2) 超过退票期后为持票人收账，付款行确认付款，进账单第二联归档保管，进账单第三联给客户做入账通知，会计分录为：

借：其他应付款——同城票据清算

　　贷：单位活期存款——××活期存款——持票人户

五、银行汇票结清的处理手续

银行汇票结清用于出票行结清已签发的银行汇票。银行汇票结清的流程如图 5-5 所示。

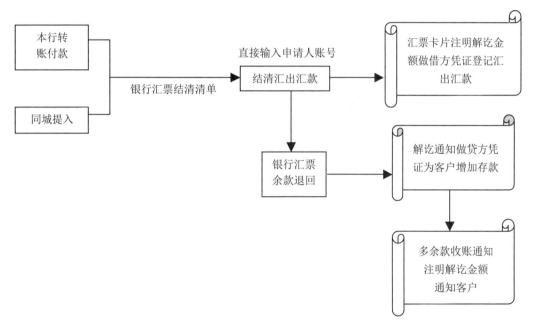

图 5-5　银行汇票结清的流程

当代理付款行代理付款后，由系统自动做结清处理，出票行打印"银行汇票结清清单"。

出票行每日营业开始，打印"银行汇票结清清单"，并在汇票专夹中找出相应的"银行汇票"第一、第四联，银行汇票第一联卡片作"银行汇票结清清单"附件，装订在上日传票中。若有多余款，将"银行汇票第四联多余款收账通知"交经办柜员填写多余金额后，通知客户收账若无多余款，填写"－0－"，与银行汇票(第一联)一并保管。

(1) 全额付款的，汇票卡片作借方凭证，解讫通知和多余款收账通知作借方凭证的附件。会计分录为：

　　借：汇出汇款——××银行汇票户
　　　　贷：存放行内款项

(2) 汇票有多余款的，且出票人在本行开户的，应在汇票卡片和多余款收账通知上填写实际结算金额，汇票卡片作借方凭证，解讫通知作贷方凭证，多余款收账通知交还原申请人。会计分录为：

　　借：汇出汇款——××银行汇票户
　　　　贷：存放行内款项
　　　　　　单位活期存款——××申请人户

(3) 汇票有多余款的，申请人未在银行开立账户，多余金额应先转入应解汇款科目，以解讫通知代应解汇款科目贷方凭证。通知申请人持"结算业务申请书"及本人身份证件来办理领取手续，会计分录为：

　　借：汇出汇款——××银行汇票户
　　　　贷：存放行内款项
　　　　　　应解汇款——××申请人户

(4) 出票人来行支取现金时，以多余款收账通知代应解汇款科目借方凭证，会计分录为：

　　借：应解汇款——××申请人户
　　　　贷：现金——业务现金——营业现金

出票行对专夹保管的汇票卡片及多余款收账通知，应当定期检查清理，发现有超过汇票付款期限(加上正常凭证传递期)的，应当主动与申请人联系，查明原因，及时处理。

六、银行汇票退款、超过付款期限付款和挂失的处理手续

持票人超过期限向代理付款银行提示付款不获付款的，须在票据权利时效内向出票银行作出说明，并提供本人身份证件或单位证明，持银行汇票和解讫通知客户填写"进账单"向出票银行请求付款。银行汇票退款的处理流程如图5-6所示。

出票行经与原专夹保管的汇票卡片核对无误，即在汇票和解讫通知的实际结算金额大写栏填写"未用退回"字样，汇票卡片作借方凭证，汇票作附件，解讫通知作贷方凭证(如系退付现金，即作为借方凭证的附件)办理转账。其会计分录是：

(1) 转账银行汇票退款，会计分录为：

　　借：汇出汇款
　　　　贷：单位活期存款——××申请人户

(2) 现金银行汇票退款，会计分录为：

　　借：汇出汇款
　　　　贷：应解汇款——××申请人户

(3) 现金付款，会计分录为：
借：应解汇款——××申请人户
　　贷：现金——业务现金——营业现金

多余款收账通知的多余金额栏填入原出票金额并加盖转讫章作收账通知，交给申请人。

申请人由于短缺解讫通知要求退款的，应当备函向出票行说明短缺原因，并交回持有的汇票，出票行于提示付款期满一个月后比照退款手续办理退款。

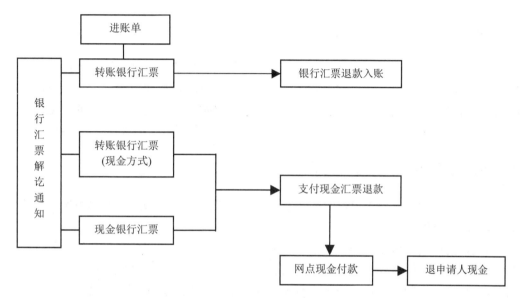

图 5-6　银行汇票退款的处理流程

七、挂失手续

填明"现金"字样及代理付款行的汇票丧失，失票人到代理付款行或出票行挂失时，应当提交三联"挂失止付通知书"客户填单，填写"票据挂失申请书"，出示公函和个人身份证件。

"票据挂失申请书"(第一联)加盖受理凭证专用章，"业务收费凭证"(第三联)加盖"转讫章"一并退还客户；"票据挂失申请书"(第二联)交综合业务岗柜员专夹保管，凭以登记"挂失登记簿"；"票据挂失申请书"(第三联)与其他业务凭证一并作为当天业务档案顺序保管。

办理银行汇票挂失，商业银行按规定标准收取手续费，会计分录为：
(1) 以转账方式收挂失手续费，会计分录为：
借：单位活期存款——××申请人户
　　贷：结算业务收入——××票据业务收入

(2) 以现金方式收取手续费，生成现金销账编号，会计分录为：

借：现金——业务现金——营业现金

　　贷：应解汇款

(3) 现金收挂失手续费(摘要：现金收××票据手续费)，会计分录为：

借：应解汇款

　　贷：结算业务收入——××票据业务收入

八、丧失银行汇票付款或退款的处理手续

银行汇票丧失，失票人必须凭人民法院出具的其享有票据权利的证明，向出票银行请求付款或退款。出票银行经查款项确未支付的，方可办理付款和退款手续。出票银行在向遗失汇票的持票人付款时，有关会计核算手续比照"银行汇票逾期付款"的规定处理；出票银行向遗失汇票的申请人办理退款时，比照"银行汇票退款"的会计核算手续处理。

九、有缺陷银行汇票的处理

代理付款行发现持票人已经收受了有缺陷的汇票，在保证资金安全的情况下，可根据具体情况，适当处理。

如汇票上压数机压印的金额、签章模糊不清或密押不符的，代理付款行应开具收据并将汇票暂时收存不予付款，并及时向出票行发出查询；对于跨系统银行提交的汇票，应将汇票暂时收存，填制一式三联查询查复书及时查询出票行，并填制退票理由书附一联查询书通过票据交换提交持票人开户行，待出票行补来清晰的签章、压数机压印的金额或正确密押的查复书后，填制划款凭证(视同重要空白凭证管理)，于当日，至迟不得超过次日上午通过同城票据交换提交给持票人开户行。

第四节　银行本票的核算

一、银行本票定义

银行本票(如表5-7所示)是商业银行签发的，承诺自己在见票时无条件支付确定的金额给收款人或持票人的票据。银行本票可以用于转账，注明"现金"字样的可以用于支取现金。

在我国，银行本票于1988年推出。目前仅在一些经济比较发达的城市和小商品市场比较发达的地区使用，尤其是在江苏南京，企事业单位和个人使用频繁。按签发量和签发金

额计算,银行本票排在支票和银行汇票之后。银行本票是以银行信用为基础的,当交易双方缺乏信用基础,或无法确定交易能否成功时,可选用银行本票。

表 5-7 银行本票

中国××银行本票

出票日期(大写)		年	月	日	
收款人				申请人	
凭票人民币即付(大写)					
备注:	转账	出票银行签章		科目(贷)	
				对方科目(借)	
				付款日期:年月日	
				出纳复核经办	

银行本票的业务特点是:无金额起点限制;具有银行信用,商业银行见票即付,结算快捷;在提示付款期内,转账银行本票在同一票据交换区域内可背书转让;携带方便,银行本票可由持票人自带,根据商品交易成功与否的需要,确定是否将本票交予收款人,做到钱货两清;银行本票若未用,在其票据权利有效期内可以向出票银行要求办理退款;现金银行本票如遗失,可向出票银行申请挂失。

银行本票的处理过程分为出票、付款和结清三个阶段。银行本票的处理流程如图 5-7 所示。

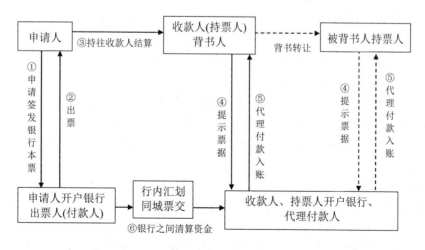

图 5-7 银行本票流程

二、银行本票的有关规定

在同一票据交换区域内的单位和个人,无论是否开户,均可以使用银行本票支付各种款项。

(1) 银行本票没有金额起点和最高限额。提示付款期限自出票日起最长不得超过两个月。持票人超过付款期限提示付款的,代理付款行不予受理,持票人必须到出票行请求付款。

(2) 银行本票在付款期限内可以背书转让,但其背书必须连续。正面填写"不得背书"转让字样的除外。申请书的备注栏内注明"不得转让"的,出票行应当在本票正面注明。

(3) 银行本票见票即付。在银行开立账户的持票人向银行提示付款时,应在银行本票背面签章处签章,须与预留银行签章相同。未在银行开立账户的个人持票人,凭"现金"字样的银行本票向出票银行支取现金的,应在银行本票背面签章,记载本人身份证名称、证件号码及发证机关,并交验本人身份证及其复印件。

(4) 转账银行本票只能用于转账,不能转入储蓄和信用卡账户。收款人为个人的,持票人开立临时存款账户,需支取现金的按现金管理规定审查支付。

(5) 本票的出票日期必须大写,银行本票一律记名,应填写收款人名称。

(6) 本票的权利有效期为自出票日起两年。持票人因超过提示付款期限不获付款的,在票据权利时效内请求付款时,应当向出票银行说明原因、出具证明,并将本票交给出票行。持票人为个人的,还应交验本人身份证件。银行本票丢失,失票人可以凭人民法院出具的其享有票据权利的证明,向出票银行请求付款或退款。

(7) 当地中国人民银行规定代理跨系统银行解付本票计息的,柜员应按中国人民银行规定的金融机构同业往来利率向出票银行收取垫付资金利息。

(8) 用于转账的,在银行本票上划去"现金"字样;申请人和收款人均为个人需要支取现金的,在银行本票上划去"转账"字样。

(9) 代理付款行不受理未在本行开立存款账户的持票人直接提示付款。但未在银行开立存款账户的个人持票人,可凭注明"现金"字样的银行本票向出票银行支取现金,必须在银行本票背面签章,记载本人身份证件名称、号码及发证机关,并交验本人身份证件及其复印件。

(10) 银行本票可以在其票据交换区域内背书转让给被背书人,但现金银行本票不得转让。出票人记载"不得转让"的银行本票不得转让和办理质押。对被背书人提示付款的,不予受理。

(11) 现金本票不得转让,但可以挂失;转账本票,可以背书转让,但不得挂失。

(12) 必须执行印、押、证三分管,三分用政策。在保证印、押、证三分管,三分用的前提下,各行可根据人员实际情况,调整岗位分工。

三、银行本票出票的处理手续

银行本票出票分为转账银行本票出票和现金银行本票出票。银行本票出票流程如图 5-8 所示。

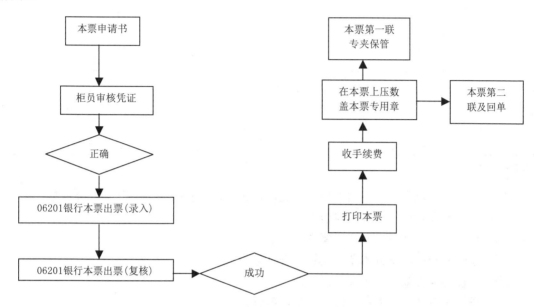

图 5-8　银行本票出票流程

(一)转账银行本票的出票

1. 客户填单

申请人使用银行本票，应向出票银行填写"结算业务申请书"(如表 5-8 所示)一式三联。申请单位经办人员需要提供有效身份证件。申请书一式三联，第一联存根，第二联借方凭证，第三联贷方凭证。交现金办理本票的，第二联注销。"结算业务申请书"上，选择"银行本票"栏，填明收款人名称、本票金额、申请人名称和申请日期等事项并签章，签章为其预留银行的签章。凭证种类选择"转账"。如为约定凭支付密码支取款项的，需在"结算业务申请书"上记载支付密码。

2. 银行收取本票的本金和相关费用

商业银行受理申请人提交的第二、第三联申请书时，应认真审查其填写的内容是否齐全、清晰；申请书填明"现金"字样的，应审查申请人和收款人是否均为个人，经审查无误后，才能受理其签发银行本票的申请。

表 5-8 结算业务申请书

中国××银行银行本票申请书 1 存根第　号

汇款人		收款人										
账号或地址		账号或地址										
兑付地点		兑付银行			汇款用途							
汇款金额	人民币(大写)				百	十	万	千	百	十	元	角	分
备注		会计分录: 借: 对方科目(贷): 复核　　　　记账　　　　出纳										

本联交客户留存

转账交付的,以第二联申请书作借方凭证,第三联作贷方凭证。其会计分录是:

借:单位活期存款——××申请人户

　　贷:开出本票——××本票户

银行通过账户扣收银行本票手续费,会计分录为:

借:单位活期存款——××申请人户

　　贷:结算业务收入——银行本票业务收入

银行通过账户扣收工本费,会计分录为:

借:单位活期存款——××申请人户

　　贷:结算业务收入——工本费收入

表外科目登记银行本票的使用:

付:重要空白凭证——银行本票——在用户

出票行在办理转账或收妥现金以后,签发银行本票(以下简称本票)。不定额本票凭证一式两联,第一联为卡片,第二联为本票;定额本票凭证分为存根联和正联。

(二)现金银行本票的出票

申请人和收款人均为个人需要支取现金的,在银行本票上划去"转账"字样。

1. 客户填单

个人在办理现金银行本票时,需要填写"结算业务申请书"(一式三联)。第一联为贷方凭证,第二联为借方凭证,第三联为客户回单。"结算业务申请书"上,选择"银行本票"栏,填明收款人名称、本票金额、申请人名称和申请日期等事项。在"金额"栏先填写"现金"字样,其后填写本票金额。凭证种类选"现金"。其中日期、金额和收款人名称不能更改;其他事项更改需加盖签章。申请人与收款人都必须为个人。申请人提交有效身份证件。

2. 银行收取本票的本金和相关费用

商业银行受理申请人提交的第二、第三联申请书时,应审查申请人和收款人是否均为个人,审查申请书填写的内容是否齐全、清晰;要素填写是否齐备,申请日期、收款人姓名及出票金额等重要事项是否涂改;出票金额填写是否规范,大、小写是否一致;加盖的印鉴章与该单位预留银行印鉴是否一致;大额现金,授权人复点。经清点现金审查无误后,才能受理其签发银行本票的申请。

生成销账编号,登记开出本票登记簿(如表 5-9 所示),会计分录为:

表 5-9 开出本票登记簿

中国××银行开出本票登记簿

账别:

日期	申请人		本票种类	本票号码	收款人名称	金额	经办	销账日期
	户名	账号						

营业机构　　　　　　　　　　　　　　　　　　　　　打印

使用说明:1. 用于本票签发及结清情况的登记,由计算机根据账户联动产生打印,30 笔满页。
　　　　　2. 按核算主体行设置打印,各营业机构可查询、打印本机构出票与解付情况。

借:现金——业务现金——营业现金
　　贷:应解汇款
自行现金签发银行本票,会计分录为:
借:应解汇款
　　贷:开出本票——××本票户
现金收银行本票手续费,会计分录为:
借:应解汇款
　　贷:结算业务收入——银行本票业务收入
现金收银行本票工本费,会计分录为:
借:应解汇款
　　贷:结算业务收入——工本费收入

表外科目登记银行本票的使用：

付：重要空白凭证——银行本票——在用户

3. 签发转账银行本票的注意事项

本票的出票日期和出票金额必须大写，如果填写错误应将本票作废。用于转账的本票，须在本票上划去"现金"字样；按照支付结算办法规定可以用于支取现金的本票，须在本票上划去"转账"字样。申请书的备注栏内注明"不得转让"的，出票行应当在本票正面注明。

填写的本票经复核无误后，在不定额本票第二联或定额本票正联上加盖本票专用章并由授权的经办人签名或盖章，签章必须清晰。定额本票正联交给申请人，不定额本票第二联需用总行统一制作的压数机在"人民币大写"栏右端压印小写金额后交给申请人。第一联卡片或存根联上加盖经办、复核名章后留存，专夹保管。

在不能签发本票的商业银行开户的申请人需要使用本票，应将款项转交附近能够签发本票的商业银行办理。具体处理手续由中国人民银行当地分支行规定。

四、银行本票付款的处理手续

在本网点或他网点开户的持票人提交的本网点签发的银行本票的付款，称为本行银行本票付款，分本网点付款和代他网点付款两种情况。本网点作为代理付款行的结算流程如图5-9所示。

1. 客户填单

客户填写"进账单"(一式三联)，连同"银行本票"(第二联)一并交代理付款行经办柜员。

2. 代理付款行审查付款

代理付款行接到在本行开立账户的持票人直接交来的本票和二联进账单时，应认真审查：本票是否是统一规定印制的凭证，本票是否真实，提示付款期限是否超过；本票填明的持票人是否在本行开户，持票人名称是否为该持票人，与进账单上的名称是否相符；出票行的签章是否符合规定，加盖的本票专用章是否与印模相符；不定额本票是否有统一制作的压数机压印金额，与大写的出票金额是否一致；本票必须记载事项是否齐全，出票金额、出票日期、收款人名称是否更改，其他记载事项的更改是否由原记载人签章证明；持票人是否在本票背面"持票人向银行提示付款签章"处签章，背书转让的本票是否按规定的范围转让，其背书是否连续，签章是否符合规定，背书使用粘单的是否按规定在粘接处签章。

第五章 支付结算中间业务的核算

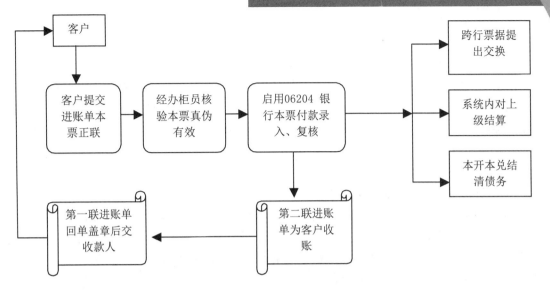

图 5-9 代理付款行的结算流程

审查无误后,第二联进账单作贷方凭证。根据本票是否为本行所出和持票人是否在本行开户,分别进行不同的处理:

(1) 持票人在本行开户持本行签发本票时,本票、进账单的第二联盖"转讫"章,进账单第三联盖"转讫"章,作为客户回单退还客户。本票作进账单第二联的附件,随"内部通用凭证"一并作为当天业务档案保管。会计分录为:

借:开出本票 ××本票户
    贷:单位活期存款——持票人户

(2) 持票人未在本行开户持本行签发本票支取现金时,出票行接到收款人交来的注明"现金"字样的本票时,抽出专夹保管的本票卡片或存根,经核对相符,确属本行签发,同时,还必须认真审查本票上填写的申请人和收款人是否均为个人,收款人的身份证件,收款人在本票背面"持票人向银行提示付款签章"处是否签章和注明身份证件名称、号码及发证机关,并要求提交收款人身份证件复印件留存备查。收款人委托他人向出票行提示付款的,必须查验收款人和被委托人的身份证件,在本票背面是否作委托收款背书,是否注明收款人和被委托人的身份证件名称、号码及发证机关,并要求提交收款人和被委托人身份证件复印件留存备查。审核无误后,办理付款手续,本票作借方凭证,本票卡片或存根联作附件。

本行现金付本票款,会计分录为:

借:开出本票——××本票户
    贷:应解汇款

出纳现金付款，会计分录为：

借：应解汇款

贷：现金——业务现金——营业现金

(3) 持票人在本行开户持本系统他行签发本票，本票、进账单的第二联盖"转讫"章，进账单第三联盖"转讫"章，作为客户回单退还客户。本票作进账单第二联的附件，不需提出交换，随"内部通用凭证"一并作为当天业务档案保管。

会计分录为：

借：存放行内款项——××分户

贷：单位活期存款——持票人户

(4) 持票人为个人未在本行开户持本系统他行签发的现金本票要求支取现金，应在银行本票背面签章，记载本人身份证名称、证件号码及发证机关，并交验本人身份证及其复印件。本票不需提出交换，作为当天业务档案保管。会计分录为：

借：存放行内款项——××分户

贷：应解汇款

出纳现金付款，会计分录为：

借：应解汇款

贷：现金——××金库分户

(5) 本行代理跨系统银行签发的转账银行本票的付款时，见票即付，垫付资金后，应通过同城票据交换将银行本票提出给同城的有关银行审核支付。受理时，客户填写"进账单"(一式三联)，连同"银行本票"(第二联)一并交代理付款行经办柜员。

本行柜员对代理跨系统银行签发的转账银行本票作同城票据交换提出交易，在"进账单"(第一联)加盖"转讫章"，交客户留存。"进账单"(第二、第三联)专夹保管，待场次切换，确认款项入账后，第三联给客户做入账通知；第二联作业务档案保管。会计分录为：

借：跨行清算资金往来——同城票据清算

贷：单位活期存款——××持票人户

五、银行本票结清

银行本票结清用于出票行结清已签发的银行本票。当他行代理付款后，出票行做交换提入；当他网点代理付款后，系统自动做结清处理，出票行打印"银行本票结清清单"。银行本票结清的操作流程如图 5-10 所示。

(1) 他行代理付款后，出票行做交换提入。出票行收到交换提入的本票时，抽出专夹保管的本票卡片或存根，经核对相符，确属本行出票，本票作借方凭证，本票卡片或存根联作附件。会计分录为：

借：开出本票
　　贷：跨行清算资金往来——同城票据清算

(2) 出票行受理本行他网点或本行本网点签发的转账本票，不需通过同城票据交换，第二天早上直接打印银行本票结清清单。会计分录为：

借：开出本票
　　贷：存放行内款项——××分户

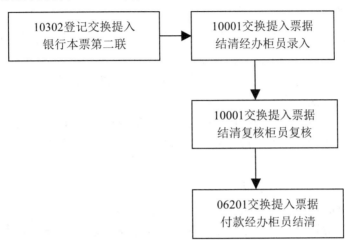

图 5-10　银行本票结清的操作流程

六、银行本票退款、超过付款期限付款和挂失的处理手续

(一)银行本票退款手续

退款手续申请人因本票超过提示付款期限或其他原因要求出票行退款时，应填制一式二联进账单连同本票交给出票行，申请人为单位的，应出具该单位的证明；申请人为个人的，应出具该本人的身份证件。对于符合规定填明"现金"字样银行本票的退款，才能退付现金。转账银行本票退款只能转回原申请账户。

出票行经与原专夹保管的本票卡片或存根核对无误，即在本票上注明"未用退回"字样，"进账单"(第三联)加盖转账讫后，交客户留存，其他单证与"内部通用凭证"一并作为业务档案顺序保管。其会计分录是：

(1) 转账银行本票退款，会计分录为：

借：开出本票——××本票户
　　贷：单位活期存款——××申请人户

(2) 现金银行本票退款，会计分录为：

借：开出本票——××本票户
　　贷：应解汇款——××申请人户

(3) 现金付款，会计分录为：

借：应解汇款——××申请人户
　　贷：现金——业务现金——营业现金

(二)超过付款期限付款手续

持票人因本票超过付款期限或其他原因不获付款，可在票据时效期内请求出票行付款。本票超过提示付款期限，持票人只能向出票银行请求付款。持票人为个人的，还应交验本人身份证件。出票行经与原专夹保管的本票卡片或存根核对无误，即在本票上注明"逾期付款"字样，办理付款手续。

按持票人开户行的情况分为本行本网点、本行他网点、他行的超期付款。

(1) 持票人在本行开户的，应填制二联进账单，第二联进账单作贷方凭证，本票作借方凭证，本票卡片或存根联作附件。会计分录为：

借：开出本票——××本票户
　　贷：单位活期存款——××持票人户

(2) 持票人在他行开户，本票作借方凭证，本票卡片或存根联作附件。将客户提交的两联进账单提出交换，会计分录为：

借：开出本票——××本票户
　　贷：跨行清算资金往来——同城票据清算

(3) 持票人在本行他网点开户，会计分录为：

出票行兑付跨核算单位超期银行转账本票款

借：开出本票——××本票户
　　贷：存放行内款项——资金清算

同时持票人开户行联动记账，会计分录为：

借：存放行内款项——资金清算
　　贷：单位活期存款——××申请人户

(4) 现金银行本票超期付款，会计分录为：

借：开出本票——××本票户
　　贷：应解汇款—— ××申请人户

现金付款时，会计分录为：

借：应解汇款——××申请人户
　　贷：现金——业务现金——营业现金

出票行银行本票退款操作流程如图5-11所示。

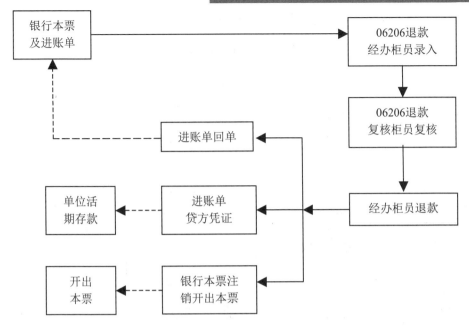

图 5-11　出票行银行本票退款流程

(三)挂失手续

确系填明"现金"字样的本票丧失,失票人到出票行挂失时,应提交第一、第二联挂失止付通知书。出票行收到挂失止付通知书后应按规定审核,抽出原专夹保管的本票卡片或存根核对,确属本行签发并确未注销时,方可受理。第一联挂失止付通知书加盖业务公章作为受理回单交给失票人,第二联于登记本票挂失登记簿后,与原本票卡片或存根一并专夹保管,凭以控制付款或退款。

第五节　商业汇票的核算

一、商业汇票定义

商业汇票是出票人签发的,委托付款人在指定日期无条件支付确定的金额给收款人或持票人的票据。商业汇票根据承兑人的不同,分为银行承兑汇票(如表 5-10 所示)和商业承兑汇票(如表 5-11 所示)。

银行承兑汇票是在承兑银行开立存款账户的存款人(即承兑申请人)签发的,经承兑银行承兑,在指定日期无条件支付确定金额给收款人或持票人的票据。商业承兑汇票是由收款人出票，经付款人承兑，或由付款人出票并承兑的票据。

表 5-10 银行承兑汇票(卡片)1

签发日期		年 月 日	第 号：				汇票号码：					
收款人	全称			付款人	全称							
	账号				账号							
	开户银行				开户银行							
汇票金额人民币 (大写)				百	十	万	千	百	十	元	角	分
汇票到期日		年 月 日		交易合同号码				承兑协议编号				
本汇票请您行承付，此项汇票款我单位按承兑协议于到期日前足额交存您行，到期请支付。 承兑银行 承兑申请人盖章 年 月 日				汇票签发人盖章 负责 经办				会计分录： 　贷： 对方科目(借)： 转账日期 　复核 记账				

表 5-11 商业承兑汇票

出票日期(大写)：				年 月 日			汇票号码：HF76900012					
付款人	全称			收款人	全称							
	账号或地址				账号或地址							
	开户银行		行号		开户银行			行号				
金额	人民币 (大写)					百	十	万	千	百	十	元 角 分
汇票到期日期 (大写)			付款人 开户行		行号 开户行							
交易合同号码												
本汇票已经承兑，到期无条件支付 承兑申请人盖章： 承兑日期： 年 月 日				本汇票请予承兑，于到期日付款 出票人签章：								

　　银行承兑汇票是为了帮助解决企业债权债务结算问题，使得企业可以低廉的成本使用银行信用，以开立银行承兑汇票的融资方式解决企业融资问题。其业务特点是：必须基于真实的商品交易；相对于贷款的固定期限，承兑汇票可以根据贸易结算需要灵活设定期限；票据持有人在汇票到期日前若急需资金可以向开户银行或票据中心申请贴现；银行承兑汇票在到期日前可以背书转让。

二、商业汇票的有关规定

(一)商业汇票的总体规定

商业汇票是指由付款人或存款人(或承兑申请人)签发,由承兑人承兑,并于到期日向收款人或被背书人支付款项的一种票据。所谓承兑,是指汇票的付款人愿意负担起票面金额的支付义务的行为,通俗地讲,就是承诺到期将无条件地支付汇票金额的行为。

(1) 签发的商业汇票必须记载下列事项:表明"商业承兑汇票"和"银行承兑汇票"的字样,无条件支付的委托,确定的金额,付款人名称,收款人名称,出票日期,出票人签章。欠缺上列事项之一的,商业汇票无效。

(2) 商业汇票的付款期限最长不得超过六个月。定日付款的汇票付款期限自出票日起计算,并在汇票上记载具体的到期日;出票后定期付款的汇票付款期限自出票日起按月计算,并在汇票上记载;见票后定期付款的汇票付款期限自承兑或拒绝承兑日起按月计算,并在汇票上记载。

(3) 商业汇票的提示付款期限,自汇票到期日起10日,超过提示付款期限的,持票人开户银行不予受理。

(4) 商业汇票的付款人,应在收到开户银行的付款通知的当日通知银行付款,付款人在接到通知日的次日起3日内(遇法定休息日顺延)未通知银行付款,视同付款人承诺付款,银行应于付款人接到通知的次日起第4日上午开始营业时,将票款划给持票人。

(5) 商业汇票一律记名,允许背书转让。

(6) 商业汇票按其承兑人的不同,可以分为商业承兑汇票和银行承兑汇票两种。

(二)商业承兑汇票的个案规定

商业承兑汇票是指由收款人签发,经由付款人承兑,或者由付款人签发并承兑的汇票。

(1) 商业承兑汇票的出票人,为在银行开立存款账户的法人以及其他组织,与付款人具有真实的委托付款关系,具有支付汇票金额的可靠资金来源。

(2) 商业承兑汇票可以由付款人签发并承兑,也可以由收款人签发交由付款人承兑。

(3) 商业承兑汇票由银行以外的付款人承兑,银行只是在商业承兑汇票到期时为结算双方提供结算服务,款项是否收回,商业银行不负经济责任。

(三)银行承兑汇票的个案规定

银行承兑汇票是指由收款人或承兑申请人签发,并由承兑申请人向开户银行申请,经银行审查同意承兑的汇票。

(1) 商业银行对商业汇票承兑,应视同贷款管理,要严格按照信贷政策和贷款风险管理要求审查和审批，控制承兑风险，票据到期，由承兑银行承担第一性付款责任。

(2) 银行承兑汇票的出票人必须具备下列条件：在承兑银行开立结算账户的法人以及其他组织；与承兑银行具有真实的委托付款关系；资信状况良好，必须具有真实的交易关系或债权债务关系，具有支付汇票金额的可靠资金来源。

(3) 银行在办理银行承兑汇票业务时，为降低风险应按客户信用等级和信贷管理规定收取一定比例的业务保证金。保证金账户只能用于支付对应到期的银行承兑汇票。严禁发生保证金专户和客户结算户串用、各子账户之间相互挪用等行为，且不得提前支取保证金。

(4) 持票人遗失银行承兑汇票的，可向承兑银行申请挂失。挂失手续费按票面金额的1‰收取，不足5元的按5元收取。

(5) 银行承兑汇票的出票人应于汇票到期前将票款足额交存开户银行。承兑银行应在汇票到期日或到期后的见票当日支付票款。银行承兑汇票的出票人于汇票到期日未能足额交存票款时，承兑银行除凭票向持票人无条件付款外，对出票人尚未支付的承兑金额应转作逾期贷款，按照每天万分之五计收利息。有抵押物的，按信贷管理要求处理。

(6) 持票人可持未到期的银行承兑汇票向银行申请贴现，提前收取票款；持票人也可持未到期的银行承兑汇票向银行申请质押贷款；在汇票有效期内可以背书转让。

(7) 银行承兑汇票的提示付款期限自票据到期日起最长不超过10日；持票人应在提示付款期限内通过开户银行委托收款或直接向付款人提示付款。对异地委托收款的，持票人可匡算邮程，提前通过开户银行委托收款。持票人超过提示付款期限提示付款的，持票人开户银行不予受理。但在票据权利时效内，持票人可持有关证明文件向承兑行请求付款。银行承兑汇票到期不获付款的，持票人自被拒绝付款之日起6个月内可向前手行使追索权。银行承兑汇票的权利时效为自到期日起二年。

(8) 银行承兑汇票到期扣款顺序是：先自动扣款存款账号，后扣款保证金账户。

三、商业承兑汇票的处理手续

(一)持票人开户行受理汇票的处理手续

持票人凭商业承兑汇票委托开户行收款时，应填制邮划或电划委托收款凭证，并在"委托收款凭据名称"栏注明"商业承兑汇票"及其汇票号码，连同汇票一并送交开户行。商业承兑汇票的处理流程如图5-12所示。

银行应认真审查以下内容：汇票是否是统一规定印制的凭证，提示付款期限是否超过；汇票上填明的持票人是否在本行开户；出票人、承兑人的签章是否符合规定；汇票必须记载的事项是否齐全，出票金额、出票日期和收款人名称是否更改，其他记载事项的更改是否由原记载人签章证明；是否做成委托收款背书，背书转让的汇票其背书是否连续，签章是否符合规定，背书使用粘单的是否按规定在粘接处签章；委托收款凭证的记载事项是否与汇票记载的事项相符。经审查无误，在委托收款凭证各联上加盖"商业承兑汇票"戳记。其余手续按照发出委托收款凭证的手续处理。

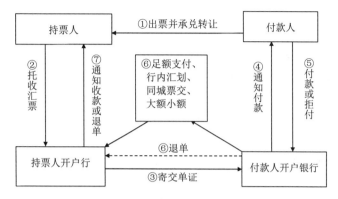

图 5-12 商业承兑汇票的处理流程

(二)付款人开户行收到汇票的处理手续

付款人开户行收到持票人开户行寄来的委托收款凭证及汇票时，应按照商业银行审查内容认真审查，付款人确在本行开户，承兑人在汇票上的签章与预留银行的签章相符，将第五联委托收款凭证交给付款人并签收。

(1) 付款人开户行接到付款人的付款通知或在付款人接到开户行的付款通知的次日起3 日内仍未接到付款人的付款通知的，应按照支付结算办法规定的划款日期和以下情况处理：

付款人开户行区分委托收款行是否为本系统银行和是否为同城银行情况，可分别通过行内汇划、同城交换、小额批量和大额实时渠道解付托收款项。

① 托收行为本系统异地银行，选择行内汇划渠道解付托收款，第三联委托收款凭证作借方凭证，商业承兑汇票加盖转讫章作附件，并按照委托收款付款的手续处理。会计分录为：

借：单位活期存款——××债务人户
　　贷：存放行内款项——××分户

同时，系统自动登记"收到委托收款登记簿"，核销托收款项。

② 托收行为跨系统本地银行的，选择同城票据交换提出方式将第四联托收凭证提出交换支付托收款，第三联委托收款凭证作借方凭证，如留存债务证明的，其债务证明和付款通知书作借方凭证附件，会计分录为：

借：单位活期存款——××债务人户
　　贷：跨行清算资金往来——同城票据清算

同时，系统自动登记"收到委托收款登记簿"，核销托收款项。

③ 托收行为跨系统异地银行的，选择小额批量和大额实时渠道解付托收款项，第三联委托收款凭证作借方凭证，如留存债务证明的，其债务证明和付款通知书作借方凭证附件。会计分录为：

借：单位活期存款——××债务人户
　　贷：存放行内款项——××分户

同时，系统自动登记"收到委托收款登记簿"，核销托收款项。

(2) 付款人的银行账户不足支付的，商业银行应填制付款人未付票款通知书(用异地结算通知书代)，在委托收款凭证备注栏注明"付款人无款支付"字样，按照委托收款无款支付的手续处理。

(3) 商业银行在付款人接到通知日的次日起 3 日内收到付款人的拒绝付款证明时，按照委托收款拒绝付款的手续处理。

(4) 设立登记簿，逐笔登记汇票的支付和退回。

(三)持票人开户行收到划回票款或退回凭证的处理手续

1. 持票人开户行的处理

持票人开户行接到付款人开户行寄来的联行报单和委托收款凭证，或通过计算机网络传来的清算信息，按照委托收款的款项划回手续处理。

(1) 全款划回时，付款人开户行通过行内汇划、小额批量渠道及大额实时途径汇划款项的，经办柜员将第一联"汇款来账专用凭证"作贷方记账凭证，第二联托收凭证作贷方记账凭证附件，汇款来账专用凭证第二联加盖"转讫章"作收账通知交收款人。会计分录为：

借：存放行内款项——××分户
　　贷：单位活期存款——××委托收款人户

系统自动销记"发出委托收款登记簿"，记录"收回方式、划回日期"，处理记录自动改为"已处理"状态。

(2) 通过同城票据交换提出方式提入委托收款第四联托收凭证的，将第二联托收凭证作贷方记账凭证，第四联托收凭证加盖"转讫章"后作收账通知交收款人。会计分录为：

借：其他应付款——同城票据清算
　　贷：单位活期存款——××委托收款人户

(3) 无款支付时，经办柜员将第四联托收凭证和第二联"未付款项通知书"以及收到的债务证明退给收款人。柜员将经收款人签收后的第三联"未付款项通知书"连同第二联托收凭证一并保管备查。

(4) 拒绝付款时，经办柜员将第四、第五联托收凭证及有关债务证明和第四联拒付理由书一并退给收款人。经办柜员将经收款人签收后的第三联拒付理由书连同第二联托收凭证一并保管备查。

2. 持票人开户行省中心的处理

（1）如果付款人开户行选择行内汇划渠道解付汇票，对于付款人开户行为本省所属的业务，省中心会计分录为：

借：行内存放款项——付款人开户行分户
　　贷：行内存放款项——收款人开户行分户

（2）如果付款人开户行选择行内汇划渠道解付汇票，对于付款人开户行为本系统其他省的业务，收款人开户行省中心会计分录为：

借：存放行内款项
　　贷：行内存放款项——收款人开户行分户

（3）如果付款人开户行选择小额批量渠道解付汇票，收款人开户行省中心会计分录为：

借：待清算支付款项
　　贷：行内存放款项——收款人开户行分户

（4）如果付款人开户行选择大额实时渠道解付汇票，收款人开户行省中心会计分录为：

借：存放中央银行款项
　　贷：行内存放款项——收款人开户行分户

3. 总行的处理

如果付款人开户行选择行内汇划渠道解付汇票，对于付款人开户行为本系统其他省的业务，总行为所属两个省中心清算，会计分录为：

借：行内存放款项——付款省中心分户
　　贷：行内存放款项——收款省中心分户

四、银行承兑汇票的处理手续

(一)承兑银行办理汇票承兑的处理手续

客户在办理银行承兑汇票前，按信贷部门与承兑申请人签订的承兑协议的要求在其开户行开立银行承兑汇票保证金账户，并转入款项。按承兑协议载明的银行承兑汇票份数，出售银行承兑汇票给出票人。审核承兑协议是否加盖公章与法人章，法人章是否与预留印鉴一致。保证金为非必要条件，分为定期保证金和活期保证金，按信贷政策执行。银行承兑汇票的出票流程如图 5-13 所示。

1. 开立保证金账户

经办柜员审核：信贷部门与承兑申请人签订的承兑协议，开户单位提交的现金或结算凭证，"进账单"备注栏应注明"存入银行承兑汇票保证金"。将保证金账号逐笔抄列于承兑协议书上。

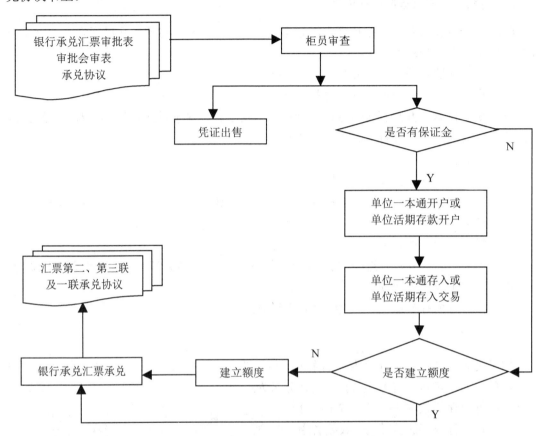

图 5-13　银行承兑汇票的出票流程

银行承兑汇票只能对应一个保证金账户，保证金账户可以是客户保证金也可以是第三方保证金；如果是客户保证金，则必须与出票申请人属于同一客户号下，如果是第三方保证金，则必须与出票申请人为非同一客户号下。保证金根据所签订的承兑协议可为活期保证金，也可为定期保证金。一张承兑汇票能对应第三方保证金账户或抵/质押物，一个定期保证金账户只能对应一张银行承兑汇票，一个活期保证金账户可对应多笔承兑汇票。同一张银行承兑汇票可以同时使用保证金/第三方保证金和抵/质押物，对于使用抵/质押物的，必须建立对应关系，在银行承兑汇票到期收款成功前，该编号项下的抵/质押物不得作结清出库。

2. 凭证出售

柜员审查"银行承兑协议"等相关资料无误后，根据信贷部门与承兑申请人已签订完毕的《银行承兑汇票协议》载明银行承兑汇票份数，出售银行承兑汇票给出票人。向出票人收取每份 0.28 元的全国统一印制商业汇票的凭证工本费。柜员要目视客户填写汇票，以防止偷换。客户不得保留空白银行承兑汇票。如果客户填写凭证不慎发生错误，应要求客户交回凭证，重新出售。

3. 汇票承兑

经办柜员收到承兑申请人交来的银行承兑汇票，信贷部门交来的一联《银行承兑协议》和一联"信贷业务审批表(会审单)"应审查：是否是本行的汇票凭证；汇票填写是否符合规定；汇票必须记载事项是否齐全；出票人签章是否符合规定；出票人是否在本行开立了存款账户；汇票必须记载事项与"银行承兑协议"的内容是否相符；银行承兑协议是否有本行和承兑申请人签章；"会审单"是否有本行分管行长和上级行审批"同意"的意见和签章。审查不符，退承兑申请人或信贷部门。审核无误后，在第一、第二联汇票上注明承兑协议编号，并在第二联汇票"承兑人签章"处加盖汇票专用章并由授权的经办人签名或盖章。由出票人申请承兑的，将第二联汇票连同一联承兑协议交给出票人；由持票人提示承兑的，将第二联汇票交给持票人，一联承兑协议交给出票人。

同时，客户应填写"业务收费凭证"，用于按照规定向出票人收取承兑金额 0.5‰ 的承兑手续费。

办妥业务后，在"银行承兑汇票"(第二联)"承兑行签章"处加盖"汇票专用章"和个人名章。将"银行承兑汇票"(第二、第三联)连同一联承兑协议交给出票人；将"银行承兑汇票"(第一联)和一联承兑协议专夹保管；交出票人时，出票人须在"银行承兑汇票"(第一联)背面签收。

4. 会计分录

(1) 收取保证金(摘要：扣收银行承兑汇票保证金存款)，会计分录为：

借：单位活期存款——××出票人户

贷：单位保证金存款——××保证金存款

(2) 承兑银行根据第一联汇票卡片填制银行承兑汇票表外科目收入凭证，登记表外科目登记簿，对银行承兑汇票登记簿的余额要经常与保存的第一联汇票卡片进行核对，以保证金额相符，会计分录为：

收：重要空白凭证——银行承兑汇票(票面金额)——票据申请人户

(3) 转账扣收银行承兑汇票手续费，会计分录为：

借：单位活期存款——××出票人户

贷：结算业务收入——银行承兑汇票收入

以现金形式收取银行承兑汇票手续费，会计分录为：

借：现金——业务现金——营业现金

　　　　贷：应解汇款
　　　借：应解汇款
　　　　贷：结算业务收入——银行承兑汇票收入
(4) 如果企业提供抵/质押物品作为保证，则表外科目记账，会计分录为：
　　收：抵/质押物

(二)持票人开户行受理汇票的处理手续

　　持票人凭汇票委托开户行向承兑银行收取票款时，应填制同城邮划或异地电划委托收款凭证，在"委托收款凭据名称"栏注明"银行承兑汇票"及其汇票号码，连同汇票一并送交开户行。

　　商业银行按照前述有关审查内容审查后，在委托收款凭证各联上加盖"银行承兑汇票"戳记。其余手续按照发出委托收款凭证的手续处理。

　　单位客户办理银行承兑汇票的委托收款业务，需按规定填写委托收款凭证一式五联：第一联为回单，给客户；第二联为贷方凭证，专夹保管对方扣款后收账；第三联为借方凭证，盖专章寄承兑行扣款(随寄银行承兑汇票)；第四联为收账通知，寄承兑行，同城邮划收款后随报单返回本行，收账后通知收款人，电划收款后作为对本行发起结算的凭证；第五联为付款通知，寄付款人开户行通知付款人。在第二联盖章后，连同有关债务证明提交收款人开户行。托收日期为收款人向商业银行提交托收凭证及其他单证的日期。

　　委托收款凭证必须记载付款人与收款人的全称、账号、开户银行行名、地址、托收金额大小写、款项内容、托收款凭证名称和附寄单证张数。

　　持票人开户行收到上述凭证后，应按照规定和填写凭证的要求进行认真审查，无误后，对委托收款凭证做如下处理：托收凭证第一联加盖"业务用公章"后退给收款人；将托收凭证第二联专夹保管，并登记发出委托收款凭证登记簿：记录票据托收编号、收付款人和委托日期等信息，等待款项的划回。在第三联上加盖"结算专用章"，将第三、第四、第五联托收凭证及有关债务证明，一并寄交付款人开户行。

　　同时向客户区分现金和转账形式，收取手续费和邮电费。
(1) 以现金形式收取手续费，会计分录为：
　　借：现金——业务现金——营业现金
　　　　贷：应解汇款
　　借：应解汇款
　　　　贷：结算业务收入——委托收款业务收入
(2) 以现金收委托收款邮电费，会计分录为：
　　借：现金——业务现金——营业现金
　　　　贷：应解汇款

借：应解汇款
　　　贷：结算业务收入——邮电费收入
(3) 转账收委托收款手续，会计分录为：
借：单位活期存款——持票人户
　　　贷：结算业务收入——委托收款业务收入
(4) 转账收委托收款邮电费，会计分录为：
借：单位活期存款——持票人户
　　　贷：结算业务收入——邮电费收入

(三)承兑银行对汇票到期收取票款的处理手续

(1) 承兑银行应每天查看汇票的到期情况，对到期的汇票，应于到期日(法定休假日顺延)向出票人收取票款，当账户余额足够时，填制二联特种转账借方凭证，一联特种转账贷方凭证，并在"转账原因"栏注明"根据××号汇票划转票款"。其会计分录为：
借：单位活期存款——××出票人户
　　　贷：应解汇款——××出票人户
一联特种转账借方凭证加盖转讫章后作支款通知交给出票人。

(2) 当承兑银行需要从保证金存款账户扣收部分银行承兑汇款时，则按扣款顺序，依次扣收准备解付的银行承兑汇票款，会计分录为：
借：单位活期存款——××出票人户
　　单位保证金存款——银行承兑汇票保证金存款
　　应付存款利息——单位保证金存款利息——银行承兑汇票保证金存款利息
　　　贷：应解汇款——出票人户

对于保证金账户存款及其所产生的利息，在扣除准备解付的银行承兑汇票尚有多余的保证金存款的须转入客户基本存款账户，会计分录为：
借：单位保证金存款——银行承兑汇票保证金存款
　　应付存款利息——单位保证金存款利息——银行承兑汇票保证金存款利息
　　　贷：单位活期存款——××申请人户——××出票人户

如果存在抵/质押物品，填制表外科目付出凭证，会计分录为：
付：抵/质押物

(3) 出票人账户无款或不足支付时，按顺序扣款，会计分录为：
借：单位活期存款——××出票人户
　　单位保证金存款——银行承兑汇票保证金存款
　　应付存款利息——单位保证金存款利息——银行承兑汇票保证金存款利息
　　承兑垫款——××出票人户

贷：应解汇款——出票人户

(4) 如果到期日出票人账户无款支付，需要商业银行全额垫款(摘要：全额垫款收银行承兑汇票款)，会计分录为：

借：承兑垫款——××出票人户

贷：应解汇款——××出票人户

(5) 如果存在抵/质押物品：

付：抵/质押物

(四)承兑银行支付汇票款项的处理手续

承兑银行接到持票人开户行寄来的委托收款凭证及汇票，抽出专夹保管的汇票第一联和承兑协议副本，并认真审查：该汇票是否为本行承兑，第一联与第二联是否一致，委托收款凭证记载事项是否齐全，汇票出票金额、出票日期和收款人名称是否更改，其他记载事项的更改是否由原记载人签章证明；是否做成委托收款背书，背书转让的汇票，其背书是否连续，签章是否符合规定，背书使用粘单的是否按规定在粘接处签章；委托收款凭证的记载事项是否与汇票记载的事项相符；该汇票状态是否为挂失。

审查不符或存在合法抗辩事由：填制"拒绝付款理由书"，填明拒付理由，第一、第二联拒绝付款理由书与委托收款凭证第三联一并留存备查；第三、第四联连同委托收款凭证第四、五联和汇票一并寄回持票人开户行退持票人。在"收到托收承付(委托收款)登记簿"(如表 5-12 所示)上注明"拒绝付款"字样。

表 5-12　中国××银行收到托收承付(委托收款)登记簿

账别：　　　　　　　　　　　　　　　　　　　　　　　　　　　　　　　　第　　页

日期	托收单位					付款单位		承付到期日	经办	处理记录		
	户名	账号	开户行	托收号码	托收金额	户名	账号			日期	摘要	实付金额

营业机构　　　　　　　　　　　　　　　　　　　　　　　　　　　打印

使用说明：① 用于收到托收承付、委托收款业务的登记，30 笔满页。

② 由人工输入后计算机产生打印，处理记录根据账户联动生成。

③ 核算中心统一设置，各营业机构可查询或打印本机构登记情况。

④ 根据不同的结算方式，计算机分别登记、打印《收到托收承付登记簿》和《收到委托收款登记簿》。

经审查无误，应于汇票到期日或到期日之后的见票当日，按照委托收款付款的手续处理。

(1) 承兑行收到持票人开户行寄来的委托收款凭证，以第三联委托收款借方凭证销记应解汇款，本行通过行内汇划渠道解付银行承兑汇票款，会计分录为：

借：应解汇款——××出票人户

　　贷：存放行内款项——××分户

销记表外科目：付：重要空白凭证——银行承兑汇票

同时系统自动销记"收到委托收款登记簿"。

(2) 持票人在他行开户的情况，本行对持票人开户行可分别通过同城交换、小额批量和大额实时渠道解付银行承兑汇票款。

① 承兑行收到持票人开户行寄来的委托通用凭证，以第三联委托收款借方凭证销记应解汇款，通过同城交换渠道解付银行承兑汇票款，会计分录为：

借：应解汇款——××出票人户

　　贷：跨行清算资金往来——同城票据清算

销记表外科目：

付：重要空白凭证——银行承兑汇票

同时系统自动销记"收到委托收款登记簿"。

② 承兑行收到持票人开户行寄来的委托通用凭证，以第三联委托收款借方凭证销记应解汇款，通过中国人民银行小额批量渠道和大额实时渠道解付银行承兑汇票款，承兑行会计分录为：

借：应解汇款——××出票人户

　　贷：存放行内款项

销记表外科目：

付：重要空白凭证——银行承兑汇票

同时系统自动销记"收到委托收款登记簿"。

③ 承兑行省中心对于所属承兑行采用小额批量渠道解付银行承兑汇票款，与中国人民银行城市处理中心清算的会计分录为：

借：行内存放款项——承兑行户

　　贷：待清算支付款项

④ 承兑行省中心对于所属承兑行采用大额实时渠道解付银行承兑汇票款，与中国人民银行城市处理中心清算的会计分录为：

借：行内存放款项——承兑行户

　　贷：存放中央银行款项

(3) 持票人如果在承兑银行开户提示付款，柜员启动银行承兑汇票直接付款交易，解付银行承兑汇票款。在进账单第一联加盖"转讫章"交客户，填制特种转账凭证一联，以转账的方式将银行承兑汇票款项支付给持票人。

  借：应解汇款——××出票人户
    贷：单位活期存款——××持票人户

销记表外科目：
  付：重要空白凭证——银行承兑汇票

(五)持票人开户行收到汇票款项的处理手续

持票人开户行接到承兑银行通过计算机网络发来的结算信息，按照委托收款的款项划回手续处理。区分行内汇划、同城交换、小额批量和大额实时划来渠道分别处理。

(1) 通过同城交换渠道解来银行承兑汇票款，会计分录为：
  借：跨行清算资金往来——同城票据清算
    贷：单位活期存款——××持票人户

系统自动销记"发出委托收款登记簿"。

(2) 通过中国人民银行小额批量渠道解来银行承兑汇票款，会计分录为：
  借：存放行内款项——××分户
    贷：单位活期存款——××持票人户

系统自动销记"发出委托收款登记簿"。

(3) 通过中国人民银行大额实时渠道解付银行承兑汇票款，会计分录为：
  借：存放行内款项——××分户
    贷：单位活期存款——××持票人户

系统自动销记"发出委托收款登记簿"。

(六)持票人开户行省中心收到汇票款项的处理手续

(1) 收到中国人民银行城市中心通过小额批量渠道解来银行承兑汇票款，会计分录为：
  借：待清算支付款项
    贷：行内存放款项——持票人开户行户

(2) 收到中国人民银行城市中心通过大额实时渠道解来银行承兑汇票款，会计分录为：
  借：存放中央银行款项
    贷：行内存放款项——持票人开户行户

银行承兑汇票的结算处理流程如图 5-14 所示。

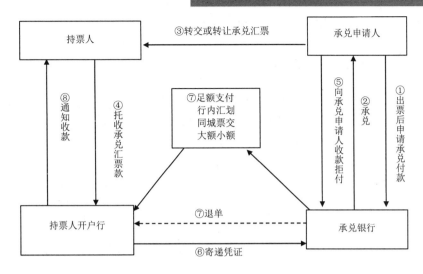

图 5-14　银行承兑汇票的结算处理流程

第六节　信用卡业务

信用卡是由商业银行向社会发行的具有消费信用、转账结算、存取现金等全部或部分功能的信用支付工具。信用卡按使用对象分为单位卡和个人卡；按币种分为人民币卡和外币卡；按载体材料分为磁条卡和芯片(IC)卡。

持卡人可凭卡到发卡机构指定的商户购物和消费，可以凭卡结算，不必支付现金，也可在指定的金融机构提取现金。目前，国外信用卡的使用是先消费，后还款，我国信用卡的使用是先存款，后消费，允许适当透支。为了规避风险，邮政储蓄办理信用卡业务，可以对有工资代发业务的单位职工办理信用卡账户的开户和提供不超过职工月工资额(如1000元)的短期适度透支额度。

单位卡账户的资金一律从其基本存款账户转账存入，不得交存现金，不得将销货收入存入其账户。个人卡账户的资金以其持有的现金存入或以其工资性款项及属于个人的劳务报酬收入转账存入，严禁将单位的款项存入个人卡账户。持卡人可持卡在特约单位购物、消费，单位卡不得用于 10 万元以上的商品交易、劳务供应款项的结算，且一律不得支取现金。

信用卡的功能：通存通兑功能，持卡人可以凭卡在全国各地联网机构通存通兑现金；转账结算功能，持卡人可在指定的商户购物消费，无须以现金货币支付款项，只需要递交信用卡进行转账结算；自动存取款功能，持卡人可在自动柜员机上，根据自己的密码，办理自动存取款、账户查询；消费信贷功能，这是附属功能，持卡人在购物消费过程中，如果所支付的款项超过其信用卡存款账户余额时，在规定的限额范围内，发卡部门允许持卡人进行短期的透支行为,为客户提供小额的消费贷款。

一、信用卡业务的基本规定

(1) 信用卡按使用的对象分为单位卡和个人卡,按信誉等级分为金卡和普通卡。

(2) 单位或个人申请领用信用卡应按规定要求交存一定金额的备用金后,商业银行为申请人开立信用卡存款账户,并发给信用卡。

(3) 单位卡账户的资金一律从其基本存款账户转账存入,不得交存现金,不得将销货收入的款项存入其账户。

(4) 个人卡账户的资金以其持有的现金存入或以其工资性款项及属于个人的劳务报酬收入转账存入。严禁将单位的款项存入个人卡账户。

(5) 持卡人可持信用卡在特约单位购物、消费。单位卡不得用于10万元以上的商品交易、劳务款项的结算。

(6) 单位卡一律不得支取现金,个人卡持卡人可以在银行自动柜员机上支取现金,超过支付限额,代理银行应向发卡银行索取授权。

(7) 停止透支额,金卡最高不得超过1万元,普通卡最高不得超过5000元。信用卡透支期限最长为60天。

(8) 信用卡透支在存款余额不足而又急需款项的情况下,允许善意透支并要定期归还,信用卡透支不准超过最高透支额,个人卡每笔透支额以2万元为上限,月透支余额不得超过5万元,单位卡每笔透支额以5万元为上限,月透支余额不得超过10万元或其综合授信额度的3%,透支期限最长60天。

信用卡透支部分按月计收单利,自签单日或商业银行记账日起15日内按日息5‰算,超过15日按日息10‰计算,超过30日的或透支额超过规定限额的,按日息15‰起算。透支计息不分段,按最后期限或者最高透支额的最高利率档次计。

(9) 持卡人使用信用卡不得发生恶意透支。对恶意透支行为要依法追究其刑事责任。

二、信用卡业务的会计核算

1. 单位卡发卡的处理手续

单位申领信用卡时,应向发卡行填写申请表,发卡银行批准后,向申请人收取备用金和手续费,并填制一联特种转账贷方凭证,作手续费科目贷方凭证。分两种情况处理:

(1) 申请人在发卡银行机构开户的,发卡银行接到申请人送来的支票和三联进账单,经审查无误后,按支票会计核算中的银行受理出票人送交支票的手续处理,应另填一联特种转账贷方凭证作手续费科目贷方凭证。其会计分录是:

借：单位活期存款——××单位基本存款账户
　　贷：单位活期存款——××单位信用卡户
　　　　手续费收入——手续费户

(2) 申请人不在发卡银行开户的，发卡银行接到申请人送来的支票和两联进账单，经审核无误后，做如下处理：

① 将支票作提出借方凭证参加票据交换，会计分录为：

借：跨行清算资金往来——同城票据清算
　　贷：其他应付款——同城票据清算——提出户

② 未发生退票时，第二联进账单作贷方凭证，第三联进账单加盖转讫章作收账通知交给收款人，并应另填一联特种转账贷方凭证，作手续费科目贷方凭证。会计分录为：

借：其他应付款——同城票据清算——提出户
　　贷：单位活期存款——××单位信用卡户
　　　　手续费收入——××手续费户

2．个人卡发卡的处理手续

个人申请使用信用卡，应按发卡银行规定，向发卡银行填写申请表，经发卡银行同意后，通知申请人前来办理领卡手续，按规定向其收取备用金和手续费，并填制一联特种转账贷方凭证，作收取手续费贷方凭证。分两种情况处理申请人交存现金的，商业银行收妥后，发给其信用卡。其会计分录为：

借：现金——业务现金——营业现金
　　贷：活期储蓄存款——个人信用卡户
　　　　手续费收入——手续费户

申请人转账存入的，商业银行接到申请人交来的支票及进账单，应按有关个人卡账户资金来源的规定认真审查后，比照单位发卡的有关手续处理。发卡银行在办理信用卡发卡手续时，登记信用卡账户开销户登记簿和发卡清单，并在发卡清单上记载领卡人身份证件号码，并由领卡人签收。

三、信用卡付款的核算

(一)特约单位开户行的核算

特约单位办理信用卡进账时，应填制二联进账单和按发卡银行分别填制三联的汇计单并提交四联的签购单。特约单位开户行收到特约单位送来的二联进账单和三联汇计单及第二、三联签购单，经审查无误后，分不同情况处理如下：

(1) 特约单位与持卡人在同一城市不同银行机构开户和异地跨系统银行发行的信用卡

时，将第二联签购单加盖业务公章连同第三联汇计单向持卡人开户行或特约单位所在地的跨系统发卡银行通汇行提出票据交换，会计分录为：

借：跨行清算资金往来——同城票据清算

贷：其他应付款——同城票据清算——提出户

(2) 未发生退票时，第二联进账单作贷方凭证，第三联进账单加盖转讫章作收账通知交给收款人。会计分录为：

借：其他应付款——同城票据清算——提出户

贷：单位活期存款——××特约单位户

手续费收入科目——××手续费户

特约单位与持卡人不在同一城市同银行机构开户的，会计分录为：

借：存放行内款项——××分户

贷：活期存款——特约单位户

手续费收入——××手续费户

(二)持卡人开户行的核算

持卡人开户行收到同城交换来或联行寄来报单及第二联签购单和第三联汇计单或第二联取现单时，经审查无误后，第二联签购单或取现单作借方传票，第三联汇计单留存。会计分录如下：

借：活期存款——××单位信用卡户(或活期储蓄存款——××个人信用卡户)

贷：跨行清算资金往来——同城票据清算(或存放行内款项——××分户)

持卡人开户行收到签购单，发现持卡人信用卡账户不足支付的，其不足部分另设贷款科目核算。

四、存取现金的核算

(一)同城存取现金的核算

持卡人凭个人卡存入现金的，商业银行经审查无误后压制存款单。存款单一式四联，第一联回单，第二联贷方传票，第三联贷方传票附件，第四联存根。

参加同城票据交换的代理行应填制一联特种转账贷方传票，第一联存款单交持卡人，第三联存款单作附件，第四联存款单留存备查。会计分录如下：

借：现金——业务现金——营业现金

贷：应解汇款——××个人信用卡户

将第二联存款单加盖业务公章向持卡人开户行提出票据交换，另填制一联特种转账借方传票。会计分录如下：

借：应解汇款——××个人信用卡户
　　贷：跨行清算资金往来——同城票据清算

发卡银行收到划来的款项及第二联存款单，会计分录如下：

借：跨行清算资金往来——同城票据清算
　　贷：活期储蓄存款——××个人信用卡户

对持卡人凭个人卡在发卡银行存入现金的，不通过同城票据交换，会计分录如下：

借：现金——业务现金——营业现金
　　贷：应解汇款——××个人信用卡户

借：应解汇款——××个人信用卡户
　　贷：活期储蓄存款——××个人信用卡户

参加同城票据交换的代理行，对持卡人凭个人卡支取现金的，应要求其提交身份证件。审查无误后，在取现单上办理压(刷)卡签字。取现单一式四联，第一联回单，第二联借方传票，第三联贷方传票附件，第四联存根。持卡人取现金额超过规定限额的，应办理索权手续，并将发卡银行所给的授权号填入取现单有关栏目。持卡人凭个人卡支取现金的账务处理与存入现金相反，此不赘述。

(二)异地存取现金的核算

在异地存现金的，比照以上在同一城市存入现金的有关手续处理，联行往来的代理行按规定标准收取手续费，并将第二联存款单加盖转讫章随联行贷方报单寄持卡人开户行，另填制一联特种转账贷方凭证，作收取手续费的贷方传票。会计分录如下：

借：现金——业务现金——营业现金
　　贷：应解汇款——××个人信用卡户

借：应解汇款——××个人信用卡户
　　贷：存放行内款项——××分户
　　　　其他应付款——××手续费户

持卡人开户行收到联行寄来的报单及第二联存款单时，经审查无误后，第二联存款单作贷方传票。会计分录如下：

借：存放行内款项——××分户
　　贷：活期储蓄存款——××个人信用卡户

对持卡人凭个人卡在异地支取现金的账务处理与存入现金相反，此不赘述。

五、信用卡授权的核算

持卡人在同城或异地支取现金或购物消费时，超过规定的支付金额的，应向发卡银行索权。发卡银行收到付现代理行或特约单位的索权通知时,小额支付应作授权记录并根据情况作出相应授权答复;大额支付可根据授权额填制二联特种转账借方传票和二联特种转账贷方传票,将一联特种转账借方传票和一联特种转账贷方传票加盖转讫章作收、付款通知交给持卡人。会计分录如下:

借:活期储蓄存款——××个人信用卡户
(或借:活期存款——××单位信用卡户)
　　贷:保证金——××个人或单位信用卡户

转账后,予以授权。待收到寄来的签购单或取现单后,应以第二联签购单或取现单作借方传票。会计分录如下:

借:保证金——××个人或单位信用卡户
　　贷:存放行内款项——××分户

六、信用卡注销的核算

发卡银行在确认持卡人具备销户条件时,应通知持卡人办理销户手续后收回信用卡。有效卡无法收回时,应予以止付。发卡银行核对账务无误后分个人卡、单位卡进行如下处理。

个人卡销户时,会计分录如下:

借:活期储蓄存款——××个人信用卡户
　　利息支出——××利息支出户
　　贷:现金——业务现金——营业现金(或有关科目)

单位卡销户时,会计分录如下:

借:活期存款——××单位信用卡户
　　利息支出——××利息支出户
　　贷:活期存款——××单位基本存款账户

申请人与持卡人不在同一银行的,应将第三、第四联转账单通过同城票据交换划转申请人的基本存款账户。

第七节　委托收款结算方式的核算

一、委托收款定义

委托收款是收款人委托银行向付款人收取款项的结算方式。单位和个人凭已承兑的商业汇票、债券和存单等付款人债务证明办理款项的结算,均可以使用委托收款结算方式。

委托收款在同城、异地均可以使用。收款人办理委托收款应向商业银行提交托收凭证和有关债务证明。已承兑商业汇票、债券和存单等均可作为委托收款单证。付款人审查有关债务证明后,对收款人委托收取的款项需要拒绝付款的,可以办理拒绝付款,但不可办理部分拒绝付款。

在我国,委托收款与汇兑和托收承付业务并称为支付结算业务的三种结算方式。

委托收款结算涉及收款人、受托行(收款人开户行)、付款人和付款人开户行。根据受托行、付款人开户行是否属于同系统银行机构,款项划回采用不同的结算渠道。其委托收款结算流程如图 5-15 所示。

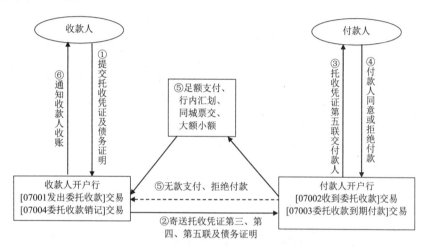

图 5-15　委托收款结算流程图

二、委托收款的有关规定

单位客户办理委托收款业务,原则上只能在收款人开户行办理。收款人办理委托收款必须按规定填写托收凭证,提交有关债务证明文件。托收凭证必须记载下列事项:表明"委托收款"的字样;确定的金额;付款人名称;收款人名称;委托收款凭据名称及附寄单证张数;委托日期;收款人签章;委托收款以银行以外的单位为付款人的,托收凭证必须记载付款人开户银行名称;以银行以外的单位或在银行开立存款账户的个人为收款人的,托收凭证必须记载收款人开户银行名称。欠缺记载上列事项之一的,商业银行不予受理。

债务证明文件包括商业承兑汇票、债券、存单及规定其他的符合委托收款条件的债务证明文件。

委托收款的付款:银行接到寄来的托收凭证及债务证明,审查无误办理付款。以银行为付款人的,银行应在当日将款项主动支付给收款人;以单位为付款人的,商业银行应及时通知付款人,按照有关办法规定,需要将有关债务证明交给付款人的应交给付款人。付款人应在接到通知的当日书面通知银行付款。

按照有关办法规定，付款人未在接到通知日的次日起 3 日内通知银行付款的，视同付款人同意付款，银行应于付款人接到通知日的次日起第 4 日上午开始营业时，将款项划给收款人。

付款人提前收到由其付款的债务证明，应通知银行于债务证明的到期日付款。付款人未于接到通知日的次日起 3 日内通知银行付款，付款人接到通知日的次日起第 4 日在债务证明到期日之前的，银行应于债务证明到期日将款项划给收款人。

银行在办理划款时，付款人存款账户不足支付的，应通过被委托银行向收款人发出未付款项通知书。按照有关办法规定，债务证明留存付款人开户银行的，应将其债务证明连同未付款项通知书邮寄被委托银行转交收款人。

拒绝付款。付款人审查有关债务证明后，对收款人委托收取的款项需要拒绝付款的，可以办理拒绝付款，但不可办理部分拒绝付款。以银行为付款人的，应自收到委托收款及债务证明的次日起 3 日内出具拒绝证明连同有关债务证明、凭证寄给被委托银行转交收款人。以单位为付款人的，应在付款人接到通知日的次日起 3 日内出具拒绝证明，持有债务证明的，应将其送交开户银行。银行将拒绝证明、债务证明和有关凭证一并寄给被委托银行转交收款人。

三、委托收款的处理手续

委托收款结算方式可以分为委托行发起委托收款结算和款项划回核算，付款行收到委托收款和委托收款到期付款等主要环节。

(一)收款人开户行受理委托收款的处理手续

单位客户办理委托收款时，需按规定填写"委托收款凭证"(如表 5-13 所示)一式五联，第一联回单，第二联贷方凭证，第三联借方凭证，第四联收账通知，第五联付款通知。单位客户在第二联盖章后，连同有关债务证明提交收款人开户行。托收日期为收款人向银行提交托收凭证及其他单证的日期。业务类型选择"委托收款"，同城跨行委托收款时汇划类型选择"邮划"，行内与异地选择"电划"。

"托收凭证"必须记载付款人与收款人的全称、账号、开户银行行名、地址、托收金额大小写、款项内容、托收款凭证名称和附寄单证张数。

收款人开户行收到上述凭证后，应按照规定和填写凭证的要求进行认真审查：收款人是否在本行开户的单位，是否凭已承兑商业汇票、债券和存单等付款人债务证明办理委托收款。

审核"托收凭证"的有效性：加盖的印鉴章与该单位预留银行印鉴是否一致；托收凭

证是否是统一规定格式的凭证，要素填写是否齐备，委托日期、收付款人账号、户名及金额等重要事项是否涂改；所附单证种类、数量、金额和号码的张数与托收凭证记载是否相符；委托收取商业汇票款项，托收凭证付款人名称是否填写商业汇票的承兑人名称；委托收取贴现、转贴现商业汇票款项，托收凭证收款人名称栏是否填写贴现、转贴现银行名称。

表 5-13　委托收款凭证(回单)　　第一联

委托日期							年		月		日			委托号码：	
付款人	全称					收款人	全称								
	账号或地址						账号或地址								
	开户银行		行号				开户银行			行号					
金额	人民币(大写)					百	十	万	千	百	十	元	角	分	
款项内容			随寄凭证张数			科目(贷)									
原始凭证名称						对方科目(借)									
备注：		上列委托收款随附有关单证请予办理。银行盖章				会计复核记账									

审核债务证明的有效性：商业汇票是否超过提示付款期限，债券是否规定由异地出售银行兑付，是否已到兑付日，商业汇票背书是否连续。

经办柜员审核无误，在"托收凭证"第一联(回单联)上，加盖经办员名章和业务受理章返还客户。将第二联凭证专夹保管，并登记发出委托收款凭证登记簿。将第三联凭证加盖带有联行行号的结算专用章，连同第四、第五联凭证及有关债务证明，一并寄交付款人开户行。

打印"业务收费凭证"(如表 5-14 所示)(一式三联)。第一联借方凭证，第二联贷方凭证，第三联回单。

表 5-14　业务收费凭证格式

中国××银行业务收费凭证(贷方凭证)　　第一联

付款人		账号	
费率种类	单价	数量	合计金额
金额(大写)			
付款方式		科目(贷)	
备注		对方科目(借)	

1. 通过现金收取手续费和邮电费

通过现金收取手续费和邮电费，打印"业务收费凭证"，会计分录为：

借：现金——业务现金——营业现金
　　贷：结算业务收入——委托收款业务收入
　　　　结算业务收入——邮电费收入

2. 转账收取手续费和邮电费

转账收取手续费和邮电费，会计分录为：

借：单位活期存款——××委托收款人户
　　贷：结算业务收入——委托收款业务收入
　　　　结算业务收入——邮电费收入

发出委托收款，记表外科目：

收：发出委托收款

(二)付款人开户行收到委托收款托收凭证的处理手续

付款人开户行收到收款人开户行寄来的托收凭证第三、第四、第五联及债务证明后，应认真审查以下内容。

(1) 审查托收凭证的有效性：付款人是否在本行开户；托收凭证是否为统一规定格式的凭证，必须记载的各项内容是否齐全，是否符合填写凭证的要求，第三联是否加盖有联行行号的"结算专用章"；所附单证种类、数量、金额、号码张数与托收凭证记载是否相符。

(2) 审查债务证明的有效性：商业汇票是否超过提示付款期限，债券是否规定由异地出售银行兑付，是否已到兑付日，商业汇票背书是否连续。

审核无误，经办柜员在"托收凭证"第五联上，加盖经办员名章，注明收到日期，根据第三、第四联委托收款凭证登记"收到委托收款登记簿"，记录票据托收编号、收付款人、登记日期和提示付款日期等信息；将第三、第四联委托收款凭证以及商业汇票或按规定需要留存付款人开户行的有关债务证明一并专夹保管；将第五联委托收款凭证加盖"业务用公章"及时交给付款人，并由付款人签收；按照有关规定需要将有关债务证明交给付款人的，应将加盖"业务用公章"的第五联委托收款凭证，连同有关债务证明一并及时交付款人，并由付款人签收。

(三)付款人开户行委托收款到期付款的处理手续

商业银行接到付款人的付款通知书或银行未接到付款人付款通知书，在付款人签收日的次日起第 4 天上午开始营业时，付款人账户足够支付全部款项的，第三联委托收款凭证作借方凭证，如留存债务证明的，其债务证明和付款通知书作借方凭证附件。

经办柜员根据"收到委托收款到期清单"记录的交易信息，调用委托收款到期付款交易对委托收款行付款。

付款人账户足够支付款项的，承付方式选择"全额付款"；付款人账户余额不足支付的，承付方式选择"无款支付"；付款人拒绝付款的，承付方式选择"拒绝付款"。该交易经复核成功后，系统自动核销"收到委托收款登记簿"的收到委托收款记录。

付款人开户行根据委托收款行是否为本系统银行和是否为同城银行情况，可分别通过行内汇划、同城交换、小额批量和大额实时渠道解付托收款项。

(1) 托收行为本系统异地银行的，选择行内汇划渠道解付托收款，第三联委托收款凭证作借方凭证，如留存债务证明的，其债务证明和付款通知书作借方凭证附件，会计分录为：

借：单位活期存款——××债务人户
　　贷：存放行内款项——××分户

同时，系统自动登记"收到委托收款登记簿"，核销托收款项。

(2) 托收行为跨系统本地银行的，选择同城票据交换提出方式将第四联托收凭证提出交换支付托收款，第三联委托收款凭证作借方凭证，如留存债务证明的，其债务证明和付款通知书作借方凭证附件，会计分录为：

借：单位活期存款——××债务人户
　　贷：跨行清算资金往来——同城票据清算

同时，系统自动登记"收到委托收款登记簿"，核销托收款项。

(3) 托收行为跨系统异地银行的，选择小额批量和大额实时解付托收款项，第三联委托收款凭证作借方凭证，如留存债务证明的，其债务证明和付款通知书作借方凭证附件。

借：单位活期存款——××债务人户
　　贷：存放行内款项

同时，系统自动登记"收到委托收款登记簿"，核销托收款项。

银行在办理划款时，付款人账户不足支付全部款项的，承付方式选择"无款支付"，银行在委托收款凭证和"收到委托收款凭证登记簿"上注明退回日期和"无款支付"字样，并填制三联付款人未付款项通知书(用异地结算通知书代)，将第一联通知书和第三联委托收款凭证留存备查，将第二、第三联通知书连同第四联委托收款凭证邮寄收款人开户行。留存债务证明的，其债务证明一并邮寄收款人开户行。

付款人为单位的，银行在付款人签收日的次日起 3 天内，收到付款人填制的四联拒绝付款理由书以及付款人持有的债务证明和第五联委托收款凭证，经核对无误后，承付方式选择"拒绝付款"，在委托收款凭证和"收到委托收款凭证登记簿"备注栏注明"拒绝付款"字样。然后将第一联拒付理由书加盖业务公章作为回单退还付款人，将第二联拒付理由书连同第三联委托收款凭证一并留存备查，将第三、第四联拒付理由书连同付款人提交或本行留存的债务证明和第四、第五联委托收款凭证一并寄收款人开户行。

(四)收款人开户行受理委托收款收回销记的处理手续

全款划回时,付款人开户行通过行内汇划、大额实时、小额批量等途径汇划款项的,收款人开户行打印一式两联"汇款来账专用凭证"。付款人开户行通过同城提出汇划款项的,收款人开户行同城提入第四联托收凭证,经办柜员应将其与留存的第二联托收凭证进行核对。核对无误后,在有关凭证上填注转账日期。

无款支付时,经办柜员收到第四联委托收款凭证和第二、第三联付款人"未付款项通知书"以及有关债务证明,抽出第二联托收凭证,并在该联凭证备注栏注明"无款支付"字样。

拒绝付款时,经办柜员收到第四、第五联托收凭证及有关债务证明和第三、第四联"拒绝付款理由书",经核对无误后,抽出第二联委托收款凭证,并在该联凭证备注栏注明"拒绝付款"字样。

经办柜员调用委托收款销记交易,准确录入票据托收编号,选择收回方式,根据具体收回方式准确录入相关要素。

(1) 全款划回时,付款人开户行通过行内汇划、大额实时、小额批量等渠道汇划款项的,经办柜员将第一联"汇款来账专用凭证"作贷方记账凭证,第二联托收凭证作贷方记账凭证附件,汇款来账专用凭证第二联加盖"转讫章"作收账通知交收款人。会计分录为:

借:存放行内款项——××分户
　　贷:单位活期存款——××委托收款人户

系统自动销记"发出委托收款登记簿",记录"收回方式、划回日期",处理记录自动改为"已处理"状态。

(2) 通过同城票据交换提出方式提入委托收款第四联托收凭证的,将第二联托收凭证作贷方记账凭证,第四联托收凭证加盖"转讫章"后作收账通知交收款人。会计分录为:

借:跨行清算资金往来——同城票据清算
　　贷:单位活期存款——××委托收款人户

(3) 无款支付时,经办柜员将第四联托收凭证和第二联"未付款项通知书"以及收到的债务证明退给收款人。柜员将经收款人签收后的第三联"未付款项通知书"连同第二联托收凭证一并保管备查。

(4) 拒绝付款时,经办柜员将第四、第五联托收凭证及有关债务证明和第四联拒付理由书一并退给收款人。经办柜员将经收款人签收后的第三联拒付理由书连同第二联托收凭证一并保管备查。

第八节 汇兑结算方式的核算

一、汇兑定义

汇兑是汇款人委托银行将其款项支付给收款人的结算方式。汇兑业务不分同城(同一票据交换区域)和异地,无论金额大小;无论单位和个人的各种款项的结算,均可使用汇兑结算方式。在我国,汇兑与委托收款和托收承付业务并称为支付结算业务的三种结算方式。汇兑处理流程如图 5-16 所示。

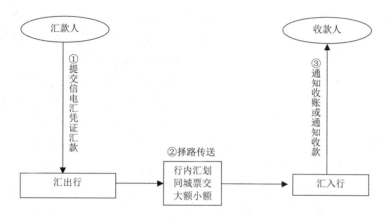

图 5-16 汇兑处理流程

汇兑业务特点是:客户主动付款、汇款金额确定、有明确的收款人、必须在柜台办理。

公司业务系统根据客户各种汇划款项的不同需求,提供了多种汇划渠道,主要包括:行内汇划、大额实时、小额批量和同城交换渠道。

其中行内汇划和大额实时、小额批量的基层处理手续基本一致,对于中国邮政储蓄银行而言,其区别主要是汇划信息的传递途径、汇划金额的大小和时限有所不同。行内汇划最高清算机关为总行,大额实时和小额批量渠道也在总行与中国人民银行进行信息交换和业务清算,对于基层乃至省级分行其业务处理的程序和会计分录全部一致。因此基层行受理汇兑业务只是根据汇入银行所在地、汇款金额的大小、时限的要求和资费的高低,进行行内汇划、大额实时和小额批量的不同选择。同城交换渠道只适用于同一票据交换区域的信汇业务,而且信汇业务也只适用于同一票据交换区域。

汇兑分为信汇和电汇两种方式。当收款人在本地,汇划渠道为同城交换时,选择信汇方式,需填写"信汇凭证";当收款人在异地,汇划渠道为行内汇划、大额实时或小额批量时,选择电汇方式,需填写"电汇凭证"。

二、汇兑的有关规定

行内汇划业务收费标准：汇划金额在 1 万元以下(含 1 万元)每笔收取 5 元，1 万元以上至 10 万元每笔收取 10 元，10 万元以上至 50 万元每笔收取 15 元，50 万元以上至 100 万元每笔收取 20 元，100 万元以上每笔按汇划金额的万分之零点二收取，最高不超过 200 元。汇划财政金库、救灾和抚恤金等款项免收电子汇划费。汇划职工工资、退休金和养老金等，每笔收取 2 元。未在本行开立结算户的个人办理汇款时，5000 元以下的汇款按汇款金额 1%收取，5000 元(含)以上，按每笔 50 元收取。单位主动查询和退汇手续费每笔均为 0.5 元。

单位客户办理汇兑汇出业务，原则上只能在付款人开户行办理。在付款人开户行以外的中间行办理汇兑汇出业务的，可比照通存通兑业务管理规定执行。单位客户不得直接以现金方式汇款，必须将现金存入账户，再办理汇款业务。当收款人为个人结算账户时，必须审查所汇款项是否符合有关现金管理规定。单位从其银行结算账户支付给个人银行结算账户的款项，每笔超过 5 万元的，应向其开户银行提供下列付款依据：代发工资协议和收款人清单；奖励证明；新闻出版、演出主办等单位与收款人签订的劳务合同或支付给个人款项的证明；证券公司、期货公司、信托投资公司、奖券发行或承销部门支付或退还给自然人款项的证明；债权或产权转让协议；借款合同；保险公司的证明；税收征管部门的证明；农、副、矿产品购销合同；其他合法款项的证明。从单位银行结算账户支付给个人银行结算账户的款项应纳税的，税收代扣单位付款时应向其开户银行提供完税证明。转账支付的，应由原收款人向银行填制支款凭证，并由本人交验其身份证件办理支付款项。该账户的款项只能转入单位或个体工商户的存款账户，严禁转入储蓄和信用卡账户。

汇兑凭证上记载收款人为个人的，收款人需要到汇入银行领取汇款，汇款人应在汇兑凭证上注明"留行待取"字样；留行待取的汇款，需要指定单位的收款人领取汇款的，应注明收款人的单位名称；信汇凭收款人签章支取的，应在信汇凭证上预留其签章。汇款人确定不得转汇的，应在汇兑凭证备注栏注明"不得转汇"字样。

汇款人和收款人均为个人，需要在汇入银行支取现金的，应在信、电汇凭证的"汇款金额"大写栏，先填写"现金"字样，后填写汇款金额。汇出银行受理汇款人签发的汇兑凭证，经审查无误后，应及时向汇入银行办理汇款，并向汇款人签发汇款回单。

汇款回单只能作为汇出银行受理汇款的依据，不能作为该笔汇款已转入收款人账户的证明。

汇入银行对开立存款账户的收款人，应将汇给其的款项直接转入收款人账户，并向其发出收账通知。收账通知是银行将款项确已收入收款人账户的凭据。

未在银行开立存款账户的收款人，凭信汇、电汇的取款通知或"留行待取"的，向汇入银行支取款项，必须交验本人的身份证件，在信汇、电汇凭证上注明证件名称、号码及发证机关,并在"收款人签盖章"处签章;信汇凭签章支取的,收款人的签章必须与预留信汇凭证上的签章相符。银行审查无误后,以收款人的姓名开立应解汇款及临时存款账户,该账户只付不收,付完清户,不计付利息。

支取现金的,信、电汇凭证上必须有按规定填明的"现金"字样才能办理。未填明"现金"字样,需要支取现金的,由汇入银行按照国家现金管理规定审查支付。

收款人需要委托他人向汇入银行支取款项的,应在取款通知上签章,注明本人身份证件名称、号码、发证机关和"代理"字样以及代理人姓名。代理人代理取款时,也应在取款通知上签章,注明其身份证件名称、号码及发证机关,并同时交验代理人和被代理人的身份证件。

转汇的,应由原收款人向银行填制信、电汇凭证,并由本人交验其身份证件。转汇的收款人必须是原收款人。原汇入银行必须在信、电汇凭证上加盖"转汇"戳记。

汇款人对汇出银行尚未汇出的款项可以申请撤销。申请撤销时,应出具正式函件或本人身份证及原信汇、电汇回单。汇出银行查明确未汇出款项的,收回原信汇、电汇回单,方可办理撤销。

汇款人对汇出银行已汇出的款项可以申请退汇。款项已入账的,由汇款人与收款人自行联系退汇;款项尚未入账的,汇款人应出具正式函件或本人身份证及原信汇、电汇回单,由汇出银行通知汇入行,经汇入行核实汇款确未支付,并将款项退回汇出银行的,方可办理退汇。

汇入银行对于无法交付的汇款,应及时主动办理退汇。

转汇银行不得受理汇款人或汇出银行对汇款的撤销或退汇。

汇入银行对于收款人拒绝接受的汇款,应立即办理退汇。汇入银行对于向收款人发出取款通知,经过两个月无法交付的汇款,应主动办理退汇。

对公司客户使用的信汇凭证和电汇凭证均作为重要空白凭证进行管理,对个人客户使用的信汇凭证和电汇凭证作为普通凭证进行管理。

三、汇出行的处理手续

单位客户不得直接办理现金汇款,交易类别只能选择转账,如果单位客户持现金办理业务则需要先存入其账户。

行内汇兑往账业务,指客户委托银行将款项通过行内汇划渠道汇往行内其他分支机构的收款人账户。根据交易类别不同,可分为单位转账汇款和个人现金汇款。

1. 单位转账汇款

单位客户办理行内的汇款业务时,需购买和填写"电汇凭证"(如表 5-15 所示)一式三联,第一联回单;第二联借方凭证,用于汇出行借记汇款人账户;第三联贷方凭证,用于汇出行与上级结算的依据。并购买和填写"业务收费凭证"一式三联,第一联借方凭证,第二联贷方凭证,第三联回单。

当汇款人委托银行办理信汇时,应向银行填制一式四联信汇凭证,第一联是回单,转账后,第一联信汇凭证作为回单退回汇款单位;第二联是借方凭证,用于汇出行借记汇款人账户;第三联为贷方凭证,汇出行账务处理完毕后;第三联信汇凭证加盖联行专用章后,与第四联随同联行邮划贷方报单寄汇入行;第四联信汇凭证是收账通知或代取款据,汇入行为收款人收账后,加盖转讫章,作收账通知交给收款人。

签发汇兑凭证必须记载下列事项:确定的金额、收款人名称、汇款人名称、汇入地点、汇入行名称、汇出地点、汇出行名称、委托日期和汇款人签章。汇款人和收款人在银行开立存款账户的,必须记载其账号。委托日期是指汇款人向汇出银行提交汇兑凭证的当日。单位客户必须加盖预留印鉴后提交开户银行。如为约定凭支付密码支取款项的,需在汇兑凭证上记载支付密码。

表 5-15 中国××银行电汇凭证(回单) 第一联

委托日期				年 月 日						第 号		
汇款人	全 称				收款人	全 称						
	账号或地址					账号或地址						
	汇出地点		汇出行名称			汇入地点				汇入行名称		
金额	人民币(大写)						千	百	十 万 千	百	十 元	角 分
汇款用途: 上列款项已根据委托办理,如需查询,请持此联来面洽						汇出行盖章						
单位主管 会计 复核 记账						年 月 日						

经办柜员审核无误后,将"电汇凭证"(第一联)和"业务收费凭证"(第三联)作为回单返还客户;"电汇凭证"(第二、第三联)和"业务收费凭证"(第一、第二联)作为"内部通用凭证"的附件,按业务档案顺序由经办柜员顺序保管。

跨机构业务系统自动清算资金,本机构会计分录如下。

(1) 按规定标准收取手续费与汇划费时,会计分录为:

借:单位活期存款——××汇款人户
  贷:结算业务收入——对公汇兑业务收入
    结算业务收入——行内汇划业务收入

(2) 当收款人在本行开户时,会计分录为:

借：单位活期存款——××汇款人户
　　贷：单位活期存款——××收款人户

(3) 当收款人在异地本系统银行选择汇划渠道为行内汇划时，汇出行会计分录为：

借：单位活期存款——××汇款人户
　　贷：存放行内款项——资金清算

(4) 汇出行的省中心对于汇出行选择行内汇划渠道办理汇兑业务，根据收款人开户行是否属于本省所辖进行如下处理。

① 收款人开户行属于本省所辖的，会计分录为：

借：行内存放款项——汇出行分户
　　贷：行内存放款项——汇入行分户

② 收款人开户行不属于本省所辖的，将汇款清算信息发送总行，并与所属及总行清算，会计分录为：

借：行内存放款项——汇出行分户
　　贷：存放行内款项

③ 当收款人在异地跨系统银行，汇出行选择小额批量渠道时，省中心将汇兑清算信息发送中国人民银行城市处理中心，并与汇出行及中国人民银行城市处理中心清算，会计分录为：

借：行内存放款项——汇出行分户
　　贷：待清算支付款项

④ 当收款人在异地跨系统银行，汇出行选择大额实时渠道时，省中心将汇兑清算信息发送中国人民银行城市处理中心，并与汇出行及中国人民银行城市处理中心清算，会计分录为：

借：行内存放款项——汇出行分户
　　贷：存放中央银行款项

(5) 本系统总行对于辖属省中心发生的汇兑业务，为两省中心进行清算，会计分录为：

借：行内存放款项——汇出省中心户
　　贷：行内存放款项——汇入省中心户

(6) 当收款人在本地跨系统银行时，汇款人使用信汇方式，第三联信汇凭证加盖专用章后与第四联收账通知提出交换。会计分录为：

借：单位活期存款——××汇款人户
　　贷：跨行清算资金往来——同城票据清算

2. 个人现金汇款

个人客户通过公司业务系统办理汇款业务时，目前只能持现金办理，交易类别只能选择转账,即个人客户只能持现金汇款。

个人客户填写的电汇凭证作为非重要空白凭证,可以直接给客户填写,无须出售。

个人客户持现金办理行内汇款业务时,需填写"电汇凭证"(一式三联)和"业务收费凭证"(一式三联)。个人客户汇款需出示本人身份证件,如果为代理他人汇款需同时出示被代理人的身份证件,并在"电汇凭证"第二联背面注明付款人身份证件号码和联系电话。

经办柜员在"电汇凭证"(共三联)和"业务收费凭证"(共三联)上,加盖现金讫章,无须加盖转讫章。

(1) 生成现金销账编号,会计分录为:

借:现金——业务现金——营业现金

　　贷:应解汇款

(2) 发送出汇款信息,会计分录为:

借:应解汇款

　　贷:存放行内款项——资金清算

(3) 收取现金汇款手续费

借:应解汇款——××收款人户

　　贷:结算业务收入——对公汇兑业务收入

四、汇入行的处理手续

行内汇兑来账业务,指从行内其他分支机构汇往本机构收款人账户的汇款业务。根据来账的账号和户名是否与本机构开户客户的账号和户名一致,可分为自动入账的行内来账和不能自动入账的行内来账两种处理方式。收款人为客户类账户(含行内其他系统开立的内部账户)的,打印来账凭证,在来账凭证第二联加盖转讫章交客户作为回单,第一联加盖转讫章后附在表外付出凭证后作为重空销号的依据。收款人为内部账户的,在来账凭证第一联加盖转讫章、第二联加盖附件章,两联凭证一并附在表外付出凭证后作为重空销号的依据。来账凭证打印完之后,需要在系统内操作凭证使用登记,把使用过的重要空白凭证进行登记销号。

(1) 账号和户名相符的行内汇划,大额实时和小额批量来账业务,系统自动入账。会计分录为:

借:存放行内款项——资金清算

　　贷:单位活期存款——××收款人户

(2) 汇入行对于通过同城票据交换提入的第四联收账通知加盖转讫章后通知收款人,第三联信汇凭证做贷方凭证。

借:跨行清算资金往来——同城票据清算

　　贷:单位活期存款——××收款人户

(3) 账号和户名不相符的行内来账业务，系统自动挂账。经查询确认后，做手工入账处理或退汇处理。会计分录为：

① 行内汇划来账挂账，会计分录为：

借：存放行内款项——资金清算

　　贷：其他应付款——待处理汇划款项——行内汇划应付结算款

② 对来账挂账的业务，经审查可以采用手工入账的进行手工入账操作，会计分录为：

借：其他应付款——待处理汇划款项——行内汇划应付结算款

　　贷：单位活期存款——××收款人户

(4) 对于收款人账号和户名不符，或因收款人已销户或收款人拒绝接收等情况时，汇入机构需对行内汇兑来账进行主动退汇处理；对于已经入客户账的行内来账，仅当收款人要求或确认可以退汇时才可办理退汇，经综合主管授权。退汇时会计分录为：

借：其他应付款——待处理汇划款项——行内汇划应付结算款

　　贷：存放行内款项——××分户

退汇时系统联动汇款人账户，会计分录为：

借：存放行内款项——××分户

　　贷：单位活期存款——××汇款人户

汇款人对本行汇出机构已经汇出的款项可以申请退回。款项已入账的汇款，由汇款人自行与收款人联系退汇；款项未入账，汇款人可持正式函件或本人身份证件以及原"电汇凭证"，向本行汇出机构申请办理退回汇款。

本行汇出机构向行内汇入机构发出退回请求，汇入机构经核实汇款确未支付的，向汇出机构发出退回应答，并作汇款退汇处理后，将款项退还汇出机构。

由客户申请的退回业务，须向客户收取手续费，作前述手续费收取交易。

第九节　托收承付结算方式的核算

一、托收承付的定义

托收承付是根据购销合同由收款人发货后委托银行向异地付款人收取款项，由付款人向银行承认付款的结算方式。托收承付流程如图 5-17 所示。

托收承付比普通委托收款适用范围更窄，对使用对象要求更高，对于托收、承付、逾期付款、拒绝付款、重办托收和违规处罚均有严格规定。

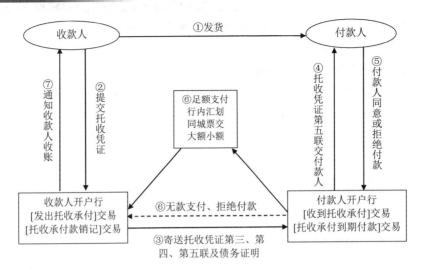

图 5-17　托收承付流程

二、托收承付的有关规定

1．托收承付结算方式使用主体的规定

使用托收承付结算方式的收款单位和付款单位，必须是国有企业、供销合作社以及经营管理较好，并经开户银行审查同意的城乡集体所有制工业企业。收付双方办理托收承付结算，必须重合同、守信用。收款人对同一付款人发货托收累计 3 次收不回货款的，收款人开户银行应暂停收款人向该付款人办理托收；付款人累计 3 次提出无理拒付的，付款人开户银行应暂停其向外办理托收。

2．托收承付结算方式使用限制规定

办理托收承付结算的款项，必须是商品交易，以及因商品交易而产生的劳务供应的款项。代销、寄销、赊销商品的款项，不得办理托收承付结算。收付双方使用托收承付结算必须签有符合《经济合同法》的购销合同，并在合同上订明使用托收承付结算方式。托收承付结算每笔的金额起点为 10 000 元。新华书店系统每笔的金额起点为 1000 元。

收款人办理托收，必须具有商品确已发运的证件，包括铁路、航运、公路等运输部门签发运单、运单副本和邮寄包裹回执。

3．办理托收的规定

收款人按照签订的购销合同发货后，委托银行办理托收。收款人应将托收凭证并附发运证件或其他符合托收承付结算的有关证明和交易单证送交银行。收款人如需取回发运证件，银行应在托收凭证上加盖"已验发运证件"戳记。

收款人开户银行接到托收凭证及其附件后，应当按照托收的范围、条件和托收凭证记载的要求认真进行审查，必要时，还应查验收付款人签订的购销合同。凡不符合要求或违反购销合同发货的，不能办理。审查时间最长不得超过次日。

4．承付的规定

付款人开户银行收到托收凭证及其附件后，应当及时通知付款人。通知的方法，可以根据具体情况与付款人签订协议，采取付款人来行自取、派人送达、对距离较远的付款人邮寄等。付款人应在承付期内审查核对，安排资金。

承付货款分为验单付款和验货付款两种，由收付双方商量选用，并在合同中明确规定。验单付款的承付期为3天，从付款人开户银行发出承付通知的次日算起(承付期内遇法定休假日顺延)，付款人在承付期内，未向银行表示拒绝付款，银行即视作承付，并在承付期满的次日(法定休假日顺延)上午银行开始营业时，将款项主动从付款人的账户内付出，按照收款人指定的划款方式，划给收款人；验货付款的承付期为10天，从运输部门向付款人发出提货通知的次日算起，对收付双方在合同中明确规定，并在托收凭证上注明验货付款期限的，商业银行从其规定。

付款人收到提货通知后，应即向银行交验提货通知。付款人在银行发出承付通知的次日起10天内，未收到提货通知的，应在第10天将货物尚未到达的情况通知银行。在第10天付款人没有通知银行的，银行即视作已经验货，于10天期满的次日上午银行开始营业时，将款项划给收款人；在第10天付款人通知银行货物未到，而以后收到提货通知没有及时送交银行，银行仍按10天期满的次日作为划款日期，并按超过的天数，计扣逾期付款赔偿金。

采用验货付款的，收款人必须在托收凭证上加盖明显的"验货付款"字样戳记。托收凭证未注明验货付款，经付款人提出合同证明是验货付款的，商业银行可按验货付款处理。

不论验单付款还是验货付款，付款人都可以在承付期内提前向银行表示承付，并通知银行提前付款，银行应立即办理划款；因商品的价格、数量或金额变动，付款人应多承付款项的，须在承付期内向银行提出书面通知，银行据以随同当次托收款项划给收款人。

付款人不得在承付货款中，扣抵其他款项或以前托收的货款。

5．付款人逾期付款的规定

付款人在承付期满日银行营业终了时，如无足够资金支付，其不足部分，即为逾期未付款项，按逾期付款处理。

付款人开户银行对付款人逾期支付的款项，应当根据逾期付款金额和逾期天数，按每天万分之五计算逾期付款赔偿金。逾期付款天数从承付期满日算起。承付期满日银行营业终了时，付款人如无足够资金支付，其不足部分，应当算作逾期一天，计算一天的赔偿金。在承付期满的次日(遇法定休假日，逾期付款赔偿金的天数计算相应顺延，但在以后遇法定休假日应当纳入逾期天数)银行营业终了时，仍无足够资金支付，其不足部分，应当算作逾期两天，计算两天的赔偿金，以此类推。

银行审查拒绝付款期间，不能算作付款人逾期付款，但对无理的拒绝付款，而增加银行审查时间的，应从承付期满日起计算逾期付款赔偿金。

6. 付款人逾期付款赔偿金的计扣规定

赔偿金实行定期扣付，每月计算一次，于次月 3 日内单独划给收款人。在月内有部分付款的，其赔偿金随同部分支付的款项划给收款人，对尚未支付的款项，月终再计算赔偿金，于次月 3 日内划给收款人；次月又有部分付款时，从当月 1 日起计算赔偿金，随同部分支付的款项划给收款人，对尚未支付的款项，从当月 1 日起至月终再计算赔偿金，于第 3 月 3 日内划给收款人。第 3 月仍有部分付款的，按照上述方法计扣赔偿金。

赔偿金的扣付列为企业销货收入扣款顺序的首位。付款人账户余额不足全额支付时，应排列在工资之前，并对该账户采取"只收不付"的控制办法，待一次足额扣付赔偿金后，才准予办理其他款项的支付。因此而产生的经济后果，由付款人自行负责。

付款人开户银行对付款人逾期未能付款的情况，应当及时通知收款人开户银行，由其转告收款人。

付款人开户银行要随时掌握付款人账户逾期未付的资金情况，待账户有款时，必须将逾期未付款项和应付的赔偿金及时扣划给收款人，不得拖延。在各单位的流动资金账户内扣付贷款，要严格按照国务院关于国营企业销货收入扣款顺序的规定(即从企业销货收入中预留工资后，按照应缴纳税款、到期贷款、应偿付货款和应上缴利润的顺序)扣款；同类性质的款项按照应付时间的先后顺序扣款。

7. 对不执行合同规定拖欠货款的付款人的处置

付款人开户银行对不执行合同规定、三次拖欠货款的付款人，应当通知收款人开户银行转知收款人，停止对该付款人办理托收。收款人不听劝告，继续对该付款人办理托收的，付款人开户银行对发出通知的次日起 1 个月之后收到的托收凭证，可以拒绝受理，注明理由，原件退回。

付款人开户银行对逾期未付的托收凭证，负责进行扣款的期限为 3 个月(从承付期满日算起)。在此期限内，银行必须按照扣款顺序陆续扣款。期满时，付款人仍无足够资金支付该笔尚未付清的欠款，银行应于次日通知付款人将有关交易单证(单证已做账务处理或已部分支付的，可以填制应付款项证明单)在 2 日内退回银行。银行将有关结算凭证连同交易单证或应付款项证明单退回收款人开户银行转交收款人，并将应付的赔偿金划给收款人。

对付款人逾期不退回单证的，开户银行应当自发出通知的第 3 天起，按照该笔尚未付清欠款的金额，每天处以万分之五但不低于 50 元的罚款，并暂停付款人向外办理结算业务，直到退回单证时止。

8. 付款人拒绝付款的规定

对下列情况，付款人在承付期内，可向银行提出全部或部分拒绝付款：没有签订购销合同或购销合同未订明托收承付结算方式的款项；未经双方事先达成协议，收款人提前交货或因逾期交货付款人不再需要该项货物的款项；未按合同规定的到货地址发货的款项；代销、寄销、赊销商品的款项；验单付款，发现所列货物的品种、规格、数量、价格与合同规定不符，或货物已到，经查验货物与合同规定或发货清单不符的款项；验货付款，经查验货物与合同规定或与发货清单不符的款项；货款已经支付或计算有错误的款项。

不属于上述情况的，付款人不得向银行提出拒绝付款。

外贸部门托收进口商品的款项，在承付期内，订货部门除因商品的质量问题不能提出拒绝付款，应当另行向外贸部门提出索赔外，属于上述其他情况，可以向银行提出全部或部分拒绝付款。

付款人对以上情况提出拒绝付款时，必须填写"拒绝付款理由书"并签章，注明拒绝付款理由，涉及合同的应引证合同上的有关条款。属于商品质量问题，需要提出商品检验部门的检验证明；属于商品数量问题，需要提出数量问题的证明及其有关数量的记录；属于外贸部门进口商品，应当提出国家商品检验或运输等部门出具的证明。

开户银行必须认真审查拒绝付款理由，查验合同。对于付款人提出拒绝付款的手续不全、依据不足、理由不符合规定和不属于本条 7 种拒绝付款情况的，以及超过承付期拒付和应当部分拒付提为全部拒付的，银行均不得受理，应实行强制扣款。

对于军品的拒绝付款，银行不审查拒绝付款理由。

银行同意部分或全部拒绝付款的，应在拒绝付款理由书上签注意见。部分拒绝付款，除办理部分付款外，应将拒绝付款理由书连同拒付证明和拒付商品清单邮寄收款人开户银行转交收款人。全部拒绝付款，应将拒绝付款理由书连同拒付证明和有关单证邮寄收款人开户银行转交收款人。

9. 遭拒付后重办托收的规定

收款人对被无理拒绝付款的托收款项，在收到退回的结算凭证及其所附单证后，需要委托银行重办托收，应当填写四联"重办托收理由书"，将其中三联连同购销合同、有关证据和退回的原托收凭证及交易单证，一并送交银行。经开户银行审查确属无理拒绝付款的，可以重办托收。

收款人开户银行对逾期尚未划回，又未收到付款人开户银行寄来逾期付款通知或拒绝付款理由书的托收款项，应当及时发出查询。付款人开户银行要积极查明，及时答复。

付款人提出的拒绝付款，银行按照本办法规定审查无法判明是非的，应由收付双方自行协商处理，或向仲裁机关、人民法院申请调解或裁决。

10. 未经开户银行批准使用托收承付结算方式的处置

未经开户银行批准使用托收承付结算方式的城乡集体所有制工业企业，收款人开户银行不得受理其办理托收；付款人开户银行对其承付的款项应按规定支付款项外，还要对该付款人按结算金额处以 5%罚款。

11. 签发托收承付凭证必须记载下列事项

表明"托收承付"的字样、确定的金额、付款人名称及账号、收款人名称及账号、付款人开户银行名称、收款人开户银行名称、托收附寄单证张数或册数、合同名称、号码、委托日期、收款人签章。托收承付凭证上欠缺记载上列事项之一的，银行不予受理。

三、托收行受理托收承付的处理手续

单位客户办理托收承付业务，需按规定填写托收承付凭证（如表 5-16 所示），托收承付凭证一式五联，第一联回单，第二联贷方凭证，第三联借方凭证，第四联收账通知，第五联承付通知。在第二联盖章后，连同有关发运证明与其他单证提交收款人开户行。

表 5-16　托收承付凭证(承付/支款通知)　　第五联　　　　第　号

委托日期			年	月	日		托收号码：						
付款人	全　　称					收款人	全　　称						
	账号或地址						账　　号						
	开户银行						开户银行						
托收金额	人民币(大写)		千	百	十	万	千	百	十	元	角	分
附　件	商品发运情况	合同名称号码											
附件单证张数	已发运												
备注：	付款人注意：												
单位主管　　会计　　复核　　记账　　付款人开户银行盖章　　　月　日													

托收日期为收款人向银行提交托收凭证及其他单证的日期，业务类型选择"托收承付"。必须记载付款人与收款人的全称、账号、开户银行行名、地址、托收金额大小写、款项内容、托收款凭证名称、附寄单证张数、商品发运情况和合同名称号码。

柜员收到客户提交的一式五联托收凭证和有关单证后，应认真审查以下内容(审查时间不得超过次日);办理托收承付的收款单位是否经本行审查同意;托收款项是否符合支付结算办法规定的范围、条件、金额起点以及其他有关规定;有无商品确已发运的证件。如提供的证件需要取回的,收款人在托收凭证上注明"发运日期"和"发运号码",对提供发运证件有困难的,要审查其是否符合托收承付结算方式规定的其他条件;托收凭证必须记载的各项内容是否齐全和符合填写凭证的要求;托收凭证与所附单证的张数是否相符;第二联托收凭证上是否有收款人签章,其签章是否符合规定。必要时,还应查验收付款人签订的购销合同。

经办柜员操作发出托收承付交易,准确录入发出托收承付的有关信息生成票据托收编号,收取托收承付手续费,打印"业务收费凭证"(一式三联)。第一联借方凭证,第二联贷方凭证、第三联回单。系统自动登记"发出托收承付登记簿"(如表 5-17 所示),记录票据托收编号、收付款人、托收日期和托收承付金额等信息,此时处理记录为"未核销"状态。

表5-17　中国××银行发出托收承付(委托收款)登记簿

账别:

日期	凭证种类	凭证号码	托收单位		承付单位			托收金额	经办	处理记录	
			户名	账号	户名	账号	开户行			日期	摘要

营业机构　　　　　　　　　　　　　　　　　　　　　　打印

第一联托收凭证加盖业务公章连同"业务收费凭证",第三联回单退给收款人。对收款人向银行提交发运证件需要带回保管或自寄的,应在各联凭证和发运证件上加盖"已验发运证件"戳记,然后将发运证件退给收款人。

凭第二联托收凭证登记发出托收结算凭证登记簿(以下简称登记簿)后专夹保管。

将第三、第四、第五联托收凭证(均在第三联上加盖结算专用章)连同交易单证,一并寄交付款人开户行。

(1) 现金收托收手续费和邮电费,会计分录为:

借:现金——业务现金——营业现金
　　贷:结算业务收入——托收承付业务收入
　　贷:结算业务收入——邮电费收入

(2) 转账收托收手续费和邮电费,会计分录为:

借:单位活期存款——××委托收款人户
　　贷:结算业务收入——托收承付业务收入
　　贷:结算业务收入——邮电费收入

四、承付行的收到托收承付业务的处理手续

付款人开户行收到收款人开户行寄来的托收凭证第三、第四、第五联及交易单证后,应审查付款人是否在本行开户,是否经本行批准可以办理托收承付单位,所附单证的张数与凭证的记载是否相符。第三联凭证上是否盖收款人开户行"结算专用章"。审查无误后,在凭证上填注收到日期和承付期,及时通知付款人。

对非本行开户的托收凭证误寄本行的应代为转寄,并将有关情况通知收款人开户行。如不能肯定付款人开户行,则退回原托收行。

经办柜员审查无误后,在每联凭证上注明收到日期和承付日期,根据第三、第四联托收承付凭证操作收到托收承付交易,登记"收到托收承付登记簿"记录票据托收编号、收付款人、登记日期、提示付款日期等信息,此时处理记录为"未核销"状态。

经办柜员将第三、四联托收凭证专夹保管,第五联托收凭证加盖"业务用公章",连同交易单证一并及时通知付款人(根据双方协议,可由付款人来行自取或派人送达,对距离较远的付款人也可邮寄)。

如付款人未经本行批准办理托收承付的,除按规定支付款项外,还应对该付款人按结算金额的5%给予罚款。

五、承付行托收承付到期付款的处理手续

每日开机时系统自动生成打印"收到托收承付到期清单",含已到期未承付和未全额承付。经办柜员根据"收到托收承付到期清单"记录的交易信息,操作托收承付到期付款交易,到期/逾期处理标志选择"1—到期处理",承付方式选择"1—全额付款",选择相应的汇划途径,录入相关信息。

经办柜员收到付款单位提前承付通知时,调用[托收承付到期付款]交易,到期/逾期处理标志选择"1—到期处理",承付方式选择"2—提前付款",选择相应的汇划途径,录入相关信息。

该交易需要复核,复核无误后,系统自动从付款人账户内扣款,并按选择的汇划途径发出汇款,反显界面显示"收到托收承付登记日期、付款人名称和汇划款项编号"等选项,经办柜员打印内部通用凭证。

交易成功后,系统自动登记"收到托收承付登记簿",记录"托收承付金额、汇划途径、登记日期、提示付款日期、承付方式"等信息,处理记录为"已核销"状态。

(一)全额付款

全额付款时,经办柜员在承付期满日的次日上午(遇例假日顺延),以第三联托收凭证作

借方记账凭证,第四联填注支付日期后作贷方记账凭证附件。

承付行区分托收行是否为本系统银行和是否为同城银行情况,可分别通过行内汇划、同城票据交换、小额批量和大额实时渠道解付承付款项。

(1) 托收行为本系统异地银行,选择行内汇划大额实时或小额批量渠道解付托收款,第三联托收凭证作借方凭证,如留存债务证明的,其债务证明和付款通知书作借方凭证附件,会计分录为:

  借:单位活期存款——××债务人户

    贷:存放行内款项——××分户

(2) 托收行为跨系统本地银行的,选择同城票据交换提出方式将第四联托收凭证提出交换支付承付款,第三联托收款凭证作借方凭证,如留存债务证明的,其债务证明和付款通知书作借方凭证附件,会计分录为:

  借:单位活期存款——××债务人户

    贷:跨行清算资金往来——同城票据清算

无论采用什么汇划渠道解付托收款,解付承付款项后,系统都自动登记"收到托收承付登记簿",核销托收款项。

(3) 需要计付罚款的,会计分录为:

  借:单位活期存款——××债务人户

    贷:营业外收入——罚款收入

提前承付时,经办柜员以第三联托收凭证作借方记账凭证,第四联填注支付日期后作贷方记账凭证附件。银行划款的可按照到期承付的手续处理,但应在托收凭证和登记簿备注栏分别注明"提前承付"字样。

(二)多承付的处理手续

付款人如因商品的价格、数量或金额变动等原因,要求对本笔托收多承付款项一并划回时,付款人应填制四联"多承付理由书"(以托收承付拒绝付款理由书改用)提交开户行。开户行审查后,在托收凭证和登记簿备注栏注明多承付的金额,将第一联"多承付理由书"加盖"转讫章"作支款通知交给付款人,以第二联多承付理由书作借方记账凭证,第三、四联托收凭证作附件,将第三、第四联"多承付理由书"邮寄收款人开户行或通过清算系统的跟单方式录入后发送发出托收行。

经办柜员根据"收到托收承付到期清单"记录的交易信息,操作托收承付到期付款交易,到期/逾期处理标志选择"1—到期处理",承付方式选择"3—多承付款",选择相应的汇划途径,录入相关信息。

该交易需要复核,复核无误后,系统自动从付款人账户内扣款,并按选择的汇划途径发出汇款,反显界面显示"收到托收承付登记日期、付款人名称、汇划款项编号"等选项,经办柜员打印内部通用凭证。

交易成功后，系统自动登记"收到托收承付登记簿"，记录"托收承付金额、汇划途径、登记日期、提示付款日期、承付方式"等信息，处理记录为"已核销"状态。托收承付多承付操作及会计分录参照全额付款处理。

(三)部分付款

在承付期满日营业终了前，付款单位账户余额不足全额支付时，柜员应在托收凭证上注明当天可以扣收的金额、票据托收编号及托收承付金额。填制两联特种转账借方凭证，经主管审查签字后，以一联特种转账借方凭证作借方记账凭证。

经办柜员根据"收到托收承付到期清单"记录的交易信息，操作托收承付到期付款交易，到期/逾期处理标志选择"1—到期处理"，承付方式选择"6—部分付款"，选择相应的汇划途径，录入相关信息。

该交易需要复核，复核无误后，系统自动从付款入账户内扣款，并按选择的汇划途径发出汇款，反显界面显示"收到托收承付登记日期、付款人名称、汇划款项编号"等选项，经办柜员打印内部通用凭证。

交易成功后，系统自动登记"收到托收承付登记簿"，记录"托收承付金额、汇划途径、登记日期、提示付款日期、承付方式"等信息，注明"已承付金额和未承付金额"，处理记录为"未核销"状态。

当承付方式选"6—部分付款"时，系统自动进行账务处理，改变托收状况。对未付款项，如付款入账户有款支付时，应及时办理扣划，并按逾期付款规定扣收滞纳金，将逾期未付款项和应付的赔偿金及时扣划给收款人。

经办柜员在另一联特种转账借方凭证加盖"转讫章"作支款通知交付款人，将第三、第四联托收凭证按付款人及先后日期单独保管。托收承付部分付款操作及会计分录参照全额付款处理。

(四)逾期付款

柜员部分付款后，其不足部分作为逾期未付款项，填制三联托收承付结算"到期未收通知书"(以"支付结算通知查询查复书"代)。将第一、第二联通知书寄收款人开户行(电划的不另拍发电报通知)，第三联通知书留存。

经办柜员根据"收到托收承付到期清单"记录的交易信息，操作托收承付到期付款交易，到期/逾期处理标志选择"1—逾期处理"，承付方式选择"6—部分付款"，选择相应的汇划途径，录入相关信息，改变托收承付状况。

托收经办人和柜员要随时掌握付款人账户余额：等到付款人账户有款可以一次扣款的，经办柜员调用[托收承付到期付款]交易，到期/逾期处理标志选择"1—逾期处理"，承付方式选择"1－全额付款/6－部分付款",选择相应的汇划途径,录入"赔偿金金额"等相关信息。如付款人分次付款的,待账户有款时,必须将逾期未付款项和应付的赔偿金及时扣划给收款人,不得拖延扣划。系统操作与上述相同,同时应逐次扣收逾期付款赔偿金。待最后清偿完毕,应在托收凭证上注明"扣清"字样。

赔偿金的计算方法为:

$$赔偿金金额=逾期付款金额 \times 逾期天数 \times 万分之五$$

逾期付款天数,按照《异地托收承付结算办法》的规定计算。

交易成功后,系统自动登记"收到托收承付登记簿",记录"托收承付金额、汇划途径、赔偿金额"等信息,处理记录为"已核销"状态。

柜员将托收承付结算"到期未收通知书"第一、第二联通知书寄收款人开户行转知收款人,第三联"到期未收通知书"留存。扣款时,第三、第四联托收凭证作借方记账凭证附件。

(五)无款支付

逾期付款期(从承付期满日算起3个月)满日,付款人账户仍不能全额或部分支付该笔托收款项的,经办柜员向付款人发出索回单证的通知(一式四联,以"支付结算通知查询查复书"代,一联给付款人)。

经办柜员收到付款人第五联托收凭证(部分无款支付的除外)及有关单证(单证已做账务处理或已部分支付的,可以填制"应付款项证明单"),核对无误后,在托收凭证备注栏注明单证退回日期和"无款支付"字样。

经办柜员调用[托收承付到期付款]交易,到期/逾期处理标志选择"1－到期处理",承付方式选择"4－无款支付",录入相关信息。

对付款人逾期不退回单证的,按未付款自发出通知的第3天起,每天处以万分之五但不低于50元的罚款,并暂停其结算业务,直至退回单证止。

如停办结算时,柜员调用[托收承付到期付款]交易,到期/逾期处理标志选择"1－到期处理",承付方式选择"5－停办结算",录入相关信息。该交易需要复核,复核成功后,系统自动登记"收到托收承付登记簿"相关信息,处理记录为"已核销"状态。

柜员将两联通知书连同第四、五联托收凭证(部分无款支付系第四联托收凭证)及有关单证一并寄收款人开户行,将另一联通知书和第三联托收凭证一并留存备查。

(六)拒绝付款(全部拒付或部分拒付)

柜员收到付款人提交加盖预留银行印鉴的四联"拒绝付款理由书"、有关拒付证明、第五联托收凭证及所附单证,应严格按照支付结算办法有关托收承付拒绝付款的规定对付款人提出的拒绝付款理由进行认真审查。

审查后，对手续不全、依据不足、理由不符合规定和不属于支付结算办法有关托收承付中七种可以拒绝付款情况的，以及超过承付期拒付或将部分拒付变为全部拒付的，均不得受理。对不同意拒付的，要实行强制扣款。对因无理的拒绝付款而增加银行审查时间的，从承付期满日起，为收款人计扣逾期付款赔偿金。

对符合规定同意拒付的，经业务主管和主管行长(主任)审批同意后，柜员在托收凭证备注栏注明"全部拒付/部分拒付"字样。

经办柜员操作托收承付到期付款交易，到期/逾期处理标志选择"1—到期处理"，承付方式选择"7—全部拒付/8—部分拒付"，选择相应的汇划途径，录入相关信息。

该交易需要复核，复核成功后，系统自动登记"收到托收承付登记簿"相关信息，处理记录为"已核销"状态。

全部拒付时，柜员将第一联"拒绝付款理由书"加盖"业务用公章"后退付款人，第二联"拒绝付款理由书"连同第三联托收凭证一并留存备查，第三、第四联"拒绝付款理由书"连同有关的拒付证明和第四、五联托收凭证及单证一并寄收款人开户行。

部分拒付时，柜员将第一联"拒绝付款理由书"加盖"转讫章"作支款通知交付款人，以第二联"拒绝付款理由书"作借方记账凭证，第三联托收凭证作借方记账凭证附件，柜员将"拒绝付款理由书"第三、第四联连同拒付部分的商品清单和有关证明寄收款人开户行。

六、托收行托收承付销记

经办柜员收到通过行内汇划、现代化支付系统等渠道收到的托收承付划回款项及有关汇划凭证后，应与留存的第二联托收凭证进行核对。

当收到的信息与发出托收承付相符，并已自动入账时，经办柜员操作托收承付销记交易，准确录入票据托收编号，选择收回方式，根据具体收回方式准确录入相关要素。系统自动销记"发出托收承付登记簿"，结清标志栏中注明"自动核销"，处理记录自动改为"已处理"状态。

当收到的信息自动入账失败时，经办柜员操作托收承付销记交易，准确录入票据托收编号，选择收回方式，根据具体收回方式准确录入相关要素。系统自动进行账务处理，销记"发出托收承付登记簿"，结清标志栏中注明"手工核销"，处理记录自动改为"已处理"状态。

经办柜员将第一联"汇款来账专用凭证"作贷方记账凭证，将第二联托收凭证作贷方记账凭证附件。汇款来账专用凭证第二联加盖"转讫章"作收账通知交收款人。

(1) 全款划回时，承付行通过行内汇划、大额实时或小额批量途径汇划款项的，经办柜员将第一联"汇款来账专用凭证"作贷方记账凭证，第二联托收凭证作贷方记账凭证附件，汇款来账专用凭证第二联加盖"转讫章"作收账通知交收款人。会计分录为：

借：存放行内款项——××分户

　　贷：单位活期存款——××委托收款人户

(2) 通过同城票据交换提出方式提入托收承付第四联凭证的，将第二联托收凭证作贷方记账凭证，第四联托收凭证加盖"转讫章"后作收账通知交收款人。会计分录为：

借：跨行清算资金往来——同城票据清算

　　贷：单位活期存款——××委托收款人户

全款划回时，无论采用何种汇划渠道，系统都会自动销记"发出托收承付款登记簿"，记录"收回方式、划回日期"，处理记录自动改为"已处理"状态。

(3) 多承付款，系统销记"收到托收承付登记簿"时，按照原托收金额销记。经办柜员收到寄来的第三联"多承付理由书"留存备查，第四联"多承付理由书"交收款人。其他程序、操作比照"全部划回"时处理。

(4) 部分付款，系统在"发出托收承付登记簿"上注明部分划回的金额。其他程序、操作比照"全部划回"时处理。

(5) 逾期付款，经办柜员需认真审核收到的二联"托收承付结算到期未收通知书"，在抽出的第二联托收凭证上加注"逾期付款"字样及日期。对于单独划回赔偿金的，在第二联托收凭证和"发出托收承付登记簿"上注明第×个月划回的赔偿金的金额。经办柜员操作托收承付销记交易，录入相关信息后，系统自动销记"发出托收承付登记簿"。

经办柜员将第二联通知书交给收款人，第一联附于第二联托收凭证后一并保管。对于一次划回的，第二联托收凭证作贷方记账凭证附件，第四联作收款通知附件交收款人。其他程序、操作比照"全部划回"时处理。

(6) 无款支付，经办柜员在逾期付款期满后收到第四、第五联托收凭证(部分无款支付系第四联托收凭证)及两联"无款支付通知"和有关单证，经核对无误后，在第二联托收凭证备注栏注明"无款支付"字样。

对于单独划回赔偿金的，在第二联托收凭证和"发出托收承付登记簿"上注明第×个月划回的赔偿金的金额。

经办柜员操作托收承付销记交易，录入相关信息后，系统自动销记"发出托收承付登记簿"。

经办柜员将第四、第五联托收凭证(部分无款支付系第四联托收凭证)及一联"无款支付通知"和有关单证退给收款人。收款人在另一联"无款支付通知"上签收，然后连同第二联托收凭证一并保管备查。

(7) 全部拒付，柜员收到托收凭证第四、第五联及有关单证、"全部拒绝付款理由书"第三、第四联及拒付证明，核对无误后，抽出第二联托收凭证，在该联备注栏注明"全部拒付"字样。

经办柜员调用[托收承付销记]交易，录入相关信息后，系统自动销记"发出托收承付登记簿"。

将托收凭证第四、第五联及有关单证、"拒绝付款理由书"第四联及拒付证明退给收款人。收款人在第三联"拒绝付款理由书"上签收，然后连同第二联托收凭证一并保管备查。

(8) 部分拒付，经办柜员收到通过行内汇划、现代化支付系统等渠道收到的托收承付划回款项及有关汇划凭证后，应与留存的第二联托收凭证进行核对，在第二联托收凭证备注栏注明"部分拒付"字样。

经办柜员操作托收承付销记交易，录入相关信息后，系统自动销记"发出托收承付登记簿"。其他程序、操作比照"全部划回"时处理。

柜员将第二联托收凭证作贷方凭证附件，汇款来账专用凭证第二联加盖"转讫章"作收账通知交收款人。

如部分承付分次划回的，柜员在第二联托收凭证和登记簿上注明分次划回的金额，待最后清偿完毕在托收凭证上注明结算终了日期，将托收凭证作有关凭证的附件。

柜员收到"拒绝付款理由书"第三、第四联，托收凭证第四联以及拒付部分的商品清单及证明后，"拒绝付款理由书"第三联留存备查，托收凭证第四联、"部分拒绝付款理由书"第四联、拒付部分的商品清单和证明一并交给收款人。

第六章

代理与委托中间业务的核算

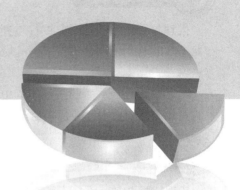

本章精粹：

- 代理证券业务的核算
- 委托存贷款的核算
- 买入返售金融资产业务的核算
- 卖出回购金融资产业务的核算

学习目的与要求

代理与委托业务是商业银行重要的中间业务，通过本章学习，掌握代理发行与兑付债券业务、代保管业务、保证业务以及委托存贷款业务和买入返售和卖出回购业务的处理方法。

学习本章应当从商业银行作为中介机构的角度，领会业务的发生所引起的债权债务关系的变化以及商业银行经营损益的产生情况，进而掌握各项代理与委托业务的核算过程。

关键词

代理证券业务　全额承购包销　余额承购包销　保证业务　代保管业务　委托存贷款业务　买入返售金融资产　卖出回购金融资产

代理类中间业务指商业银行接受客户委托、代为办理客户指定的经济事务、提供金融服务并收取一定费用的业务，包括代理政策性银行业务、代理中国人民银行业务、代理商业银行业务、代收代付业务、代理证券业务、代理保险业务、代理其他银行的银行卡收单业务等。

第一节　代理证券业务的核算

代理证券业务是指银行接受委托办理的代理发行、兑付和买卖各类有价证券的业务，还包括接受委托代办债券还本付息、代发股票红利和代理证券资金清算等业务。

有价证券主要包括国债、公司债券、金融债券和股票等。

商业银行代理证券业务必须与委托方签订代理协议，就代理发行及兑付的数量、期限、资金清算的方式和时间、手续费标准及结算方法等代理项作出规定。

一、代理发行证券业务的核算

(一)代销方式的核算

代销就是商业银行受发行单位委托，代理销售发行的证券。证券售出后所筹集的款项交给发行单位，代销证券的商业银行向委托人收取手续费。代理发行证券业务按发行的过程，分为全过程代理和某一阶段的代理；按发售方式，分为代销方式、全额承购包销方式和余额承购包销方式。以下按发售方式的不同，介绍代理发行证券业务的核算手续。

第六章 代理与委托中间业务的核算

1. 代销证券凭证调拨的核算

商业银行对代发行凭证式证券,根据代理行的不同级别,分别设置"重要单证登记簿"(如表6-1所示)表外科目核算。从委托方或第三方领入代发行凭证式证券的最高级别的银行,至办理发行业务的专柜的各级机构,对凭证的收发,都需要设置"重要单证登记簿"表外科目的总账和分户账,按照凭证发放的顺序逐级核算到营业柜员。调入债券记相关表外科目收入,调出或发行记相关表外科目付出。

表6-1 重要单证登记簿

机构名称:　　　　　　　　　年　月　日　　　　　　　　　单位:元

单证类型	单证种类	在库户			在途户			在用户			合计		
		昨日结存	本日发生 收	本日发生 付	昨日结存	本日发生 收	本日发生 付	昨日结存	本日发生 收	本日发生 付	昨日结存	本日发生 收	本日发生 付
				本日结存			本日结存			本日结存			本日结存
合计													
总计													

商业银行收到发行单位交来的代销证券,在发行期开始前,可作为重要凭证保管。对收到的证券,其会计分录为:

收入:有价单证——××证券户——本身库户

商业银行省分行对于下级支行机构请领代理发行证券,根据请领凭证,登记"重要单证登记簿"表外科目:

付出:有价单证——××证券户——本身库户

收入:有价单证——××证券户——××下级库户

下级支行机构领到代理发行证券,根据上级盖章退回的请领凭证,登记"重要单证登记簿"表外科目:

收入:有价单证——××证券户——本身库户

如果商业银行省分行要求调出下级支行机构领到的代销证券,需要填制证券凭证调拨单,调出行根据证券凭证调拨单,登记"重要单证出库/入库登记簿"表外科目:

付出:有价单证——××证券户——本身库户

省分行则根据下级行盖章退回的证券凭证调拨单,登记"重要单证登记簿"表外科目:

收入：有价单证——××证券户——本身库户

付出：有价单证——××证券户——××下级库户

证券凭证的调拨还要按照上述方法在支行的营业网点、营业柜员之间调拨。支行重要凭证管理部门和网点的综合柜员之间，网点的综合柜员尾箱和普通柜员现金尾箱之间的证券凭证的调拨处理方法与省分行和支行之间的调拨处理方法一致。

2. 代销证券凭证发售的核算

(1) 前台柜员发售证券后，转销"代发行证券"科目。其会计分录为：

借：单位活期存款(或现金——业务现金——营业现金)

贷：代发行证券款——××证券户

付出：有价单证——××证券户——××柜员户

(2) 发行结束，将代销证券款逐级上划，汇总上级行转交委托代销单位，并向委托代销单位收取手续费。

① 下级行向上级行结算代发行证券款时，填制结算通知单，向上级结算，会计分录为：

借：代发行证券款——××证券户

贷：存放行内款项——××分户

② 上级行收到下级行上划的代发行证券款，进行转账，会计分录为：

借：行内存放款项——××分户

贷：应付代发行证券款——××证券户——××委托单位户

③ 上级行将代销证券款转交委托代销单位，并向委托单位结算手续费，进行转账，会计分录为：

借：应付代发行证券款——××证券户——××委托单位户

贷：存放中央银行款项——××分户

　　待分配手续费收入——代发证券手续费户

如单独结算手续费，则代发行证券款全部划给委托代销单位，再由委托代销单位将手续费划给代销证券的商业银行。

④ 上级行按照发行单位分配代发证券手续费时，会计分录为：

借：待分配手续费收入——代发证券手续费户

贷：手续费收入——代发证券手续费户

　　行内存放款项——××分户

⑤ 下级行收到上级行分配的代发证券手续费时，会计分录为：

借：存放行内款项——××分户

贷：手续费收入——代发证券手续费户

(二)全额承购包销和余额包销方式的核算

全额承购包销就是商业银行与证券发行单位签订合同或协议,由商业银行上级行按合同或协议确定的价格将从发行单位处购买证券,并按一定价格在证券一级市场发售的一种代理发行方式。

余额承购包销方式就是商业银行与证券发行单位事先签订合同或协议,确定由商业银行代理发行该单位的证券数量,在发行期内如果商业银行承担发售的证券没有全部售出,则剩余部分由商业银行购入。

以上两种包销方式在会计处理上是一致的。

商业银行向发行单位承购证券的价格可能低于或等于或高于证券面值,由双方在协议里确定,但发售价格由商业银行确定,发行单位原则上不干预。

(1) 商业银行上级行收到证券并在发行开始时,按承购价记账。其会计分录为:

借:代发行证券(自营证券)——××证券户——本身库户
　　贷:存放中央银行款项——××分户

同时,对于收到的证券,通过表外科目进行核算,其会计分录为:

收入:有价单证——××证券户——本身库户

对于因下级行分销证券,所引起的证券凭证调拨手续参照代销证券凭证调拨的核算进行处理。

(2) 上级行对于本行全额承购包销的证券,对下级进行分销。会计分录为:

借:行内存放款项——××分户
　　贷:代发行证券(自营证券)——××证券户——本身库户

同时向下级行调拨分销的证券,登记表外科目:

付出:有价单证——××证券户——本身库户
收入:有价单证——××证券户——××下级库户

(3) 基层行对于上级行分配的分销任务,进行资金的结算。会计分录为:

借:代发行证券(自营证券)——××证券户——本身库户
　　贷:存放行内款项——××分户

下级机构领到分销的全额承购包销证券,根据上级盖章退回的请领凭证,登记"空白重要凭证"或"有价单证"表外科目:

收入:有价单证——××证券户——本身库户

(4) 按发售价销售证券后,按售价处理账务。会计分录为:

借:单位活期存款(或现金——业务现金——营业现金)
　　贷:代发行证券(自营证券)——××证券户

(5) 发行期满后,如有尚未售出的证券,应按承购价转作长期债权投资科目。会计分录为：

借：长期债权投资

贷：代发行证券——××证券户

同时通过有价单证表外科目进行明细调整。

(6) 上级行收到承购手续费的会计分录为：

借：存放中央银行款项——××分户

贷：待分配手续费收入——全额承购包销证券手续费户

(7) 上级行按照发行单位分配全额承购包销证券手续费时，会计分录为：

借：待分配手续费收入——全额承购包销证券手续费户

贷：手续费收入——全额承购包销证券手续费户

　　行内存放款项——××分户

(8) 下级行收到上级行分配的全额承购包销证券手续费时，会计分录为：

借：存放行内款项——××分户

贷：手续费收入——全额承购包销证券手续费户

二、代理兑付证券业务的核算

代理兑付证券是商业银行接受国家或企业等债券发行单位的委托，兑付到期债券，兑付结束后，将已兑付证券集中交给发行单位，同时向发行单位收取手续费的业务。

(一)科目设置

为了核算商业银行代理兑付证券业务，应设置"代理兑付证券款"科目，本科目为负债类科目，核算企业(证券、银行等)接受委托代理兑付证券收到的兑付资金。本科目可按委托单位和证券种类进行明细核算。本科目期末贷方余额，反映企业已收到但尚未兑付的代理兑付证券款项。

代理兑付证券款的主要账务处理如下：

(1) 企业兑付记名证券，收到委托单位的兑付资金，借记"存放中央银行款项或存放同业款项"等科目，贷记本科目。收到客户交来的证券，按兑付金额，借记本科目，贷记"库存现金"、"存放中央银行款项或存放同业款项"等科目。兑付无记名证券的，还应通过"代理兑付证券"科目核算。

(2) 收取代理兑付证券手续费收入，向委托单位单独收取的，按应收或已收取的手续费，借记"应收手续费及佣金"等科目，贷记"手续费及佣金收入"科目。

手续费与兑付款一并汇入的，在收到款项时，应按实际收到的金额，借记"结算备付金"等科目，按应兑付的金额，贷记本科目。按事先取得的手续费，贷记"其他应付款——预收代理兑付证券手续费"科目。兑付证券业务完成后确认手续费收入，借记"其他应付款——预收代理兑付证券手续费"科目,贷记"手续费及佣金收入"科目。

(二)代理兑付证券业务的核算

为不使代理兑付证券的商业银行垫付资金,证券发行单位应向代理兑付证券的商业银行拨付兑付证券款。

(1) 商业银行上级行收到委托人拨来兑付证券款时,其会计分录为:

借:存放中央银行款项——××分户
　　贷:代兑付证券款

(2) 上级行对下级进行分配兑付证券任务并下拨款,其会计分录为:

借:代兑付证券款
　　贷:行内存放款项——××下级行代兑付证券款

(3) 商业银行下级行收到上级行拨来兑付证券款时,其会计分录为:

借:存放行内款项——代兑付证券款户
　　贷:代兑付证券款

(4) 商业银行下级行兑付债券时收回债券并支付资金。其会计分录为:

借:代兑付证券款(本金与利息)
　　贷:现金——业务现金——营业现金(存放中央银行款项——××分户)

(5) 兑付期结束如代兑付债券款有剩余,则下级行应将该剩余款项上划上级行,其会计分录为:

借:代兑付证券款
　　贷:存放行内款项——代兑付证券款户

(6) 上级行收到下级行上划的剩余代兑付债券款,其会计分录为:

借:行内存放款项——××下级行代兑付证券款
　　贷:代兑付证券款

(7) 将剩余兑付债券款和已兑付的债券集中交给发行单位,其会计分录为:

借:代兑付证券款
　　贷:存放中央银行款项——××分户

(8) 向发行单位集中结算手续费,会计分录为:

借:存放中央银行款项——××分户
　　贷:待分配手续费收入——代兑付证券手续费户

(9) 上级行按照兑付单位分配代兑付证券手续费时,会计分录为:

借:待分配手续费收入——代兑付证券手续费户
　　贷:手续费收入——代兑付证券手续费户
　　　　行内存放款项——××分户

(10) 下级行收到上级行分配的全额承购包销证券手续费时，会计分录为：

借：存放行内款项——××分户

贷：手续费收入——代兑付证券手续费户

第二节 代保管业务的核算

代保管业务是指商业银行接受单位或个人委托，代为保管贵重物品或有价证券的业务。代理保管分原封保管和露封保管。一般对于代保管的有价证券采取露封保管，而对于其他贵重物品则采取原封保管的较多。

商业银行开展的代保管业务，可以方便客户，为单位和个人提供服务，同时能增加手续费收入。对于代保管业务应当设置表外科目核算。

一、会计科目设置

1. 其他应付款——保管箱保证金户

核算商业银行开办代保管业务按规定向客户收取的押金，负债类账户，贷方登记收取的押金，借方登记非正常凿箱时银行扣收的手续费收入和补偿的锁具损失以及在客户退租时，返还客户的押金。余额在贷方，反映商业银行开办代保管业务所收取的押金结存金额。

2. 库存物资——保管箱专用锁

核算商业银行开办代保管业务为客户准备的更换的保管箱专用锁成本，资产类账户，借方登记银行购买的保管箱专用锁成本，贷方登记因客户换锁而向客户收回的保管箱专用锁成本，余额在借方，反映结存的保管箱专用锁成本，本科目应采用价值和实物量双重指标核算。

3. 手续费收入——保管箱业务收入

核算商业银行开办代保管业务所收取的手续费收入，收入类账户，贷方登记商业银行开办代保管业务所收取的手续费收入，借方登记期末结转损益转出的手续费收入，本科目应在会计期末结转损益类，结转后应无余额。

4. 营业外收入——保管箱赔偿金收入

核算商业银行开办代保管业务所收取的保管箱赔偿金收入，收入类账户，贷方登记商业银行开办代保管业务所收取的保管箱赔偿金收入，借方登记期末结转损益转出的保管箱赔偿金收入，本科目应在会计期末结转损益类，结转后应无余额。

二、商业银行受理代保管业务的核算

1. 租用保管箱时的处理

客户委托商业银行代理保管贵重物品和有价证券时,应持有效证件,填写"租箱申请书"(如表6-2所示)一式两份,经办行对申请书及有关证件审核无误后,一份交由申请人收执,一份留存,保管箱柜台经办人收取租用人保证金和租金,填制"保管箱业务收费凭证"(如表6-3所示)一式三联和"保管箱保证金收据"(如表6-4所示)一式三联,并加盖"保管箱业务专用章"。

表6-2 租箱申请书

兹租用你行　　　箱型　　　号保管箱壹只,收到该箱专用钥匙两把,本人对《中国××银行保管箱租用规则》完全了解,并愿意遵守。 此致 　　　中国××银行　　　　行 租用人(签章): 身份证件: 证件号码: 　　　　　　　　　　　　　　　　　　　　　　　　　　　年　月　日
经办:　　　　　　　复核:

表6-3 中国××银行保管箱业务收费凭证

年　月　日　　　　　　　　　　　　　　　　　　　现金/转账

交款人名称	收费项目	保管箱型号			保管箱号码			
金额	人民币 (大写)	十	万	千	百	十	元	角	分
租金收费时填列 年租费 租　期	票据号码: 备注:								
收入户账号									

第一联保管箱柜台留存,第二联银行贷方记账凭证,第三联交承租人。

表 6-4　中国××银行保管箱保证金收据

年　　月　　日　　　　　　　　　　　　　　　　现金/转账

交款人名称		保管箱型号	保管箱号码
金额	人民币 （大写）	十　万　千　百	十　元　角　分
退租时请租用人签名于下： 年　　月　　日 保证金账号：	票据号码： 备注：	会计分录： 借： 　　　贷： 主管：　　记账：　　出纳：	

第一联保管箱柜台留存；第二联银行贷方记账凭证；第三联交承租人。

租金收据和保证金收据的第一联均作为租箱申请书附件与租箱申请书专夹保管，第三联交由租用人收执，第二联交给会计部门分别作租金和保证金的转账贷方凭证，转账收款的，同时将收取的票据交会计部门办理收款。会计分录为：

　　借：现金——业务现金——营业现金
　　或借：单位活期存款——××承租人存款户
　　　贷：手续费收入——保管箱业务收入户
　　　　　其他应付款——保管箱保证金户

收取租金和保证金后，柜台经办人登记"保管箱租箱、退箱登记簿"（如表 6-5 所示）。

表 6-5　保管箱租箱、退箱登记簿格式

姓名	箱号	租箱期限	起租日期	经办人	退租日期	经办人

2. 续租和退租的处理

租用人续租时，经保管箱柜台经办人审核受理、取出原资料卡加盖"续租"戳记续用，另填制保管箱租金收据向租用人收取续租租金。

租用人在租约到期需要退租或因故提前退租时，柜台经办人根据其填制的保管箱退箱书，登记"保管箱租箱、退箱登记簿"，并从租箱申请书专夹内取出原留存的保证金收据第一联作借方记账凭证交会计部门记账。转账支付的，同时加填两联特种转账贷方凭证，保证金收据第一联作借方凭证，一联特种转账凭证作贷方记账凭证，一联特种转账凭证作退租人收款通知。会计分录为：

　　借：其他应付款——保管箱保证金户
　　　　贷：现金——业务现金——营业现金
　　或：　　单位活期存款——××退租人存款户

3. 凿箱或换锁的处理

（1）挂失凿箱或换锁。挂失期满，需要办理换锁或凿箱的租用人，凭"保管箱印鉴、钥匙挂失申请书"办理换锁或凿箱手续，交纳专用锁成本和换锁费用。

柜台经办人填制"保管箱业务收费凭证"一式三联，并加盖"保管箱业务专用章"。第一联留存备查，第三联交由租用人收执，第二联交给会计部门记账，转账收款的，同时将收取的票据交会计部门办理收款。会计分录为：

　　借：现金——业务现金——营业现金
　　或：单位活期存款——××承租人存款户
　　　　贷：手续费收入——保管箱业务收入户
　　　　　　库存物资——保管箱专用锁

（2）非正常凿箱。非正常凿箱指因租用人逾期而发生的凿箱；司法执行凿箱；公证凿箱等。

保管箱柜台向会计部门提供非正常凿箱证明及按凿箱手续费金额和凿箱成本分别各填写一联特种转账贷方凭证，按凿箱手续费、成本之和填写一式两联特种转账借方凭证。其中一联特种转账借方凭证作为承租人扣款通知退保管箱柜台，余下一联特种转账借方凭证和两联特种转账贷方凭证分别作为记账凭证记账。会计分录为：

　　借：其他应付款——保管箱保证金户
　　　　贷：手续费收入——保管箱业务收入户
　　　　　　库存物资——保管箱专用锁

4. 滞纳金的处理

租用人因逾期交纳滞纳金时，柜台经办人填制"保管箱业务收费凭证"一式三联，并加盖"保管箱业务专用章"。第一联留存备查，第二联交给会计部门记账，第三联交由租用人收执，转账收款的，同时将收取的票据交会计部门办理收款。会计分录为：

　　借：现金——业务现金——营业现金
　　或：单位活期存款——××承租人存款户
　　　　贷：营业外收入——保管箱滞纳金收入户

5. 赔偿金的处理

租用人因损坏箱体、丢失钥匙交纳赔偿金时,柜台经办人应填制"保管箱业务收费凭证"一式三联,并加盖"保管箱业务专用章"。第一联留存备查,第二联交给会计部门记账,第三联交由租用人收执;转账收款的,应同时将收取的票据交会计部门办理收款。会计分录为:

借:现金——业务现金——营业现金

或:单位活期存款——××承租人存款户

贷:营业外收入——保管箱赔偿金收入户

第三节 保证业务的核算

一、保证业务的基本规定

保证业务是指商业银行根据申请人的申请,以出具保函的形式向申请人的债权人(保函受益人)作出的承诺,当申请人不履行其债务时,由商业银行按照约定履行债务或承担责任。商业银行开办保证业务,严格遵循自主经营、授权经办和反担保保障原则。申请人申请保证的,经办行应要求提供反担保,反担保方式可以是质押、抵押、第三方保证或缴存保证金。

商业银行办理保证业务,必须严格遵守《中华人民共和国商业银行法》和《中华人民共和国担保法》及其有关法律法规,依法经营。

二、保证业务的处理程序

(1) 客户申请,按照银行开办保证业务的有关规定,符合申办保证业务资格的法人或其他组织向银行提出的保证申请。

(2) 经办行信贷部门或国际业务部门接到申请人提交的《申请书》及相关的文件资料后,应进行形式要件审查。

(3) 审批程序,经办行信贷部门应将相关材料报银行有关部门审批。

(4) 出具保函,保证业务经批准后,信贷部门或国际业务部门应及时与申请人、反担保人协商,正式签订《出具保函协议书》和相应的反担保合同。

(5) 保函的履行,经办行因履行保证责任需要垫付资金的,垫付期间,应按逾期贷款利率向被保证人计收利息。

(6) 保函的注销,保函有效期满或保证义务履行完毕,经办行应及时通知被保证人(受益人)退还保函,并按规定办理保函的注销。

三、保证业务的核算

(一)反担保的处理

(1) 申请人采取缴存保证金方式提供反担保。经办行业务部门与申请人、反担保人正式签订"出具保函协议书"和相应的反担保的合同后,申请人交存保证金的,应提交有关支付票据及进账单一式三联。经办人审核无误后,以支付票据作借方记账凭证,进账单第一联加盖"转讫章"退申请人作回单,第二联作贷方记账凭证,第三联加盖"业务用公章"交业务部门。会计分录如下:

借:活期存款——××申请人户
  贷:单位保证金存款——××申请人户

(2) 申请人采取质押、抵押、第三方保证方式提供反担保,经办行按照贷款业务核算的有关手续办理。

(二)收取手续费

"出具保函协议书"生效后,经办行应根据业务部门通知按照"出具保函协议书"的约定及时向被保证人收取手续费,并填制"业务收费凭证"办理转账。

会计分录如下:

借:活期存款——××被保证人户
  贷:业务收入——保证业务收入户

(三)出具保函

营业柜台收到业务部门出具的保函(如表6-6所示)时,填制表外科目"开出保函"收入凭证,登记表外科目明细账:

收:开出保函——××申请人户

表6-6 履约银行保函

致:××省交通基本建设质量检测监督站
  鉴于(检测单位全称)(下称"检测单位")与省交通基本建设质量检测监督站(下称"招标人")签订检测合同协议书,并保证按合同规定承担该项目的实施和完成的检测任务,我行愿意出具保函为其担保,担保金额为人民币(大写)贰拾万元(¥200000.00元)。
  本保函的义务是:我行在接到招标人提出的因检测单位在履行合同过程中未能履约或违背合同规定的责任和义务而要求索赔的书面通知和付款凭证后的14天内,在上述担保金额的限额内向招标人支付该款项,无须招标人出具证明或陈述理由。

我们还同意，任何对合同条款所作的修改或补充都不能免除我行按本保函所应承担的义务。

本保函在担保金额支付完毕，或在检测单位完成检测项目，通过报告评审并提交检测报告后 28 日起失效。

担保银行： （银行全称） （盖章）

法定代表人

或

其授权的代表人： （职务）

（姓名）

年　　月　　日

(四)担保垫款的处理

(1) 被保证人在合理时间内未能筹足偿债资金，而使经办行垫付款项时，应向被保证人和反担保人主张追索权及反担保债权。

① 申请人采取缴存保证金方式提供反担保的，应首先全额扣划保证金，不足部分列"逾期贷款——担保垫款"科目核算。营业柜台根据有关原始凭证填制特种转账借方、贷方凭证办理转账。会计分录如下：

借：活期存款——××被保证人户

　　保证金存款——××申请人户

　　逾期贷款——担保垫款——××被保证人户

贷：活期存款——××保函受益人户

同时填制表外科目付出凭证，登记表外科目明细账：

付：开出保函——××申请人户

② 申请人采取质押、抵押、第三方保证方式提供反担保的，经办行按贷款业务核算的有关垫款规定处理。

同时填制表外科目付出凭证，登记表外科目明细账：

付：开出保函——××申请人户

(2) 结计担保垫款利息收入。结计担保垫款利息收入时，按规定计算利息并填制"利息清单"一式三联。第一联、第二联分别作借方、贷方记账凭证，第三联退客户。会计分录如下：

借：应收利息——应收担保垫款利息——××被保证人户

贷：利息收入——担保垫款利息收入户

(3) 收回担保垫款时，客户填制支付凭证偿还垫款，支付凭证第一联加盖"转讫章"后退客户。会计分录如下：

借：活期存款——××被保证人户

         贷：逾期贷款——担保垫款××被保证人户
             应收利息——应收××垫款利息——××被保证人户

(五)保函到期或终止担保的处理

保证期届满经办行未承担保证责任的，或保证金存款用于保证项下的支付仍有余额的，经办行应在收回保函后，可根据被保证人的请求将款项从相关账户转出。退还时，申请人提交有关支付票据及进账单一式三联。营业柜台审核无误后，以有关支款凭证作借方记账凭证，进账单第一联加盖"转讫章"退申请人作回单，第二联作贷方记账凭证，第三联加盖"转讫章"交被担保人。会计分录如下：

借：保证金存款——××申请人户
　　贷：活期存款——××被保证人户

同时填制表外科目付出凭证，登记表外科目账：

付：开出保函——申请人户

第四节　委托存贷款的核算

委托存款是指商业银行接受委托人的委托，将委托人交付的资金按其要求及指定对象、用途代为运用和管理的业务。

委托存款是商业银行信托资金来源的一种形式，其实质是委托贷款或委托投资的保证金，因而它是与委托贷款或委托投资相对应和相结合的一种存款人，委托人多是为贷而存的，这项资金的支配和运用权限属于委托者。

在我国，目前委托存款主要有财政部门委托基金、科研部门委托基金和企业主管部门委托基金。

一、委托存款的程序

商业银行在办理委托存款业务时的具体操作程序如下：

(1) 委托人提出存款要求，并说明存入金额和期限，经商业银行经办人员审查其资金来源是否属规定范围。

(2) 委托人、受托人(商业银行)和受益者三方签订委托协议，或者由委托者与受益者两方签订协议。

(3) 委托人在商业银行开立委托存款账户。

(4) 委托人将款项划入商业银行委托存款账户，或者提交转账支票通过银行划款，作为委托贷款或委托投资的准备金，商业银行根据委托人意图和要求进行贷款或投资。

(5) 商业银行从款项入账当日起开始计息。委托人交存商业银行的委托存款利率必须按照中国人民银行统一规定的存款利率政策办理；委托存款在未使用前，商业银行可以按活期利率计息。

(6) 委托人到期提取存款，由原收受存款的商业银行将款项划回原委托人账户，或向存户开出转账支票。

(7) 存入的委托存款，委托人如果有急用，可以在尚未动用的委托存款金额内支取。

二、委托存款的原则

委托存款可以一次或分次存入，先存后用；专款专用；商业银行受托发放的委托贷款或投资余额不能超过委托者交存的委托存款余额；受托发放的委托贷款或投资的期限，不能超过委托者交存的委托存款的期限；已经发放的委托投资款或贷款尚未收回时，委托人不能从商业银行取回相应的委托存款。

商业银行的存款余额如果大于已经发放的委托贷款或投资余额时，对其超过部分，按规定要向中国人民银行交存存款准备金。

三、委托存款的核算

(一)存入委托存款的核算

委托人与银行商定办理委托业务后，要将资金存入银行。首先双方应签订"委托存款协议书"，标明存款的资金来源、金额、期限及双方的责任等。银行根据协议书为委托人开立委托存款账户，并由委托人将委托存款资金存入到银行开立的银行账户中。

委托人将委托存款资金存入银行开立的账户后，银行应开出"委托存款单"，并据以处理账务。委托存款单一式三联：第一联代委托存款科目贷方传票，或作为另编贷方传票附件；第二联存单由委托人收执，取款时代借方传票或作为另编借方传票附件；第三联代委托存款卡片账。其转账的会计分录为：

借：××活期存款(现金)
　　贷：委托存款——××委托人户

(二)委托存款计息的核算

委托存款在未发放委托贷款和进行委托投资前，银行应向委托人计付利息，而发放委托贷款和进行委托投资后，则不再计息。因此，对委托存款的计息基数应为委托存款余额与委托贷款余额的轧差数，并运用计息余额表按季计息。计息后转账的会计分录为：

借：利息支出——××利息支出户
　　贷：委托存款——××委托人户

(三)支取委托存款的核算

委托人对于委托存款随时可以支取，但已发放委托贷款后，在收回贷款之前不能支取。因此，对委托存款的支取只限于委托存款大于委托贷款的部分或者是在委托贷款收回之后。支取委托存款的会计分录为：

借：委托存款——××委托人户
  贷：××活期存款(现金)

四、委托贷款的核算

委托贷款，系指由政府部门、企事业单位及个人等委托人提供资金，由贷款人(即受托人)根据委托人确定的贷款对象、用途、金额期限和利率等，代为发放、监督使用并协助收回的贷款。贷款人(受托人)只收取手续费，不承担贷款风险。

五、委托贷款的发放程序

(1) 委托人与受托人签订《委托贷款协议书》，明确委托贷款的对象、用途、项目、期限、利率和受益人等，并交存委托贷款基金。

(2) 受益人(即借款人)向受托人提出借款申请，同时附上其营业执照、近期的财务报表等资料。

(3) 受托人将受益人提交的有关申请贷款的资料复印件及"委托贷款调查意见"送委托人，经委托人审查同意后，受托人与受益人签订《委托贷款合同》。《委托贷款合同》必须与《委托协议》的委托内容严格一致，并应注明是《委托贷款协议》的一个不可分割的附件。

(4) 《委托贷款合同》签订后，受托人即按合同约定通过委托贷款基金账户发放贷款给受益人。

六、委托贷款的核算

(一)委托贷款的发放

委托人要委托银行发放委托贷款，必须将贷款的主要内容书面通知银行，通知中写明借款单位、贷款项目、贷款金额、贷款期限和利率等。委托贷款的发放必须符合国家产业政策的规定，在贷款到期时，银行负责代为收回。

发放委托贷款时，银行应与借款人签订委托贷款合同，并由借款人填写借款借据一并提交银行。借款借据一式五联，第一联回单由借款单位留存；第二联借据银行留存，贷款归还后，退还借款单位；第三联借据副本，代委托贷款户借方传票；第四联贷方传票，交借款单位开户行作借款单位存款账户的贷方传票；第五联收账通知，由借款单位开户行交借款单位。

商业银行将发放的贷款转入借款人存款账户。其会计分录为：

借：委托贷款——××单位委托贷款户
　　贷：××活期存款

如果委托贷款用于固定资产项目，借款单位还需提供固定资产投资计划书。

(二)收取手续费与结息的核算

商业银行按委托人的要求发放贷款应收取手续费作为收入。手续费率要根据银行承担责任大小，按贷款额的一定比例确定。委托贷款的利率一般由委托单位确定，或者由委托单位和用款单位协商确定，由信托机构负责按季收取，在委托贷款到期时付给委托单位。

如果在发放贷款时向委托人收取手续费，则应通过委托人在银行的存款账户收取。其会计分录为：

借：××活期存款
　　贷：手续费收入——委托贷款手续费户

如果按存贷利差收取手续费，则应在按季计算贷款利息时一并收取。向借款人收取的贷款利息应付给委托人，因此转入"应付款项"科目，手续费部分转入"手续费收入"科目。其会计分录为：

借：××活期存款
　　贷：应付款项——应付委托贷款利息户
　　　　手续费收入——委托贷款手续费户

(三)贷款到期收回的核算

贷款到期，由银行负责收回贷款的，应通过借款人开户银行，从其存款账户收取。其会计分录为：

借：××活期存款
　　贷：委托贷款——××单位委托贷款户

如果协议规定在贷款收回后终止委托行为，则应将委托存款及利息划转到委托人的存款账户中。其会计分录为：

借：委托存款——××委托人户
　　应付款项——应付委托贷款利息户
　　贷：××活期存款

第五节　买入返售、卖出回购金融资产业务的核算

一、买入返售金融资产业务的核算

买入返售金融资产业务,是商业银行为了适应客户融通资金需要,与客户签订的协议或合同,先买入客户的金融资产,在协议的期限到期后,再以协议规定的卖出价卖给客户,以获取买入价与卖出价的差价收入。

商业银行应设置"买入返售金融资产"账户,该账户为资产类账户,用来核算买入返售金融资产的业务,借方登记银行的买入金融资产,贷方登记返售金融资产,余额在借方,反映银行已经买入尚未返售卖方的金融资产。

该账户应按金融资产种类和出售金融资产的单位设置分户进行明细核算。

(1) 银行购入金融资产时,其会计分录为:

借:买入返售金融资产——××金融资产——××单位户

　　贷:存放中央银行款项——××分户(或现金——××金库分户)

(2) 金融资产到期,按协议规定卖给原客户时,其会计分录为:

借:存放中央银行款项——××分户

或借:现金——业务现金——营业现金

　　贷:买入返售金融资产——××金融资产——××单位户

　　　　其他营业收入——买入返售金融资产收入户

二、买入返售金融资产利息计算

(一)买入返售金融资产计息的一般规定

(1) 资产负债表日,按交易双方约定的名义利率计算应收买入返售金融资产利息并确定金融机构往来收入。

(2) 平时计息采用"算头不算尾"的计息方法,即从上次计息日或买入日算至到期日的前一日为止。

(3) 买入返售金融资产计息天数按照实际天数计算。

(4) 买入返售金融资产的利率和期限通过交易双方协议约定。

(二)买入返售金融资产利息计算公式

1. 质押式买入返售金融资产

应收质押式买入返售金融资产利息/金融机构往来收入=首期成交金额×交易双方约定的名义利率÷365×首期日或上次计息日到本次计息日的实际天数。

2. 买断式买入返售金融资产

应收买断式买入返售金融资产利息/金融机构往来收入=首期成交金额×交易双方约定的名义利率÷365×首期日或上次计息日到本次计息日的实际天数。

三、卖出回购金融资产

卖出回购金融资产,是商业银行为了获取短期资金的使用,按与客户签订的协议或合同规定,先向客户卖出金融资产,在协议的期限到期后,再以协议规定的买价将金融资产从客户手中买回。商业银行以卖出价与买入价的价差支出为借差,获得资金的使用权。卖出回购金融资产业务,实质上是一种短期融资业务。

商业银行办理卖出回购金融资产业务,应设置"卖出回购金融资产"账户用来核算卖出回购金融资产的业务,该账户属于负债类,贷方登记商业银行为了融通资金卖出的金融资产,借方登记按照协议价回购冲销的原卖出金融资产,余额在贷方,反映银行已经卖出尚未回购的金融资产,该账户应按金融资产种类和购入金融资产的单位设置分户进行明细核算。

卖出金融资产时,其会计分录为:

借:存放中央银行款项——××分户(或现金——××金库分户)
  贷:卖出回购金融资产——××金融资产——××单位户

金融资产到期,卖出银行按照协议价回购时,会计分录为:

借:卖出回购金融资产——××金融资产——××单位户
  其他营业支出——卖出回购金融资产支出户
  贷:存放中央银行款项——存款户
    (或现金——××金库分户)

四、卖出回购金融资产利息计算

(一)卖出回购金融资产计息的一般规定

(1) 资产负债表日,按交易双方约定的名义利率计算应付卖出回购金融资产利息并确定金融机构往来支出。

(2) 平时计息采用"算头不算尾"的计息方法，即从上次计息日或买入日算至到期日的前一日为止。

(3) 卖出回购金融资产计息天数按照实际天数计算。

(4) 卖出回购金融资产的利率和期限通过买卖双方协议约定。

(二)卖出回购金融资产利息计算公式

1. 质押式卖出回购金融资产利息计算

质押式卖出回购金融资产利息支出=首期成交金额×交易双方约定的名义利率÷365×首期日或上次计息日到本次计息日的实际天数。

2. 买断式卖出回购金融资产利息计算

买断式卖出回购金融资产利息支出=首期交割金额×交易双方约定的名义利率÷365×首期日或上次计息日到本次计息日的实际天数。

第七章

负债业务的核算

本章精粹：

- 单位存款业务
- 储蓄存款业务
- 各类存款利息的核算
- 债券发行业务的核算

学习目的与要求

本章主要叙述单位存款账户的管理与存款的核算、各种储蓄存款存入、支取及利息计算和债券发行与兑付的核算等内容。

通过本章学习应全面理解存款业务的意义与存款种类,掌握单位存款存入、支取的核算以及使用余额表和乙种账计算利息的方法,储蓄存款的掌握重点在于定期整存整取和活期储蓄存款的存入、支取以及利息计算的规定与核算手续,债券发行的掌握重点在于溢价、折价发行债券的溢、折价的摊销。

关键词

活期储蓄存款　定期储蓄存款　月积数计息法

负债业务是商业银行以债务人的身份筹措资金的业务。商业银行是整个社会资金流通的中枢,按照商业银行金融服务的特点,商业银行的负债业务包括对单位公司客户的存款业务和对个人的储蓄存款业务,以及为筹措资金而进行的金融债券发行业务。商业银行的负债是以还本付息为特征的负债,本章将分别介绍。

第一节　单位存款业务

一、存款的意义

存款是指依法具有存款业务经营资格的金融机构接受客户存入资金,并承诺客户随时或按约定时间支取本金和利息的一种信用业务,它是存款人在保留所有权的条件下,让渡资金使用权的行为。存款是银行最重要的信贷资金来源。

从产生时间来看,存款早于银行。中国在唐代就出现了专门收受和保管钱财的柜坊,存户可凭类似支票的"贴"或其他信物支钱。中世纪在欧洲出现的钱币兑换商也接受顾客存钱,属钱财保管性质,不支付利息,是外国银行存款业务的萌芽。随着银行和其他金融机构的出现,商业银行的存款业务得到了迅速发展。

(一)存款是商业银行信贷资金的重要来源

现代商业银行的资金 80%左右来源于吸收的存款。为了弥补自有资金的不足,商业银行以其特有的功能,通过吸收存款,使社会闲散的、小额的资金积聚成大额资金,从而为商业银行信贷资金的发放提供了一种稳定的资金来源。存款是银行最基本的业务之一,没有存款，商业银行就没有贷款资金的来源，也就没有商业银行。

(二)存款是组织支付结算的前提条件

各企业与经济组织之间从事商品流通活动所发生的转账结算，是在单位存款基础上进行的货币资金的转移，商业银行只是提供资金结算的渠道，结算的主体是从事商品交易的企业自身，这就要求付款单位在其存款账户上必须保持足够的存款余额，以保证支付。商业银行经营的一个重要前提是不为企业垫款，各单位的存款是组织支付结算的前提条件。

(三)存款是调节货币流通的重要手段

商业银行通过信用方式吸收存款，一方面，直接减少了市场上的零星现金的流通量，推迟了社会购买力的实现；另一方面，存款又能作为信贷资金用于支持生产建设和商品流通，增加社会商品的供应量，实现社会供求关系的平衡。

二、存款的种类

根据不同的划分标准和方式，可对客户存款进行不同的划分。如按存款的资金性质不同，可将存款分为单位存款和储蓄存款；按存款的期限不同，可将存款分为活期存款和定期存款；按存款的货币种类不同，可将存款分为人民币存款和外汇存款。

在实际工作中，通常对存款按期限和资金性质进行分类。

(一)按资金的性质分类

存款按资金的性质可以分为单位存款和储蓄存款两大类。

(1) 单位存款。单位存款是指企业、事业、机关、部队和社会团体等单位在金融机构办理的人民币存款和外汇存款。按照现金管理规定，各单位暂时闲置的资金，除核定的库存限额部分可保留现金以外，其余要全部存入银行，库存现金不足限额的，从银行提取。

单位存款具有强令性，而单位将资金存入银行就可以通过该账户办理资金收付，同其他单位进行结算，并由商业银行主动转存或转付。

(2) 储蓄存款。主要是指城乡居民个人在金融机构存入的人民币和外币储蓄存款。

(二)按存款期限分类

存款按期限的不同可分为活期存款、定期存款和定活两便存款。

(1) 活期存款。活期存款是一种不限存期，凭银行卡或存折及预留密码可在银行营业时间内通过柜面或通过银行自助设备随时存取现金的服务。人民币活期存款 1 元起存，外币活期存款起存金额为不低于人民币 20 元的等值外汇。

(2) 定期存款。定期存款是银行与存款人双方在存款时事先约定期限、利率，到期后支取本息的存款。定期存款用于结算或从定期存款账户中提取现金。客户若临时需要资金可办理提前支取或部分提前支取。

(3) 定活两便存款。定活两便是一种事先不约定存期，一次性存入，一次性支取的储蓄存款，存款人凭存单支取时由银行根据存款时间和规定利率计付利息。

三、单位存款的特点

人民币银行结算账户，是指银行为机关、团体、部队、企事业单位、其他组织、个体工商户和自然人等存款人开立的办理资金收付结算的人民币活期存款账户。

按照中国人民银行2002年8月21日通过并予以公布，于2003年9月1日起施行的《人民币银行结算账户管理办法》的规定，商业银行结算账户按照存款人的不同，分为单位银行结算账户和个人银行结算账户。

(一)单位银行结算账户的种类

单位银行结算账户是指存款人以单位名称开立的商业银行结算账户。单位银行结算账户按照用途不同，分为基本存款账户、一般存款账户、专用存款账户和临时存款账户。

1. 基本存款账户

它是存款人办理日常转账结算和现金收付的主要账户。存款人的工资、奖金等现金的支取只能通过本账户办理。凡符合开户条件的单位均可按规定在当地的一个银行的一个营业机构开一个基本存款账户。

1) 开立基本存款账户的手续

存款人申请开户应填写开户申请书，申请人开立基本存款账户时，应向开户银行出具工商行政管理机关核发的企业法人执照或营业执照正本，提交中国人民银行当地分支机构核发的开户许可证，提交有关部门的证明、批文、承包协议、居民身份证和户口簿等证明文件之一，送交盖有存款人印章的印鉴卡片。

2) 可以申请开立基本存款账户的存款人

可以申请开立基本存款账户的存款人包括企业法人、企业法人内部单独核算的单位、管理财政预算资金和预算外资金的财政部门、实行财政预算管理的行政机关、事业单位、县级(含)以上部队、武警单位、外国驻华机构、社会团体、单位附设的食堂、招待所、幼儿园、外地常设机构、私营企业、个体经营户和承包户。

2. 一般存款账户

它是存款人在基本存款账户以外的其他银行办理转账结算、借款转存和现金缴存的账户。该账户不能办理现金支取。

存款人可以申请开立一般存款账户：在基本存款账户以外的银行取得借款的与基本存款账户的存款人不在同一地点的附属非独立核算单位。申请开立一般存款账户，应向开户银行出具开立基本存款账户规定的证明文件、基本存款账户登记证和借款合同等证件之一。

3．专用存款账户

它是存款人因特殊资金用途而需要开立的账户。如可以就基本建设资金、更新改造资金及其他专户管理资金的使用向银行申请开立该账户。

存款人可以就下列资金的使用申请开立专用存款账户：基本建设资金、更新改造资金和特定用途需专户管理资金。

申请开立专用存款账户时，存款人应出具开立基本存款账户规定的证明文件、基本存款账户登记证和经有权部门批准立项的文件或有关部门的批文等。

4．临时存款账户

它是存款人因临时经营活动而需要开立的账户。通过该账户可以办理转账结算和根据国家现金管理规定办理的现金收付。外地临时机构、临时经营活动需要可以申请开立临时存款账户。

申请开立临时存款账户，存款人应向银行出具工商行政管理机关核发的营业执照、临时执照或有权部门同意设立外来临时机构的批文。

商业银行为存款人开立账户，应登记开销户登记簿，编列账号，设立分户账，并向存款人发售有关结算凭证，存款人可根据需要签发各种结算凭证，通过账户办理资金收付。

(二)账户管理

对单位开立的存款账户要加强管理，以强化信贷、结算监督和现金管理。

1．每个单位有一个基本存款账户

单位银行结算账户的存款人只能在银行开立一个基本存款账户。

2．开户实行双向选择

存款人可以自主选择银行，银行也可以自愿选择存款人开立账户。任何单位和个人都不能干预存款人、银行开立或使用账户，银行也不得违反规定强拉客户在本行开户。

3．开户实行核准制度

存款人开立基本存款账户、临时存款账户和预算单位开立专用存款账户实行核准制度，经中国人民银行核准后由开户银行核发开户登记证。但存款人因注册验资需要开立的临时存款账户除外。存款人可以自主选择银行开立银行账户。

4. 实行开户申报制度

各银行对企事业单位开立、撤销账户，必须及时向当地中国人民银行报告。中国人民银行要运用计算机建立账户管理数据库，加强账户管理。

5. 存款人开立和使用银行结算账户应当守法

存款人开立和使用银行结算账户应当遵守法律、行政法规，不得利用银行结算账户进行偷逃税款、逃废债务、套取现金及其他违法犯罪活动。

6. 不准开空头、远期支票

开户单位在银行的存款账户，必须有足够的资金保证支付，不准开空头支票、远期支票套取银行信用。

四、单位存款业务会计科目的设置

1. "活期存款"科目

本科目属负债类科目，用来核算银行吸收单位存入的活期存款。该科目贷方登记客户存入本行的活期存款，借方登记客户从本行支出的活期存款。余额在贷方，反映在本行结存的活期存款。本科目应按存款种类及存款单位进行明细核算。

2. "定期存款"科目

本科目属负债类科目，用来核算银行吸收单位存入的定期款项，包括单位大额可转让定期存单。该科目贷方登记客户存入本行的定期存款，借方登记客户从本行支出的定期存款。余额在贷方，反映在本行结存的定期存款。本科目应按存款种类及存款单位进行明细核算。

3. "活期储蓄存款"科目

本科目属于负债类，用来核算吸收的居民个人活期储蓄存款。该科目贷方登记客户存入本行的活期储蓄存款，借方登记客户从本行支出的活期储蓄存款。余额在贷方，反映在本行结存的活期储蓄存款。本科目按储户进行明细科目核算。

4. "定期储蓄存款"科目

本科目属负债类，用来核算银行吸收的居民个人定期储蓄存款，包括整存整取、零存整取、整存零取、存本取息和大额可转让个人定期存单等定期储蓄存款。商业银行吸收的个人通知存款也在本科目核算。

该科目贷方登记居民个人存入本行的定期储蓄存款，借方登记居民个人从本行支取的定期储蓄存款。余额在贷方，反映在本行结存的定期储蓄存款。本科目应按存款种类及储户进行明细核算。

5. "利息支出"科目

本科目属损益类，用来核算银行在进行存款、借款以及发行金融债券等业务中按国家规定的适用利率向债权人支付的利息，属于商业银行的负债成本。

商业银行与金融机构之间发生拆借、存款等业务以及再贴现、转贴现资金的利息支出，在"金融企业往来支出"科目中核算，不在本科目核算。

商业银行按照权责发生制原则定期计提应付利息时，借记本科目，贷记"应付利息""发行债券(应付利息)"科目。

如果商业银行不按权责发生制原则定期预提利息，而是采用现金收付实现制核算利息支出，则在此条件下，该科目反映实际直接支付给客户的利息支出。发生的利息支出也不再通过"应付利息"科目核算。

期末应将本科目余额结转利润，借记"本年利润"科目，贷记本科目，结转后本科目应无余额。本科目应按利息支出项目进行明细核算。

6. "应付利息"科目

本科目属负债类，预提费用性质，按期在每一预提日一次集中计算。根据权责发生制原则，核算银行对吸收的存款及各种借款，自上次预提日起至本次预提日止预提的应付未付的利息。

该科目贷方登记预提日集中计算提取的应付未付利息，借方登记客户在取息或清户时实际支付客户的利息。余额在贷方，反映结存的应付未付利息。

商业银行预提应付利息时，借记"利息支出""金融企业往来支出"等科目，贷记本科目。实际支付利息时，借记本科目，贷记"活期存款""现金"等科目。

本科目应按存款、借款的种类进行明细核算。

五、单位存款业务的核算

(一)单位活期存款业务的核算

1. 存入现金

存款单位向开户银行存入现金时，缴款单位应填制一式两联缴款单，连同现金交营业柜员。营业柜员对所填的户名、账号、大小写金额审查是否相符，对现金逐张清点，零数与缴款单核对一致后，在缴款单上加盖"现金收讫"章和名章，登记现金收入登记簿。第一联盖上"现金收讫"章作为回单退缴款单位，现金缴款单第二联作为登记现金收入日记簿与单位存款分户账的依据。会计分录如下：

借：现金——业务现金——营业现金
  贷：活期存款——××单位户

2. 支取现金

存款单位向开户银行支取现金时，应签发现金支票并在支票上加盖预留银行印鉴由取款人背书后送交开户银行营业柜员，营业柜员应对支票内容进行严格审查，审查支票是否挂失，背书人与收款人名称是否一致，核验印鉴，大额现金支出经有权人审批，必要时还可向持票人索阅证件。经审查无误后，以现金支票代现金付出传票，登记取款单位分户账后，其会计分录为：

借：活期存款——××单位户
  贷：现金——业务现金——营业现金

3. 单位活期存款户的随时对账

单位活期存款户一般使用复写账页，当账页记满时，应及时送开户单位进行逐笔勾兑、对账，如核对相符，单位应将对账回单加盖预留银行印鉴送还开户银行，如有不符，单位应在回单联注明未达账项及金额，将对账回单加盖预留银行印鉴送还开户银行，以便双方及时查找。商业银行对于对账回单联应按科目、账号顺序排列，装订保管，以备查考。

4. 单位活期存款户的定期对账

每季度末，商业银行还要向开户单位填发一式两联余额对账单(如表7-1所示)，第一联加盖业务公章后，两联一并交给开户单位对账。开户单位核对后，将对账单第一联留存，第二联回单加盖预留印鉴后退回银行，如经核对发现不符，开户单位应在对账单回单联注明未达账项及金额，以便双方查找处理。对于双方账务长期不符的开户单位，要采取必要的措施，限期查清。银行将开户单位退回的对账回单按科目、账号顺序排列，装订保管。

(二)单位定期存款业务的核算

单位定期存款指在存款时将本金一次存入，事先约定支取日的存款，即商业银行与存款人双方在存款时事先约定期限、利率，到期后方可支取的存款。单位定期存款的起存金额为1万元，多存不限，不得提前支取；期限分为3个月、6个月、1年三个档次。

1. 存入款项

单位办理定期存款时，应按存款金额签发转账支票，交开户银行。商业银行接到支票，按有关规定审查无误后，以转账支票代转账借方传票登记存款单位分户账，并登记开销户登记簿。其会计分录如下：

借：活期存款——单位存款户
　　贷：定期存款——存款单位户

单位定期存单应注明单位名称，存款单位可另外预留印鉴。存单开出后，不得流通转让。

表 7-1　中国××银行对账单格式

年　　　月　　　日

单位名称：		对账截止日期　　年　　月　　日	
账号	银行余额	核对结果	
		□相符	□不相符
		□相符	□不相符
		□相符	□不相符
上列金额请核对，核对相符的，请在核对结果栏"□相符"内打"√"，不符的在"□不相符"内打"√"并列明不符款项于　日内盖章后退我行。逾期不退，我行视为核对相符。 　　　　　　　　　银行盖章 　　　　　　　年　　　月　　　日			(单位盖章) 　　　年　　　月　　　日
兹将不符款项列示如下：			
账号	发生日期	凭证号	单位账上 无以下款项	你行账上 无以下款项

账号	发生日期	凭证号	单位账上无以下款项		你行账上无以下款项	
			借方	贷方	借方	贷方

2. 支取款项

单位持到期或过期的定期存单来行支取存款时，凭印鉴支取的，应在存单上加盖预留银行印鉴后送交银行。银行应抽出该户卡片账与存单核对户名、金额、印鉴等无误后，计算应付利息，填制利息清单，办理转账，并销记开销户登记簿。其会计分录为：

借：定期存款——存款单位户
　　贷：活期存款——存款单位户

单位存款到期后如要求续存，可办理续存手续，同时应结清旧户另开新存单，其处理方法比照前述存、取款手续办理。

(三)单位通知存款业务的核算

通知存款是存款人在存入款项时不约定存期,支取时需提前通知金融机构,约定支取存款日期和金额方能支取的存款。通知存款分为个人通知存款和单位通知存款两种。所有通知存款不管实际存期的长短,统一按存款人取款提前通知的期限长短划分为一天通知存款和七天通知存款两个品种,选择通知存款品种后不得变更。一天通知存款必须至少提前一天通知约定支取存款,七天通知存款必须至少提前七天通知约定支取存款。

单位通知存款是指存款人在存入款时不约定存期,支取时需提前通知金融机构,约定支取日期和金额方能支取的存款。凡在开户行开立人民币基本存款账户或一般账户的企业、事业、机关、部队、社会团体和个体经济户等单位,只要通过电话或书面通知开户行的公司存款部门,即可申请办理通知存款。客户不需要约定存期,只在支取时事先通知存款银行即可。

1. 开户

开户时单位须提交开户申请书、营业执照正本及副本影印件等,并预留印鉴。印鉴应包括单位财务专用章、单位法定代表人章(或主要负责人章)、财务人员章及变码印鉴(适用于具备条件的分支机构)。银行为客户开出记名式《单位通知存款开户证实书》(以下简称证实书),证实书仅对存款单位开户证实,不得作为质押权利凭证。证实书如果遗失,银行不予办理挂失,不再补发新的证实书。支取存款时,客户应向银行出具证实书遗失公函,银行按约定的支取方式办理取款手续。

单位通知存款为记名式存款,起存金额50万元,须一次性存入,可以选择现金存入或转账存入,存入时不约定期限。商业银行会计分录为:

借:单位活期存款(或现金)——××单位户
　　贷:定期存款——××通知存款户

2. 通知

存款人进行通知时应向开户银行提交《单位通知存款取款通知书》。客户本人到银行或者传真通知,但支取时须向银行递交正式通知书。

3. 支取

单位通知存款可一次或分次支取,每次最低支取额为10万元以上,支取存款利随本清,支取的存款本息只能转入存款单位的其他存款户,不得支取现金。具体支取方式包括单笔全额支取和部分支取。单笔全额支取时,存款单位需出具单位通知存款证实书。部分支取须到开户行办理。部分支取时账户留存金额不得低于50万元,低于50万元起存金额的,做一次性清户处理,并按清户日挂牌活期利率计息办理支取手续并销户。留存部分金额大于 50 万元的，银行按留存金额、原起存日期和原约定通知存款品种出具新的通知存款证实书。

客户应与银行约定取款方式，填写《通知存款支取方式约定书》。清户时，客户须到开户行办理手续，银行将账户本息以规定的转账方式转入其指定的账户。银行支付本息的会计分录为：

借：定期存款——××通知存款户
　　应付利息——应付定期储蓄利息
　　贷：单位活期存款

单位通知存款利率按中国人民银行规定同期利率执行。单位通知存款实行账户管理，其账户不得作结算户使用。

通知存款如遇以下情况，按活期存款利率计算：实际存期不足通知期限的、未提前通知而支取的、已办理通知手续而提前支取或逾期支取的、支取金额不足或超过约定金额的、支取金额不足最低支取金额的。通知存款如已办理通知手续而不支取或在通知期限内取消通知的，通知期限内不计息。

第二节　储蓄存款业务

一、活期储蓄存款业务的核算

活期储蓄存款是一种无固定存期、可随时存取、存取金额不限的一种比较灵活的储蓄方式。人民币活期储蓄开户时 1 元起存，多存不限，一般凭存折办理款项的续存或支取。

1. 开户与续存的处理

储户第一次到储蓄所办理存款，填写开户申请书，逐项填入开户日期、户名、存入金额和家庭住址等并交验身份证，凭印鉴支取存款的，还要预留印鉴，将存款凭条连同现金(凭印支取的连同印章)一并交银行营业柜员，营业柜员为其办理开户手续。营业柜员登记"开销户登记簿"(如表 7-2 所示)编列账号，开立并登记"活期储蓄分户账"，核对现金无误后，开具存折，根据存款金额查算出应计利息积数，记入"活期储蓄分户账"，填写活期储蓄存折。其会计分录为：

借：现金——业务现金——营业现金
　　贷：活期储蓄存款——××户

如储户要求凭印鉴支取，则应在分户账上预留印鉴。

储户续存时，处理手续与开户时基本相同。

表 7-2　中国××银行开销户登记簿格式

行名：　　　　　　　　　　填表日期：　　　　　　　　总页号

序号	开户日期	客户编号	存款种类	开户许可证号	支取依据	账户名称	印鉴卡编号	对账单地址

2. 支取与销户

储户来行支取存款时，应填写活期储蓄取款凭条，凭印鉴、密码支取的还要在凭条上加盖印鉴，输入密码，连同存折交营业柜员。营业柜员抽出印鉴卡核对印鉴，调出分户账卡，同存折核对相符后，先登记存折后登记分户账，结出新存款余额；按支取金额查出积数，由原积数中减去，结出积数余额并记账、登折，以取款凭条代现金付出传票。会计分录为：

　　借：活期储蓄存款——××户
　　　　贷：现金——业务现金——营业现金

储户支取全部存款，不再续存时称为销户。储户应根据存折上的最后余额填写取款凭条，经办员除办理一般支取手续外，还应根据最后支取的金额查出应扣积数，结出积数余额并计算出利息。

由于不同的银行对于活期储蓄存款的利息核算方式不同，因此活期储蓄存款利息的核算因各银行核算时采用的利息核算方式而有所区别。具体说来有两种方式，即权责发生制核算方式和现金收付制核算方式。

采用权责发生制核算利息方式的银行，一般按季定期预提活期储蓄存款的利息，预提利息时根据活期储蓄存款计息余额表计算累计计息积数，算出本期应提利息。会计分录为：

　　借：利息支出——储蓄利息支出户
　　　　贷：应付利息——活期储蓄存款利息

银行在为客户销户时，取款凭条、账、折上要加盖"结清"戳记，注销"开销户登记簿"记录，根据本金余额和应付利息，存折作取款凭条附件，账页另行保管。两份利息清单，一份登记"应付利息——活期储蓄存款利息"账，一份给客户，支清本利，会计分录为：

　　借：活期储蓄存款——××户
　　　　应付利息——活期储蓄存款利息
　　　　贷：现金——业务现金——营业现金

由于"应付利息——活期储蓄存款利息"是截至上次预提日的余额，预提日后至支取日并未预提利息，但银行的活期储蓄存款计息余额表上会有该笔存款本时间段内每天的余额积数，银行会在下次预提时自动补提这段时间的利息，所以银行在清户时不用补提这段时间的利息。

采用现金收付制核算利息方式的银行，不预提利息，只在支付利息时，直接记入"利息支出——储蓄利息支出户"，其余手续与采用权责发生制核算利息方式的银行核算方法一致。会计分录为：

　　借：活期储蓄存款——××户
　　　　利息支出——储蓄利息支出户
　　　贷：现金——业务现金——营业现金

二、定期储蓄存款业务的核算

定期储蓄存款是指存入时约定存期，一次或按期分次存入本金，整笔或分期、分次支取本金或利息的一种储蓄方式。其特点是存款时间较长，存期固定。按本息的存取方式不同，定期储蓄存款主要分为整存整取、零存整取、整存零取和存本取息四种。

1. 整存整取

整存整取是指约定存期，整笔存入，到期一次支取本息的一种储蓄。存期分为3个月、半年、1年、2年、3年、5年六个档次，起点为50元，存款开户的手续与活期相同，只是农村信用社给储户的取款凭证是存单。提前支取时必须提供身份证件，代他人支取的不仅要提供存款人的身份证件，还要提供代取人的身份证件。该储种只能进行一次部分提前支取。到期支取，利息按存入时的约定利率计算，利随本清。提前支取，利息按中国人民银行规定的支取日挂牌公告的活期存款利率计算。

1) 开户

储户填写"定期储蓄开户申请书"，逐项填入开户日期、户名、存入金额、存期和住址等，将申请书和现金交银行经办柜员，储户如约定凭印鉴支取，还应填具印鉴卡，由银行预留印鉴。经办柜员接开户申请书和现金，清点现金无误后，登记客户资料，填写一式三联"定期整存整取储蓄存单"。三联单一般为存单、分户账和监督账，其中存单办妥业务后给客户，分户账作为定期储蓄存款凭证留存，监督账交事后监督保管。其会计分录为：

　　借：现金——业务现金——营业现金
　　　贷：定期储蓄存款——××整存整取户

2) 到期支取

储户持到期存单来行取款时，营业柜员对有关证件核对相符后，按规定利率计算利息，填写两联储蓄存款利息清单，登记开销户登记簿。以存单代现金付出传票，会计分录如下：

借：定期储蓄存款——××整存整取户
　　应付利息——应付定期储蓄利息
　　贷：现金——业务现金——营业现金
定期存款可按有关规定提前支取和过期支取。

2. 零存整取

指约定存期、每月固定存款、到期一次支取本息的一种储蓄。开户手续与活期储蓄相同，只是每月要按开户时的金额进行续存。储户提前支取时的手续比照整存整取定期储蓄存款有关手续办理。一般 5 元起存，多存不限，每月存入一次，中途如有漏存，应在次月补齐。计息按实存金额和实际存期计算，存款利率按中国人民银行规定的挂牌利率计算。该储种利率低于整存整取定期存款，但高于活期储蓄，存期分为 1 年、3 年和 5 年。

零存整取可以预存(次数不定)和漏存(如有漏存，应在次月补齐，但漏存次数累计不超过两次)，漏存两次(含)以上的账户之后的存入金额按活期存款计息。账户金额等于应存金额时不允许存入。不允许部分提前支取。储户可以约定零存整取账户进行自动供款，即在开立零存整取存款时，由储户指定某一活期存款账户，自动按月从该活期账户扣划相应金额至零存整取账户；客户也可在存期内任意时间增加或取消约定，也可以修改指定的供款账户。

1) 开户与续存

零存整取定期储蓄存款的开户及续存手续，与活期储蓄存款基本相同。会计分录为：

借：现金——业务现金——营业现金
　　贷：定期储蓄存款——零存整取户

储户按月续存时，将存折、现金一起交银行营业柜员，其余处理手续与开户时基本相同。

2) 支取

储户取款时，应将存折交银行营业柜员。营业柜员将账折核对无误后按规定结出利息，填制利息清单，以存折代现金付出传票。会计分录为：

借：定期储蓄存款——××零存整取户
　　应付利息——应付定期储蓄利息
　　贷：现金——业务现金——营业现金

其余手续与整存整取定期储蓄存款业务基本相同。

3. 整存零取

指本金一次存入，固定期限分次支取本金的一种储蓄。存款开户的手续与活期相同，存入时 1000 元起存，支取期分 1 个月、3 个月及半年一次。在开户时由储户与银行储蓄机构商定。利息于期满结清时支付,存款利率按中国人民银行规定的挂牌利率计算。存期分1年、3年和5年。

1) 开户

开户时营业柜员根据储户姓名、存入金额、期限以及支取的次数和时间,填写三联"定期整存零取存单"。会计分录为:

借:现金——业务现金——营业现金
　　贷:定期储蓄存款——××整存零取户

其余处理手续与整存整取基本相同。

2) 支取

储户按约定时间来行取款时,应填写定期储蓄整存零取取款凭条,连同存单一并交营业柜员。营业柜员核对无误后记账。会计分录为:

借:定期储蓄存款——××整存零取户
　　贷:现金——业务现金——营业现金

储户最后一次取款时,以存单作取款凭条附件一并支付本金和利息。如过期支取,需要登记"定期储蓄逾期支取登记簿",应在存单和卡片账上注明过期支付的日期,并按规定利率计付过期利息。

4. 存本取息

指约定存期、整笔存入、分次取息、到期一次支取本金的一种储蓄。一般是 5000 元起存。存期有 1 年、3 年和 5 年三个档次,其开户和支取手续与活期储蓄相同,提前支取时与定期整存整取的手续相同,存款利率按存入日中国人民银行规定的挂牌利率计算。存本取息不得提前支取利息,如到约定取息日而未取息,以后可随时取息,但不计算复息。

1) 开户

开户时由储户填写开户书,注明姓名、存期及每次取息日期,连同现金交营业柜员。经营业柜员审核无误后记账。会计分录为:

借:现金——业务现金——营业现金
　　贷:定期储蓄存款——××存本取息户

开户的其余处理手续与整存整取定期储蓄存款相同。

2) 取息

储户按照规定时间前来取息时,应持存单并填写存本取息定期储蓄存款取息凭条,经审核无误后,凭以登记存单、账卡并付款,以取息凭条代现金付出传票。会计分录为:

借:应付利息——应付定期储蓄利息
　　贷:现金——业务现金——营业现金

其余处理手续与整存整取定期储蓄存款计付利息时基本相同。

3) 到期支取

存款到期时，储户支取最后一次利息的手续与前面所述相同。支取本金，以存单代现金付出传票并凭以付款。

第三节 各类存款利息的核算

一、利息

利息是由于转让货币资金使用权，由受让者向出让者所支付的报酬。商业银行在业务经营中，吸收单位和个人的存款，就必须付给存款单位和个人一定的报酬，即存款利息。

利息计算公式为：

$$利息 = 本金 \times 存期 \times 利率$$

本金、存期和利率称为计算利息的"三要素"，它们与利息成正比，当本金越大，存期越长，利率越高时，利息也就越多。

1. 存期

存期是存款人的存款时间，存期"算头不算尾"，也就是存入日计算利息，支取日不计算利息，其计算方法是从存入日算至支取的前一日为止。在计算存期时，应注意与利率在计算单位上的一致性，即存期以天数计算时，用日利率，存期以月计算时，用月利率，存期以年计算时，用年利率。

2. 利率

利率是指一定存款的利息与存款本金的比率。利率由国务院授权中国人民银行制定并公布，各金融机构执行。

利率分为年利率、月利率和日利率三种。

年利率是一年的利息额与存(贷)款额之比，通常以百分之几表示。如活期存款年利率为3%，即100元的贷款额一年的利息为3元。

月利率是一个月的利息额与存(贷)款额之比，通常以千分之几表示。如存款月利率为1.5‰，即1000元存款一个月的利息为1.5元。

日利率是一天的利息额与存(贷)款额之比，通常以万分之几表示。如存款日利率为1‱，即10 000元存款一天的利息为1元。

在运用利率时应注意相互的换算关系，即：

年利率÷12=月利率

月利率÷30=日利率

3. 本金

本金元位起息，元位以下不计息。计算的利息保留到分位，分位以下四舍五入。

4. 计息积数

是由本金和存期派生的一个计息概念。按实际天数每日累计账户余额，以累计计息积数乘以日利率计算利息的方法。计息公式为：

$$利息 = 累计计息积数 \times 日利率$$
$$累计计息积数 = 每日余额合计数$$
$$日利率 = 年利率 \div 360$$

这个主要用于计算利息，而且比较方便。

二、利息核算的原则

存、贷款利息的核算原则，决定了会计科目的设置和使用方法，利息核算的原则有两种：权责发生制原则和收付实现制原则。

权责发生制是以应收应付作为标准来处理经济业务，确定本期收入和费用以计算本期盈亏的会计处理基础，在应计制下，凡属本期客户存款或贷款，不管其利息是否实际收付现金，都要记入本期的收支；视为本期应该负担的利息支出或应该取得的利息收入进行预提，记入利息支出或收入科目。而对本期实际支出或收到的利息则视为原预提的应收利息或应付利息的结算。

收付实现制是以款项的实际收付为标准来处理经济业务，确定本期收入和费用，计算本期盈亏的会计处理基础。在现金收付的基础上，对于利息的收支，只以利息实际的现款付出或收入计算当期的利息的支出或收入，凡本期还没有用现款支付的利息支出和没有以现款收到的利息收入，即使它归属于本期，也不作为本期利息的支出或收入处理。

目前，利息核算的原则一般采用权责发生制，但有的银行也采用收付实现制原则记账。

存、贷款利息的核算，在权责发生制原则下，都要设置"应收利息"或"应付利息"科目，银行在核算利息时，一般只有在预提日和利息收支调整日才会使用"利息收入"或"利息支出"科目，平时对客户结算收支利息都使用"应收利息"或"应付利息"科目核算。在收付实现制原则下，不设置或使用"应收利息"或"应付利息"科目，在对客户结算利息时，直接使用"利息收入"或"利息支出"科目核算。

三、利息计算的一般规定

人民币储蓄存款按储种可分为活期存款、整存整取、零存整取、整存零取、存本取息、定活两便和通知存款。随着利率市场化的推进，目前中国人民银行公布的是各类存款的基准利率，即各类存款利率的上限，开办储蓄业务的金融机构可在基准利率基础上实行下浮利率，但在客户存款时须告知具体存款利率水平，储户也可在商业银行营业厅、网站上查询该商业银行的存款利率。

目前，活期储蓄存款在存入期间遇有利率调整，按结息日挂牌公告的活期储蓄存款利率计付利息。全部支取活期储蓄存款，按清户日挂牌公告的活期储蓄存款利率计付利息。

活期储蓄存款每季度结息一次，每季末月的20日为结息日，按结息当日挂牌的活期利率计息，结息时应把结息日当天计算在内，下季度的利息从结息日的次日开始算起。商业银行在结息日将利息转入储户账户。如果储户在结息日前清户，商业银行将按当日挂牌活期利率计算利息并连同本金支付给储户。

定期整存整取存款按存单开户日挂牌公告的相应的定期储蓄存款利率计算利息。如在存期内遇利率调整，不论调高或调低，均按存单开户日所定利率计付利息，不分段计息。如储户提前支取，全部提前支取或部分提前支取的部分，按支取日挂牌公告的活期储蓄利率计息，未提前支取的部分，仍按原存单所定利率计付利息。

除活期储蓄存款和整存整取定期存款计结息规则由中国人民银行确定外，其他储种的计、结息规则由商业银行法人以不超过中国人民银行同期限档次存款利率上限为原则，自行确定并提前告知客户。客户可向商业银行查询该行的计结息规则。

活期存款按实际存款的天数计算。计息天数按"算头不算尾"的方法计算，即一笔存款存入银行后，其利息从存入当天起一直算到支取日的前一天为止，存款的当天有息，支取的当天无息。

单位定期存款到期或逾期支取时，按对年、对月和对日确定到期日。存期内按整年或整月计算；逾期部分按实际天数计算；提前支取时，存期按实际存款天数计算。

个人和单位活期存款采用积数计息法按实际天数计算利息。

整存整取定期存款采用逐笔计息法按计息期合计年(月)数计算利息。

定期储蓄存款存期一律按对年、对月和对日计算，无论大月、小月、平月和闰月，每月均按30天计算，全年按360天计算，不足一个月的零头天数按实存天数计算。

计算利息时，利息金额计至分，分以下四舍五入。

外币存款中，日元的利息计算到元，元以下忽略不计；其他币种计算到分位。

存款利息一般均采用转账方式结计。各项存款利息均要在结息日的次日为客户转账支付到本金账户中。

四、存款利息的计算方法

商业银行主要采用积数计息法和逐笔计息法计算利息。积数计息法便于对计息期间账户余额可能会发生变化的储蓄存款计算利息。因此，商业银行主要对活期性质的储蓄账户采取积数计息法计算利息,包括活期存款、零存整取和通知存款。而对于定期性质的存款,包括整存整取、整存零取、存本取息和定活两便,商业银行采用逐笔计息法计算利息。

(一)积数计息法

积数计息法就是按实际天数每日累计账户余额,以累计积数乘以日利率计算利息的方法。积数计息法的计息公式为:

$$利息 = 累计计息积数 \times 日利率$$

$$其中累计计息积数 = 账户每日余额合计数$$

【例 7-1】 某储户活期储蓄存款账户变动情况如表 7-3 所示(单位:人民币元),银行计算该储户活期存款账户利息时,按实际天数累计计息积数,按适用的活期储蓄存款利率计付利息。

表7-3　活期储蓄存款账户变动情况表

日期	存入	支取	余额	计息期	天数	计息积数
2007.1.2	10 000		10 000	2007.1.2—2007.2.2	32	32×10 000=320 000
2007.2.3		3 000	7 000	2007.2.3—2007.3.10	36	36×7 000=252 000
2007.3.11	5 000		12 000	2007.3.11—2007.3.20	10	10×12 000=120 000
2007.3.20			12 000			

银行每季末月 20 日结息,2007 年 3 月 20 日适用的活期存款利率为 0.72%。因此,到 2007 年 3 月 20 日营业终了,银行计算该活期存款的利息为:

利息=累计计息积数×日利率

　　=(320 000+252 000+120 000)×(0.72%÷360)=13.84(元)

(二)逐笔计息法

逐笔计息法是按预先确定的计息公式逐笔计算利息的方法。采用逐笔计息法时,银行在不同情况下可选择不同的计息公式。

(1) 计息期为整年(月)时,计息公式为:

$$利息 = 本金 \times 年(月)数 \times 年(月)利率$$

(2) 计息期有整年(月)又有零头天数时,计息公式为:

$$利息 = 本金 \times 年(月)数 \times 年(月)利率 + 本金 \times 零头天数 \times 日利率$$

(3) 银行也可不采用第一、第二种计息公式,而选择以下计息公式:

$$利息 = 本金 \times 实际天数 \times 日利率$$

其中实际天数按照"算头不算尾"原则确定,为计息期间经历的天数减去一。逐笔计息法便于对计息期间账户余额不变的储蓄存款计算利息,因此,银行主要对定期储蓄账户采取逐笔计息法计算利息。

【例 7-2】 某客户 2007 年 4 月 1 日存款 10 000 元，定期 6 个月，当时 6 个月定期储蓄存款的年利率为 2.43%，客户在到期日(即 10 月 1 日)支取，利息是多少？

(1) 这笔存款计息为 6 个月，属于计息期为整年(月)的情况，银行可选择"利息=本金×年(月)数×年(月)利率"的计息公式。

利息=10 000×6×(2.43%÷12)=121.50(元)

(2) 银行也可选择"利息=本金×实际天数×日利率"的计息公式，这笔存款的计息期间为 2007 年 4 月 1 日—10 月 1 日，计息的实际天数为 184 天。

利息=10 000×184×(2.43%÷360)=124.20(元)

由于不同计息公式计算利息存在差异，请储户在存款时向银行咨询计息方法的相关情况。

(三)运用利息查算表计算活期储蓄存款利息

1. 利息查算表

利息查算表是根据我国活期储蓄存款每年 6 月 30 日进行一次结息的惯例，为了简化计算的需要而编制，编表时采用固定利率，区分不同本金额，按照编表的固定利率计算自编表日至下一个 6 月 30 日之间的利息金额，填入利息查算表中作为计算利息的工具。

该表每天 1 张，每月 30 张(其中 2 月份 29 张)，全年 359 张，其中 31 日发生业务使用 30 日的查算表。从利息查算表的张数可以看出，该表不分大月小月，一律按每月 30 天计算利息。由于制表利率是固定的，所以当结息日或销户日的挂牌活期储蓄存款利率与制表利率不一致时，必须将最终利息余额进行换算。编表依据的利息计算公式是：

利息=本金×存期×利率

使用利息查算表计算利息，当储户来行存入款项时，根据存款的金额，通过利息查算表查出该笔存款自存入日到下一个 6 月 30 日结息日按照编表固定利率计算的客户应得利息额记入有关凭证及账页的利息余额栏目内。

当储户来行支取存款时，通过利息查算表查出该笔存款自支取日到下一个 6 月 30 日结息日按照编表固定利率计算的客户应扣利息额记入有关凭证及账页的利息余额栏目内；每次发生存款业务都如此计算应加或应减利息额。

清户或结息时，按最后利息余额乘以清户或结息日银行挂牌活期利率与编表所采用的固定利率的比值，确定应付客户利息。

所以，目前实际工作中常采用"计息积数查算表"来计算活期储蓄存款利息。

2. 计息积数查算表

计息积数查算表是按每次存取发生额，随时查算出计息积数，结出应付计息积数，结息日根据分户账上的最后计息积数余额和规定的活期储蓄日利率计算出应付利息。

该表是根据公式"本金×存期"来编制的。该表每天 1 张,每月 30 张(其中 2 月份 29 张),全年 359 张,其中 31 日发生业务使用 30 日的查算表。

计息积数查算表与利息查算表的编制方法一致,可以这样认为,计息积数查算表就是编表利率使用 100%而编制出来的利息查算表。

五、活期储蓄存款利息的核算

活期储蓄存款利息的核算,根据不同的核算原则,区分不同的核算方式。采用权责发生制原则计提的银行,其核算分为银行内部活期储蓄存款利息的计提和实际支付客户利息的核算。采用现金收付制原则核算的银行,不进行银行内部活期储蓄存款利息的计提,只计算实际支付客户的利息。

(一)采用权责发生制原则计提活期储蓄存款利息

银行需要按日填制本行全部活期储蓄存款计息余额表(如表 7-4 所示)。

表 7-4　活期储蓄存款计息余额表

日　期	余　额
1 日	
……	
10 日	
10 天小计	
11 日	
……	
20 日	
20 天小计	
21 日	
……	
31 日	
本月合计	
加:至上月底未计息积数	
减:至本月底不计息积数	
调账　应加积数	
应减积数	
本月计息积数	

银行计提利息时,按照下列公式计算本月计息积数:

本月计息积数=本月合计+至上月底未计息积数-至本月底不计息积数
+应加积数-应减积数

按照现行利息计算政策,存款积数按照实际日历天数计算。

本月应付利息=本月计息积数×计提日活期储蓄存款日利率

使用权责发生制原则核算单位活期存款时,先预提利息,然后再结息转本。

预提利息时会计分录为:

借:利息支出——活期存款利息支出户

　　贷:应付利息——应付活期存款利息

结息转本时,会计分录为:

借:应付利息——应付活期存款利息

　　贷:活期存款——存款单位户(或现金)

如遇客户清户时,银行只需计算自上次预提日至客户清户日的应计利息,付给客户的会计分录同结息转本时的会计分录。由于银行按日填制活期储蓄存款计息余额表,自上次预提日至客户清户日的未计利息,会在下次预提利息时自动补提。

(二)采用现金收付制原则核算活期存款利息

采用现金收付制原则核算活期存款利息的银行,不进行活期存款利息的预提,通过定期结息和清户结息按实际支付客户利息金额核算银行利息支出,计息方法有积数计息法和分户账账页计息法两种。两种方法前已有述,此不赘述。

采用现金收付制原则核算活期存款利息的银行,活期储蓄存款利息的结算有两种情况:一是结息日;二是销户日。

1. 结息日结息

每年 6 月 30 日营业终了,分户账上的计息积数就是本计息年度的应计积数。结息时,先将应计积数乘以结息日挂牌公告的活期储蓄存款利率,计算出该计息年度的利息数,转入本金,结出新的存款余额。

根据结息日结出的各户入账利息,填制活期储蓄存款结息清单,并结出合计数,据以编制传票记账。会计分录为:

借:利息支出——储蓄利息支出户

　　贷:活期储蓄存款——××户

结息后,储户第一次来行办理存取款业务时,应先将利息补登存折,然后再办理存取款手续。

2. 销户日结息

储户中途销户时，将分户账上的计息积数减去按销户时的本金从当日计息积数查算表中查得的计息积数后得到的差额，再乘以当日挂牌公告的活期储蓄存款利率，得出应付储户的利息额。

根据销户日算出的利息支出数，填制活期储蓄存款结息清单，并结出合计数，活期存款清户时本息以现金支付，银行登记开销户登记簿，以清户收回的存折(单)和利息清单作为记账凭证附件。会计分录为：

借：活期储蓄存款——××户
　　利息支出——储蓄利息支出户
　贷：现金——业务现金——营业现金

六、定期储蓄存款利息的核算

定期储蓄存款利息的核算，根据不同的核算原则，也区分不同的核算方式。采用权责发生制原则计提的银行，其核算分为银行内部定期储蓄存款利息的计提和实际支付客户利息的核算。采用现金收付制原则核算的银行，不进行银行内部定期储蓄存款利息的计提，只计算实际支付客户的利息。

(一)采用权责发生制原则计提定期储蓄存款利息

银行需要按日填制本行全部定期储蓄存款计息余额表(如表 7-5 所示)。
银行计提利息时，按下列公式计算本月计息积数：
　本月计息积数=本月合计+至上月底未计息积数-至本月底不计息积数+应加积数
　　　　　　　-应减积数
按照现行利息计算政策，存款积数按照实际日历天数计算。
　　　　　本月应付利息=本月计息积数×计提日定期储蓄存款日利率
预提利息时会计分录为：
借：利息支出——定期存款利息支出户
　　贷：应付利息——应付定期存款利息
清户或支付利息时，打印利息清单，会计分录为：
借：应付利息——应付定期存款利息
　　贷：活期存款——××户(或现金)

表7-5 定期储蓄存款计息余额表

储蓄种类：　　　　　　　　　　年　　　月份　　　　共　页　　第　页

余额＼存期档次　日期					
1日					
……					
10日					
10天小计					
11日					
……					
20日					
20天小计					
21日					
……					
31日					
本月合计					
加：至上月底未计息积数					
减：至本月底不计息积数					
调账	应加积数				
	应减积数				
本月计息积数					

(二)采用现金收付制原则核算定期存款利息

采用现金收付制原则核算定期存款利息的银行，不进行定期存款利息的预提，通过定期结息和清户结息按实际支付客户利息金额核算银行利息支出。

清户或支付利息时，根据利息清单支出定期存款利息，会计分录为：

借：利息支出——定期存款利息支出户
　　贷：活期存款——××户(或现金)

(三)客户各类定期存款利息的计算

无论采用什么原则核算客户利息，都必须按照央行有关规定，正确计算客户的利息，不同的利息核算原则的应用，只是影响了银行每月计入定期存款利息支出的费用金额，或者说,是对支付给客户的定期利息支出计入当期费用开支的时间有所不同,并不改变客户的应得利息的金额,也不会改变以实际支付给客户的定期利息支出作为银行定期利息开支的最终费用的本质。

1. 整存整取定期储蓄存款利息的计算

整存整取定期储蓄存款在原定存期内,按开户日利率计付利息;提前支取,其提前支取部分按支取日挂牌公告的活期储蓄存款利率计付活期利息,未提前支取部分,仍按原存单开户利率计息;逾期支取,其逾期支取部分按支取日挂牌公告的活期储蓄存款利率计付活期利息。其利息的计算公式为:

$$应计利息=存款额×存期×利率$$

(1) 到期支取,按开户日利率计付利息。

【例 7-3】储户王某 2004 年 5 月 10 日存入一年期整存整取定期储蓄存款 100 000 元,年利率 1.98%。王某于 2005 年 5 月 10 日来行支取,则利息计算应为:

应付利息=100 000×365×1.98%÷360=2007.5(元)

(2) 提前支取,其提前支取部分按支取日挂牌公告的活期储蓄存款利率计付活期利息。

如上例,储户王某 2004 年 5 月 10 日存入一年期整存整取定期储蓄存款 100 000 元,年利率 1.98%。王某于 2005 年 3 月 10 日来行支取,当日的活期存款利率为 0.72%,则利息计算应为:

应付利息=100 000×303×0.72%÷360=606(元)

(3) 逾期支取,其逾期支取部分按支取日挂牌公告的活期储蓄存款利率计付活期利息。

如上例,如果客户王某于 2005 年 5 月 20 日来行支取,当日的活期存款利率为 0.72%,则利息计算应为:

应付利息=100 000×365×1.98%÷360+100 000×10×0.72%÷360=2027.5(元)

2. 存本取息定期储蓄存款利息的计算

存本取息储蓄存款的利息,先根据整存整取定期储蓄存款利息的计算方法算出利息总额后,再按约定的支取利息次数算出每次应支付的利息数,其公式为:

$$每次支取利息数=本金×存期×利率/支取利息的次数$$

储户如提前支取本金时,应按照实际存期及规定的提前支取利率,计算应付利息,并扣除已支付的利息。

若储户提前支取,应按支取日挂牌公告的活期储蓄存款利率计算利息,并扣回多支付的利息;逾期支取,还要按逾期天数和支取日挂牌公告的活期储蓄存款利率计付逾期利息。

(1) 到期支取和逾期支取,约定存期内按照原定利率计付利息,按照支取频次平均支取利息,逾期部分按支取日活期挂牌利率支付利息。

【例7-4】某储户2000年5月18日存入存本取息定期储蓄存款50 000元，期限3年，利率为3%，约定每半年支付一次利息。2003年5月25日来行清户，且当日挂牌公告的活期利率为0.72%，则利息计算如下：

$$每次应付利息额 = \frac{50\,000 \times 3 \times 3\%}{6} = 750(元)$$

清户时逾期利息=50000×7×0.72%÷360=7(元)

(2) 提前支取，应按支取日挂牌公告的活期储蓄存款利率计算利息，并扣回多支付的利息。

上例如果客户在2002年5月18日提前支取，且当日挂牌公告的活期利率为0.72%，要求办理结清手续。

应付活期利息=50 000×2×0.72%=720(元)

已付利息=4×750=3000(元)

在不考虑利息税的条件下，清户时实际支付客户本息现金为：

实付现金=50 000+720−3000=47 720(元)

3. 整存零取定期储蓄存款利息的计算

整存零取定期储蓄是指个人将属于其所有的人民币一次性存入较大的金额，分期陆续平均支取本金，到期支取利息的一种定期储蓄。起存金额1000元。存期分为1年、3年和5年。

由于整存零取定期储蓄的本金逐次递减，因此，在计算利息时，本金应按平均值计算。其应计利息计算公式为：

应计利息=(全部本金+每次支取本金金额)÷2×存期×利率

【例7-5】储户赵某2004年3月5日来行存入1年期整存零取定期储蓄存款本金24 000元，每月支取2000元。假定年利率为1.98%，赵某于2005年3月5日到期支取，则到期应计利息计算为：

应计利息=(24 000+2 000)÷2×1×1.98%=257.40(元)

4. 零存整取定期储蓄存款利息的计算

我国商业银行对零存整取定期储蓄存款利息计算有以下3种方法。

(1) 月积数计息法。这种方法根据存款账每月余额计算出月积数，而后将累计月积数乘以月利率，即为应付利息。适用于存期内有漏存的零存整取储蓄利息计算，也可用于逐月全存无漏存的零存整取储蓄利息计算，其计算公式如下：

利息=累计存款月积数×月利率

累计存款月积数=每月存储额×[存储月数×(存储月数+1)÷2−漏存存期]

漏存存期=预定存次+1−漏存期次

漏存期次是指第几次漏存，可在分户账上查到，如中间无漏存，则漏存期为零。

第七章　负债业务的核算

【例 7-6】某储户 2000 年 9 月 2 日开户存入零存整取储蓄存款，每月固定存入 50 元，存期 1 年，存入时月利率为 1.65‰，于 2001 年 9 月 2 日支取。月积数计算如下所示。

累计存款月积数=每月存储额×[存储月数×(存储月数+1)÷2−漏存存期]
　　　　　　　=50×12×13÷2=3900

到期利息=3900×1.65‰=6.44(元)

或者套用公式：到期利息=(50+600)×12/2×1.65‰=3900×1.65‰=6.44(元)

(2) 固定基数计息法。该方法是以每月存入 1 元，存满所定期限，到期按规定利率计算出应支付的利息作为基数，然后再乘以存入金额合计数，即为应付利息。适用于每月存入固定金额，中途无漏存的零存整取储蓄利息计算，其计算公式如下：

固定基数应付利息=1 元×平均存期×月利率
本金应付利息=固定基数应付利息×存款金额

其中平均存期应根据等差数列求平均值的方法计算，公式为：

平均存期=(首月+末月)÷2

【例 7-7】某储户于 1999 年 6 月 18 日开户存入零存整取储蓄存款。每月固定存入 1000 元，存期 1 年，于 2000 年 6 月 18 日支取，存入时的利率为年利率 1.98%。月积数计算如表 7-6 所示。

表 7-6　固定基数计息法分户账示例　中国××银行分户账

户名：光明灯具厂　　　　　　账号：14948　　　　　　利率：1.98%

日期			次数	存入	结存	月数	积数
年	月	日		(位数)	(位数)		(位数)
1999	6	18	1	1000	1000	1	1000
	7	29	2	1000	2000	1	2000
	8	28	3	1000	3000	1	3000
	9	30	4	1000	4000	1	4000
	10	20	5	1000	5000	1	5000
	11	30	6	1000	6000	1	6000
	12	27	7	1000	7000	1	7000
2000	1	15	8	1000	8000	1	8000
	2	26	9	1000	9000	1	9000
	3	30	10	1000	10 000	1	10 000
	4	29	11	1000	11 000	1	11 000
	5	25	12	1000	12 000	1	12 000

根据月积数计算表，可计算出储户的存款到期利息。

到期利息=78 000×1.98%÷12=128.70(元)

(3) 计算机精确计算零存整取定期储蓄利息的方法。随着商业银行对计算机系统的广泛应用,过去比较烦琐的手工计算问题,改由计算机替代在瞬间即可完成。只要商业银行对利息计算程序进行简单的修改,即可为客户提供更大范围的和更为准确的零存整取储蓄品种。

准确计算零存整取定期储蓄利息在于利用计算机自动计算准确快捷的特点,使用累计计息日积数法核算客户应得利息的一种方法,所使用的基本计算公式是:

累计计息日积数=$\sum$每次存款金额×存期日数

利息=累计计息日积数×日利率

该种计算方法在储蓄取款时,由计算机分情况自动计算客户应得利息。区分情况包括到期支取、过期支取和提前支取,相关手续可参照定期储蓄有关规定执行,在存期计算上,根据存款期限,以客户开户日的对年、对月、对日为到期日,不分大月小月,月均按30天计算,采取对年对月对日计算法。其精确计算如表7-7所示。

表7-7 精确计算零存整取定期储蓄利息分户账示例 中国××银行分户账

户名:光明灯具厂 账号:14948 利率:1.98%

存款日期			次数	到款日期			存入 (位数)	结存 (位数)	到期 日数	到期日积数 (位数)
年	月	日		年	月	日				
1999	6	18	1	2000	6	18	1000	1000	360	360 000
1999	7	29	2	2000	6	18	1000	2000	319	319 000
1999	8	28	3	2000	6	18	1000	3000	290	290 000
1999	9	30	4	2000	6	18	1000	4000	258	258 000
1999	10	30	5	2000	6	18	1000	5000	238	238 000
1999	11	30	6	2000	6	18	1000	6000	198	198 000
1999	12	27	7	2000	6	18	1000	7000	171	171 000
2000	1	15	8	2000	6	18	1000	8000	153	153 000
2000	2	26	9	2000	6	18	1000	9000	112	112 000
2000	3	30	10	2000	6	18	1000	10 000	78	78 000
2000	4	29	11	2000	6	18	1000	11 000	49	49 000
2000	5	25	12	2000	6	18	1000	12 000	23	23 000
累计计息积数										2 249 000

① 到期支取。计算每次存款自存款日到到期日的累计计息积数,公式为:

累计计息日积数=$\sum$每次存款金额×存期日数

利息=累计计息日积数×日利率

② 过期支取。先计算到期支取的累计计息积数，然后按存款本金的总余额计算过期的计息积数，最后算出应付利息。公式为：

到期累计计息日积数=∑每次存款金额×存期日数

到期利息=累计计息日积数×日利率

过期利息=存款本金的总余额×过期日数×活期日利率

应付利息=到期利息+过期利息

③ 提前支取。

累计计息日积数=∑每次存款金额×存期日数

利息=累计计息日积数×活期日利率

应付客户利息=2 249 000×1.98%÷360=123.70(元)

过期和提前支取的利息计算不再举例。

七、定活两便储蓄存款利息的计算

定活两便储蓄存款的利息，根据实际存期同档次的整存整取定期存款利率按一定的折扣比例计算，不满规定固定存期的按活期利率计算。

定活两便储蓄存款利息的规定为：存期不满 3 个月的，按支取日的活期储蓄利率计算；存期满 3 个月(含 3 个月)不满半年的，整个存期按支取日的 3 个月的整存整取定期存款利率的六折计算；存期在半年以上(含半年)不满 1 年的，整个存期按支取日的半年期的整存整取存款利率打六折计算；存期在 1 年以上(含 1 年)，无论存期多长，一律按支取日的 1 年期的整存整取存款利率打六折计算。

定活两便储蓄存款利息与整存整取定期存款的利息计算方法一致，只是适用利率不同，这里不再举例。

八、各类存款利息税的核算

国家税务部门对各类存款利息的征税，其核算的基本原则是，银行的利息费用开支按不征税的标准计算，对支付客户的各类存款利息稽征规定税率的利息所得税款。银行可以根据不同的核算原则，组织代扣个人利息所得税的核算。

采用权责发生制原则核算各类储蓄存款利息时，在预提利息时不征税，在实际支付客户利息时课征税款。如支付客户利息，会计分录为：

借：应付利息——应付××存款利息

　　贷：活期存款——××户(或现金)

　　　　应交税金——代扣个人利息所得税户

实际与税务部门结算时，会计分录为：

借：应交税金——代扣个人利息所得税户
　　贷：××科目

采用现金收付制原则核算各类储蓄存款利息时，在定期结息和清户结息时按实际支付客户利息金额课征税款。

清户或支付利息时，根据利息清单支出定期存款利息课征税款，会计分录为：

借：利息支出——××利息支出户
　　贷：应交税金——代扣个人利息所得税户
　　　　活期存款——××户(或现金)

实际与税务部门结算时，会计分录为：

借：应交税金——代扣个人利息所得税户
　　贷：××科目

第四节　债券发行业务的核算

债券是社会各类经济主体为筹措资金而向债券投资者出具的承诺在一定时期支付固定利息和到期偿还本金的债务凭证。

根据我国《商业银行法》第三条规定，银行可以经营"发行金融债券""代理发行、代理兑付、承销政府债券""买卖政府债券"等债券业务，下面分别介绍。

一、基本规定

商业银行发行债券业务是指本行为筹措长期资金经批准而发行的金融债券和其他债券。其基本规定如下。

(1) 发行债券采用票面面值核算办法办理。

(2) 设置"发行债券"科目，核算本行发行债券的情况。在科目下按面值、溢价、折价、应付利息分设四个专户，并且分年限进行核算。

(3) 各项发行费用在营业费用项下设户列支。

(4) 溢价和折价要在到期还本前采用直线法摊销完、无余额。

(5) 应计利息在到期还本前提足列满，还本时本金和利息一律从"发行债券"科目付出。

(6) 谁出售由谁兑付，各行兑付时应注意审查发行行。当时兑付当时切角，已兑付债券的保管期与凭证的保管期相同。

二、债券的发行价格

一般来说,发行债券所规定的利率是固定不变的"名义利率",也称"票面利率",通常以年利率表示。年利率乘债券的面值,即为债券发行银行每年应付的债券利息。债券发行银行实际负担的利率,称为"实际利率"。实际利率是债券发行当时的市场利率,即金融市场上风险和期限与所发行债券类似的借贷资本的利率。

债券的发行价格受同期银行存款利率的影响较大。经常会出现市场利率大于或小于票面利率,或者说实际利率大于或小于名义利率的情况。在这种情况下,债券发行银行就要按照高于或低于市场利率的票面利率支付债券利息,也就是按高于或低于债券面值的价格出售。

债券发行价格与债券面值形成三种形态的数量关系,即等于、大于和小于。与此相对应,债券的发行方式也有三种,即面值发行、溢价发行和折价发行。假设其他条件不变,当债券的票面利率高于同期银行存款利率时,可按超过债券票面价值的价格发行,称溢价发行。溢价发行表明银行以后各期多付利息而事先得到的补偿。

如果债券的票面利率低于同期银行存款利率,可按低于票面价值的价格发行,称为折价发行。折价发行表明银行以后各期少付利息而预先给投资者的补偿。

如果债券的票面利率与同期银行存款利率一致,可按票面价值发行,称为面值发行。

溢价和折价是发行债券的银行在债券存款期内对利息费用的一种调整。

三、发行债券的核算

(一)债券入库的核算

各分行按规定从总行领回债券后,由筹资部门填制"债券入库单"一式三联,经审查无误后,办理入库。入库单第一联会计部门作表外科目收入凭证,登记表外科目明细账:

收入:未发行××债券——未发行××年××债券户

第二联由管库员留存,据以登记债券登记簿;第三联由业务部门凭以登记台账。

(二)债券出库的核算

所辖各经办银行或债券专柜向分行领取债券时,应填制一式四联"债券出库单"。第一联交会计部门作付出记账凭证,登记表外科目;第二联由保管员凭以登记债券登记簿;第三联由筹资部门登记业务台账;第四联出库单退领券人。会计部门登记表外科目明细账:

付出:未发行××债券——未发行××年××债券户

各经办行处或债券专柜领回债券后,领券人应该及时将债券交给经办人点收,无误后由复核员登记"债券登记簿"。领入债券时，记"收入"栏，发售时记"付出"栏，每日结计余额。

(三)债券发行的核算

购券人持现金或转账支票到经办行或债券发售专柜购买债券时，应填制"购买债券缴款单"，连同现金或转账支票交经办人员，发售专柜按规定收妥现金或款项后，将债券交购券人。其账务处理分为以下几种情况。

1. 平价发行

由于债券的发行价格与债券的面值相等，其会计分录为：
借：现金——业务现金——营业现金(或××账户)
　　贷：发行债券——债券面值

2. 溢价发行

由于债券的发行价格高于债券面值，还应按实际收到的金额与票面金额之间的差额贷记"债券溢价"账户，其会计分录为：
借：现金——业务现金——营业现金(或××账户)
　　贷：发行债券——债券的面值
　　　　　　　——债券溢价

3. 折价发行

由于债券的发行价格低于债券面值，还应按实际收到的金额与票面金额之间的差额借记"债券折价"账户，其会计分录为：
借：现金——业务现金——营业现金(或××账户)
　　发行债券——债券折价
　　贷：发行债券——债券的面值

四、债券计息及溢价、折价摊销的核算

发行债券应按期计提利息。债券到期前利息应提足，议价或折价发行债券，其实际收到的金额与债券票面金额的差额在债券存续期间分期摊销。分期计提利息及摊销溢价、折价时，应区别以下几种情况。

(1) 面值平价发行债券应计提的利息，其会计分录为：
借：利息支出——债券利息支出
　　贷：发行债券——应计利息户

(2) 溢价发行的债券，按照应摊销的溢价金额借记"债券溢价"，按应计利息与溢价摊销额的差额，借记"利息支出"，按应计利息，贷记"应计利息"户，其会计分录为：

借：发行债券——债券溢价户
　　利息支出——债券利息支出户
贷：发行债券——应计利息户

(3) 折价发行的债券，按应摊销的折价余额和应计利息之和，借记"利息支出"科目，按应计摊销的折价金额，贷记"债券折价"户，按应计利息，贷记"应计利息"户。其会计分录为：

借：利息支出——债券利息支出户
贷：发行债券——债券折价户
　　发行债券——应计利息户

五、偿还债券本息的核算

商业银行发行的债券到期后，不论是平价发行，还是溢价、折价发行，到期都是按面值偿还。因为在债券的整个存续期内，溢价和折价都已摊销完，所以归还债券本金时，全部按票面价归还。其会计分录为：

借：发行债券——债券面值户
　　发行债券——应计利息户
贷：现金——业务现金——营业现金(或××科目)

第八章

金融资产业务的核算

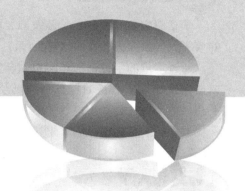

本章精粹:

- 信用贷款的核算
- 担保贷款的核算
- 商业汇票贴现的处理手续
- 短期投资业务的会计处理
- 长期股权投资的核算
- 贷款损失准备的核算

学习目的与要求

本章将主要介绍各种贷款发放、收回的核算以及利息计算、商业汇票贴现及到期收回的核算和贷款损失准备的核算手续。

通过本章的学习，应理解贷款与票据贴现的意义，明确贷款的种类，熟练掌握贷款与票据贴现、投资业务的核算手续以及贷款损失准备金的提取、利息的计算方法及其核算手续。

本章属于商业银行基本业务内容，全部需要重点掌握。

关键词

保证贷款　抵押贷款　票据贴现

第一节　贷款业务概述

一、贷款和贷款的分类

贷款是商业银行以还本付息为条件，对借款人提供的按约定的利率和期限还本付息的货币资金。商业银行的贷款业务，由信贷部门审批，由会计部门办理发放。根据中国人民银行和银监会联合颁布的《贷款通则》规定，以及我国银行信贷业务实践，可对贷款进行如下分类。

(一) 按贷款期限的长短划分

按贷款期限的长短，可分为短期贷款、中期贷款和长期贷款。

1. 短期贷款

短期贷款是指商业银行根据有关规定发放的、期限在 1 年以下(含 1 年)的各种贷款，包括质押贷款、抵押贷款、保证贷款、信用贷款、进出口押汇等。从事信托业务的商业银行用自有资金发放的 1 年期(含 1 年)以内的贷款也包括在内。短期贷款本金按实际贷出的贷款金额入账。期末，按照贷款本金和适用的利率计算应收利息。抵押贷款应按实际贷给借款人的金额入账。

2. 中期贷款

中期贷款是指商业银行发放的贷款期限在 1 年以上 5 年以下(含 5 年)的各种贷款。

3. 长期贷款

长期贷款是指商业银行发放的贷款期限在 5 年(不含 5 年)以上的各种贷款。

(二)贷款按有无担保划分

贷款按有无担保划分为信用贷款和担保贷款。

(1) 信用贷款，系指没有担保、仅依据借款人的信用状况发放的贷款。

(2) 担保贷款，系指由借款人或第三方依法提供担保而发放的贷款。担保贷款包括保证贷款、抵押贷款和质押贷款。

保证贷款、抵押贷款或质押贷款，系指按《中华人民共和国担保法》规定的保证方式、抵押方式或质押方式发放的贷款。

(三)按贷款资产质量划分

按贷款资产质量划分分为正常贷款、关注贷款、次级贷款、可疑贷款、损失贷款五级。

1. 正常贷款

借款人能够履行合同，一直能正常还本付息，不存在任何影响贷款本息及时全额偿还的消极因素；银行对借款人按时足额偿还贷款本息有充分把握，贷款损失的概率为 0。

2. 关注贷款

尽管借款人目前有能力偿还贷款本息，但存在一些可能对偿还产生不利影响的因素，如这些因素继续下去，借款人的偿还能力受到影响，但贷款损失的概率不会超过 5%。

3. 次级贷款

借款人的还款能力出现明显问题，完全依靠其正常营业收入无法足额偿还贷款本息，需要通过处理资产或对外融资乃至执行抵押担保来还款付息，贷款损失的概率在 30%～50%。

4. 可疑贷款

借款人无法足额偿还贷款本息，即使执行抵押或担保，也肯定要造成一部分损失，只是因为存在借款人重组、兼并、合并、抵押物处理和未决诉讼等待定因素，损失金额的多少还不能确定，贷款损失的概率在 50%～75%之间。

5. 损失贷款

损失贷款指借款人已无偿还本息的可能，无论采取什么措施和履行什么程序，贷款都注定要损失了，或者虽然能收回极少部分，但其价值也是微乎其微，从银行的角度看，也没有意义和必要再将其作为银行资产在账目上保留下来,对于这类贷款在履行了必要的法律程序之后应立即予以注销,其贷款损失的概率在95%~100%。

《贷款通则》规定:贷款人应当根据贷款风险状况将贷款分为正常、关注、次级、可疑和损失类。贷款人应当及时催收逾期的贷款。对项目贷款和公司贷款根据逾期天数将贷款分为逾期90天、180天、270天、360天和360天以上5个档次进行统计,并作为贷款质量分类的重要参考指标。对零售贷款应参照上述规定对逾期天数做更细致的划分。

(四)按与资产负债表的关系划分

按与资产负债表的关系,可分为应计贷款和非应计贷款。

《金融企业会计制度》规定,应计贷款和非应计贷款应分别核算。非应计贷款是指在资产负债表中单独列示的贷款本金或利息逾期90天没有收回的贷款;应计贷款是指非应计贷款以外的贷款。

当贷款的本金或利息逾期90天时,应将这部分贷款从正常核算的应计贷款中转出,单独在资产负债表中列示。当应计贷款转为非应计贷款时,应将已入账的利息收入和应收利息予以冲销。从应计贷款转为非应计贷款后,在收到该笔贷款的还款时,首先应冲减本金;本金全部收回后,再收到的还款则确认为当期利息收入。

(五)按贷款资金的性质划分

按贷款资金的性质划分,可分为政策性贷款和商业性贷款。

1. 政策性贷款

政策性贷款是指银行根据某项特殊政策要求形成具有特殊用途体现政府意图的资助性和强制性的贷款。

2. 商业性贷款

商业性贷款由银行根据商业银行的经营原则,决定贷与不贷、贷款多与贷款少以及是否需要抵押物的贷款。根据商业银行法规定"任何单位和个人不得强令商业银行发放贷款或者提供担保"。

(六)按贷款资金来源及贷款风险承担人不同划分

贷款按贷款资金来源及贷款风险承担人不同划分为自营贷款和委托贷款。

1. 自营贷款

自营贷款是指商业银行以合法方式筹集的资金自主发放的贷款,其风险由商业银行承担,并由商业银行收取本金和利息。

2. 委托贷款

委托贷款是指委托人提供资金,由商业银行(受托人)根据委托人确定的贷款对象、用途、金额、期限和利率等而代理发放、监督使用并协助收回的贷款,其风险由委托人承担。商业银行发放委托贷款时,只收取手续费,不得代垫资金。

(七)按还款方式划分

贷款按还款方式划分为一次偿还贷款和分期偿还贷款。

1. 一次偿还贷款

一次偿还贷款是按月(季)偿还贷款本息或到期一次性偿还贷款本息。这种还款方式适用于一年期以内的短期贷款的偿还。

$$到期还本付息额=本金+本金×利率×贷款期限$$

2. 分期偿还贷款

分期偿还贷款指借款人按贷款协议规定在还款期内分次偿还贷款,还款期结束,贷款全部还清。这种贷款适合于借款金额大、借款期限长的贷款项目。

分期偿还贷款按具体偿还方式,目前主要又可分为等额本息还款法和等额本金还款法两种。

(1) 等额本息还款法。即借款人每月以相等的金额偿还贷款本息,计算公式为:

$$月均还款额 = \frac{借款金额 × 月利率 × (1+月利率)^{还款月数}}{(1+月利率)^{还款月数}-1}$$

(2) 等额本金还款法即借款人每月等额偿还本金,贷款利息随本金逐月递减,计算公式为:

$$月还款额=贷款本金÷还款期数(月)+(贷款本金-累计已还本金)×月利率$$

二、贷款业务的基本规定

为规范借贷行为,维护信贷市场秩序,保障借贷双方的合法权益,中国人民银行和中国银行业监督管理委员会共同制定的《贷款通则》成为约束借贷双方的基本原则。

1. 借款人

借款人为法人或其他组织的,应具备以下基本条件:依法办理工商登记的法人已经向工商行政管理部门登记并连续办理了年检手续;事业法人依照《事业单位登记管理暂行条例》的规定已经向事业单位登记管理机关办理了登记或备案;有合法稳定的收入或收入来源，具备按期还本付息能力；已开立基本账户、结算账户或一般存款账户；按照中国人民银行的有关规定，应持有贷款卡(号)的，必须持有中国人民银行核准的贷款卡(号)。

借款人为自然人的，应具备以下基本条件：具有合法身份证件或境内有效居住证明；具有完全民事行为能力；信用良好，有稳定的收入或资产，具备按期还本付息能力；借款人应依法接受贷款人对其财务状况以及使用贷款情况的监督。

借款人应按借款合同约定使用贷款，并按期足额还本付息。借款人未按照约定的期限归还贷款的，应按照中国人民银行的有关规定支付逾期利息。

借款人使用贷款不得用于以下用途：生产、经营或投资国家明令禁止的产品或项目；违反国家有关规定从事股本权益性投资，违反国家规定以贷款作为注册资本金、注册验资或增资扩股；违反国家有关规定从事股票、期货和金融衍生产品投资；财政预算性收支；国家明确规定的其他禁止用途。

2. 贷款人

贷款人必须经国务院银行业监督管理机构批准经营贷款业务，持有国务院银行业监督管理机构颁发的《金融许可证》，并经工商行政管理部门核准登记。贷款人自主审查和决定贷款，有权拒绝任何法人、其他组织或自然人强令其发放贷款。贷款人应对借款人账户、资产、财务状况等商业秘密以及个人隐私等情况保密，但法律另有规定或当事人另有约定的除外。

贷款人有权采取合法措施对借款人提供的信息进行查询，有权将借款人的财务报表或抵押物、质押物交贷款人认可的机构进行审计或评估。借款人未能履行借款合同规定义务的，贷款人可以依合同约定停止发放贷款、提前收回部分直至全部贷款或解除借款合同。借款人完全履行借款合同时，贷款人不能依照合同约定按时足额提供贷款的，应当按照合同约定承担违约责任并承担因此造成的第三方的损失。贷款人有权依据法律规定或合同约定，采取使贷款免受损失的措施。

贷款人应依据国家有关规定收取合理费用。在贷款授信额度确定后，对未使用的授信额度，贷款人应根据合同的相关规定，收取一定比例的承诺费和其他相关费用。具体收取办法和费率标准根据合同规定执行。

经贷款人调查了解，借款人有下列情形之一的，贷款人不得对其发放贷款：建设项目贷款按国家规定应当报有关部门批准而未取得批准文件的；生产、经营或投资项目贷款按照国家规定应取得环境保护等部门许可而未取得许可的；借款人实行承包、租赁、联营、合并(兼并)、合作、分立、股权转让和股份制改造等过程中，未清偿或落实贷款人原有贷款债务的；不具有法人资格的分支机构未经借款授权的。

贷款人可以接受借款人、保证人、抵押人或出质人以非货币资产作价偿还贷款。作价金额不足以清偿贷款本息的，借款人应当继续清偿未偿还部分；作价金额超过未清偿贷款本息的，贷款人应当向借款人支付超出部分的价款。贷款人取得的非货币资产，应当遵循审慎原则及时处置。

贷款人可以与借款人书面约定，若借款人未按期还本付息，贷款人可以从借款人在贷款人的营业机构开立的账户中扣划贷款本息，并及时通知借款人。

三、贷款业务核算的基本原则

根据《金融企业会计制度》规定贷款的核算应遵循下列原则。

(1) 短期贷款本金按实际贷出的金额入账。期末，按照贷款本金和适用的利率计算应收利息。抵押贷款应按实际贷给借款人的金额入账。

(2) 商业银行发放的中长期贷款的核算，应当遵循以下原则：

① 本息分别核算。商业银行发放的中长期贷款，应当按照实际贷出的贷款金额入账。期末，应当按照贷款本金和适用的利率计算应收取的利息，并分别贷款本金和利息进行核算。

② 商业性贷款与政策性贷款分别核算。

③ 自营贷款与委托贷款分别核算。

④ 应计贷款和非应计贷款分别核算。在资产负债表中，应计贷款与非应计贷款应当分别列示。

⑤ 商业银行发放的贷款应当在期末按本制度规定计提贷款损失准备。

四、贷款的操作流程

商业银行的客户部门承担信贷业务的开发、受理、调查、评估和审批后信贷业务的经营管理，信贷管理部门承担信贷业务的审查和整体风险的控制，贷款审查委员会承担信贷业务的审议。

贷款的操作流程如下：

客户申请→商业银行受理、调查、审查、审议与审批、报备→与客户签订合同→提供信用→信贷业务发生后的管理→贷款收回。

第二节 信用贷款的核算

一、信用贷款概述

1. 信用贷款

信用贷款是指以借款人的信誉发放的贷款，借款人不需要提供担保。其特征就是债务人无须提供抵押品或第三方担保仅凭自己的信誉就能取得贷款，并以借款人信用程度作为还款保证的。这种信用贷款是我国银行长期以来的主要放款方式。由于这种贷款方式风险较大，一般要对借款方的经济效益、经营管理水平、发展前景等情况进行详细的考察，以降低风险。

2. 信用贷款的条件

从目前实际看，商业银行发放信用贷款的基本条件是：企业客户信用等级在规定等级以上的，经国有商业银行省级分行审批可以发放信用贷款；经营收入核算利润总额近 3 年持续增长，资产负债率一般控制在 50%以上的良好值范围，现金净流量和经营性现金净流量均大于零；具有行业垄断优势或行业资质优良；企业承诺不以其有效经营资产向他人设定抵(质)押或对外提供保证，或在办理抵(质)押等及对外提供保证之前征得贷款银行同意；企业经营管理规范，无逃废债、欠息等不良信用记录。

3. 信用贷款适用范围

经工商行政管理机关核准登记的企(事)业法人、其他经济组织和个体工商户，并符合《贷款通则》和银行规定的要求的。

4. 信用贷款币种、期限和利率

信用贷款币种是人民币和外币。贷款期限主要根据借款人的生产周期、还款能力、项目评估情况和贷款人的资金实力等，由借贷双方协商确定。

贷款利率根据中国人民银行规定的利率及其浮动幅度确定，并在借款合同中载明。

二、信用贷款发放的核算

符合借款条件的借款人在申请信用贷款时，应向开户银行填交《借款申请书》，写明借款人基本情况，提交资格证明文件、贷款证(卡)、授权书等和经有权机构审计或核准的近 3 年和最近的财务报表和报告；董事会决议、借款人上级单位的相关批文；项目建议书、可行性研究报告和有权部门的批准文件；与借款用途有关的业务合同；用款计划及还款来源说明等商业银行需要的资料。

商业银行信贷部门按照审贷部门分离、分级审批的贷款管理制度，经过贷款审查委员会审查批准，按规定的范围向上一级行进行报备，上一级行对报备审查不同意的信贷业务不得实施。

经批准同意放款后，由信贷部门与借款人签订借款申请合同书(如表 8-1 所示)，由会计部门办理贷款的发放手续。

第八章　金融资产业务的核算

表 8-1　借款申请合同书

借款人		账号		已借贷款余额	
申请贷款金额		还款日期		借款利息(月息)	
借款用途及理由					
借款方		借款担保方		贷款方	
借款单位(章)		担保方单位		贷款银行(章)	
负责人(章)　经办人(章)		负责人(章)		经办人(章)	
银行审核意见					

上列贷款按银行核定金额，双方商定如下合同，共同遵守：

1. 贷款方应按核定的贷款金额用途，保证按计划提供贷款；否则，应按规定付给借款方违约金。
2. 借款单位保证按规定的用途使用贷款，不经贷款方同意，不得挪作他用。如转移贷款用途，贷款方有权进行罚息、提前收回贷款、停止发放新的贷款等信用制裁。
3. 上列借款，保证按期归还，如需延期，借款方至迟在贷款到期前 3 天提出延期申请，经贷款方同意办理延期手续。贷款方未同意延期或未办理延期手续的逾期贷款，按政策规定加收 20%～50%的利息。
4. 贷款到期后一个月，如借方不按期归还本息时，由担保单位负责为借款方偿还本息和逾期罚息。
5. 本合同一式三份，借贷双方各持一份，担保单位一份。

贷款发放时借款人应填制一式五联的借款凭证。在第一联借款凭证上加盖预留印鉴，经银行信贷部门批准后将申请书和借款凭证交银行会计部门。

一式五联的借款凭证(如表 8-2 所示)的作用分别是：第一联借方凭证，凭以记录银行放贷所形成的资产科目增加；第二联贷方凭证，凭以记录借款人借款所形成的存款科目增加；第三联加盖业务公章盖章后作回单，交给借款人作为存款账户的收账通知；第四联放款记录加盖转讫章后，送信贷部门留存备查；第五联借据为到期卡，与申请书一同由会计部门留存，按到期日排列保管，据以按到期日收回贷款。

会计部门收到申请书和借款凭证时，应着重审查有无信贷部门审批意见、借款用途、利率、余额和归还日期，以便监督贷款的合理使用和按期归还。经审核无误后，进行处理。

以第一联"借方凭证"作为贷款账户的付出凭证，第二联"收入凭证"作为存款账户的收账凭证，办理转账。其会计分录为：

借：××贷款——借款人户
　　贷：单位活期存款——××借款人存款户

转账后，第三联加盖业务公章后作回单，交给借款人作为存款账户的收账通知；第四联放款记录加盖转讫章后，送信贷部门留存备查；第五联借据为到期卡，与申请书一同由会计部门留存，按到期日排列保管，据以按到期日收回贷款。

表 8-2　借款借据第一联(借方凭证)

年　　月　　日　　　　　　　　　　　　　№：

借款单位名称			行业		放款户账号	
借款金额		人民币(大写)			小写金额	
用途		银行核定金额人民币(大写)			小写金额	
		单位申请期限			利率	
		银行核定期限				

兹根据你行放款办法申请办理　　　　　借款
请予审核转入　　单位　　　账号账户
此致　　　　　　　　　　　　　　　　　备注：
银行
借款单位签章

年	月	日	偿还金额	未还金额	复核盖章		年	月	日	偿还金额
						分次偿还计划				
分次偿还记录										

三、按期收回贷款的核算

(一)借款人主动归还贷款的核算

在商业银行开立存款账户的借款人在贷款到期日或提前以其存款户资金主动归还到期或将要到期的贷款时，应主动出具其存款账户转账支票及一式四联的贷款还款凭证(如表 8-3 所示)。

1. 四联还款凭证的作用

第一联借方凭证，用于借记借款人存款账户，作(支款)转账支票的附件。
第二联贷方凭证，作收回贷款的贷方凭证，作为贷款本金收回和利息收入。
第三联还款记录，加盖转讫章及记账、复核员私章后送信贷部门核销"放款记录"。
第四联为回单联，转账后加盖转讫章及经办人员名章退借款人，作存款户支款通知。

表 8-3　贷款还款凭证

贷款种类				年　　月　　日										第　　号	
还款单位	名称														
	付款账号			贷款账号											
	开户银行			贷款银行											
本次偿还金额	人民币（大写）			金额											
				亿	千	百	十	万	千	百	十	元	角	分	
摘要		累计还款		金额											
上述借款额请从本单位存款账号中支取				科目(借)											
				对方科目(贷)											
还款单位盖章　　　　　年　月　日				复核　　　　　　记账											

2. 作账

会计部门接到上述借款人提交的还款凭证，经审查无误后，以第一联还款凭证或支票作借方凭证，借记借款人存款账户，第二联贷方凭证，作收回贷款本金的贷方凭证，另出具两联贷款利息清单(如表 8-4 所示)，一份作为利息收入的贷方凭证，一份给客户作为贷款收息通知。其会计分录为：

借：单位活期存款——××借款人存款户
　　贷：××贷款——借款人户
　　　　利息收入——贷款利息收入户

3. 凭证的处理

如为一次性收回贷款本息，转账后，将还款凭证第三联加盖转讫章及记账、复核员私章后送信贷部门核销"放款记录"，将第四联还款凭证，加盖转讫章及经办人员名章，连同原保管的第五联借款凭证加盖"注销"戳记，退借款人。

如为分次收回贷款，应在分户账登记分次归还日期、金额及结欠余额，借据继续保管。在最后一次还清时，第五联借款凭证加盖"注销"戳记，退交借款单位。

4. 未在本行开户的借款人的贷款归还

未在本行开户的借款人(如个体经济户、经济承包人)以现金归还到期贷款时，填制一式四联还款凭证，连同现金一并交出纳部门凭以收款，出纳部门收妥款项后，在第四联上加盖"现金收讫"章交还款人，在第二联上加盖"现金收讫"章后连同第二、三联交会计部门转账。

表8-4 银行贷款利息清单

币种：　　　　　　　　　　　　　　年　月　日

借方	户名		贷方	户名		第一联借方凭证
	账号			账号		
实收(付)金额			计息户账号			
借据编号			借据序号			
备注	起息日期	止息日期	积数	利率	利息	
	调整利息：		冲正利息：			
应收(付)利息合计：人民币						

事后监督　　　　　会计主管　　　　　授权　　　　　复核　　　　　经办

会计部门接到上述借款人提交的还款凭证，经审查无误后，以第一联还款凭证作为现金收入凭证，第二联贷方凭证，作收回贷款本金的贷方凭证，另出具两联利息清单，一份作为利息收入的贷方凭证，一份给客户作为贷款收息通知。其会计分录为：

借：现金——业务现金——营业现金
　　贷：××贷款——借款人户
　　　　利息收入——贷款利息收入户

记账后，将第四联还款凭证，加盖转讫章及经办人员名章，连同原保管的第五联借款凭证加盖"注销"戳记，退借款人。

(二)商业银行主动扣收到期贷款的核算

贷款到期借款人未能主动归还贷款，或贷款银行与借款人事先有约定的，而其存款账户中的存款又足够还款的，也可由商业银行办理主动扣收手续由银行自行填制特种转账借贷方传票各两联和两联利息清单，其中特种转账借贷方传票和利息清单各一联用来记账，另外的特种转账借贷方传票和利息清单加盖"转讫"戳记，连同原保管的第五联借款凭证加盖"注销"戳记，退借款人。会计分录为：

借：单位活期存款——××借款人存款户
　　贷：××贷款——借款人户
　　　　利息收入

四、计收贷款利息的核算

商业银行对企业、单位和个人发放的贷款，除国家有特殊规定和财政补贴外，均应按规定计收利息。贷款利息计算按结息期不同，分为定期结息与利随本清两种。

1. 定期结息

定期结息是指银行在每季度末月 20 日结计利息，银行可采用积数计息法和逐笔计息法计算利息。

积数计息法根据贷款科目余额计算累计贷款积数(贷款积数计算方法与存款积数计算方法相同)，登记贷款计息科目日积数表，按规定的利率计算利息。

定期结息的计息积数按结息期的日历天数计算，有一天算一天，全年按 365 天或 366 天计算，在结息日计算时应当包括结息日。

积数计息法按实际天数每日累计账户余额，以累计积数乘以日利率计算利息。计息公式为：

$$贷款利息 = 累计计息积数 \times 日利率$$

其中，

$$累计计息积数 = 每日余额合计数$$

利息计算出来后，由机器打印一式三联的计收利息凭证，以其中第一联作借款账户的借方凭证，第二联盖章后作借款人账户的支款凭证，第三联代替"利息收入"科目的贷方凭证办理转账。

其会计分录为：

借：单位活期存款——××借款人存款户
　　贷：利息收入——××贷款利息收入户

2. 利随本清贷款的计息

利随本清是以单利计息，到期还本时一次支付所有应付利息。它是一次性付息的一种形式，按规定的贷款期限，在收回贷款的同时逐笔计收利息，贷款的起讫时间，算头不算尾，采用对年对月对日方法计算，对年按 360 天，对月按 30 天，不满月的零头天数按实际天数计算，计算公式为：

$$利息 = 本金 \times 实际天数 \times 日利率$$

对利随本清贷款，为了按期正确反映和分析损益情况，按照权责发生制的规定，应按季预提利息，年度收息。

1) 按季预提贷款利息

按季预提时，根据贷款户和利率档次，抄制余额表累计积数，于每季末月 20 日计算应提利息。其会计分录为：

借：应收利息——应收××账户利息

贷：利息收入——中长期贷款利息收入户

2) 按年底规定的收息日收息

在年底规定的收息日(9月20日或12月20日)，收取利息时，填制或打印特种转账凭证，以其中一联办理转账。其会计分录为：

借：单位活期存款——××借款人存款户

贷：应收利息——应收××借款人账户利息

五、贷款的展期

借款人因故不能按期归还贷款时，短期贷款必须在到期日前三天，中长期贷款必须在到期日一个月前，由借款人填具一式三联"贷款展期申请书"向信贷部门提出展期申请。但短期贷款(贷款期限在1年以内)的展期不得超过1年，中期贷款[贷款期限在1年以上(含1年)5年以下]展期不得超过原贷款期限的一半；贷款期限在5年以上(含5年)的长期贷款，展期不得超过3年。

对展期贷款，全部以展期之日公告的贷款利率为准计息。展期申请经信贷部门审查同意后，应在展期申请书上签注意见，一联留存备查，其余两联作贷款展期通知交会计部门办理贷款展期手续。

会计部门接到贷款展期申请书后，首先进行如下审查：信贷部门是否批准并签章；展期贷款余额与借款凭证上的金额是否一致；展期时间是否超过原贷款期限的一半，原来是否展期；展期利率的确定是否正确。

审查无误后，在贷款分户账及原专夹保管的借据上注明展期还款日期及利率，同时将一联贷款展期申请书加盖业务公章退借款人收执，另一联贷款展期申请书附在原借据之后，按展期后的还款日期排列保管，无须办理账务结转手续。

六、逾期贷款的核算

借款人借款到期不能申请延期或申请延期未经批准，不按期归还借款，则为逾期贷款，商业银行应将贷款转入该单位的逾期贷款账户。会计部门根据原借据，分别编制特种转账借方凭证和贷方凭证各两联，凭特种转账借方凭证和贷方凭证各一联办理转账。其会计分录为：

借：逾期贷款——××单位贷款户

贷：××贷款——××单位贷款户

对逾期贷款应从转入逾期贷款之日起,至还款之日止,按实际逾期天数和规定的罚息率计收罚息。

到期贷款转入逾期贷款账户后,应将另外两联特种转账借、贷方凭证作收和支款通知,加盖转讫及经办员名章后交借款人。同时,在借款凭证上注明"×年×月×日转入逾期贷款"的字样后,另行保管。等借款单位存款账户有款支付借款时,一次或分次扣收,并且从逾期之日起至款项还清前一日为止。

逾期贷款的计息,按规定利率计算到期利息外,还应按实际逾期天数和中央银行规定的罚息率计收罚息。按季结息时,根据累计日积数、逾期利率分别填制(或打印)"计算利息清单",在逾期贷款利息清单上注明加收利息率和"逾期贷款加收利息"字样。

借款人归还逾期贷款本息时,应填具转账支票和还款凭证交银行会计部门办理偿还手续。会计部门审查无误后,以转账支票和还款凭证办理转账。其会计分录为:

借:单位活期存款——××借款人存款户
　　贷:逾期贷款——借款人
　　　　利息收入——贷款利息收入户

各联凭证的处理手续同到期收回贷款的处理,此不赘述。

按现行会计制度规定,当贷款按期限核算的本金或利息逾期 90 天仍未收回,或按质量进行五级分类结果被确认为不良贷款时,应转入"非应计贷款"账户单独核算。会计部门根据经审核确认不良贷款的相关单证,制特种转账凭证办理转账。会计分录为:

借:非应计贷款——××单位贷款户
　　贷:逾期贷款——××单位贷款户

转为非应计贷款核算的贷款,应相应地停止确认"利息收入"。将逾期 90 天尚未收回的应收利息,或应收利息虽未逾期 90 天,但其本金已转为"非应计贷款"的应收利息转为非应计利息。会计分录为:

借:利息收入——××利息收入户
　　贷:应收利息——应收××单位利息户

银行对已在表内核销的应收利息仍然拥有追索权,因此应将其列入表外科目核算,填制表外科目收入凭证,登记表外科目明细账:

收入:未收贷款利息

从应计贷款转为非应计贷款后,在收到该笔贷款的还款时,首先应冲减本金;本金全部收回后,再收到的还款则确认为当期利息收入。

第三节 担保贷款的核算

一、担保贷款概述

担保贷款,系指由借款人或第三方依法提供担保而发放的贷款,包括保证贷款、抵押贷款和质押贷款。

保证担保的范围包括主债权及利息、违约金、损害赔偿金和实现债权的费用。

我国担保法对于保证、抵押和质押都有明确的法律条文规定,成为处理担保贷款的法律准绳。

1. 保证

保证是指保证人和债权人约定,当债务人不履行债务时,保证人按照约定履行债务或者承担责任的行为。具有代为清偿债务能力的法人、其他组织或者公民,可以作保证人。

同一债务有两个以上保证人的,保证人应当按照保证合同约定的保证份额,承担保证责任。没有约定保证份额的,保证人承担连带责任,债权人可以要求任何一个保证人承担全部保证责任,保证人都负有担保全部债权实现的义务。已经承担保证责任的保证人,有权向债务人追偿,或者要求承担连带责任的其他保证人清偿其应当承担的份额。

保证的方式包括一般保证、连带责任保证。

当事人在保证合同中约定,债务人不能履行债务时,由保证人承担保证责任的,为一般保证。一般保证的保证人在主合同纠纷未经审判或者仲裁,并就债务人财产依法强制执行仍不能履行债务前,对债权人可以拒绝承担保证责任。

有下列情形之一的,保证人不得拒绝承担保证责任:债务人住所变更,致使债权人要求其履行债务发生重大困难的;人民法院受理债务人破产案件,中止执行程序的;保证人以书面形式放弃前款规定的权利的。

当事人在保证合同中约定保证人与债务人对债务承担连带责任的,为连带责任保证。连带责任保证的债务人在主合同规定的债务履行期届满没有履行债务的,债权人可以要求债务人履行债务,也可以要求保证人在其保证范围内承担保证责任。当事人对保证方式没有约定或者约定不明确的,按照连带责任保证承担保证责任。

2. 抵押

抵押是指债务人或者第三人不转移对已作抵押的财产的占有,将该财产作为债权的担保。债务人不履行债务时,债权人有权依照担保法规定以该财产折价或者以拍卖、变卖该财产的价款优先受偿。

下列财产可以抵押：抵押人所有的房屋和其他地上定着物；抵押人所有的机器、交通运输工具和其他财产；抵押人依法有权处置的国有土地使用权、房屋和其他地上定着物；抵押人依法有权处置的国有的机器、交通运输工具和其他财产；抵押人依法承包并经发包方同意抵押的荒山、荒沟、荒丘和荒滩等荒地的土地使用权；依法可以抵押的其他财产。

债务履行期届满，债务人不履行债务致使抵押物被人民法院依法扣押的，自扣押之日起抵押权人有权收取由抵押物分离的天然孳息以及抵押人就抵押物可以收取的法定孳息。抵押权人未将扣押抵押物的事实通知应当清偿法定孳息的义务人的，抵押权的效力不及于该孳息。前款孳息应当先充抵收取孳息的费用。

3．动产质押

动产质押是指债务人或者第三人将其动产移交债权人占有，将该动产作为债权的担保。债务人不履行债务时，债权人有权依照担保法规定以该动产折价或者以拍卖、变卖该动产的价款优先受偿。

债务人或者移交的动产的第三人为出质人，债权人为质权人，移交的动产为质物。出质人和质权人应当以书面形式订立质押合同，质押合同自质物移交于质权人占有时生效。

下列权利可以质押：汇票、支票、本票、债券、存款单、仓单和提单；依法可以转让的股份、股票；依法可以转让的商标专用权，专利权、著作权中的财产权；依法可以质押的其他权利。

以保证、抵押和动产质押等形式提供担保，都需要当事人各方应当以书面形式订立合同，明确规定被担保的主债权种类、数额；债务人履行债务的期限；担保的方式、范围和担保期间等当事人认为需要约定的事项。

二、发放担保贷款的核算

符合担保贷款借款条件的借款人在申请担保贷款时，应向开户银行填交《借款申请书》，写明借款用途、金额、还款日期和担保形式等有关事项，由信贷部门审批同意后，签订担保贷款合同，并将有关质押品或抵押品产权证明移交银行，由银行妥善保管。

信贷部门经审查无误后，签发"抵(质)押品保管证"(如表 8-5 所示)交借款人，出纳部门登记有关登记簿，会计部门通过"待处理抵(质)押品"表外科目登记反映，并提交贷款银行要求的其他资料，按照信用贷款的审批程序进行审批。

经批准同意放款后，由信贷部门与借款人签订担保借款合同，根据担保贷款批准额度，填制一式五联的借款凭证。在第一联借款凭证上加盖预留印鉴，经信贷部门有关人员审批后，连同抵(质)押的相关证明送交会计部门办理贷款的发放手续。

表 8-5　抵(质)押品保管证

借款人(单位姓名)			
贷款银行			
借款金额			
抵押品	名称	数量	价值(元)
保管期限			
保管单位签章			
借款人签章			
备注			

银行会计部门在收到信贷部门转来的有关凭证，经审查无误后，按照信用贷款的发放手续办理贷款转账，会计分录为：

借：××担保贷款——××借款人户

　　贷：活期存款——××借款人存款户(或现金)

同时，对抵(质)押物列入表外科目核算：

收：待处理抵(质)押品——××借款人户

三、担保贷款到期收回的核算

如果到期后，担保贷款能够全额收回贷款的本息，则其账务处理手续与信用贷款收回的账务处理手续相同。会计分录为：

借：活期存款——××借款人存款户(或现金)

　　贷：××担保贷款——××借款人户

　　　　利息收入——××担保贷款利息收入户

同时，质押物应立即交还借款人，并销记表外科目登记簿。会计分录为：

付：待处理抵(质)押品——××借款人户

四、逾期担保贷款的账务处理

担保贷款到期，借款单位如不能按期偿还贷款本息，银行应将其贷款转入逾期贷款科目，填制转账凭证。会计分录为：

借：逾期贷款——××借款人户
　　贷：××担保贷款——××借款人户

同时，应向借款单位填发"处理抵(质)押品通知单"。逾期一个月，借款单位仍无法归还借款本息的，银行有权依法处理抵(质)押品。处理方法有作价入账和出售两种，处理后取得的收入，扣除银行在处理抵押品过程中发生的保管、维护、清理和法律诉讼等费用后，应先归还贷款本金，再收还利息。

贷款本金或利息逾期90天没有收回的贷款，也应按照《金融企业会计制度》规定转入非应计贷款单独核算，并将已入账的利息收入和应收利息予以冲销记入"未收贷款利息"表外科目。核算内容前节已有介绍。

从应计贷款转为非应计贷款后，在收到该笔贷款的还款时，首先应冲减贷款本金；本金全部收回后，再收到的还款则确认为当期利息收入。

确实无法收回的非应计贷款，应按规定程序上报审批核销。

第四节　商业汇票贴现的处理手续

一、商业汇票贴现业务定义

商业汇票贴现的持票人在汇票到期日前，为了取得资金贴付一定利息将票据权利转让给金融机构的票据行为，是金融机构向持票人融通资金的一种方式。

二、商业汇票承兑、贴现、转贴现和再贴现的业务有关规定

承兑、贴现、转贴现和再贴现的商业汇票，应以真实、合法的商品交易为基础，应当遵循平等、自愿、公平和诚实信用的原则。再贴现应当有利于实现货币政策目标。承兑、贴现和转贴现的期限，最长不超过6个月。再贴现的期限，最长不超过4个月。再贴现利率由中国人民银行制定、发布与调整。贴现利率采取在再贴现利率基础上加百分点的方式生成，加点幅度由中国人民银行确定。转贴现利率由交易双方自主商定。

办理商业汇票承兑、贴现、转贴现和再贴现业务的金融机构，须健全有关业务统计和原始凭证档案管理制度，并按规定向其上级行和中国人民银行或其分支机构报送有关业务统计数据。

1. 承兑

(1) 向银行申请承兑的商业汇票出票人，必须具备下列条件：为企业法人和其他经济组织，并依法从事经营活动；资信状况良好，具有支付汇票金额的资金来源；在承兑银行开立存款账户。商业汇票的出票人应首先向其主办银行申请承兑。商业银行、政策性银行

及经其授权或转授权的银行分支机构可承兑商业汇票。非银行金融机构、不具有贷款权限或未经其上级行承兑授权、转授权的银行分支机构，不得承兑商业汇票。

(2) 承兑商业汇票的银行，必须具备下列条件：具有承兑商业汇票的资格；与出票人建立委托付款关系；有支付汇票金额的资金来源。

(3) 银行承兑商业汇票时，应考核承兑申请人的资信情况，必要时可依法要求承兑申请人提供担保。承兑人按中国人民银行的规定，向承兑申请人收取承兑手续费。

(4) 各商业银行、政策性银行应对其分支机构核定可承兑总量或比例，实行承兑授权管理，并依法承担承兑风险。银行分支机构依据其上级行的承兑授权，在核定的可承兑总量或比例内承兑商业汇票。中国人民银行一级分行对辖内城市合作银行、农村合作银行承兑商业汇票实行总量控制。上列商业银行要在当地中国人民银行核定的可承兑总量或比例内承兑商业汇票。中国人民银行各分支行应督促辖内银行或银行分支机构完善商业汇票承兑业务管理和风险防范制度，监控辖内承兑总量与风险度。

2．贴现

(1) 向金融机构申请票据贴现的商业汇票持票人，必须具备下列条件：为企业法人和其他经济组织，并依法从事经营活动；与出票人或其前手之间具有真实的商品交易关系；在申请贴现的金融机构开立存款账户。

(2) 持票人申请贴现时，须提交贴现申请书，经其背书的未到期商业汇票，持票人与出票人或其前手之间的增值税发票和商品交易合同复印件。办理票据贴现业务的机构，是经中国人民银行批准经营贷款业务的金融机构(以下简称贴现人)。贴现人选择贴现票据应当遵循效益性、安全性和流动性的原则，贴现资金投向应符合国家产业政策和信贷政策。贴现人应将贴现、转贴现纳入其信贷总量，并在存贷比例内考核。贴现人对贴现申请人提交的商业汇票，应按规定向承兑人以书面方式查询。承兑人须按照中国人民银行的有关规定查复贴现人。各商业银行、政策性银行应当运用贴现、转贴现方式增加票据资产，调整信贷结构。

3．再贴现

(1) 再贴现的对象是在中国人民银行及其分支机构开立存款账户的商业银行、政策性银行及其分支机构。对非银行金融机构再贴现，须经中国人民银行总行批准。

(2) 再贴现的操作体系：中国人民银行总行设立再贴现窗口，受理、审查和审批各银行总行的再贴现申请，并经办有关的再贴现业务(以下简称再贴现窗口)。中国人民银行各一级分行和计划单列城市分行设立授权再贴现窗口，受理、审查并在总行下达的再贴现限额之内审批辖内银行及其分支机构的再贴现申请，经办有关的再贴现业务(以下简称授权窗口)。授权窗口认为必要时可对辖内一部分二级分行实行再贴现转授权(以下简称转授权窗口),转授权窗口的权限由授权窗口规定。中国人民银行县级支行和未被转授权的二级分行,可受理、审查辖内银行及其分支机构的再贴现申请,并提出审批建议,在报经授权窗口或转授权窗口审批后,经办有关的再贴现业务。中国人民银行根据金融宏观调控和结构调整的需要,不定期公布再贴现优先支持的行业、企业和产品目录。各授权窗口须据此选择再贴现票据,安排再贴现资金投向,并对有商业汇票基础、业务操作规范的金融机构和跨地区、跨系统的贴现票据优先办理再贴现。

(3) 持票人申请再贴现时,须提交贴现申请人与出票人或其前手之间的增值税发票。

(4) 中国人民银行对各授权窗口的再贴现操作效果实行量化考核。

① 总量比例:按发生额计算,再贴现与贴现、商业汇票三者之比不高于1:2:4。

② 期限比例:累计3个月以内(含3个月)的再贴现不低于再贴现总量的70%。

③ 投向比例:对国家重点产业、行业和产品的再贴现不低于再贴现总量的70%。对国有独资商业银行的再贴现不低于再贴现总量的80%。

中国人民银行对各授权窗口的再贴现实行总量控制,并根据金融宏观调控的需要适时调增或调减各授权窗口的再贴现限额。各授权窗口对再贴现限额实行集中管理和统一调度,不得逐级分配再贴现限额。

承兑、贴现申请人有下列情形之一,承兑人和贴现人暂停对其办理商业汇票承兑和贴现:未支付或未足额支付其签发商业汇票票面金额的;未以商品交易为基础签发商业汇票的;以非法手段骗取金融机构承兑、贴现的。

金融机构有下列情形之一,同级中国人民银行暂停对其办理再贴现,情节严重的,由其上级行责令其暂停承兑、贴现业务:对未以商品交易为基础的商业汇票办理承兑、贴现的;将未以商品交易为基础的商业汇票用于申请再贴现的;越权承兑商业汇票的;未按规定办理票据查复或查复内容不真实的。

授权窗口或转授权窗口有下列情形之一,中国人民银行上级行给予通报批评,情节严重的,暂停其再贴现授权:越权办理再贴现的;逐级分配再贴现限额,执行限额集中管理、统一调度原则不力的;对未以商品交易为基础的商业汇票办理再贴现的;再贴现投向不合理的。

承兑、贴现申请人采取欺诈手段骗取金融机构承兑、贴现,情节严重并构成犯罪的,由司法机关依法追究其刑事责任。

对未以商品交易为基础的商业汇票办理承兑、贴现和再贴现,并造成信贷资金损失的,分别由中国人民银行上级行、有关商业银行上级行对有关责任人给予纪律处分,情节严重并构成犯罪的,由司法机关依法追究其刑事责任。

三、商业银行受理汇票贴现的处理手续

(一)贴现款的处理手续

持票人持未到期的汇票向银行申请贴现时,应根据汇票填制贴现凭证(如表 8-6 所示),第一联作贴现科目借方凭证,第二联作贴现申请人存款账户贷方凭证,第三联作利息收入科目的贷方凭证,第四联作收账通知,第五联为备查卡。在第一联上按照规定签章后,连同汇票一并送交银行。银行信贷部门按照信贷办法和支付结算办法的有关规定审查,符合条件的,在贴现凭证"银行审批"栏签注"同意"字样,并由有关人员签章后送交会计部门。

表 8-6　贴现凭证
(代申请书)

年　月　日

贴现汇票	种类		号码		持票人	名称				此联银行作贴现借方凭证
	出票日					账号				
	到期日					开户银行				
汇票承兑人			账号				开户银行			
汇票金额(人民币大写)							小写金额			
贴现率	‰	贴现利息			实付贴现金额					
附送承兑汇票申请贴现,请审核 持票人签字		银行审核			负责人: 信贷员:		科目: 对方科目:借 复核	贷: 记账		

会计部门接到做成转让背书的汇票和贴现凭证,按照支付结算办法的有关规定审查无误,贴现凭证的填写与汇票核对相符后,按照支付结算办法有关贴现期限以及贴现利息计算的规定和规定的贴现率计算出贴现利息和实付贴现金额。其计算方法为:

贴现利息=汇票金额×贴现天数×(月贴现率÷30 天)

实付贴现金额=汇票金额-贴现利息

然后在贴现凭证有关栏填上贴现率、贴现利息和实付贴现金额。

第一联贴现凭证作贴现科目借方凭证,第二、第三联分别作××科目和利息收入科目的贷方凭证,第五联和汇票按到期日顺序排列,专夹保管。其会计分录为:

借:贴现科目汇票户
　　贷:单位活期存款——××持票人户
　　　　利息收入科目——××利息收入户

第四联贴现凭证加盖转讫章作收账通知交给持票人。第五联贴现凭证和汇票按到期日

顺序排列，专夹保管。

(二)贴现到期收回的处理手续

贴现银行作为持票人，在汇票背面背书栏加盖结算专用章并由授权的经办人员签名或盖章，注明"委托收款"字样；填制委托收款凭证，在"委托收款凭据名称"栏注明"商业承兑汇票"或"银行承兑汇票"及其汇票号码连同汇票向付款人办理收款。对付款人在异地的，应在汇票到期前，匡算至付款人的邮程，提前办理委托收款，将第五联贴现凭证作第二联委托收款凭证的附件存放，其余手续参照发出委托收款凭证的手续处理。

贴现银行在收到款项划回时，按照委托收款的款项划回的有关手续处理。

(1) 全款划回时，付款人开户行通过行内汇划、大额实时、小额批量等途径汇划款项的，办理划回的依据为通过行内电子汇划、现代化支付系统、同城票据交换等渠道，收到托收划回款及有关汇划凭证或中国人民银行的转汇贷方凭证。会计分录为：

借：存放行内款项——××分户
　　贷：贴现科目——汇票户

(2) 通过同城票据交换提出方式提入委托收款第四联托收凭证的，将第二联托收凭证作贷方记账凭证，第四联托收凭证作附件。会计分录为：

借：跨行清算资金往来——同城票据清算
　　贷：贴现科目——汇票户

(三)贴现到期未收回的处理手续

贴现银行收到付款人开户行或承兑银行退回的委托收款凭证、汇票和拒绝付款理由书或付款人未付票款通知书后，追索票款时，对申请贴现的持票人在本行开户的，可从其账户收取。填制二联特种转账借方凭证，在"转账原因"栏注明"未收到××号汇票款，贴现款已从你账户收取"，一联作借方凭证，第五联贴现凭证作贴现科目贷方凭证。其会计分录为：

借：单位活期存款——××持票人户
　　贷：贴现科目汇票户

一联特种转账借方凭证加盖转讫章作支款通知随同汇票和拒绝付款理由书或付款人未付票款通知书交给贴现申请人。

贴现申请人账户余额不足时，应按照逾期贷款的规定处理。

贴现申请人未在本行开立账户的，对已贴现的汇票金额的收取，应按照《票据法》的规定向贴现申请人或其他前手进行追索。

四、商业汇票转贴现的处理手续

(一)商业银行受理转贴现的处理手续

商业银行持贴现汇票向其他商业银行转贴现时，应根据汇票填制一式五联转贴现凭证(用贴现凭证代)，在第一联上按照规定签章后，连同汇票一并交给转贴现银行。

转贴现银行信贷部门接到汇票和转贴现凭证后，按照有关规定审查，符合条件的，在转贴现凭证"银行审批"栏签注"同意"字样，并由有关人员签章后送交会计部门。

会计部门接到做成转让背书的汇票和转贴现凭证后，按照支付结算办法的有关规定审查无误，转贴现凭证的填写与汇票核对相符，第一联贴现凭证作贴现科目借方凭证，第二、第三联分别作存放中央银行款项科目和利息收入科目的贷方凭证，第四联贴现凭证加盖转讫章作收账通知交给持票人，第五联贴现凭证和汇票按到期日顺序排列，专夹保管。其会计分录为：

借：贴现科目——汇票转贴现户
　　贷：存放中央银行款项——××分户
　　　　利息收入科目——××利息收入户

申请转贴现银行收到转贴现银行交给的转贴现收账通知后，应填制二联特种转账借方凭证和一联特种转账贷方凭证，收账通知作存放中央银行款项借方凭证的附件。其会计分录为：

借：存放中央银行款项——××分户
　　利息支出科目——××利息支出户
　　贷：贴现科目——汇票户

(二)转贴现到期收回的处理手续

转贴现银行作为持票人向付款人收取票款，可参照贴现收回的手续处理。对未收回的，按照《票据法》的规定向其前手进行追索。

转贴现银行在收到款项划回时，按照委托收款的款项划回的有关手续处理。

(1) 全款划回时，付款人开户行通过行内汇划、大额实时、小额批量等途径汇划款项的，办理划回的依据为通过行内电子汇划、现代化支付系统和同城票据交换等渠道收到托收划回款及有关汇划凭证或中国人民银行的转汇贷方凭证，第五联贴现凭证作附件。会计分录为：

借：存放行内款项——××分户
　　贷：贴现科目——汇票转贴现户

(2) 通过同城票据交换提出方式提入委托收款第四联托收凭证的，将第二联托收凭证作贷方记账凭证，第四联托收凭证和第五联贴现凭证作附件。会计分录为：

　　借：跨行清算资金往来——同城票据清算
　　　　贷：贴现科目——汇票转贴现户

五、商业汇票再贴现的处理手续

(一)中国人民银行受理汇票再贴现的处理手续

　　商业银行持未到期的汇票向中国人民银行申请再贴现时，应根据汇票填制一式五联再贴现凭证(格式由中国人民银行省级分行参照贴现凭证确定)，在第一联上按照规定签章后，连同汇票一并交中国人民银行。

　　中国人民银行计划资金部门接到汇票和再贴现凭证后，按照有关规定和支付结算办法的规定审查。符合条件的，在再贴现凭证"银行审批"栏签注"同意"字样，并由有关人员签章后送交会计部门。

　　会计部门接到做成转让背书的汇票和再贴现凭证后，按照支付结算办法的有关规定审查无误，再贴现凭证的填写与汇票核对相符，第一联贴现凭证作贴现科目借方凭证，第二、第三联分别作存放中央银行款项科目和利息收入科目的贷方凭证，第四联贴现凭证加盖转讫章作收账通知交给持票人，第五联贴现凭证和汇票按到期日顺序排列，专夹保管。其会计分录为：

　　借：再贴现科目——××银行汇票户
　　　　贷：××银行准备金存款
　　　　　　利息收入科目——××利息收入户

　　商业银行收到人民银行交给的再贴现收账通知后，应填制二联特种转账借方凭证，一联特种转账贷方凭证，收账通知作存放中央银行款项借方凭证的附件。其会计分录为：

　　借：存放中央银行款项——××分户
　　　　利息支出科目——××利息支出户
　　　　贷：贴现科目汇票户或汇票转贴现户

(二)再贴现到期收回的处理手续

　　再贴现银行作为持票人向付款人收取票款，办理划回的依据为通过行内电子汇划、现代化支付系统和同城票据交换等渠道收到托收划回款及有关汇划凭证，或中国人民银行的转汇贷方凭证。

　　(1) 通过现代化支付系统汇划款项的，基层银行办理划回的依据现代化支付系统有关汇划凭证或中国人民银行的转汇贷方凭证，第五联贴现凭证作附件。会计分录为：

　　借：存放行内款项——××分户

贷：再贴现科目——××银行汇票户

　　(2) 通过同城票据交换提出方式提入委托收款第四联托收凭证的，将第二联托收凭证作贷方记账凭证，第四联托收凭证和第五联贴现凭证作附件。会计分录为：

　　借：跨行清算资金往来——同城票据清算
　　　贷：再贴现科目——××银行汇票户

(三)再贴现到期未收回的处理手续

　　再贴现银行收到付款人开户行或承兑银行退回的委托收款凭证、汇票和拒绝付款理由书或付款人未付票款通知书后，追索票款时，可从再贴现申请银行账户收取，并将汇票和拒绝付款理由书或付款人未付票款通知书交给再贴现申请银行。

六、已承兑的银行承兑汇票未使用注销的处理手续

　　出票人对未使用已承兑的银行承兑汇票申请注销，交回第二、第三联汇票时，银行从专夹中抽出该份第一联汇票和承兑协议副本核对相符后，在第一、第三联汇票备注栏和承兑协议副本上注明"未用注销"字样，将第三联汇票加盖业务公章退交出票人。第一联汇票代银行承兑汇票表外科目付出传票，第二联汇票作附件，同时销记表外科目登记簿。

七、商业汇票挂失的处理手续

　　已承兑的银行承兑汇票丧失，失票人到承兑银行挂失时，应当提交三联挂失止付通知书。承兑银行接到挂失止付通知书，应从专夹中抽出第一联汇票卡片和承兑协议副本，核对相符确未付款的，方可受理。在第一联挂失止付通知书上加盖业务公章作为受理回单，第二、第三联于登记汇票挂失登记簿后，与第一联汇票卡片一并另行保管，凭以控制付款。

　　商业承兑汇票丧失，由失票人向承兑人挂失。

八、丧失银行承兑汇票付款的处理手续

　　已承兑的银行承兑汇票丧失，失票人凭人民法院出具的其享有票据权利的证明向承兑行请求付款时，银行经审查确未支付的，应根据人民法院出具的证明，抽出原专夹保管的第一联汇票卡片，核对无误后，将款项付给失票人。

第九章

金融投资业务的核算

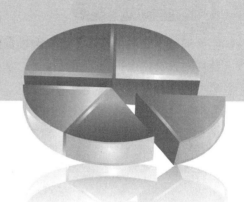

本章精粹：

- 投资业务概述
- 交易性金融资产的核算
- 持有至到期投资的核算
- 可供出售金融资产的核算

通过本章的学习，了解金融投资的概念、核算内容，掌握金融投资的账务处理原则；能够对投资性金融资产正确计量；掌握交易性金融资产、持有至到期投资、可供出售金融资产的账务处理方法。

交易性金融资产 持有至到期投资 可供出售金融资产

第一节 投资业务概述

一、投资的概念

商业银行为了获得资金的最佳使用效益，将所拥有的现金，固定资产等让渡给其他单位使用，以换取债权投资或股权投资。以直接或间接地增加流入商业银行现金或现金等价物的能力。

商业银行的证券投资，主要是指通过证券市场买卖证券所取得的高于原投入资金的增值部分，即价差收入。

二、投资的分类

对投资进行适当的分类，是确定投资会计核算方法和如何在会计报表中列示的前提，按照不同的标准，投资有各种不同的分类，主要有按照投资性质分类、按照投资对象的变现能力和按照投资目的分类等几种。

(一) 按照投资性质的分类

按照投资性质分类，可以分为权益性投资、债权性投资、混合性投资等。

(1) 权益性投资，是指为获取另一企业的权益或净资产所作的投资。这种投资的目的是为了获得另一企业的控制权，或实施对另一企业的重大影响，或为其他目的而进行的。如对另一个企业的普通股股票投资，属于权益性投资。

(2) 债权性投资，是指为取得债权所作的投资。这种投资的目的不是为了获得另一企业的剩余资产，而是为了获取高于银行存款利率的利息，并保证按期收回本息。如购买公司债券，属于债权性投资。

(3) 混合性投资，往往表现为混合性证券投资，是指既有权益性性质，又有债权性性质的投资。如购买另一企业发行的优先股股票、购买可转换公司债券等，属于混合性投资。

(二) 按照投资对象的变现能力分类

按照投资对象的变现能力分类，可以分为易于变现和不易变现两类。

(1) 易于变现的投资，是指能在证券市场上随时变现的投资。这类投资必须是能够上市交易的股票、债券、期货等。

(2) 不易于变现的投资，是指不能轻易在证券市场上变现的投资。这类投资通常不能上市交易，要将所持投资转换为现金并非轻而易举的。

(三) 按投资的目的分类

按投资的目的分类可分为以公允价值计量且其变动计入当期损益的金融资产、持有至到期投资和可供出售金融资产。

1．以公允价值计量且其变动计入当期损益的金融资产

以公允价值计量且其变动计入当期损益的金融资产，可以进一步分为交易性金融资产和直接指定为以公允价值计量且其变动计入当期损益的金融资产。

1) 交易性金融资产

是指商业银行为了近期内出售而持有的金融资产如商业银行以赚取差价为目的从二级市场购入的股票、债券、基金等。

2) 直接指定为以公允价值计量且其变动计入当期损益的金融资产

这类金融资产的特征是：第一，该指定可以消除或明显减少由于该金融资产的计量基础不同而导致的相关利得或损失在确认和计量方面不一致的情况。第二，企业的风险管理或投资策略的正式书面文件已载明，该金融资产组合等，以公允价值为基础进行管理、评价并向关键管理人员报告。

2．持有至到期投资的概念

持有至到期投资，是指到期日固定、回收金额固定或可确定，且商业银行有明确意图和能力持有至到期的非衍生金融资产。例如，商业银行从二级市场上购入的固定利率国债、浮动利率公司债券等，符合持有至到期投资条件的，可以划分为持有至到期投资。

商业银行将金融资产划分为持有至到期投资时，应当注意把握其以下特征。

(1) 到期日固定、回收金额固定或可确定。

(2) 有明确意图持有至到期。

(3) 有能力持有至到期。

3. 可供出售金融资产

可供出售金融资产，是指初始确认时即被指定为可供出售的非衍生金融资产，以及没有划分为持有至到期投资、以公允价值计量且其变动计入当期损益的金融资产。通常情况下，划分为此类的金融资产应当在活跃的市场上有报价，因此，企业从二级市场上购入的有报价的股票、债券、基金等，没有划分为以公允价值计量且其变动计入当期损益的金融资产或持有至到期投资等金融资产的，可以划分为可供出售金融资产。

需要注意以下两类限售股权的分类。

(1) 商业银行在股权分置改革过程中持有对被投资单位在重大影响以上的股权，应当作为长期股权投资，视对被投资单位的影响程度分别采用成本法或权益法核算；商业银行在股权分置改革过程中持有对被投资单位不具有控制、共同控制或重大影响的股权，应当划分为可供出售金融资产。

(2) 商业银行持有上市公司限售股权(不包括股权分置改革中持有的限售股权)，对上市公司不具有控制、共同控制或重大影响的，应当按照金融工具确认和计量准则的规定，将该限售股权划分为可供出售金融资产或以公允价值计量且其变动计入当期损益的金融资产。

三、金融投资的计量

(一)金融资产的初始计量

商业银行初始确认金融资产时，应当按照公允价值计量。对于以公允价值计量且其变动计入当期损益的金融资产，相关交易费用应当直接计入当期损益；对于其他类别的金融资产，相关交易费用应当计入初始确认金额。

交易费用，是指可直接归属于购买、发行或处置金融工具的增量费用。增量费用，是指商业银行不购买、发行或处置金融工具就不会发生的费用，包括支付给代理机构、咨询公司、券商等的手续费和佣金及其他必要支出，不包括债券溢价、折价、融资费用、内部管理成本及其他与交易不直接相关的费用。交易费用构成实际利率的组成部分。

商业银行取得金融资产所支付的价款中包含的已宣告但尚未发放的债券利息或现金股利，应当单独确认为应收项目进行处理。

(二)金融资产后续计量

金融资产的后续计量与金融资产的分类密切相关。商业银行应当按照以下要求对金融资产进行后续计量。

(1) 以公允价值计量且其变动计入当期损益的金融资产，应当按照公允价值计量，且不扣除将来处置该金融资产时可能发生的交易费用。

(2) 持有至到期投资，应当采用实际利率法，按摊余成本计量。

(3) 可供出售金融资产，应当按照公允价值计量，且不扣除将来处置该金融资产时可能发生的交易费用。

第二节　交易性金融资产的核算

一、会计科目设置

为了进行交易性金融资产的核算，商业银行应设置"交易性金融资产"、"应收股利"、"应收利息"、"投资收益"和"公允价值变动损益"等科目组织总分类核算。

1. "交易性金融资产"科目

本科目属于资产类科目，核算商业银行为交易获利目的所持有的债券投资、股票投资、基金投资等交易性金融资产的公允价值，以及商业银行持有的直接指定为以公允价值计量且其变动计入当期损益的金融资产，并设置"成本"和"公允价值变动"两个二级科目进行明细核算。

借方核算取得以公允价值计量的交易性金融资产的投资成本；贷方核算交易性金融资产投资持有期间所获得的现金股利和利息以及处置交易性金融资产投资时结转的投资成本；期末借方余额反映结存的交易性金融资产的投资成本。

2. "应收利息"科目

本科目属于资产类科目，核算商业银行取得交易性金融资产时，实际支付的款项中包含的已到付息期但尚未领取的利息。借方核算应收未收到的利息；贷方核算实际收到的利息；期末借方余额反映商业银行尚未收到的利息。本科目应按交易性金融资产种类设置明细科目进行明细分类核算。

3. "应收股利"科目

本科目属于资产类科目，核算商业银行取得交易性金融资产时，实际支付的款项中包含的已宣告但尚未发放的现金股利。商业银行应收其他单位的利润，也在本科目核算。借方核算应收未收到的股利；贷方核算实际已收的股利；期末借方余额反映商业银行尚未收到的股利。本科目应按股权投资种类设置明细科目进行明细分类核算。

4. "投资收益"科目

本科目属于损益类科目。核算商业银行对外购买交易性金融资产投资取得的收益或发生的损失，购买交易性金融资产所发生的交易费用也在本科目核算。

贷方核算持有期间取得的股利或利息或处置该金融资产发生的收益；借方核算处置该金融资产发生的损失；期末应将该科目余额转入"本年利润"科目，结转后本科目应无余额。

5."公允价值变动损益"科目

本科目属于损益类科目。核算商业银行在初始确认时划分为以公允价值计量且其变动计入当期损益的金融资产或金融负债和以公允模式进行后续计量的投资性房地产。本科目应当按照交易性金融资产、交易性金融负债等进行明细核算。

借方核算因公允价值变动而形成的损失金额和贷方发生额的转出额；贷方核算因公允价值变动而形成的收益金额和借方发生额的转出额。

资产负债表日，商业银行应按交易性金融资产的公允价值高于其账面余额的差额，借记"交易性金融资产——公允价值变动"，"投资性房地产——公允价值变动"科目，贷记本科目；公允价值低于其账面余额的差额，做相反的会计分录。

期末，应将本科目余额转入"本年利润"科目，结转后本科目无余额。

二、交易性金融资产的会计核算

(一)取得交易性金融资产

商业银行取得交易性金融资产，按其公允价值，借记"交易性金融资产——成本"科目，按发生的交易费用，借记"投资收益"科目，按已到付息期但尚未领取的利息或已宣告但尚未发放的现金股利，借记"应收利息"或"应收股利"科目，按实际支付的金额，贷记"存放中央银行款项"等科目。

商业银行取得交易性金融资产，以存放中央银行款项转账支付，会计分录为：

借：交易性金融资产——成本
　　应收利息(或应收股利)
　　投资收益
　贷：存放中央银行款项

【例9-1】2×15年9月15日，甲商业银行从深圳证券交易所购入乙公司股票1 000 000股，占乙公司有表决权股份的5%，支付价款合计5 080 000元，其中，证券交易税等交易费用8 000元，已宣告发放现金股利72 000元。甲商业银行没有在乙公司董事会中派出代表，将其划分为交易性金融资产。甲商业银行开出中央银行转账支票支付购券款。

(1) 2×15年9月15日，购入乙公司股票1 000 000股。以存放中央银行款项转账支付，编制银行付款凭证，会计分录为：

借：交易性金融资产——成本——乙公司股票　5 000 000
　　应收股利——乙公司　　　　　　　　　　　　72 000

  投资收益   8 000
  贷：存放中央银行款项   5 080 000

乙公司股票的单位成本=(5 080 000－72 000－8 000)÷1 000 000=5.00(元/股)

(二)持有期间获得利息和股息

  商业银行持有交易性金融资产后投资单位宣告发放的现金股利，或在资产负债表日按票面利率计算利息时，借记"应收股利"或"应收利息"科目，贷记"投资收益"科目。编制转账凭证，会计分录为：

  借：应收利息(或股利)
    贷：投资收益

实际收到股利或利息时，编制银行收款凭证，会计分录为：

  借：存放中央银行款项
    贷：应收利息(或股利)

  【例 9-2】 续例 9-1，2×15 年 9 月 20 日，甲商业银行收到乙公司发放的上年度现金股利 72 000 元，款项通过中央银行存款账户收进。编制银行收款凭证，会计分录为：

  借：存放中央银行款项   72 000
    贷：应收股利   72 000

(三)公允价值变动

  资产负债表日，交易性金融资产的公允价值高于其账面余额的差额，借记"交易性金融资产"科目(公允价值变动)，贷记"公允价值变动损益"科目；公允价值低于其账面余额的差额做相反的会计分录。

  发生公允价值时，编制转账凭证，会计分录为：

  借：交易性金融资产——公允价值变动
    贷：公允价值变动损益

  【例 9-3】 续例 9-1，2×15 年 9 月 30 日，乙公司股票收盘价为每股 5.20 元；2×15 年 12 月 31 日乙公司股票收盘价为每股 4.90 元。

2×15 年 9 月 30 日，甲商业银行确认乙公司股票公允价值变动为：

(5.20-5.00)×1 000 000=200 000(元)。

  借：交易性金融资产——公允价值变动——乙公司股票   200 000
    贷：公允价值变动损益——乙公司股票   200 000

2×15 年 12 月 31 日，甲商业银行确认乙公司股票公允价值变动为：

(4.90-5.20)×1 000 000=-300 000(元)。

借：公允价值变动损益——乙公司股票　　　　　　　　　300 000
　　贷：交易性金融资产——公允价值变动——乙公司股票　300 000

(四)出售交易性金融资产

出售交易性金融资产时，应按实际收到的金额，借记"存放中央银行款项"等科目，按该金融资产的账面余额，贷记"交易性金融资产"科目，按其差额，贷记或借记"投资收益"科目。同时，将原记入该金融资产的公允价值变动转出，借记或贷记"公允价值变动损益"科目，贷记或借记"投资收益"科目。

出售交易性金融资产时，编制银行收款凭证，会计分录为：

借：存放中央银行款项
　或借：交易性金融资产——公允价值变动
　或借：投资收益
　　贷：交易性金融资产——成本

结转公允价值变动损益时，编制转账凭证，会计分录为：

借：公允价值变动损益
　　贷：投资收益

发生损失时，编制转账凭证，会计分录为：

借：投资收益
　　贷：公允价值变动损益

【例 9-4】 续例 9-1，2×16 年 5 月 17 日，甲商业银行以每股 4.50 元的价格将股票全部转让，同时支付证券交易税等交易费用 7 200 元，款项通过存放中央银行款项账户收进。

分析：

乙公司股票出售价格=4.5×1 000 000=4 500 000(元)

出售乙公司股票取得的价款=4 500 000-7 200=4 492 800 (元)

乙公司股票持有期间公允价值变动计入当期损益的金额=2 000 000-3 000 000
　　　　　　　　　　　　　　　　　　　　　　　　=-1 000 000 (元)

出售乙公司股票时的账面余额=5 000 000+(-100 000)= 4 900 000 (元)

出售乙公司股票时的损益=4 492 800-4 900 000=-407 200 (元)

甲商业银行编制银行收款凭证，会计分录为：

借：存放中央银行款项　　　　　　　　　　　　　4 492 800
　　投资收益　　　　　　　　　　　　　　　　　　407 200
　　交易性金融资产——公允价值变动——乙公司股票　100 000
　　贷：交易性金融资产——成本——乙公司股票　　5 000 000

同时，借：投资收益——乙公司股票　　　　　　　　100 000
　　　　　贷：公允价值变动损益——乙公司股票　　　　100 000
原记入该金融资产的公允价值变动=－100 000 (元)

第三节　可供出售金融资产的核算

一、会计科目设置

为了核算可供出售金融资产的取得、期末计价、出售和到期收回等业务，商业银行应设置"可供出售金融资产"、"应收利息(或股利)"、"投资收益"和"可供出售金融资产减值准备"科目等总分类科目组织核算。其中"应收利息"科目、"投资收益"等科目的介绍与前述相同，此不赘述。

1."可供出售金融资产"科目

本科目属于资产类。核算商业银行持有的可供出售金融资产的价值，包括划分为可供出售的股票投资、债券投资等金融资产。商业银行接受委托采用全额承销方式承销的股票和债券等有价证券属于可供出售金融资产的，在本科目核算。本科目应当按照可供出售金融资产类别或品种，分别设置"成本"、"利息调整"明细科目进行明细核算。

商业银行取得可供出售金融资产，应按其公允价值与交易费用之和，借记"可供出售金融资产——成本"科目，按支付的价款中包含的已宣告但尚未发放的现金股利，借记"应收股利"科目，按实际支付的金额，贷记"存放中央银行款项"等科目。

商业银行取得的可供出售金融资产为债券投资的，应按债券的面值，借记"可供出售金融资产——成本"科目，按支付的价款中包含的已到付息期但尚未领取的利息，借记"应收利息"科目，按实际支付的金额，贷记"存放中央银行款项"等科目，按其差额，借记或贷记"可供出售金融资产——利息调整"科目。

资产负债表日，可供出售债券为分期付息、一次还本债券投资的，应按票面利率计算确定的应收未收利息，借记"应收利息"科目，按可供出售债券的摊余成本和实际利率计算确定的利息收入，贷记"投资收益"科目，按其差额，借记或贷记"可供出售金融资产——利息调整"科目。

可供出售债券为一次还本付息债券投资的，应按票面利率计算确定的应收未收利息，借记"可供出售金融资产——应计利息"科目，按可供出售债券的摊余成本和实际利率计算确定的利息收入，贷记"投资收益"科目，按其差额，借记或贷记"可供出售金融资产——利息调整"科目。

资产负债表日，可供出售金融资产的公允价值高于其账面余额的差额，借记"可供出售金融资产——公允价值变动"科目,贷记"其他综合收益"科目;公允价值低于其账面余额的差额作相反的会计分录。

出售可供出售金融资产,应按实际收到的金额,借记"存放中央银行款项"等科目,按其账面余额,贷记"可供出售金融资产——成本、公允价值变动、利息调整、应计利息"科目,按应从所有者权益中转出的公允价值累计变动额,借记或贷记,"其他综合收益"科目,按其差额,贷记或借记"投资收益"科目。

2. "可供出售金融资产减值准备"

本科目属于权益类科目。核算商业银行出售金融资产投资发生减值时计提的减值准备。本科目应当按照出售金融资产投资类别和品种进行明细核算。

资产负债表日,商业银行根据金融工具确认和计量准则确定出售金融资产投资发生减值的,按应减记的金额,借记"资产减值损失"科目,贷记本科目。

已计提减值准备的持有至到期投资价值以后又得以恢复,应在原已计提的减值准备金额内,按恢复增加金额,借记本科目,贷记"资产减值损失"科目。

本科目期末贷方余额,反映商业银行已计提但尚未转销的出售金融资产投资减值准备。

二、可供出售金融资产的会计核算

(一)取得可供出售金融资产

商业银行取得可供出售金融资产时,应按可供出售金融资产的公允价值与交易费用之和,借记"可供出售金融资产"科目(成本),贷记"存放中央银行款项"科目;已宣告但未实际发放的现金股利或已到期尚未领取的利息,计入应收股利或利息。

　　借:可供出售金融资产
　　　　应收股利(或利息)
　　　贷:存放中央银行款项

对于债券资产,如果面值与实际支付额有差异,将差额借记或贷记"可供出售金融资产——利息调整"科目。

【例9-5】20×9年5月20日,甲商业银行从深圳证券交易所购入乙公司股票1 000 000股,占乙公司有表决权股份的5%,支付价款合计5 080 000元,其中,证券交易税等交易费用8 000元,已宣告发放现金股利72 000元。甲商业银行将其划分为可供出售金融资产。

20×9年5月20日,甲商业银行购入乙公司股票1 000 000股,款项通过开出中央银行支票划出,甲商业银行编制付款凭证,会计分录为:

　　借:可供出售金融资产——成本——乙公司股票　　5008 000
　　　　应收股利——乙公司　　　　　　　　　　　　72 000
　　　贷:存放中央银行款项　　　　　　　　　　　　　　5 080 000

乙公司股票的单位成本=(5 080 000−72 000)÷1000000=5.008(元/股)

(二)股利或利息的核算

(1) 在持有可供出售金融资产期间收到被投资单位宣告发放的债券利息或现金股利，应冲减应收股利或应收利息。

借：存放中央银行款项
　　贷：应收股利(或利息)

(2) 如果是取得可供出售金额资产后获得股利或利息，则通过"投资收益账户"科目核算。会计分录为：

借：应收股利(或利息)
　　贷：投资收益

(3) 实际收到利息或股利时，会计分录为：

借：存放中央银行款项
　　贷：应收股利(或利息)

【例 9-6】续例 9-5，20×9 年 6 月 20 日，甲商业银行收到乙公司发放的 20×8 年现金股利 72 000 元。款项通过中央银行存款账户收进，编制银行收款凭证，会计分录为：

借：存放中央银行款项　　　　　72 000
　　贷：应收股利——乙公司　　　　　72 000

【例 9-7】续例 9-5，2×10 年 4 月 20 日，乙公司宣告发放 20×9 年现金股利 2000 000 元。2×10 年 5 月 10 日，甲商业银行收到乙公司发放的 2×09 年现金股利。

2×10 年 4 月 20 日，确认乙公司发放的 20×9 年现金股利中应享有的份额 100 000 元(2000 000×5%)。甲商业银行编制转账凭证，会计分录为：

借：应收股利——乙公司　　　　100 000
　　贷：投资收益——乙公司股票　　　100 000

2×10 年 5 月 10 日，甲商业银行收到乙公司发放的 20×9 年现金股利。甲商业银行编制银行收款凭证，会计分录为：

借：存放中央银行款项　　　　　100 000
　　贷：应收股利——乙公司　　　　　100 000

(三)公允价值发生变动的核算

资产负债表日，可供出售的金融资产的公允价值高于其账面余额的差额，借记"可供出售金融资产——公允价值变动"科目，贷记"其他综合收益——公允价值变动"科目；会计分录：

借：可供出售金融资产——公允价值变动
　　贷：其他综合收益——公允价值变动

公允价值低于其账面余额的差额，做相反会计分录。

【例 9-8】续例 9-5，20×9 年 6 月 30 日，乙公司股票收盘价为每股 5.20 元。20×9 年 12 月 31 日，乙公司股票收盘价为每股 4.90 元。

20×9 年 6 月 30 日，确认乙公司股票公允价值变动为：

[(5.20-5.008)×1 000 000]=192 000(元)

甲商业银行编制转账凭证，会计分录为：

借：可供出售金融资产——公允价值变动——乙公司股票　192 000
　　贷：其他综合收益——公允价值变动——乙公司股票　　192 000

20×9 年 12 月 31 日，确认乙公司股票公允价值变动为：

[(4.90-5.20)×1 000 000]=-300 000(元)

甲商业银行编制转账凭证，会计分录为：

借：其他综合收益——公允价值变动——乙公司股票　　300 000
　　贷：可供出售金融资产——公允价值变动——乙公司股票　300 000

(四)出售可供出售金融资产的核算

出售可供出售金融资产时，应按实际收到的金额，借记"存放中央银行款项"科目，按可供出售金融资产的账面余额，贷记"可供出售金融资产"科目，按其差额，贷记或借记"投资收益"科目。按原记"其他综合收益——公允价值变动"科目的金额，借记或贷记"其他综合收益——公允价值变动"科目，贷记或借记"投资收益"科目。

【例 9-9】续例 9-5，2×15 年 1 月 10 日，甲商业银行以每股 4.50 元的价格将股票全部转让，同时支付证券交易税等交易费用 7 200 元。假定乙公司股票自 2×10 年 1 月 1 日至 2×14 年 12 月 31 日止价格未发生变化，一直保持为 4.90 元/股。

分析：乙公司股票出售价格=4.50×1 000 000=4 500 000(元)

　　　出售乙公司股票取得的价款=4 500 000-7 200=4 492 800(元)

　　　乙公司股票持有期间公允价值变动计入所有者权益的金额=192 000-300 000
　　　　　　　　　　　　　　　　　　　　　　　　　　　　=-108 000(元)

　　　出售乙公司股票时的账面余额=5 008 000+(-108 000)=4 900 000(元)

根据上述分析，2×15 年 1 月 10 日，甲商业银行出售乙公司股票 1 000 000 股。编制银行收款凭证，会计分录为：

借：存放中央银行款项　　　　　　　　　　　　　　　4 492 800
　　投资收益——乙公司股票　　　　　　　　　　　　　407 200
　　可供出售金融资产——公允价值变动——乙公司股票　108 000

     贷：可供出售金融资产——成本——乙公司股票　　　　5 008 000

同时，应从所有者权益中转出的公允价值累计变动额=-108 000(元)

　　借：投资收益——乙公司股票　　　　　　　　　　108 000

　　　　贷：其他综合收益——公允价值变动——乙公司股票　108 000

(五)发生减值的核算

根据金融工具确认和计量准则确定可供出售金融资产发生减值的，按应减记的金额，借记"资产减值损失"科目，贷记"可供出售金融资产减值准备"科目。

　　借：资产减值损失

　　　　贷：可供出售金融资产减值准备

已确认减值损失的可供出售债务工具的随后的会计期间公允价值上升的，应在原已计提的减值准备金额内，按恢复增加的金额，借记"可供出售金融资产减值准备"，贷记"资产减值损失"科目。

　　借：可供出售金融资产减值准备

　　　　贷：资产减值损失

【例9-10】甲商业银行2014年1月3日购入可以上市交易的乙企业2014年1月1日发行的面值为20万元、票面年利率为8%的3年期债券，该债券每半年付息一次，到期还本。共支付价款20.8万元，税费0.4万元。合计款项212万元通过开出中央银行支票划付。甲商业银行将该债券划分为可供出售金融资产。该债券投资的现实利率为2.9%，2014年6月30日，债券市价为20.1万元。2014年12月31日，债券市价为19.6万元。

(1) 甲商业银行2014年1月3日，购入债券时，编制付款凭证，会计分录为：

借：可供出售金融资产——成本　　　　　　200 000

　　可供出售金融资产——利息调整　　　　 12 000

　　　贷：存放中央银行款项　　　　　　　　　212 000

(2) 2014年6月30日，摊销溢价并确认公允价值变动时

应收利息=200 000×8%/2=8 000(元)

投资收益=可供出售金融资产摊余成本×现实利率×持有时间=212 000×2.9%×1/2

　　　　　　　　　　　　　　　　　　　=3 074(元)

溢价摊销=应收利息－投资收益=8000-3074=4926(元)

　　借：应收利息　　　　　　　　　　　　　8 000

　　　　贷：投资收益　　　　　　　　　　　　　3074

　　　　　　可供出售金融资产——利息调整　　　4926

至此，债券账面价值207 074元(212 000-4926)，债券市价201 000元。市价低于账面价值6 074元，应确认公允价值变动，并计入资产减值损失。

借：资产减值损失　　　　　　　　　　　　　　6 074
　　贷：可供出售金融资产——减值准备　　　　　　　6 074

可供出售金融资产公允价值变动形成的资产减值损失累计额随可供出售金融资产的处置转出，计入投资收益。

第四节　持有至到期投资的核算

一、会计科目设置

持有至到期投资因为有固定的到期日，一般应属于债权性投资。为了核算可持有至到期债券投资的取得、出售和到期收回等业务，商业银行应设置"持有至到期投资"、"应收利息"科目、"投资收益"、"持有至到期投资减值准备"科目等总分类科目组织核算。其中"应收利息"科目、"投资收益"科目的介绍与前述相同，此不赘述。

1. "持有至到期投资"科目

本科目核算商业银行持有至到期投资的价值。本科目应当按照持有至到期投资的类别和品种，分别"成本"、"利息调整"、"应计利息"进行明细核算。期末借方余额反映商业银行持有至到期投资的摊余成本。

2. "持有至到期投资减值准备"科目

本科目属于权益类科目。核算商业银行持有至到期投资发生减值时计提的减值准备。本科目应当按照持有至到期投资类别和品种进行明细核算。

资产负债表日，商业银行根据金融工具确认和计量准则确定持有至到期投资发生减值的，按应减记的金额，借记"资产减值损失"科目，贷记本科目。

已计提减值准备的持有至到期投资价值以后又得以恢复，应在原已计提的减值准备金额内，按恢复增加的金额，借记本科目，贷记"资产减值损失"科目。

本科目期末贷方余额，反映商业银行已计提但尚未转销的持有至到期投资减值准备。

3. "资产减值损失"科目

本科目属于损益类科目。核算商业银行计提各项资产减值准备所形成的损失。本科目按资产减值损失的具体项目进行明细核算。

商业银行的应收款项、存货、长期股权投资、持有至到期投资、固定资产、无形资产、贷款等资产发生减值的，按应减记的金额，借记本科目，贷记"坏账准备"、"存货跌价准备"、"长期股权投资减值准备"、"持有至到期投资减值准备"、"固定资产减值准备"、"无形资产减值准备"、"贷款损失准备"等科目。

商业银行计提坏账准备、存货跌价准备、持有至到期投资减值准备、贷款损失准备等，相关资产的价值又得以恢复的，应在原已计提的减值准备金额内，按恢复增加的金额，借记"坏账准备"、"存货跌价准备"、"持有至到期投资减值准备"、"贷款损失准备"等科目，贷记本科目。

期末，应将本科目余额转入"本年利润"科目，结转后本科目无余额。

二、持有至到期投资的会计核算

1. 取得持有至到期投资

银行取得持有至到期投资，应按取得该投资的公允价值与交易费用之和，借记"持有至到期投资"科目，贷记"存放中央银行款项"等科目。

借：持有至到期投资
　　贷：存放中央银行款项

2. 利息的核算

购入的分期付息、到期还本的持有至到期投资，已到付息期按面值和票面利率计算确定的应收未收的利息，借记"应收利息"科目，按摊余成本和实际利率计算确定的利息收入的金额，贷记"投资收益"科目，按其差额借记或贷记利息调整。

确认应收利息时，编制银行转账凭证，会计分录为：

借：应收利息
　或借：持有至到期投资——利息调整
　　　贷：投资收益

实际收到利息时，编制银行收款凭证，会计分录为：

借：存放中央银行款项
　　贷：应收利息

到期一次还本付息的债券等持有至到期投资，在持有期间内按摊余成本和实际利率计算的利息收入的金额，借记"持有至到期投资——应计利息"，贷记"投资收益"科目，差额计入"持有至到期投资——利息调整"。

借：持有至到期投资——应计利息
　或借：持有至到期投资——利息调整
　　　贷：投资收益

3. 出售持有至到期投资

出售持有至到期投资时，按收到的金额，借记"存放中央银行款项"科目，已计提减值准备的，贷记"持有至到期投资减值准备"科目，按其账面余额，贷记持有至到期投资科目，按其差额，贷记或借记"投资收益"科目。

借：存放中央银行款项

或借：投资收益

贷：持有至到期投资——成本

4．投资减值的核算

资产负债表日，持有至到期投资发生减值的，按应减记的金额，借记"资产减值损失"科目，贷记持有至到期投资减值准备。

借：资产减值损失

贷：持有至到期投资减值准备

已计提减值准备的持有至到期投资价值以后又得以恢复，应在原已计提的准备金额内，按恢复增加的金额，借记持有至到期投资准备，贷记"资产减值损失"科目。

借：持有至到期投资减值准备

贷：资产减值损失

【例 9-11】 2010 年 1 月 1 日，甲商业银行支付价款 1 000 万元(含交易费)从活跃市场上购入某公司 5 年期债券，面值 1 250 万元，票面利率 4.72%，按年支付利息(即 1 250×4.72%=59 万元)，本金最后一次支付。合同约定，该债券的发行方在遇到特定情况时可以将债券赎回，且不需要为提前赎回支付额外款项。甲商业银行在购买该债券时，预计发行方不会提前赎回。不考虑所得税。计算实际利率 r=10%。相关资料如表 9-1 所示。

表 9-1 甲商业银行相关资料

单位：万元

年　份	期初摊余成本	实际利息费用	现金流入	期末摊余成本
2010	1 000	100	59	1041
2011	1 041	104	59	1086
2012	1 086	109	59	1136
2013	1 136	113	59	1190
2014	1 190	119	1250+59	0

(1) 2010 年 1 月 1 日，甲商业银行购入债券时，编制银行付款凭证，会计分录为：

借：持有至到期投资——成本　　　1 250

贷：存放中央银行款项　　　1 000

持有至到期投资——利息调整　　250

(2) 2010 年 12 月 31 日，甲商业银行确认实际利息收入，编制转账凭证，会计分录为：

借：应收利息　　　59

持有至到期投资——利息调整　　　41
　　　　贷：投资收益　　　　　　　　　　　100
收到票面利息时，甲商业银行编制银行收款凭证，会计分录为：
　　借：存放中央银行款项　　　　　59
　　　　贷：应收利息　　　　　　　　　　59

(3) 2011 年 12 月 31 日，甲商业银行确认实际利息收入时，编制转账凭证，会计分录为：
　　借：应收利息　　　　　　　　　59
　　　　持有至到期投资——利息调整　　　45
　　　　贷：投资收益　　　　　　　　　　104
收到票面利息时，甲商业银行编制银行收款凭证，会计分录为：
　　借：存放中央银行款项　　　　　59
　　　　贷：应收利息　　　　　　　　　　59

(4) 2012 年 12 月 31 日，甲商业银行确认实际利息收入时，编制转账凭证，会计分录为：
　　借：应收利息　　　　　　　　　59
　　　　持有至到期投资——利息调整　　　50
　　　　贷：投资收益　　　　　　　　　　109
收到票面利息时，甲商业银行编制银行收款凭证，会计分录为：
　　借：存放中央银行款项　　　　　59
　　　　贷：应收利息　　　　　　　　　　59

(5) 2013 年 12 月 31 日，甲商业银行确认实际利息收入时，编制转账凭证，会计分录为：
　　借：应收利息　　　　　　　　　59
　　　　持有至到期投资——利息调整　　　54
　　　　贷：投资收益　　　　　　　　　　113
甲商业银行收到票面利息时，编制银行收款凭证，会计分录为：
　　借：存放中央银行款项　　　　　59
　　　　贷：应收利息　　　　　　　　　　59

(6) 2014 年 12 月 31 日，甲商业银行确认实际利息收入时，编制转账凭证，会计分录为：
　　借：应收利息　　　　　　　　　59
　　　　持有至到期投资——利息调整　　　60
　　　　贷：投资收益　　　　　　　　　　119

(7) 甲商业银行收到票面价值和利息时,编制银行收款凭证,会计分录为:

借:存放中央银行款项　　　　　　1 309
　　贷:应收利息　　　　　　　　　　59
　　　　持有至到期投资——成本　　1 250

第十章

外币业务的核算

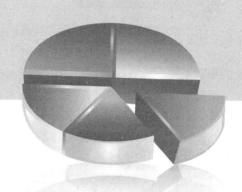

本章精粹:

- 外汇套汇的核算和套汇传票的编制与使用
- 外汇买卖损益的计算
- 浮动利率外汇贷款的利息计算

学习目的与要求

本章将着重介绍外汇业务核算的特点,外汇存款、贷款业务的核算。

外币业务与本币业务在核算环节、核算方法等方面都存在区别。为此,学习中应理解并掌握外币业务核算的特点,尤其对外汇分账制的含义、内容和做法,要能在理解的基础上熟练运用,熟练掌握外汇买卖科目的使用、外汇买卖科目传票和账簿的填制方法,在此基础上掌握外汇存款和外汇贷款业务的核算手续。

关键词

外汇分账制　外汇统账制　外汇买卖　外汇结售汇制　直接标价法　间接标价法

商业银行的外币业务,是指以记账本位币以外的货币进行的款项收付、往来结算等业务。商业银行的外币业务主要包括外汇买卖、结售汇、套汇外汇存贷款和对国际贸易活动的结算业务和对国际非贸易活动的结算业务,本章将分别介绍。

第一节　外汇买卖概述

一、外汇

外汇,是指下列以外币表示的可以用作国际清偿的支付手段和资产。
(1) 外币现钞,包括纸币、铸币。
(2) 外币支付凭证或者支付工具,包括票据、银行存款凭证、银行卡等。
(3) 外币有价证券,包括债券、股票等。
(4) 特别提款权。
(5) 其他外汇资产。

二、外汇买卖和外汇结售汇制

1. 外汇买卖

外汇买卖在国际金融市场上,是指两种可自由兑换货币之间的兑换。在我国,人民币还不是完全自由兑换的货币。按照现行外汇管理制度,实行外汇结售汇制。

外汇结售汇制:境内所有企事业单位、机关和社会团体的外汇收入,都要按银行挂牌汇率,卖给外汇指定银行;境内企事业单位、机关和社会团体在经常项目下,持有关有效凭证，用人民币到外汇指定银行按银行挂牌汇率购汇，办理支付。

2. 外汇结售汇制度的实质

在外汇结售汇前提下，任何企事业单位、机关和社会团体和外汇银行的一切外汇存取均为外汇买卖。

三、银行外汇业务的分类

1. 结汇

结汇是指境内企事业单位、机关和社会团体按国家外汇管理政策的规定，将各种外汇收入按银行挂牌汇率结售给外汇指定银行，外汇指定银行付给相应的人民币。利息找零业务比照结汇处理。

2. 售汇

售汇是指境内企事业单位、机关和社会团体的正常对外支付外汇，持有关有效凭证，用人民币到外汇指定银行办理兑付，外汇指定银行收进人民币，付给等值外汇。

3. 套汇

套汇也称外币兑换业务，是指对客户提供的用一种外币兑换为另一种外币的业务。银行办理的套汇业务有两种类型：钞买汇卖和汇买钞卖以及不同币别的外汇套汇。

4. 结售汇项下外汇与人民币平盘交易

结售汇项下的外汇与人民币平盘交易，就是指银行为平盘结售汇敞口而进行的外汇/人民币买卖交易。

1) 平盘交易的起因

按我国现行外汇管理政策的规定，国家对外汇指定银行的结算周转外汇实行比例管理，各银行结算周转外汇的比例由中国人民银行根据其资产和外汇结算业务量核定。

2) 平盘交易的操作

各银行持有超过其高限比例的结算周转外汇时，必须出售给其他外汇指定银行和中国人民银行、持有的结算周转外汇降低到低限比例以下时，应及时从其他外汇指定银行或中国人民银行购入补足。

5. 代客外汇与人民币调剂交易

代客外汇与人民币调剂交易，是指银行代理外商投资企业或经外汇局批准的其他企业，通过中国外汇交易中心或外汇调剂市场进行的外汇与人民币调剂买卖交易。

6. 自营外汇买卖

自营外汇买卖，是银行根据国家外汇管理规定及自身外汇资金头寸摆布和保值、增值的需要，以自有的外汇资金，通过境外同业银行进行外汇头寸的转换，以期赚取差价利润的业务。

7. 代客外汇买卖

代客外汇买卖，是指银行接受客户贸易项下的委托，代其在国际金融市场上进行可自由兑换货币之间的实盘买卖业务。

四、外汇汇价

目前，我国实行以市场为基础的、单一的、有管理的浮动汇率制。由中国人民银行根据前一日银行间外汇交易市场的价格，每日公布人民币对美元的中间价，并参照国际外汇市场变化同时公布人民币对其他主要货币的汇率。各外汇指定银行以此为依据，在中国人民银行规定的浮动幅度内自行挂牌，对客户买卖外汇。

1. 汇率

汇率(Foreign Exchange Rate)是一个国家的货币折算成另一个国家货币的比率，或者说是一种货币用另一种货币表示的价格。外汇汇率既可以用外国货币来表示本国货币的价格，也可以用本国货币来表示外国货币的价格，并以此分为直接标价法和间接标价法。

2. 直接标价法

直接标价法又称为应付标价法，是以一定单位的外国货币作为标准，折算成一定数量的本国货币。在该方法下，外国货币的数额保持固定不变，本国货币的数额则随外国货币或本国货币币值的变化而变化。

例如对于我国来说，"1美元=6.83元人民币"为直接标价法。

3. 间接标价法

间接标价法又称应收标价法是以一定单位的本国货币为标准，折算为一定数量的外国货币。

在间接标价法下，等式左边的本国货币的数额保持固定不变，外国货币的数额则随本国货币或外国货币币值的变化而变化。

4. 人民币外汇牌价

目前，我国人民币外汇牌价有钞买价、汇买价、中间价、汇卖价和钞卖价五种。钞买价是银行买入现钞的价格，低于汇买价；汇买价是银行买进外汇的价格，汇卖价是银行卖出外汇的价格，钞卖价同汇卖价，买入价与卖出价之间的差额作为银行的收入；中间价是买入价与卖出价的平均价，作为银行内部结算或套汇时使用。

五、外汇记账制度

在外汇业务中，通常有外汇分账制与外汇通账制两种方法，目前，外汇银行业务采用外汇分账制。

外汇分账制是外汇业务发生时，对有关外币业务，从填制凭证、登记账簿到编制报表，都直接以外币核算，各种外币都自成一套独立的账务系统，互不混淆。

外汇分账制的具体做法：每种外币从明细核算到综合核算都自成一套独立的账务系统，每一种分账货币都按原币金额填制凭证，记载账簿，编制报表。国内联行间进行外汇划拨，也应填制原币报单，记原币账，如实反映各种外币的数量和价值。

1. 外汇分账制的主要内容

1) 人民币与各种外币分账核算

所谓分别立账是指各种外币都自成一套独立的账务系统，日常每一笔外汇业务都按各种不同币种金额填制凭证、记载账簿、编制报表。

2) 设置"外汇买卖"科目

"外汇买卖"科目是适应外汇分账制要求的特设会计科目，在不同币种的账务系统之间起着联系和平衡的作用。通过"外汇买卖"科目，在两套相互独立的账务系统中，分别记载反映外币和人民币的交易金额，是外币和人民币账务紧密相连。

"外汇买卖"科目的人民币发生额，是根据交易当时的兑换比率折合而成的，保证外币账务和人民币账户的各自平衡。"外汇买卖"科目的各币种余额反映了各币种资金的头寸分布，为外汇资金的额度管理提供了依据。

3) 年度决算时编制本外币合并会计报表

年度决算时编制本外币合并会计报表，用人民币统一反映经营状况和成果。年度决算时，先分别编制各币种的会计报表，再将各种外币的会计报表按照年终决算牌价和规定的折算程序折合成人民币，在与原人民币会计报表合并，形成本外币汇总的会计报表。

2. 外汇统账制

与外汇分账制相对应的另一种核算方法，是外汇统账制，又称本币记账法，是以本国货币为记账单位，即在每一笔外币业务发生时，对所收付的外币金额，均按一定的比价折合成本位币进行记账的一种会计核算方法。

根据比价折合的标准不同，可分以下两种方法：

(1) 时价法。时价法又称市价法或浮动汇率法。这种记账方法适合业务量少、外币业务简单、外币种类少的企业。

(2) 定价法。定价法又称固定汇率法。这种记账方法适合业务量大、外币业务复杂、外币种类多的企业。

3. 外汇买卖科目、传票和账簿

1) 外汇买卖科目的核算

(1) "外汇买卖"(外币)户的买入核算。当买入外汇时,银行借记有关科目(外币),贷记本科目(外币);借方科目反映银行外币资产增加,贷记"外汇买卖"(外币)科目,表示银行外币资产增加是由于买进外币所致,换言之,贷记"外汇买卖"(外币)科目就是银行买进外币。

(2) "外汇买卖"(人民币)户的买入核算。当买入外汇相应付出人民币时,借记"外汇买卖"(人民币),贷记有关科目(人民币)。

贷记有关科目(人民币),就是银行人民币资产减少或对外负债增加;借记"外汇买卖"(人民币)是表示银行人民币资产减少或负债增加是由于付出人民币所致,换言之,借记"外汇买卖"(人民币)科目就是银行付出人民币。

(3) "外汇买卖"(外币)户的卖出核算。卖出外汇时,银行借记本科目(外币),贷记有关科目(外币);借记"外汇买卖"(外币)科目,表示银行外币资产减少是由于卖出外币所致,换言之,借记"外汇买卖"(外币)科目就是银行卖出外币。

(4) "外汇买卖"(人民币)户的卖出核算。卖出外汇相应收到人民币时,借记有关科目(人民币),贷记本科目(人民币)。

借记有关科目(人民币),就是银行人民币资产增加或对外负债减少;贷记"外汇买卖"(人民币)是表示银行人民币资产增加或对外负债减少是由于收进人民币所致,换言之,贷记"外汇买卖"(人民币)科目就是银行收进人民币。

2) 外汇买卖使用的传票

外汇买卖由于采用外汇分账制核算,设置外汇买卖外币户和人民币户分别核算,外汇买卖科目凭证分为外汇买卖借方凭证和外汇买卖贷方凭证两种。卖出外汇时,外币户使用外汇买卖借方凭证(如表 10-1 所示),人民币户使用外汇买卖贷方凭证(如表 10-2 所示);买入外汇时,外币户使用外汇买卖贷方凭证(如表 10-3 所示),人民币户使用外汇买卖借方凭证(如表 10-4 所示)。买卖外汇,外币账和人民币账根据收付方向确定使用该种币种的外汇买卖凭证,银行一种货币付出时,银行使用该种货币的外汇买卖借方凭证,一种货币收进时,银行使用该种货币的外汇买卖贷方凭证,以使两种货币间的资产保持往来平衡。

第十章 外币业务的核算

表 10-1 外汇买卖借方凭证(外币)

① 外汇买卖借方传票(外币)№

　　　　　年　　　月　　　日

购汇单位	全称			(借)外汇买卖	
	账号			对方科目：	
外汇金额			牌价	人民币金额	附件
摘要				会计 复核 记账 制票	张

表 10-2 外汇买卖贷方凭证(人民币)

② 外汇买卖贷方传票(人民币)№

　　　　　年　　　月　　　日

售汇单位	全称			(贷)外汇买卖	
	账号			对方科目：	
外汇金额			牌价	人民币金额	附件
摘要				会计 复核 记账 制票	张

表 10-3 外汇买卖贷方凭证(外币)

③ 外汇买卖贷方传票(外币)№

　　　　　年　　　月　　　日

售汇单位	全称			(贷)外汇买卖	
	账号			对方科目：	
外汇金额			牌价	人民币金额	附件
摘要				会计 复核 记账 制票	张

表 10-4　外汇买卖借方凭证(人民币)格式

④　外汇买卖借方传票(人民币)№

年　　月　　日

购汇单位	全称			(借)外汇买卖	附件 张
	账号			对方科目：	
外汇金额		牌价		人民币金额	
摘要				会计 复核 记账 制票	

外汇买卖借方传票和外汇买卖贷方传票均为一式三联，其中第一、第二联为记账凭证，第三联为统计卡。

(1) 外汇买卖借方传票。银行向客户卖出外汇时，应填制"外汇买卖借方传票"：第一联为外汇买卖科目借方传票，根据传票上的外币金额记账；第二联为外汇买卖科目贷方传票，根据传票上的人民币金额记账。

(2) 外汇买卖贷方传票。当买入外汇时，填制外汇买卖贷方传票：第一联为外汇买卖科目贷方传票，根据传票上的外币金额记账。

第二联为外汇买卖科目借方传票，根据传票上的人民币金额记账。

(3) 外汇买卖套汇传票。外汇买卖套汇传票是用于办理套汇业务的传票。

外汇业务会计核算中的套汇实际上是套算，是以一种外汇兑换另一种外汇或同一种外币的现钞与现汇之间的兑换，这种套算原则上通过人民币进行，即买入一种外币时，按该种外币的买入价折合成人民币，然后将折合的人民币金额按另一种外币的卖出价套成另一种外币。

外汇买卖套汇传票一式五联。银行在办理套汇业务时，应填制外汇买卖套汇传票一式五联，其中四联是外汇买卖科目传票：第一联外汇买卖科目买入外汇户贷方传票；第二联、第三联是外汇买卖科目人民币借方、贷方传票；第四联是外汇买卖科目卖出外汇户借方传票；第五联为统计卡。

4. 外汇买卖账簿

外汇买卖科目分户账(如表 10-5 所示)是以每一种外币分别立账(人民币不设分户账)的特定格式的账簿，把外币金额和人民币金额记在一张账页上。外汇买卖科目分户账由买入、卖出、结余三栏组成。买入、卖出栏各设外币、牌价和人民币三项，结余栏内设外币、人民币两栏。

表 10-5　中国××银行外汇买卖科目分账户

货币：　　　　　　　　　　　账户：

年		摘要	买入			卖出			结余			
			外币（贷）	牌价	人民币（借）	外币（借）	牌价	人民币（贷）	借或贷	外币	借或贷	人民币
月	日		(位数)		(位数)	(位数)		(位数)		(位数)		(位数)

1) 买入外汇的登记方法

在买入栏逐笔登记外币金额、牌价和人民币金额。

2) 卖出外汇的登记方法

在卖出栏逐笔登记外币金额、牌价和人民币金额。

3) 套汇业务的登记方法

买入美元套出英镑，买入美元记入美元户买入栏，套出的英镑记入英镑户卖出栏。买入美钞套出美汇，则把买入的美钞记入美元户买入栏，套出的美汇记入美元户卖出栏。

4) 余额的登记方法

外币余额与人民币余额应分别结计。外汇买卖科目总账，按各种外币和人民币分别设置。每日营业终了，根据外汇买卖科目的传票，编制各种货币的科目日结单，再根据科目日结单登记总账。

5．外汇买卖损益的计算

银行的外汇头寸管理实行外汇买卖平仓的方式，凡按规定平仓的外汇买卖账户，在平仓前，需计算提取外汇买卖损益，不平仓的账户不计提损益。

损益的计算方法为：每天外汇买卖交易结束后，分货币将外汇买卖科目的余额按当天中间价折成人民币，与该货币人民币余额的差额即为该货币当日外汇买卖的损益。

外汇买卖科目外币余额在贷方，其损益计算方法如下：

外币贷方余额×该种外币中间价>该种外币的人民币借方余额，即为贷方差额，该差额为汇兑收益；如果是借方差额，该差额为汇兑损失。

外汇买卖科目外币余额在借方，其损益计算方法如下：

外币借方余额×该种外币中间价<该种外币的人民币贷方余额，即为贷方差额，该差额为汇兑收益；如果是借方差额，该差额为汇兑损失。

例如：某商业银行美元户外汇买卖贷方余额为 853 210 美元，与之对应的外汇买卖人民币户为借方余额 5 826 692.85 元人民币。决算时牌价为：684.2 元/100 美元。

则汇兑损益的计算分析如下：美元户外汇买卖贷方余额为 843 218 美元为银行买入美元的结存金额。与之对应的外汇买卖人民币户为借方余额 5 826 692.85 元人民币为银行买进美元所付出的人民币金额。决算时，结存 843 218 美元折合人民币金额为：853 210×684.2%=5 837 662.82 元人民币，比付出的人民币多了：5 837 662.82-5 826 692.85=10 969.97 元人民币，因此，本例人民币汇兑损益为收益 10 969.97 元人民币。

第二节　外汇结售汇业务的核算

一、结售汇

结售汇是结汇与售汇的统称。结汇是指境内所有企事业单位、机关和社会团体(外商投资企业除外)取得外汇收入后，按照国家外汇管理条例的规定，必须将规定范围内的外汇收入及时调回境内，按照银行挂牌汇率，全部卖给外汇指定银行，结汇有强制结汇、意愿结汇和限额结汇等多种方式。售汇是指境内企事业单位、机关、社会团体和个人因对外支付需用外汇时，可按照国家外汇管理条例规定，持有关证件、文件材料等，用人民币到外汇指定银行购买所需外汇，从用汇单位和个人角度讲，售汇又称购汇。

由于人民币只在经常项目下开放，资本账户还没有开放，国内居民对外汇的交易必须到指定的外汇交易银行办理相应事宜，因此，我国实行外汇结售汇制度。

二、企业向银行办理结售汇业务需要提交的凭证

根据国家外汇管理规定，企业向银行办理结汇、售付汇业务必须提供有效商业单据和有效凭证。

有效商业单据是指，贸易公司、银行、保险、运输和商检等单位的合同、发票、支付通知、保险单据、运输单据、检验证书、收费清单或通知单等正本文件或正本复印件。

有效凭证是指，实行进口配额管理或者特定产品进口管理的许可证、进口证明；实行自动登记制的登记文件；国家授权部门　签批的加工贸易合同及其他进口批准件；海关签发的《进口货物报关单》；外汇局公布的"对外付汇进口单位名录"、"由外汇局审核真实性的进口单位名单"及签发的各种批准文件、售汇通知单和备案表；其他有关部门的批准文件和函件及国家授权部门的出国任务批件等正本文件。

三、相关政策规定

根据外汇管理条例规定，经常项目外汇收支应当具有真实、合法的交易基础。经营结汇、售汇业务的金融机构应当按照国务院外汇管理部门的规定，对交易单证的真实性及其与外汇收支的一致性进行合理审查。

经常项目外汇收入，可以按照国家有关规定保留或者卖给经营结汇、售汇业务的金融机构；经常项目外汇支出，应当按照国务院外汇管理部门关于付汇与购汇的管理规定，凭有效单证以自有外汇支付或者向经营结汇、售汇业务的金融机构购汇支付。

资本项目外汇收入保留或者卖给经营结汇、售汇业务的金融机构，应当经外汇管理机关批准，但国家规定无须批准的除外；资本项目外汇支出，应当按照国务院外汇管理部门关于付汇与购汇的管理规定，凭有效单证以自有外汇支付或者向经营结汇、售汇业务的金融机构购汇支付，国家规定应当经外汇管理机关批准的，应当在外汇支付前办理批准手续。

四、结售汇业务的核算

为了便于了解结售汇业务处理的全过程，下面以美元外汇为例，介绍外汇分账制下结售汇业务的处理。

(一)结汇核算

结汇是指外汇指定银行按规定的人民币汇率买入企事业单位或个人的外汇，并支付相应人民币的外汇业务。结汇分强制结汇、意愿结汇和限额结汇。

强制结汇是指所有外汇收入必须卖给外汇指定银行，不允许保留外汇。

意愿结汇是指外汇收入可以卖给外汇指定银行，也可以开立外汇账户予以保留，结汇与否由外汇收入者自主决定。

限额结汇是指外汇收入在国家核定的数额内可不结汇，超过限额的必须卖给外汇指定银行。

1. 结汇的基本原则

银行对境内机构和个人的外汇收入必须区分经常项目与资本项目，凡没有规定或未经核准可以保留现汇的经常项目外汇收入必须办理结汇；凡没有规定或未经核准的资本项目外汇收入不得办理结汇，凡无法证明属于经常项目的外汇收入均应按照资本项目外汇结汇的有关规定办理。

2. 结汇的种类

根据国家现行外汇管理政策,结汇包括以下三种类型。

1) 贸易项目结汇

银行在确认出口单位的外汇收入为直接从境外收入的出口货款后,根据不同的收汇方式和收汇金额,凭出口单位提供的有效商业单据和有效凭证,办理结汇或进入该单位的外汇账户的入账手续,并出具加盖"出口收汇核销专用章"的出口收汇核销专用联。

2) 非贸易项目结汇

银行对于境内机构非贸易及单方面转移的外汇收入,在等值 2 万美元(含 2 万美元)以下的,可直接办理结汇或入账;等值 2 万至 20 万美元(含 20 万美元)的,凭收汇单位提供的正本合同、发票等凭证办理结汇或入账;等值 20 万美元以上的,凭外汇局核准件办理结汇或入账。

3) 资本项目结汇

所有资本项目的结汇,银行凭外汇局出具的《资本项目结汇核准件》办理,对外商投资企业外汇结汇,银行还应审核《外商投资企业外汇登记证》。

《资本项目结汇核准件》的审核内容主要包括:

单位名称、登记证编号是否与《外商投资企业外汇登记证》一致、结汇币别、申请金额、批准金额和外汇局意见,外汇局经办人签字盖章和业务公章。

3. 结汇的流程

外汇业务经办行根据结汇业务的不同类别,按照外汇局要求审核有关单证无误后,对于符合结汇条件的,按照以下程序为境内机构或个人办理结汇。

(1) 审核《结汇委托书》。

(2) 审核有效商业单据正本和有效凭证。

(3) 审核外币转账支票,检查客户账户是否有足够余额可供结汇。

(4) 审核客户填制的一式两联《结汇委托书》无误后,将第一联转资金部门作为办理结汇的依据,第二联签章后退客户。

(5) 登记《结汇业务登记簿》,包括业务编号、日期、客户名称、币种、金额、汇率和折合人民币金额等项目。

(6) 根据客户填写的《结汇委托书》,按外汇买入价填制一式七联《结汇凭证》,加盖经办人员名章后,第一联"收账通知"交客户留底,第二联"出口收汇核销专用联"加盖结汇专用章交客户签收,第三联作外币相应科目转账借方传票,第四联作外币外汇买卖贷方传票,第五联作人民币外汇买卖借方传票,第六联作人民币相应科目转账贷方传票,第七联"结汇统计卡"留存,作为编制统计报表的依据。

4. 结汇的会计核算

【例10-1】2014年12月31日,客户以美元现钞户1 000美元向银行办理结汇,系统自动编制收款凭证,登记外币账,会计分录为:

借:活期存款——活期储蓄——美元——现钞户　　$1 000
　　贷:结售汇——美元户　　　　　　　　　　　　　　$1 000

按照结汇时的现钞买入价677.26%,对客户支付人民币,系统自动编制付款凭证,登记人民币账,会计分录为:

借:结售汇——人民币户　　　　　　　　　　¥6 772.6
　　贷:活期存款——活期储蓄——人民币户　　　　　¥6 772.6

【例10-2】2014年12月31日,客户以美元现汇户2 000美元向银行办理现汇户结汇,为客户收入系统自动编制转账凭证,会计分录为:

借:活期存款——活期储蓄——美元——现汇户　　$2 000
　　贷:结售汇——美元户　　　　　　　　　　　　　　$2 000

按照结汇时的现汇682.73%买入价,为客户收入人民币存款账户,系统自动编制付款凭证,会计分录为:

借:结售汇——人民币户　　　　　　　　　　¥13 654.6
　　贷:活期存款——活期储蓄——人民币户　　　　　¥13 654.6

(二)售付汇

售汇是指银行按规定的人民币汇率卖给企事业单位或个人外汇,并收取相应人民币的外汇业务。

付汇是指银行根据企事业单位或个人的要求,从其外汇账户或售汇对外支付的行为。

1. 售付汇的基本原则

售付汇的基本原则是:根据国家现行外汇管理的有关规定及国际惯例,银行对凭以售汇的有效凭证及有效商业单据进行合规性和表面一致性的审核,审核无误后予以售汇。合规性是指客户提供的有效凭证及有效商业单据符合国家外汇管理有关规定及商业习惯。表面一致性是指各有效凭证和有效商业单据之间内容描述相符或无抵触。

2. 售付汇业务的具体规定

根据《结汇、售汇及付汇管理规定》、《关于超比例超金额预付款、佣金及先支后收转口贸易外汇支付审核暂行办法》,境内机构经常项目下的对外付汇在向外汇指定银行提供了所规定的有效凭证、进行了真实性审核后,即可在外汇指定银行购汇支付或者从外汇账户中对外支付。

3. 需由外汇管理局审核售汇真实性的主要业务

(1) 进口项下凡超过合同总金额15%并超过等值10万美元的预付款支付。

(2) 出口项下凡超过合同总金额2%的暗佣和5%的明佣且超过等值1万美元的出口佣金支付。

(3) 先支后收转口贸易外汇支付。

(4) 境内机构单笔超过等值1万美元的外币现钞提取。

(5) 各类特殊的专项售汇等。

4. 售汇审核项目所需的单据

(1) 进口项下超比例、超金额预付款，持进口合同、对方银行开具的保函、银行汇款凭证、外汇局售汇通知单、形式发票办理审批。

(2) 出口项下超比例、超金额佣金，持正本出口合同、结汇水单、佣金协议、形式发票、银行汇款凭证和外汇局售汇通知单办理审批。

(3) 先支后收转口贸易外汇支付，持进出口合同原件办理审核。

(4) 境内机构单笔超过等值1万美元的外币现钞提取，凭出国证明、预算书办理审核。

(5) 各类特殊的专项售汇等。

5. 售汇的流程

(1) 审核《购买外汇申请书》。

(2) 审核正本有效商业单据和有效凭证，如符合售汇条件，在《购买外汇申请书》上加盖售汇专用章，并在海关报关单上签注售汇金额、日期并签章。

(3) 审核人民币转账支票，并检查客户账上是否有足够人民币头寸购汇。

(4) 审核客户填制的《购买外汇申请书》无误后，将第一联和有效凭证、有效商业单据转资金部门作为办理售汇的依据，第二联交会计部门作为人民币转账支票附件，第三联退客户。

(5) 登记《售汇登记簿》，包括业务编号、日期、客户名称、币种、金额、汇率和折合人民币金额等项目。

(6) 根据《购买外汇申请书》，按当日外汇卖出价编制一式五联《售汇凭证》，加盖经办人员名章后，将第一联"售汇水单"交客户留底，第二联作外币外汇买卖借方传票，第三联作人民币外汇买卖贷方传票，第四联作人民币相应科目转账借方传票，第五联"售汇统计卡"留存，作为编制统计报表的依据。

6. 售汇的会计核算

1) 售汇提现

【例10-3】2014年12月31日,客户以人民币现金购买1 000美元现钞,银行使用当日现汇卖出价685.57%,银行使用当日外汇卖出价计收人民币。系统自动编制收款凭证,会计分录为:

借:现金——库存现金——人民币　　　¥6 855.7
　　贷:结售汇——人民币　　　　　　　¥6 855.7

同时支付美元现钞给客户,系统自动编制付款凭证,会计分录为:

借:结售汇——外币　　　　　　　　　$1 000
　　贷:现金——库存现金——美元　　　$1 000

2) 售汇存款

【例10-4】2014年12月31日,客户以在银行活期存款人民币账户的存款,购买4 000外汇美元存入在本行开立的美元账户,银行使用当日外汇卖出价685.57%计收人民币。系统自动编制转账凭证,其会计分录为:

借:单位活期存款——人民币　　　　　¥27 422.8
　　贷:结售汇——客户结售汇——人民币　¥27 422.8

同时,将客户所购美元转入客户在本行开立的美元存款户,系统自动编制转账凭证,为客户收账,会计分录为:

借:结售汇——美元户　　　　　　　　$4 000
　　贷:单位活期存款——现汇——美元户　$4 000

(三)结售汇差额当日向上级平盘补仓

(1) 每日营业终了,如果外币结售汇科目外币户如为借方余额,则表示本行外汇超卖,即卖出外汇多于买入外汇,需要通过在上级行开立的人民币存款账户资金,使用内部外汇卖出价买进该种外汇平盘补仓。

① 根据本日外币结售汇科目外币户借方余额,买进等额外汇,系统自动编制收款凭证,会计分录为:

借:存放行内款项——备付金——××分户——外币
　　贷:结售汇——外币

② 通过在上级行开立的人民币存款账户资金,使用内部外汇卖出价,支付购买外汇超卖差额平盘补仓,系统自动编制付款凭证,会计分录为:

借：结售汇——人民币

  （外币超卖差额×内部外汇卖出价）

 贷：存放行内款项——备付金——××分户——人民币

  （外币超卖差额×内部外汇卖出价）

(2) 每日营业终了，如果外币结售汇科目外币户如为贷方余额，则表示本行外汇超买，即买入外汇多于卖出外汇，需要通过在上级行开立的外币存款账户，使用内部外汇买入价卖出该种外汇平仓。

① 根据本日外币结售汇科目外币户贷方余额，通过在上级行开立的外币存款账户，卖出等额外汇，系统自动编制付款凭证，会计分录为：

借：结售汇——外币

 贷：存放行内款项——备付金——××分户——外币

② 通过在上级行开立的人民币存款账户，使用内部外汇买入价，卖出该种外汇收进人民币，系统自动编制收款凭证，会计分录为：

借：存放行内款项——备付金——××分户——人民币

  （外币超买差额×内部外汇买入价）

 贷：结售汇——人民币

  （外币超买差额×内部外汇买入价）

(四)结售汇汇兑损益核算

每月末，结售汇交易和平补交易后人民币结售汇如为贷方余额，则为汇兑收益，应结转系统"汇兑损益"账户，系统自动编制转账凭证，会计分录为：

借：结售汇——人民币

 贷：汇兑损益——人民币

每月末，结售汇交易和平补交易后人民币结售汇如为借方余额，则为汇兑损失，应结转系统"汇兑损益"账户，自动编制转账凭证，会计分录为：

借：汇兑损益——人民币

 贷：结售汇——人民币

【例 10-5】根据例 10-1～例 10-4 的业务举例，对于该银行 2014 年 12 月 31 日发生的美元结售汇业务登记结售汇账簿如下，假定 12 月 31 日以中间价 685.85%，向上级行购入 2 000 美元超卖外汇平仓，则本日汇兑收益为 7 028 元人民币。

结售汇汇兑损益科目账核算如表 10-6 所示。

表 10-6 结售汇汇兑损益科目账核算表示例

中国××银行 结售汇科目账

货币种类：美元

2014年		摘要	买 入			卖 出			结 余			
月	日		外币贷	牌价	人民币借	外币借	牌价	人民币贷	借或贷	外币	借或贷	人民币
12	31	买钞	1000	677.26	6772.6				贷	1000	借	6772.6
12	31	买汇	2000	682.73	13 654.6				贷	3000	借	20 427.2
12	31	卖钞				1000	685.57	6855.7	贷	2000	借	13571.5
12	31	卖汇				4000	685.57	27 422.8	借	2000	贷	13851.3
12	31	平仓	2000	683.85	13 677					0	贷	174.3

第三节 外汇存款业务的核算

一、外汇存款

外汇存款是单位或个人将其所有的外汇资金(国外汇入汇款、外币以及其他外币票据等)存入银行，并随时或约期支取的一种业务。

外汇存款按存款对象，可分为单位外汇存款和个人外汇存款；按存入资金形态，可分为现汇存款和现钞存款；按存款期限，可分为定期存款和活期存款；按存取方式分为支票户存款和存折户存款。

1. 单位外汇存款

单位外汇存款分为甲种外汇存款和外债专户存款两种。

1) 甲种外汇存款

此种存款的对象为：各国驻华外交代表机构、领事机构、商务机构、驻华的国际组织机构和民间机构；在中国境外或港澳地区的中、外企业、团体；在中国境内的机关、团体、学校、国有企事业单位和城乡集体经济组织；在中国境内的外商投资企业。

甲种存款的存款外汇有美元、英镑、欧元、日元和港币等。其中定期存款起存金额不低于人民币 1 万元等值外汇，存期为 1 个月、3 个月、半年、1 年、2 年；活期存款起存金额不低于人民币 1 000 元等值外汇。

2) 外债专户存款

境内机构用于偿付境内外汇债务本金的外汇以及经常项目下境内机构用于偿付境内外

外汇债务利息及费用的外汇,其收入为经批准的贷款专户转入的资金及经批准保留的外汇收入,支出为偿还债务本息及相关费用。

外债专户存款以借入外债货币存入,起存金额不低于人民币 400 万元等值外汇。单位存款只有现汇户,没有现钞户。

2. 个人外汇存款

个人外汇存款按存款对象不同,分为乙种存款和丙种存款两种。每种存款又分为定期存款和活期存款以及外汇账户和外钞账户。

1) 乙种外汇存款

此种外币存款的对象为:居住在国外或港澳地区的外国人、外籍华人、港澳同胞、短期来华者以及居住在中国境内的驻华使馆外交官、驻华代表机构外籍人员、外国专家学者、海外留学生和实习生等,还有按国家规定有个人外汇的中国人等。其存款外币币种包括美元、英镑、欧元和港币。

定期存款起存金额不低于人民币 500 元等值外汇,存期为 1 个月、3 个月、半年、1 年、2 年;

活期存款起存金额不低于人民币 100 元等值外汇。

2) 丙种存款

丙种存款主要是对持有外币的中国境内居民办理,此种外币存款的对象为:中国境内的居民,包括归侨、侨眷和港澳台胞的亲属。其存款外币币种有美元、港币,起存金额及定期存款的存期与乙种存款相同。

二、单位外汇存款的核算

(一)活期外汇存款的核算

活期外汇存款分为以原币存取、以现钞存取、以不同货币存取三种情况。

(1) 以外币现钞存入现汇户时,应以当日的现钞买入牌价和现汇卖出牌价折算入账。外币现钞存入现汇户时,会计分录如下:

借:现金   外币
  贷:外汇买卖——套汇户(钞买价)   外币
借:外汇买卖——××币种套汇户(钞买价)   人民币
  贷:外汇买卖——××币种套汇户(汇卖价)   人民币
借:外汇买卖——套汇户(汇卖价)   外币
  贷:××活期存款——××单位户   外币

(2) 直接以国外收汇或国内转款存入时，以不同情况进行相应会计处理。

① 以汇入原币存入时，会计分录如下：

借：汇入汇款或应解汇款 　　　　　　　　　　外币
　　贷：××活期存款——××单位户　　　　　　　　　　　　外币

② 汇入币种与存入币种不同时，会计分录如下(以汇入美元转存日元为例)：

借：汇入汇款或应解汇款 　　　　　　　　　　美元
　　贷：外汇买卖——套汇户(汇买价)　　　　　　　　　　　　美元
借：外汇买卖——美元套汇户(汇买价)　　　　人民币
　　贷：外汇买卖——日元套汇户(汇卖价)　　　　　　　　　　人民币
借：外汇买卖——套汇户(汇卖价) 　　　　　　日元
　　贷：××活期存款——××单位户　　　　　　　　　　　　日元

③ 境内机构汇入汇款结汇时，会计分录如下：

借：应解汇款及临时存款　　　　　　　　　　外币
　　贷：外汇买卖——结售汇户(汇买价)　　　　　　　　　　　外币
借：外汇买卖——××币种结售汇户(汇买价)　人民币
　　贷：××活期存款——××单位户　　　　　　　　　　　　人民币

(二)取款的核算

(1) 从现汇账户支取原币现钞时，银行做汇买钞卖套汇后，支取原币现钞，会计分录如下：

借：××活期存款——××单位户　　　　　　外币
　　贷：外汇买卖——套汇户(汇买价)　　　　　　　　　　　　外币
借：外汇买卖——××币种套汇户(汇买价)　　人民币
　　贷：外汇买卖——××币种套汇户(钞卖价)　　　　　　　　人民币
借：外汇买卖——套汇户(钞卖价) 　　　　　　外币
　　贷：现金　　　　　　　　　　　　　　　　　　　　　　　外币

(2) 以原币汇往国外或国内异地时，会计分录如下：

借：××活期存款——××单位户　　　　　　外币
　　贷：汇出汇款　　　　　　　　　　　　　　　　　　　　　外币

按规定的收费标准收取人民币或收取等值外汇时，会计分录如下：

借：现金　　　　　　　　　　　　　　　　　人民币或外币
或：有关科目　　　　　　　　　　　　　　　人民币或外币
　　贷：中间业务收入——结算手续费收入户　　　　　　　　　人民币或外币
　　贷：中间业务收入——其他中间业务收入户　　　　　　　　人民币或外币(邮电费)

(3) 支取货币与原存款货币不同时,会计分录如下(以存港币取美元为例):

借:××活期存款——××单位户　　　　　　　　港币
　　贷:外汇买卖——套汇户(汇买价)　　　　　　港币
借:外汇买卖——港币套汇户(汇买价)　　　　　　人民币
　　贷:外汇买卖——美元套汇户(汇卖价)　　　　人民币
借:外汇买卖——套汇户(汇卖价)　　　　　　　　美元
　　贷:汇出汇款　　　　　　　　　　　　　　　美元

(4) 从活期存款账户转存定期存款

办理转存定期时,凭存款单位开立的转账支票,开立外汇存款证实书,会计分录如下:

借:××活期存款——××单位户　　　　　　　　外币
　　贷:定期存款——××单位户　　　　　　　　外币

(三)利息的核算

1. 计息方法

(1) 单位外汇活期存款利息,采用余额表按季计息。余额表计息方法为:每日营业终了,将各账户余额记入计息余额表,在季末结息日,逐户将本季末的累计计息积数乘以日利率,即得出各存款单位的应计利息数。每季末 20 日为结息日,结息后以原币入账。

(2) 单位外汇定期存款利息,按对年对月计息,不足 1 年或 1 个月的零头天数折算成日息计算。存款到期,利随本清,一次计付利息。如遇利率调整,仍按存入日利率计算利息;存款到期续存,按续存日利率计算利息;存款到期未办理支取,逾期部分按取款日活期存款利率计算利息;如提前支取,按取款日活期存款利率计算。

根据权责发生制的原则,3 个月以上的单位定期存款应按季以原币种计提应付利息,存款到期在应付利息中支付,不足部分在利息支出中支付;3 个月以下的单位定期存款不计提应付利息,直接在利息支出中支付。

【例 10-6】 某公司 5 月 1 日存入港币 200 000.00 元,定期半年,年利率 3.375%,同年 11 月 1 日到期,公司于同年 12 月 5 日到银行支取该笔定期存款。支取日活期存款年利率为 1.5%。该公司的港币存款应付利息为:

5 月 1 日至 11 月 1 日的利息=200 000.00×6×3.375%÷12=3 375.00 港币
11 月 1 日至 12 月 5 日的利息=200 000.00×34×1.5%÷360=283.33 港币
银行支取该笔定期存款的利息为 3658.33 港币。

2. 利息的核算

(1) 单位外汇活期存款结息时,会计分录如下:

借:利息支出——活期存款利息支出户　　　　　　外币

　　　　贷：××活期存款——××单位户　　　　　　　　　　　外币

(2) 单位外汇定期存款在结息日计算应付利息时，会计分录如下：
　　借：利息支出——定期存款利息支出户　　　　　　　　　外币
　　　　贷：应付利息——××单位户　　　　　　　　　　　　外币

(3) 单位外汇定期存款到期时，由存款单位凭存单、预留签章或其他约定方式向银行支取本息时，会计分录如下：
　　借：定期存款——××单位户　　　　　　　　　　　　　外币
　　　　应付利息——××单位户　　　　　　　　　　　　　外币(已提取部分)
　　　　利息支出——定期存款利息支出户　　　　　　　　　外币(不足部分)
　　　　贷：××活期存款——××单位户　　　　　　　　　　外币

(四)销户

存款单位因账户使用到期、机构撤销、合并和更改账户名称等原因，应向开户银行核对外汇存款账户余额无误后，办理销户手续。同时，将未用完的各种空白结算凭证交回银行。销户后，由于未能交回空白结算凭证而产生的一切问题，均由存款单位承担全部责任。

单位申请变更账户名称或机构撤销、合并，应交验上级主管部门批准的正式函件，经银行审核属实后，根据不同情况，更改账户名称或撤销原账户和开立新账户。境内机构、驻华机构的外汇存款账户，因使用到期等原因，关闭账户时，按账户关闭的管理规定办理。

中资机构撤销账户时，账户余额除经批准可转移或汇出外，其余由外汇指定银行按规定办理销户结汇，会计分录如下：
　　借：××活期存款——××单位户　　　　　　　　　　　外币
　　　　贷：外汇买卖——结售汇户(汇买价)　　　　　　　　外币
　　借：外汇买卖——××币种结售汇户(汇买价)　　　　　　人民币
　　　　贷：××活期存款——××单位户　　　　　　　　　　人民币

第四节　外汇贷款业务的核算

一、外汇贷款

(一)外汇贷款的概念

外汇贷款是外汇银行以其筹措的外汇资金贷款给需要外汇资金的企事业单位的外汇资金运用形式。

(二)外汇贷款的对象

外汇贷款的对象是生产出口商品和能给我国直接或间接创造外汇收入并具备贷款条件的单位。外汇贷款主要是为了支持国家重点扶植的能源、交通和地方中小企业的技术改造。有些企业本身不能创汇,而所属的主管部门能提供外汇偿还的也可以申请使用贷款。对新建企业,因涉及的问题较多,贷款期限较长,要从严掌握。

外汇贷款按资金运用的方式分为:现汇贷款、票据贴现、进出口押汇贷款和国际银团贷款等形式。本节主要介绍现汇贷款的核算手续。

二、现汇贷款的核算

现汇贷款即自由外汇贷款。外汇银行根据与借款单位签订的借款合同,凭借款单位或借款单位委托办理进口物资的外贸公司的通知,在批准的购货清单和贷款额度内,用现汇对外支付贷款。

现汇贷款主要用于满足客户外汇资金融资需求,用途广泛,既可以满足企业流动资金方面的需求,也可满足企业固定资产投资的需求。

(一)现汇贷款的基本规定

(1) 现汇贷款经银行可行性调查审批后,借款人与银行订立借款合同,并报当地外汇管理局批准,开立外汇贷款专户及还本付息专户。

(2) 企业申请使用贷款额度时,应将贷款使用期限内应付的国外费用及利息等匡算在内。

(3) 现汇贷款使用的货币由借款人选择,借什么货币,还什么货币,并收取原币利息。

(4) 现汇贷款期限根据业务需要划分为 1 个月、3 个月、半年、1 年、2 年、3 年共 6 个档次。

(二)现汇贷款的分类

现汇贷款按利率优惠的程序可分为:浮动利率外汇贷款、优惠利率外汇贷款、贴息外汇贷款和外汇流动资金贷款 4 种。

1. 浮动利率外汇贷款

浮动利率外汇贷款是按照伦敦银行同业拆放利率浮动计息的,企业承担的利率风险最大。例如:中国银行根据国际金融市场上的利率变化将浮动利率分为 1 个月、3 个月和 6 个月浮动的三个档次,借款企业可任意选择 3 个档次中的一个档次。中国银行发放的浮动利率外汇贷款的币种有美元、英镑、日元、马克、法国法郎和港币 6 种，企业所还币种与所借币种一致。浮动利率外汇贷款的期限一般分为 1 年、1～3 年、3～5 年和 5 年以上，最长不超过 10 年。

2. 优惠利率外汇贷款

优惠利率外汇贷款是利率低于一般市场利率的外汇贷款，它比浮动利率外汇贷款优惠，且属固定利率。发放优惠利率外汇贷款的目的是支持国民经济发展，择优扶持国家鼓励发展的项目。优惠利率与浮动利率之间的差额由中国银行用收入的外汇利润补贴。

利率优惠的前提条件是：优惠利率和浮动利率之间的利息差额要有补偿的来源，因为银行外汇资金的来源受国际金融市场浮动利率的影响。

3. 贴息外汇贷款

贴息外汇贷款是为鼓励企业引进国外先进技术改造现有企业，扶持和发展出口商品，发展和扩大轻纺、机电等产品出口，提高出口创汇能力而发放的贷款。

4. 外汇流动资金贷款

外汇流动资金贷款是为企业在生产过程中或出口产品所需进口国外原材料等而发放的流动资金性质的外汇贷款。贷款对象主要是生产出口产品的企业或经营进出口商品的企业，用于企业为维持生产而进口国内短缺的原材料和国内市场紧缺的商品，支持企业发展进料加工复出口的业务。

(三)现汇贷款的流程

(1) 借款人向银行提交借款申请，同时提交贷款用途证明文件以及有关资料。
(2) 银行对借款人的借款申请进行审查，同时根据实际情况要求借款人提供补充资料。
(3) 银行内部审批通过后，与借款人签订借款合同。
(4) 借款人落实有关提款前提条件并到外汇管理部门登记备案后，根据借款合同提款。

(四)现汇贷款的发放

发放现汇贷款时，企业应向银行提交《现汇贷款专户及还本付息专户申请表》和填制一式五联外汇贷款借款凭证，银行要按规定审查相关条款符合贷款规定，审核合格后由会计主管签字确认，开立外汇贷款专户。将第一联借款申请书交信贷部门保管，将第二联借方凭证、第三联贷方凭证、第四联支款通知凭证和第五联备查卡交会计部门。

会计部门审查无误后，以第二联借方凭证、第三联贷方凭证登记账簿，第五联备查卡专夹保管留存备查。其会计分录为：

借：××贷款——××借款人户　　　　　　　　　　　外币
　　贷：××存款——××借款人外汇贷款户　　　　　　外币

办妥贷款手续后，第四联支款通知凭证盖章后退交借款企业。

借款企业使用外汇贷款对外支付外汇时，分别按照相关业务的会计核算手续办理。如果贷款货币与对外付汇货币不同时，可通过套汇处理。

(五)收回贷款的核算

贷款到期，借款单位必须按期偿还现汇贷款，如不能按期偿还，可以向贷款银行申请展期，未经批准逾期或展期之后到期仍不能归还的，银行可按逾期贷款利率计收逾期利息。银行信贷部门应督促借款人按期归还贷款。

借款单位归还现汇贷款，可以使用原币归还，也可以使用人民币购汇归还，还可以使用其他货币套汇归还。

1. 以原币归还借款

借款单位到期主动归还借款时，应填制支票及进账单提交开户银行。银行审核借款单位预留银行印鉴无误后，计算贷款利息，凭支票借记借款单位存款账户，凭进账单贷记借款单位贷款账户。同时，抽出原留存的借据，登记还款记录，结出结欠金额后，借据继续保留。如为一次性还清贷款，借据作为结清贷款贷方凭证附件。

借款单位到期不能主动归还借款时，若其存款账户有足够归还贷款的余额，由会计部门填制一联特种转账贷方传票，二联特种转账借方传票。以特种转账贷方传票贷记借款单位贷款账户，以一联特种转账借方传票借记借款单位存款账户，以另一联特种转账借方传票作支款通知，交借款单位。

以原币归还借款的会计分录如下：

借：××存款——××借款人还本付息专户　　　　　　外币
　　贷：××贷款——××借款入户　　　　　　　　　　外币
　　　　利息收入——××贷款利息收入户　　　　　　　外币

借款单位到期不能归还借款且其存款账户余额不足以偿还借款本息时，按照逾期贷款会计核算办法处理。

2. 以人民币购汇归还借款

借款单位以人民币归还外汇借款时，应凭外汇局还本付息核准件，按还款日挂牌汇率购汇后偿还。会计分录如下：

借：××活期存款——××借款人户　　　　　　　　　人民币
　　贷：外汇买卖——××币种结售汇户(汇卖价)　　　　人民币

借：外汇买卖——结售汇户(汇卖价) 外币
　　贷：××贷款——××借款人户 外币
　　　　利息收入——××贷款利息收入户 外币

3. 以贷款货币以外的其他外币归还借款

借款单位还款时，按还款日挂牌汇率进行套汇后偿还。会计分录如下：

借：××存款——××借款人还本付息专户 外币
　　贷：外汇买卖——套汇户(汇买价) 外币
借：外汇买卖——××币种套汇户(汇买价) 人民币
　　贷：外汇买卖——××币种套汇户(汇卖价) 人民币
借：外汇买卖——套汇户(汇卖价) 外币
　　贷：××贷款——××借款人户 外币
　　　　利息收入——××贷款利息收入户 外币

(六)利息的核算

现汇贷款利率可以根据合同规定采用浮动利率、固定利率或优惠利率。现汇贷款的计息天数，按公历实际天数，算头不算尾。现汇贷款根据合同规定，按季或按月结息，每季末的 20 日或每月 20 日为规定结息日。

(1) 结息日，借款单位以还本付息专户的外汇存款偿付利息时，填制外汇贷款结息凭证一式三联，一联作借方凭证，一联作贷方凭证，一联作结息通知单，交借款人，会计分录如下：

借：××存款——××借款人还本付息专户 外币
　　贷：利息收入——××贷款利息收入户 外币

(2) 结息日，借款单位不能主动偿付正常或逾期贷款利息，还本付息专户无足够余额时，不足部分的会计分录如下：

借：应收利息——××借款人户 外币
　　贷：利息收入——××贷款利息收入户 外币

借款单位付息时，会计分录如下：

借：××存款——××借款人还本付息专户 外币
　　贷：应收利息——××借款人户 外币

呆滞、呆账贷款，计提的应收未收利息不再纳入表内核算，而是通过表外"应收未收利息"科目核算，会计分录如下：

收：应收未收利息——××借款人户 外币

(3) 非结息日,借款单位结清贷款本息时,贷款利息按贷款账户积数计收,会计分录如下:

借:××存款——××借款人还本付息专户　　　　外币
　　贷:利息收入——××贷款利息收入户　　　　　外币

第十一章

所有者权益业务的核算

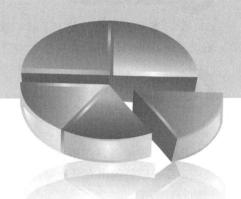

本章精粹：

- 所有者权益的构成与核算
- 实收资本的管理规定与核算
- 资本公积包括的项目以及各项内容的核算方法
- 盈余公积的内容与核算
- 资本公积中的接受非现金捐赠
- 外币资本折算差额的核算

学习本章的目的，在于了解和掌握商业银行所有者权益的核算方法。通过本章学习，要求了解商业银行所有者权益各项目的构成与管理要求，掌握所有者权益的核算方法。

关键词

所有者权益　实收资本　资本公积　盈余公积

所有者权益，是指所有者在企业资产中享有的经济利益，其金额为资产减去负债后的余额。商业银行的所有者权益，主要包括实收资本(或股本)、资本公积、盈余公积和未分配利润等。

第一节　所有者权益概述

一、所有者权益

所有者权益，是指所有者在企业资产中享有的经济利益，在金额上等于企业全部资产减去全部负债后的余额。

所有者权益包括实收资本(或股本)、资本公积、盈余公积和未分配利润。所有者权益在股份公司被称为股东权益。

二、所有者权益的构成

按现行会计制度的规定，所有者权益一般由以下几部分组成。

(1) 实收资本。指投资者按照企业章程或合同、协议的约定，实际投入企业的各种财产、物资的价值。按投资主体，可分为国家投资、法人投资、外商投资和个人投资。

(2) 资本公积。指由投入资本本身引起的各种增值。包括资本或股本溢价、接受捐赠资产、拨款转入、外币资本折算差额等。

(3) 盈余公积。指按税后利润的一定比例提取、具有特定用途的留存收益。包括法定盈余公积、任意盈余公积和法定公益金。企业的盈余公积可用于弥补亏损、转增资本(或股本)。符合规定条件的企业，也可用盈余公积分派现金股利。

(4) 未分配利润。指企业净利润分配后剩余部分。未分配利润有两层含义：一是留待以后年度处理的利润；二是未指定特定用途的利润。从数量上来讲，未分配利润是期初未分配利润，加上本期实现的净利润，减去提取的各种盈余公积和分出利润后的余额。

从事存贷款业务的商业银行计提的贷款损失准备也是所有者权益的组成部分。

三、所有者权益的基本特征

所在者权益具有如下基本特征。

1．所有者权益既是一种财产权利，又是一种剩余权益

所有者权益作为一种财产权利，包括所有者对投入资产的所有权、使用权、处置权和收益分配权。但是所有者权益只是一种剩余权益。从会计等式"资产=负债+所有者权益"可知，债权人和所有者都是企业经济资源的提供者，他们对企业资产都有相应的索偿权。

企业的权益包括所有者权益和债权人权益两部分，二者都是资产的来源，都对资产具有要求权。但所有者权益与债权人权益相比，有其显著的特点。

(1) 所有者权益是企业投资者对企业净资产的要求权。

(2) 所有者权益是企业的"本钱"，是企业取得其他资金的基础。

(3) 供企业长期使用，无须偿还。

(4) 在其会计核算上来看，有着专门规定和特殊的要求。

(5) 企业所有者有参与企业经营管理的权利。

2．所有者权益所产生的义务具有长期性

任何企业的设立，都需要一定的由所有者投入的资产。大多数国家的公司法规定，投入的资本在企业终止经营前不得抽回，因此，所有者投入的资本构成了企业长期性的资本来源。

3．所有者权益的构成包括所有者投入的资本、企业的资产增值及经营利润

所有者的投资是企业经营资本和来源，同时经营利润也是企业所有者承担经营风险和投资风险的回报。作为企业的终极所有者，所有者还是企业资产增值的当然受益者。

第二节 实 收 资 本

一、实收资本的概述

实收资本是银行实际收到投资人以货币、实物和无形资产等形式投入的资本，有国家投资、单位投资和个人投资等，它是银行注册登记的法定资本总额的来源，表明所有者对银行的基本产权关系。

我国《公司法》规定，投资者既可以用货币出资，也可以用实物、工业产权、非专利

技术和土地使用权作价出资。

我国目前实行的是注册资本制，要求企业的实收资本与注册资本相一致。

二、接受货币资产投资

货币出资方式包括投入的人民币和各种外币。投入的人民币不存在计价问题。投入的外币就需采用不同的汇率进行折算为记账本位币。如果合同没有约定汇率，资产账户和"实收资本"账户均按收到外币出资额当日的市场汇率折合的人民币金额记账；如果合同约定了汇率，对"实收资本"账户，按合同约定汇率折合，对资产账户仍按收到外币出资额当日的市场汇率折合人民币金额记账；因汇率不同产生的折合差额，作为资本公积处理。

实收资本在进行会计核算时，以"实收资本"科目按投资人进行明细核算。

1. 投资人投入资金

收到投资人投入的资金时，应按实际收到或存入开户银行的金额作为实收资本额。其会计分录如下：

借：现金——××金库分户或存放中央银行款项
　　贷：实收资本

2. 投资人投入实物

收到投资人投入的房屋、设备等固定资产时，应按投出单位投出的固定资产评估确认的价值或按合同、协议约定的价值作为实收资本额。

(1) 评估确认价值等于或大于原投资单位账面价值时，要以评估确认价值作为接受固定资产的原价处理。其会计分录如下：

借：固定资产或其他科目
　　贷：实收资本

(2) 评估确认价值小于原投资单位账面价值时，要以原投资单位账面价值作为接受固定资产的原价，以评估确认价值作为投资单位的投资额，其差额作为已提累计折旧处理。其会计分录如下：

借：固定资产或其他科目(原投资单位账面价值)
　　贷：实收资本(评估确认价值)
　　　　累计折旧(差额)

3. 投资人投入无形资产

收到投资人投入的专利权等无形资产，按评估确认的价值作为实收资本额。其会计分录如下：

借：无形资产
　　　贷：实收资本

4．资本公积、盈余公积转增资本金

资本公积和盈余公积按规定程序转增资本金时，其会计分录如下：

借：资本公积或盈余公积
　　　贷：实收资本

【例 12-1】甲、乙、丙三人共同投资设立 A 商业银行有限责任公司，原注册资本为 40 000 万元，甲、乙、丙分别出资 5 000 万元、20 000 万元和 15 000 万元。为扩大经营规模，经批准，A 商业银行有限责任公司注册资本扩大为 50 000 万元，甲、乙、丙按照原出资比例分别追加投资 1 250 万元、5 000 万元和 3 750 万元。A 商业银行有限责任公司如期收到甲、乙、丙通过中央银行准备金存款账户转来的投资。A 商业银行有限责任公司会计分录如下：

借：存放中央银行款项　　　10 000 万元
　　贷：实收资本——甲　　　1250 万元
　　　　　　——乙　　　5000 万元
　　　　　　——丙　　　3750 万元

【例 12-2】承例 12-1，因扩大经营规模的需要，经批准，A 商业银行有限责任公司按原出资比例将资本公积 1000 万元转增资本。A 商业银行有限责任公司会计分录如下：

借：资本公积　　　　　　　1000 万元
　　贷：实收资本——甲　　　125 万元
　　　　　　——乙　　　500 万元
　　　　　　——丙　　　375 万元

第三节　资　本　公　积

资本公积和投入资本一样，也是企业外部投入银行的资金，但由于"实收资本"有特定的含义，一些本属于资本性质，但不能记入"实收资本"的项目，如资本溢价(投资人出资额大于注册资本)、法定财产重估增值和接受捐赠的资产价值等，这些项目构成了银行的资本公积，通行"资本公积"科目进行核算。

一、资本(或股本)溢价

资本溢价是指投资人出资额大于注册资本的差额。合资经营的银行(不含股份有限公司)在成立时，已按出资者认缴的出资额全部汇入了"实收资本"科目，如有新的投资者加入

时，在同样投资比例的条件下，新投资者的出资额应大于原投资者的出资额，对注册资本的增加额仍按原投资比例增资，其超出注册资本的数额，不能作为实收资本处理，而应记入"资本公积"科目。

【例 12-3】某股份制银行有限责任公司由 A、B、C 三个股东(投资者)各自出资 5 000 万元，开业时实收资本为 15 000 万元，经营 4 年后，D 投资者加入并愿意出资 7 000 万元与其他股东享有相同权益。则其分录如下：

借：存放中央银行款项　　　　　　　7 000 万元
　　贷：实收资本——D 投资者　　　　5 000 万元
　　　　资本公积　　　　　　　　　　2 000 万元

【例 12-4】某商业银行收到 A 股东投资一台设备，按协议规定应投资 30 万元。该设备原价 34 万元，已提折旧 4 万元，经评估确认价值为 40 万元，资本溢价为 6 万元，收到该设备时，其分录如下：

借：固定资产　　　　　　　　　400 000
　　贷：实收资本——A 股东　　　300 000
　　　　累计折旧　　　　　　　　40 000
　　　　资本公积　　　　　　　　60 000

二、法定资产重估增值

法定资产重估要依照有关规定进行。目前国家规定：固定资产产权变动、企业进行股份制改造试点、企业进行清产核资等都要对企业的财产进行重估，重估产生的增值计入资本公积，其会计分录如下：

借：其他固定资产
　　贷：资本公积

【例 12-5】某商业银行在清产核资中查一台运输设备，原值 100 000 元，折旧 30 000 元，按规定标准对该设备财产重估时，经评估确认价值应为 110 000 元，资本溢价为 40 000元，计入资本公积，其会计分录如下：

借：固定资产——生产用固定资产——运输设备　　40 000
　　贷：资本公积　　　　　　　　　　　　　　　　40 000

三、接受捐赠的资产

捐赠资产也是一种投资行为，接受捐赠的资产可以是现金、存款，也可以是实物、无形资产等。但这种投资与其他投资的区别就在于：捐赠人既不谋求某种权利，也不承担某些责任，所以捐赠人不是银行所有者，这种投资也不形成银行的实收资本。但它导致了银行权益的增加，按照有关规定应计入资本公积。

1. 若接受现金和存款捐赠

会计分录如下：

借：现金——××金库分户或存放中央银行款项
　　贷：资本公积

2. 若接受实物捐赠

应按捐赠实物的发票、有关协议或同类实物国内(或国际)市场价格等资料确定的价值，扣除已提折旧金额，记入"待转资产价值"账。

(1) 收到实物捐赠时，会计分录如下：

借：其他固定资产
　　贷：待转资产价值
　　　　累计折旧

(2) 年末处置受赠设备价值时，期末根据"待转资产价值"按现行所得税率 33%计算应交所得税，余值作资本公积处理。会计分录如下：

借：待转资产价值
　　贷：应交税金——应交所得税
　　　　资本公积——接受非现金资产捐赠准备

3. 若接受无形资产捐赠

应按评估确认的价值记账，会计分录如下：

借：无形资产
　　贷：资本公积

资本公积转增资本金时，其会计分录如前。

【例 12-6】某商业银行接受外商捐赠的电子设备一台，根据捐赠设备的发票及报关单等有关单据确定的入账价值为 100 000 元(含买价、增值税和运杂费等)。期末按现行所得税率 33%计算应交所得税，并转销资产价值。

根据上述经济业务，安达公司应作如下会计处理：

(1) 接受捐赠设备时：

借：固定资产　　　　　　　　　　　　　　　100 000
　　贷：待转资产价值　　　　　　　　　　　　　100 000

(2) 年末处置受赠设备价值时：

借：待转资产价值　　　　　　　　　　　　　100 000
　　贷：应交税金——应交所得税　　　　　　　　33 000
　　　　资本公积——接受非现金资产捐赠准备　　67 000

第四节 留存收益

留存收益是银行从实现的利润中提取或留存于银行的一种内部积累。它是所有者权益的一个组成部分,包括盈余公积和未分配利润两部分。

一、盈余公积

(一)盈余公积的内容和分类

盈余公积是指企业按照规定从净利润中按一定比例提取的、具有特定用途的一种内部积累资金。按其用途可分为一般盈余公积和法定公益金。

1. 一般盈余公积

一般盈余公积包括法定盈余公积和任意盈余公积。法定盈余公积是按净利润的 10%提取,但当该项盈余公积达到注册资本的 50%时可不再提取;任意盈余公积按公司章程或股东会决议提取。一般盈余公积的主要用途如下。

(1) 弥补亏损。企业发生亏损时,应由企业自行弥补。企业可用以后税前利润弥补(但弥补期限不得超过 5 年),也可以用以后年度税后利润弥补,还可用一般盈余公积进行弥补,也就是说,企业亏损超过了税法规定的税前弥补期限 5 年而未弥补的,应由以后年度税后利润弥补。

(2) 转增资本(或股本)。公司制企业经股东大会决议,在办理增资手续后,可用盈余公积转增资本(或股本)。但法定盈余公积在转增资本(或股本)后,留存的盈余公积不得少于注册资本的 25%。

(3) 分配股利。经股东大会决议,企业可按规定用盈余公积发放现金股利。

2. 法定公益金

法定公益金是按净利润的 5%~10%提取,专门用于银行职工的集体福利设施的准备,如兴建职工宿舍、俱乐部和托儿所等。

(二)盈余公积的核算

为了反映和监督盈余公积的提取及使用情况,企业应设置"盈余公积"账户。该账户属于所有者权益类账户,贷方登记盈余公积的提取数额,借方登记盈余公积用于补亏或转增资本的数额,余额在贷方,表示盈余公积的结存数额。本账户下应设相应的明细账户。目前国有商业银行只按规定提取法定盈余公积金,股份制银行提取任意盈余公积金。

1. 盈余公积的提取

(1) 企业提取法定盈余公积时，借记"利润分配——提取法定盈余公积"账户，贷记"盈余公积——法定盈余公积"账户。法定盈余公积按税后利润的10%或另核定比例提取，但此项公积金达到注册资本的50%时可不再提取，其用途主要用于弥补亏损或转增资本金。转增资本金后，法定盈余公积金不得低于注册资本的25%。

(2) 企业提取任意盈余公积时，借记"利润分配——提取任意盈余公积"账户，贷记"盈余公积——任意盈余公积"账户。任意盈余公积按银行章程或股东会议决定提取。

提取盈余公积时，其会计分录如下：

借：利润分配——提取盈余公积金户
　　贷：盈余公积——盈余公积金户

2. 盈余公积的使用

(1) 盈余公积用于弥补亏损时，其会计分录如下：

借：盈余公积——盈余公积金户
　　贷：利润分配——盈余公积补亏户

(2) 用盈余公积转增银行资本时，其会计分录如下：

借：盈余公积——法定盈余公积
　　贷：实收资本——××户

二、未分配利润

未分配利润是指净利润中未作分配的部分。从数量上看，未分配利润等于期初未分配利润加上本年未分配利润。这部分留存收益可以留待以后年度进行分配。相对于其他所有者权益而言，因未分配利润未指定专门用途，所以，银行对未分配利润有较大的使用权。

未分配利润是通过"利润分配——未分配利润"明细账户核算。银行在年度终了，结转全年实现的净利润时，借记"本年利润"账户，贷记"利润分配——未分配利润"账户；如果企业本年亏损，转出亏损时，借记"利润分配——未分配利润"账户，贷记"本年利润"账户；结清"利润分配"账户下的其他明细账户(如应付优先股股利、应付普通股股利、提取法定盈余公积、提取任意盈余公积和盈余公积补亏等)余额时，应将这些明细账户的余额全部转入"未分配利润"明细账户。结转后，"未分配利润"明细账户余额如在贷方，表示期末累计未分配利润；余额如在借方表示期末累计未弥补的亏损。

第十二章

商业银行经营损益的核算

本章精粹：

- 营业收入的确认原则
- 成本费用的内容与管理规定
- 利润的构成以及利润结转、分配的核算
- 所得税的核算

学习目的与要求

学习本章的目的，在于熟悉和掌握商业银行经营损益的核算方法和过程。

通过本章学习，要求熟悉银行收入、成本费用的内容，掌握收入、成本费用各科目与账户使用及其核算方法，熟练掌握利润的构成、结转与分配的核算。

关键词

损益　营业收入　营业成本　银行的支出

商业银行在办理各项资产、负债和中间业务过程中，必须以当期实现的经营收入抵减为实现经营收入而发生的各项财务支出，从而确定当期的经营损益。及时准确地核算当期的财务收支，合理控制成本费用，扩大经营成果，提高经济效益，是商业银行经营管理的前提条件。

第一节　营业收入的核算

一、营业收入的内容与确认原则

收入，是指企业在销售商品、提供劳务及让渡资产使用权等日常活动中所形成的经济利益的总流入。

商业银行的营业收入是在经营各项金融业务中所取得的各项收入，主要包括利息收入、商业银行往来收入、手续费收入、贴现利息收入、保费收入、证券发行差价收入、证券自营差价收入、买入返售证券收入、汇兑收益和其他业务收入。收入不包括为第三方或者客户代收的款项，如企业代垫的工本费、代邮电部门收取的邮电费。

营业收入的重要特征是与商业银行的业务经营密切相关，凡不是与经营活动密切相关的收入，一般不作为营业收入。营业收入是商业银行收益的主体，也是各项耗费得以补偿和积累的重要来源。营业收入应按权责发生制核算，对于利息收入、金融企业往来收入和手续费收入在确定收入时，应满足的条件是：与经营该项业务相关的经济利益即收入能够流入商业银行，并且收入的金额能够可靠地计量。

二、营业收入的核算

(一)利息收入的核算

利息收入是商业银行发放各项贷款与办理贴现而计收的利息。利息收入在营业收入中占有很大的比重，是商业银行特别是银行的主要财务成果。商业银行发放的贷款，应按期计提利息并确认收入。发放贷款到期(含展期)90 天后尚未收回的，其应计利息停止计入当期利息收入，纳入表外核算；已计提的贷款应收利息，在贷款到期 90 天后仍未收回的，或在应收利息逾期 90 天后仍未收到的，冲减原已计入损益的利息收入，转作表外核算。已转入表外核算的应收利息，在实际收到时确认为当期利息收入。

关于利息的核算前已有述，商业银行贷款利息一般采用按季预提的方式核算。按季预提时，其会计分录为：

借：应收利息——应收××账户利息
　　贷：利息收入——××利息收入户

实际向客户收取利息时，填制或打印特种转账凭证，以其中一联办理转账。会计分录为：

借：单位活期存款——××借款人存款户
　　贷：应收利息——应收××借款人账户利息

期末，利息收入结转利润时，会计分录为：

借：利息收入——××利息收入户
　　贷：本年利润

结转后本科目应无余额。

(二)金融企业往来收入的核算

金融企业往来收入是指各商业银行系统内、金融企业之间以及金融企业与中国人民银行相互之间资金往来的利息收入。

与贷款利息的核算相似，金融企业往来收入也采用权责发生制原则核算，采用定期计提的方式核算，商业银行可以选择规定按月或按季计提利息，一般在月末 20 日或季末月 20 日计提，次日向对方收取。计提时，其会计分录为：

借：应收利息——应收××账户利息——××银行分户
　　贷：金融企业往来收入——××利息收入户

实际向往来对象收取时，其会计分录为：

借：××科目
　　贷：应收利息——应收××账户利息——××银行分户

期末，金融企业往来收入结转利润时，会计分录为：

借：金融企业往来收入——××利息收入户
　　贷：本年利润

结转后本科目应无余额。

(三)手续费收入的核算

手续费收入是指商业银行在办理自营业务或代理业务中收取的手续费收入。发生了手续费收入后，账务处理的会计分录为：

借：××科目
　　贷：手续费收入——××手续费收入户

期末，手续费收入结转利润时，会计分录为：

借：手续费收入——××手续费收入户
　　贷：本年利润

结转后本科目应无余额。

(四)汇兑收益的核算

汇兑收益是商业银行在经营外汇买卖、外汇兑换等业务中所发生的收入。在采取外汇分账制的账务处理方法下，对每一种外汇币种均在"外汇买卖"科目开立账户，在发生外汇买卖业务时，分别按买入价、卖出价计算后，在账户中分别反映外币和人民币增减变化及其余额。在按期计算损益时，以外币的余额与该外汇与人民币的中间价计算，如"外汇买卖"科目该外币账户为贷方余额，在按中间价计算后大于该种外币"外汇买卖"科目人民币账户借方余额，或者"外汇买卖"科目该外币账户为借方余额，在按中间价计算后小于该种外币"外汇买卖"科目人民币账户贷方余额时，即为汇兑收益。反之即为汇兑损失。

发生了汇兑收益，以"外汇买卖"和"汇兑收益"科目对转。其会计分录为：

借：外汇买卖
　　贷：汇兑收益

期末，汇兑收益结转利润时，会计分录为：

借：汇兑收益
　　贷：本年利润

结转后本科目应无余额。

(五)其他营业收入的核算

其他营业收入是商业银行经营的除贷款、投资、租赁、证券、结算、外汇、金融企业往来和委托代理业务以外的其他营业收入。

发生了其他营业收入的会计分录为：

借：××科目
　　贷：其他营业收入——××收入户

期末，其他营业收入结转利润时，会计分录为：

借：其他营业收入——××收入户

　　贷：本年利润

结转后本科目应无余额。

三、投资收益的核算

商业投资收益是商业银行通过购买有价证券或以资金、实物和无形资产对外投资所获得的收益。投资收益是商业银行财务的组成部分，但不同于营业性收入，营业收入是在国家允许的业务经营范围内所获取的收入，投资收益是各种形式的对外投资而取得的收益，因此投资收益单设科目进行核算。

各种投资在获得收益时，其账务处理会计分录为：

借：××科目

　　贷：投资收益——××户

期末，投资收益结转利润时，会计分录为：

借：投资收益——××户

　　贷：本年利润

结转后本科目应无余额。

第二节 成本费用的核算

一、商业银行成本费用

商业银行成本费用是指银行在业务经营过程中发生的与业务经营有关的各项开支。包括银行在筹集资金、运用资金及回收资金过程中所发生的耗费。根据《金融保险企业财务制度》规定，商业银行成本费用应包括以下内容。

(1) 利息支出。利息支出是指银行向社会、个人及其他企事业单位以负债形式筹集的各类资金所支付的利息。银行的利息支出必须以国家规定的适用利率分档次计算的应付利息为依据，实际发生的利息支出冲减应付利息。

(2) 金融企业往来利息支出。指商业银行系统内联行、商业银行与中央银行及同业之间发生的资金往来而支付的利息。

(3) 固定资产折旧费。指银行根据固定资产原值和规定的固定资产折旧年限计算摊销的固定资产折旧费。

(4) 手续费支出。指银行委托其他企事业单位或个人办理金融业务所发生的手续费支出。其中对代办储蓄手续费所作的规定是：代办储蓄手续费按代办储蓄存款年平均余额的1.2%控制使用，银行可在这个比例内根据各地区、各分支机构的特点确定内部控制比例，但具体支付给代办单位或个人代办手续时，要根据实际代办的业务量和付费标准计算手续费支出并在决算中如实列报，不得预提。计算代办手续费的储蓄存款平均余额还应扣除银行职工在吸储、复核和管理工作中应分摊的数额。

(5) 业务宣传费。指银行在开展业务宣传活动中所发生的支出。业务宣传费实行比例控制办法，银行的业务宣传费不得超过营业收入的2‰，其中计算控制业务宣传费的营业收入应扣除金融机构往来利息收入。计算公式为：

银行业务宣传费的最高使用限额=(营业收入-金融机构往来利息收入)×2‰

(6) 业务招待费。指银行为满足业务经营的合理需要而开支的业务招待费。业务招待费的支出必须按照"必需、合理、节约"的原则，严格掌握标准，尽量减少陪同人员，节约开支。新的财务制度规定，业务招待费按营业收入(扣除金融机构往来利息收入)的一定比例，分档次控制最高限额；全年营业收入1500万元以内的，不超过5‰；全年营业收入超过1500万元，不足5000万元的，不超过该部分的3‰；全年营业收入超过5000万元，不足1亿元的，不超过该部分的2‰；全年营业收入超过1亿元的，不超过该部分的1‰。

(7) 外汇、金银和证券买卖损失。指银行在外汇、金银和证券买卖业务时发生的买卖损失。

(8) 银行准备金。银行准备金包括贷款呆账准备金和坏账准备金。

贷款呆账准备金指银行在放款业务过程中对发生的呆账损失予以补偿的资金。贷款呆账准备金从1998年起按年末放款余额的1%差额提取。呆账准备金只限于核销银行在放款业务过程中不能收回的本金部分，应收利息部分应在银行提取的坏账准备金中列支。

坏账准备金可按年末应收账款余额的3‰提取，用于核销应收账款的坏账损失。银行的应收账款包括应收利息、应收租赁费等。

(9) 业务管理费。指银行在业务管理过程中发生的有关费用，包括电子设备运转费、钞币运送费、安全防卫费、保险费、邮电费、劳动保护费、外事费、印刷费、公杂费、低值易耗品摊销、职工工资、差旅费、水电费、租赁费(不包括融资租赁费)、修理费、职工福利费、职工教育经费、工会经费、税金、会议费、诉讼费、公证费、咨询费、无形资产摊销、递延资产摊销、其他资产摊销、待业保险费、劳动保险费、取暖费、审计费、技术转让费、研究开发费和绿化费等。

上述内容构成了商业银行成本的开支费用。同时不能作为商业银行成本开支范围的项目有：购置和建造固定资产、无形资产和其他资产的支出；对外投资支出以及分配给投资者的利润和股利；被没收的财物，支付的滞纳金、罚款、罚息、违约金、赔偿金及赞助和捐赠支出；国家法律、法规规定以外的各种付费；国家规定不得在成本中开支的其他支出。

二、对成本费用核算的基本要求

第一，商业银行在经营过程中所发生的其他各项费用，应当以实际发生数计入成本费用。凡应当由本期负担而尚未支出的费用，作为预提费用计入本期成本费用；凡已支出，应当由本期和以后各期负担的费用，应当作为待摊费用，分期摊入成本费用。

第二，商业银行必须分清本期营业成本、营业费用和下期营业成本、营业费用的界限，不得任意预提和摊销费用。

第三，划清成本支出与营业外支出的界限，不属于成本开支的范围，不得列入成本，应在成本开支的费用，也不得列入营业外支出。

第四，成本核算要以月、年为成本计算期，同一计算期内的成本与收入核算的起讫日期、计算范围和口径必须一致。

第五，加强基础工作，保证成本资料真实可靠。在进行成本核算时，必须严格执行会计制度，确保成本核算资料的完整、真实和准确，如实反映经营过程中的各项支出。有关成本核算的原始凭证、账册、成本汇总表和统计资料，必须按规定格式和内容真实记载、填写和汇总，不得弄虚作假。

三、成本费用的核算

(一)利息支出的核算

利息支出是商业银行对国有、集体、私营和个体企业以及个人以负债形式筹集的各项资金所支付的利息。利息支出必须以国家规定的适用利率分档次计算。利息支出一般采用权责发生制原则核算，先预提利息，然后再结息转本。

各项利息支出均通过"存款利息支出"科目核算，该科目设"活期存款利息支出"、"定期存款利息支出"、"活期储蓄存款利息支出"、"定期储蓄存款利息支出"、"其他利息支出"等账户。

预提利息时会计分录为：

借：利息支出——××存款利息支出户
　　贷：应付利息——应付××存款利息——××单位分户

结息转本时，会计分录为：

借：应付利息——应付××存款利息——××单位分户
　　贷：活期存款——××单位分户

期末本科目余额结转利润时，其会计分录是：

借：本年利润
　　贷：利息支出——××存款利息支出户

结转后本科目应无余额。

(二)金融企业往来支出的核算

金融企业往来支出是指各商业银行系统内、商业银行相互之间以及与中央银行之间资金往来而支付的利息,包括联行往来支出、系统内往来支出、同业往来支出、中央银行往来支出等。

金融企业之间资金往来发生的利息支出通过"金融机构往来利息支出"科目核算,该科目设置"系统内往来支出"、"同业往来支出"和"中央银行往来支出"等账户。

金融企业往来支出一般采用权责发生制原则核算,先预提利息,然后再结息转本。

预提利息时,会计分录为:

借:金融企业往来支出——××户
    贷:应付××利息——××单位户

结息转本时,会计分录为:

借:应付××利息——××单位户
    贷:××科目

期末金融企业往来支出科目余额结转利润时,会计分录是:

借:本年利润
    贷:金融企业往来支出——××户

结转后金融企业往来支出科目应无余额。

(三)手续费支出的核算

手续费支出是指商业银行支付给其他受托单位代办业务的费用,如储蓄代办手续费支出、结算手续费支出以及其他手续费支出。对代办业务的手续费和结算业务手续费,必须按规定标准计算后支付。支付某项代办业务的手续费时,会计分录为:

借:手续费支出——××支出户
    贷:××科目

期末本科目余额结转利润时,会计分录为:

借:本年利润
    贷:手续费支出——××支出户

结转后本科目应无余额。

(四)汇兑损失的核算

本科目用以核算在办理外汇买卖和外币兑换等业务中所发生的损失。如果买入、兑入的外汇,期末汇率低于记账汇率,卖出、兑出的外汇,期末汇率高于记账汇率,其所形成的即为汇兑损失。其会计分录为：

借：汇兑损失
　　贷：外汇买卖

期末本科目余额结转利润时，会计分录为：

借：本年利润
　　贷：汇兑损失

结转后本科目应无余额。

(五)营业费用的核算

各项营业费用的开支必须符合规定的列支标准，并须经过审批才能列账。营业费用采取直接列账的会计分录为：

借：营业费用——××户
　　贷：××科目

期末本科目余额结转利润时，会计分录为：

借：本年利润
　　贷：营业费用——××户

结转后本科目应无余额。

营业费用采取间接列账的，会计部门可向行政部门拨付周转金，并为行政部门开立存款户。行政部门在开支各项费用时，从存款账户支付款项，定期向会计部门报销，年底将周转金划还会计部门。

(六)其他营业支出的核算

其他营业支出是指银行按规定计提的各项准备金、业务招待费、业务宣传费和折旧等其他营业支出。银行的其他营业支出作为一个单独的费用项目，通过设置"其他营业支出"科目核算。在本科目之下按支出的种类设置明细账户。

"贷款损失准备"是按照贷款损失准备的分类计提标准计提的一般准备、专项准备和特种准备。

"固定资产折旧户"，核算根据总行规定的折旧率，采用平均年限法分类按季计提的固定资产折旧。

"业务招待费户"，核算各级行用于为银行业务经营的开展而需支付的合理业务交际费用。"业务宣传费户"，核算各级行为向社会宣传信贷、结算、存款和外汇等业务而支付的宣传费、广告费、印刷费和宣传品购置等费用。银行的业务宣传费和业务招待费一律据实列支、不得预提。

"其他支出户"，核算除上述各项以外的其他营业性支出。

上述各项费用的计提标准参照银行相关制度办法执行。

其他营业支出的账务处理如下：

(1) 当发生计提或实际支付其他营业支出时，会计分录为：

借：其他营业支出——××户
　　贷：××科目——××户

(2) 如费用采用由行政部门预支，当月终行政部门报账核销时，则按下列方法处理：

① 预支时，会计分录为：

借：其他应收及暂付款项——××部门户
　　贷：××科目

② 月终行政部门报账核销时会计分录为：

借：其他营业支出——××户
　　贷：其他应收及暂付款项——××部门户

(3) 期末本科目余额结转利润时，会计分录为：

借：本年利润
　　贷：其他营业支出——××户

结转后本科目应无余额。

(七)营业税金及附加的核算

商业银行的营业税是按照各项营业收入(金融机构往来利息收入除外)与其他营业收入之和及规定税率计算后交纳的；城市维护建设税、教育费附加是按实际交纳的营业税额，与规定的税率计算后交纳的附加税。

银行交纳营业税的计税营业收入额包括利息收入、手续费收入等，税率为8%。应交营业税的计算公式为：

$$应交营业税=计税营业收入额×营业税率$$

银行交纳的城市维护建设税以营业税的税额为计税依据，税率按纳税人所在地确定：市区银行为7%；县城、建制镇的银行为5%；不在市区、县城或建制镇的银行为1%。应交城市维护建设税的计算公式为：

$$应交城市维护建设税=应交营业税额×城市维护建设税率$$

银行交纳的教育费附加仍以营业税的税额为计税依据，税率为2%。应交教育费附加的计算公式为：

$$应交教育费附加=应交营业税额×教育费附加率$$

每季末按该季纳税项目收入净增额计算应缴营业税额，并在此基础上计算城市维护建设税及教育费附加。其会计分录为：

借：营业税金及附加
　　贷：应交税金——营业税户
　　　　应交税金——城市维护建设税户
　　　　其他应付款——教育费附加户

实际缴纳时的会计分录为：

借：应交税金——营业税户
　　应交税金——城市维护建设税户
　　其他应付款——教育费附加户
　　贷：存放中央银行款项

期末营业税金及附加余额结转利润时，会计分录是：

借：本年利润
　　贷：营业税金及附加

结转后本科目应无余额。

第三节　营业外收支的核算

营业外收支是指与商业银行经营业务无直接关系的收支。尽管它与商业银行的业务没有直接的关系，但也是商业银行的收支，并且是影响商业银行利润的重要项目。

营业外收支核算包括营业外收入的核算和营业外支出的核算两部分。

一、营业外收入的核算

营业外收入是指银行发生的与业务经营无直接关系的各项收入。主要包括固定资产盘盈、出售固定资产净收益、处置抵债资产净收益、出纳长款收入、罚款净收入、教育费附加返还款、证券交易差错收入和因债权人的特殊原因确实无法支付的应付款项收入等。

尽管银行的营业外收入与银行经营没有直接关系，但也是利润总额的组成部分，应加强管理与核算。为此，银行应设置"营业外收入"科目，并在其下设如下账户。

(1)　"盘盈清理净收益户"，核算盘盈固定资产净值和转让或变卖固定资产收入减清理费用、固定资产净值后的净收益。

(2)　"罚款罚没收入户"，核算因客户违反结算纪律，银行根据有关规定予以处罚的款项，或客户违反国家有关行政法规以及行内当事人违约、违章、违纪，银行对其罚款而取得的收入。

(3)　"久悬未取及出纳长款户"，核算"睡眠"账户、久悬未取款项及出纳长款收入等。

(4)　"其他营业外收入户"，核算除上述各项以外的其他营业外收入。

(1) 发生各项营业外收入时，根据有关凭证编制借、贷方记账凭证。会计分录为：

借：××科目——××户

　　贷：营业外收入——××户

(2) 期末本科目余额结转利润时，会计分录为：

借：营业外收入——××户

　　贷：本年利润

结转后，本科目应无余额。

二、营业外支出的核算

营业外支出是指银行发生的与业务经营无直接关系的各项支出。包括资产一般损失、资产非常损失、出纳短款、罚没支出、赔偿金、违约金、支付历年已列入营业外收入的久悬未取款，以及院校、职工子弟学校、技校、干部培训中心经费支出，对社会团体、民政部门的公益性和救济性捐赠支出等。

对营业外收支的核算要求如下：第一，各项营业外收入必须按国家有关规定，认真核实，据实列账，不得转移、截留和做其他财务收入处理；第二，营业外收支在核算上采用收付实现制处理；第三，要划清营业外支出与成本支出以及利润分配的界限，避免相互挤占。

银行为了核算实际发生的与业务经营没有直接联系的各项支出，设置了"营业外支出"科目。由于营业外支出是利润总额的扣减因素，所以必须严格标准，不准擅自扩大支出范围。按规定，银行应在"营业外支出"科目之下按支出项目设置以下一些专户核算，不得突破。

"资产一般损失户"核算收兑金银降色、降量损失及经批准核销的出纳短款，结算事故赔款，固定资产盘亏、毁损、报废和出售的净损失。

"资产非常损失户"，核算经批准核销的受自然灾害和其他意外事故造成的经济损失。

"院校经费户"，核算各种院校、干校和培训中心的费用支出。

"罚没支出户"，核算向有关单位支付的赔款、赔偿金、违约金等罚没性支出。

"其他营业外支出户"，核算上述业务以外或经财政部派驻机构批准的其他营业外支出。

发生各项营业外支出时，根据有关凭证编制借、贷方记账凭证。其会计分录是：

借：营业外支出——××户

　　贷：××科目——××户

期末本科目余额结转利润时，其会计分录为：

借：本年利润

　　贷：营业外支出——××户

结转后本科目无余额。

第四节　利润与利润分配的核算

利润总额是银行在一定期间业务经营活动的最终成果，集中反映商业银行经营活动各方面的效益，是银行最终的财务成果，也是衡量银行经营管理的重要综合指标。如利润指标为正数，表现为盈利；如为负数，则表现为亏损。

一、利润总额与净利润的构成

商业银行按年度轧算财务成果，一个经营年度的利润总额由营业利润、投资收益、营业外收支净额构成。其中，营业利润是在一定时期内经常性获利能力的重要指标，是一定营业周期内进行业务经营所取得的收入超过所发生支出的差额部分。用公式表示为：

$$利润总额=营业利润+投资净收益+营业外收支净额$$

营业利润是营业收入减去营业成本和营业税金及附加，加上其他业务利润，减去营业费用后的数额。

投资净收益是商业银行对外投资所取得的收益，减去发生的投资损失和计提的投资减值准备后的净额。

营业外收支净额是营业外收入与营业外支出的轧差额。轧算出利润总额后，需根据利润总额并按规定的所得税率计算应缴所得税额，并计算出净利润。净利润是利润总额减去所得税的差额。用公式表示净利润为：

$$净利润=利润总额-所得税$$

二、所得税的计算与缴纳

银行缴纳的所得税是以所得税的税率乘以经过调整后的利润总额而求得的，即：

$$应纳所得税=应纳税所得额×税率$$
$$应纳税所得额=利润总额(税前利润)±纳税调整数$$

根据有关规定，银行实现利润的调整项目主要有：一是过去 5 年内发生的尚未弥补的亏损数额，可以用税前利润弥补；二是按照国家有关规定允许在缴纳所得税前增减的有关收入或支出项目。

银行按调整后的应纳税所得额计算出来的应纳所得税通过"所得税"科目核算。其会计分录如下：

借：所得税
　　贷：应交税金——应交所得税

三、本年利润结转

年度终了时,应办理损益结转手续并轧算出利润。具体做法是:每年12月31日年度决算日营业终了,将损益类各科目余额转入本年利润科目,收入类各科目余额转入本年利润科目的贷方,支出类各科目余额转入本年利润科目的借方,从而结清各收入、支出科目;在本年利润科目中结计出财务成果,该科目借、贷方发生额相抵,如为贷方余额即为本年利润,如为借方余额即为本年亏损。

(1) 结转收入类科目余额时,系将财务收入各科目按账户编制转账传票转入本年利润科目的贷方,其会计分录为:

借:利息收入——××户
　　金融企业往来收入——××户
　　手续费收入——××户
　　其他营业收入——××户
　　汇兑收益——××户
　　投资收益——××户
　　营业外收入——××户
　　贷:本年利润

(2) 将支出各科目按账户编制转账传票转入"本年利润"科目的借方。其会计分录为:

借:本年利润
　　贷:利息支出——××户
　　　　金融企业往来支出——××户
　　　　手续费支出——××户
　　　　营业费用——××户
　　　　营业税金及附加——××户
　　　　其他营业支出——××户
　　　　汇兑损失——××户
　　　　营业外支出——××户
　　　　所得税

结转后,各收入、支出科目应无余额。"本年利润"科目应与上述各收支科目结转前的轧差数一致。"本年利润"科目如为贷方余额则为纯益,表示实现的净利润;如为借方余额,则为纯损,表示出现的亏损。

(3) 年终应将"本年利润"科目结平,转入"利润分配"科目。如为净利润,其会计分录为:

借:本年利润
　　贷:利润分配——未分配利润户

如为亏损，会计分录相反。

四、利润分配的核算

商业银行当年实现的净利润，加上年初未分配利润(或减去年初未弥补亏损)及其他转入的余额，为可供分配的利润。具体说，净利润经过下列抵补后，为可供分配的利润。

(1) 抵补已缴纳的在成本和营业外支出无法列支的有关被罚和被没收的财物损失，延期缴纳各项税款的滞纳金和罚款及少缴或迟缴中央银行准备金的罚款。

(2) 弥补以前年度亏损。以前年度发生的亏损连续5年在所得税前弥补而未弥补完的部分，从当年税后利润中弥补。历年提取的法定盈余公积和任意盈余公积也可以用于弥补亏损。

(一)分配顺序

对于可供分配的利润，应按照国家的有关规定，合理地进行分配。其顺序如下。
(1) 提取法定盈余公积。
(2) 提取法定公益金。
可供分配的利润减去提取的法定盈余公积和法定公益金后，再按下列顺序分配。
(1) 应付优先股股利，是商业银行按照利润分配方案分配给优先股股东的现金股利。
(2) 提取任意盈余公积。
(3) 应付普通股股利，是商业银行按照利润分配方案分配给普通股股东的现金股利。不属于股份制商业银行分配给投资者的利润，也在该账户核算。
(4) 转作资本(或股本)的普通股股利，是商业银行以利润转增资本或按照利润分配方案以分派股票股利的形式转为资本或股本。

(二)利润分配的核算

(1) 从净利润中提取盈余公积和公益金的会计分录为：
借：利润分配——提取法定盈余公积户
　　贷：盈余公积——法定盈余公积户
借：利润分配——提取法定公益金户
　　贷：盈余公积——法定公益金户
借：利润分配——提取任意盈余公积户
　　贷：盈余公积——任意盈余公积户
如以盈余公积补亏，其会计分录为：
借：盈余公积
　　贷：利润分配——盈余公积补亏

(2) 向股东分配股利或向投资者分配利润，会计分录为：

借：利润分配——应付优先股股利户
　　利润分配——应付普通股股利户
　贷：应付股利(或应付利润)

(3) 提取的各项准备金，即从事存贷款业务的商业银行提取一般准备金、从事保险业务的金融企业提取的总准备金、从事证券业务的金融企业提取的一般风险准备金、从事信托投资的金融企业提取的信托赔偿准备金。会计分录为：

借：利润分配——提取××准备金户
　　贷：一般准备金——××准备金户

(4) 利润转作资本(或股本)的会计分录为：

借：利润分配转作资本(或股本)的普通股股利户
　　贷：实收资本(或股本)

(5) 按规定对利润进行分配后，应将"利润分配"科目中各明细账户的余额转入"未分配利润"账户。会计分录为：

借：利润分配——未分配利润户
　　贷：利润分配——提取盈余公积户、公益金户
　　　　利润分配——应付利润户

进行结转后，利润分配科目除"未分配利润"账户外，其他账户应无余额，"未分配利润"账户如是贷方余额，为未分配利润，如是借方余额为未弥补的亏损。

第十三章

商业银行年度决算与会计报表

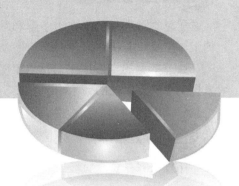

本章精粹：

- 商业银行主要会计报表的结构和编制方法
- 现金流量的结构和编制方法

学习目的与要求

学习本章的目的，在于了解和掌握年度决算的准备工作、年度决算日的工作、决算后的工作以及年度决算报表的编制等。

通过本章的学习，应当熟悉年度决算的工作内容与工作程序，了解决算报表的体系并掌握主要决算报表的基本编制方法。

关键词

年度决算　资产负债表　利润表　利润分配表　现金流量表

年度决算是在对会计账务进行核实整理的基础上，运用会计核算资料，对会计年度内的业务活动和财务活动进行数字总结和文字说明的一项综合性工作，是会计工作的重要组成部分。凡属独立会计核算单位，都必须办理年度决算，附属会计核算单位则通过并账或并表的方式，由管辖机构合并办理年度决算。

商业银行的年度决算工作包括：决算前的准备工作、决算日工作、办理上下年度账务结转、编制决算报表和利润分配和损益上划等方面。

第一节　商业银行决算前的准备工作

一、总行、分行的准备工作

为了保证商业银行年度决算按时完成，进入第四季度，各行即着手进行年度决算的准备工作。总行要颁发办理当年决算工作的通知，提出当年决算中应坚持的处理原则和注意的事项提出工作的要求，为基层行处做好年终决算提出指导方针。各分行则应根据总行通知精神，结合所属情况，提出年度决算的具体要求，组织和督促所属独立会计核算单位正确办理年度决算。

二、基层机构的准备工作

基层单位是具体办理年度决算的独立会计核算单位，是全系统年度决算的基础环节。由于年度决算工作主要在基层单位进行，因此，做好基层单位年度决算工作是全系统年度决算工作顺利进行的关键。基层单位的决算准备工作主要有以下几个方面。

(一)核对内部账务

在年终决算日之前,根据账户的经济内容、业务性质和现行科目的使用范围,全面检查会计科目的使用情况。对会计科目使用不当的在年内进行调整,保证会计核算的准确、真实,及科目结转损益工作的顺利进行。

为确保账务准确无误,真实反映各项业务和财务活动的情况,各级行应将各科目分户账、登记簿、卡片账余额与各科目总账余额相核对,凡发现不符的要及时查明原因,予以更正,做到账证、账账、账实、账表相符。

各级行财会部应协同信贷部等相关部门逐笔勾对贷款分户账与贷款台账,保证账实相符。

根据 11 月底各科目总账的累计发生额和余额编制试算表。

1. 与中国人民银行账务的核对工作

年终决算日前,各级行认真核对中国人民银行的对账单,确保与中国人民银行账务相符;对于核对不符的,及时查找原因。

2. 与其他金融机构账务的核对工作

在其他金融机构开立银行账户(用于本行调拨/清算)的银行,应将银行存款日记账与银行存款明细账、总账余额核对,保证账实相符。年末余额与银行对账单不符,应编制银行存款余额调节表。

各级行财会部协同资金营运部认真核对与其他金融机构往来业务,包括存放同业定期款项、协议存款、拆出资金、买入返售金融资产、卖出回购金融资产和拆借资金等,确保会计账务与台账相符;对于核对不符的,应及时查明原因。

3. 与企业账务的核对工作

年终决算日之前,各级行财会部协同相关部门对大额的企业存款进行核对。根据 11 月 30 日企业存款账务余额填发附有回单的对账单,并在 12 月 31 日之前收回对账单,如发现银企账务不符,应及时查明纠正。

年终决算日之前,各级行财会部协同信贷等部门对大额的企业贷款的异常情况和风险质量进行检查和评估。同时根据 11 月 30 日贷款和应收贷款利息的账务余额填发附有回单的对账单,并在 12 月 31 日之前收回对账单,如发现银企账务不符,应及时查明纠正。

4. 债券登记数量的核对

各级行财务部应协同资金营运部检查本行持有的或其他金融机构抵押给本行的债券数量,并与债券登记公司核对,确保账实相符。检查现金、各类有价单证和重要空白凭证的库存实物和保管情况。

年终决算日前,各级行应检查本级行及所属辖区现金是否账实相符;若存在不符,应及时查明原因,并追究相应的责任人,保证年终决算日现金账实相符。同时对现金的日常管理制度进行检查,如出入库手续是否完备;是否坚持钱账分管制度;是否在核定限额之内等。

(二)清理各类在途资金

年终决算日之前,各级行应在系统中进行"缴款登记簿""拨款登记簿"查询,检查是否存在上缴款或下拨款在途的情况,发现问题要及时联系相关单位,落实款项的在途情况。

1. 清理系统内的往来款项

对于系统内的往来款项,各级行根据清算备付金的余额情况提前做好备付金的上划工作,在决算日应不进行清算资金的划拨工作,如因特殊原因需资金划拨的,决算日应保证上下级之间的款项划拨全部及时入账,辖内往来科目余额与清算中心核对相符。因特殊原因存在上下级对账不符的,要列表逐一说明以备查。

2. 清理支付结算资金

决算日前,各级行财会部会同相关部门对支付结算资金进行全面清理。

对应解汇款应积极联系解付,如确实无法解付;而且超过两个月的,则应办理退汇;对逾期未付的托收凭证,应积极联系付款单位承付,对于超过三个月期限仍未支付或未付清的,银行应通知付款人将有关交易单证退回,并转收款人开户银行转交收款人。

清理过程中,应对汇兑、托收承付、委托收款以及银行账户使用是否合规、商业汇票有无真实的商品交易;银行信用卡透支计息是否正确;支付结算业务代理费用是否按照相关的标准收取和支付等方面进行检查。因特殊原因无法清理的,需要对未结清的项目进行逐笔登记,并注明发生的日期、金额、对方单位和未结清原因等。

对本行开出的过期的银行汇票、商业汇票以及本票应与有关单位联系,按照制度规定,认真处理。对有疑义的结算要及时查询;对他行的查询要及时回复。

3. 清理各类贷款

各级行应加强对各类贷款的清理。对到期贷款,应当争取如期收回;对于逾期贷款,一方面转入"逾期贷款"科目,一方面积极催收;对于确实无法收回的贷款,是否按管理权限报经批准后作为呆账予以转销;相应的表外应收未收利息是否按照规定转销。

对本年度收回以前年度转销的贷款,应检查是否按照相关规定入账,同时确认收回贷款金额是否按照规定的顺序核销本金、表内应收利息、表外应收利息。

按照五级分类的标准对贷款进行分类调整,对符合核销条件的呆坏账按照规定范围、审批程序和审批权限报经批准后,由损失准备予以核销;对于收不回的抵押贷款,应根据合同对抵押品依法处置,以保证贷款的流动性、效益性。

4. 抓紧催收欠息

贷款利息一般为按月或按季计收,因此,应收利息属于应收而未收的利息。对于超过 90 天未收回的应收利息如果在年度决算前无法收回的,应当冲减已计入损益的利息收入转入表外科目;对于贷款逾期 90 天未收回的,其已经计入应收利息科目尚未收回的利息,亦应当从利息收入科目转出,转入表外科目。对表外"未收贷款利息"科目计算复利。

年终决算日前,各级行财会部应对各项表内外应收未收利息进行清理,及时向相关部提供欠息清单。相关部门根据财会部提供的欠息清单,及时向欠款人催收,确保年终决算日本项目清理完毕。

5. 清理暂收暂付款项

年终决算日前,各级行应对长短款项、案件挂账、违规经营垫款等暂收暂付款进行逐项清理,该收回的收回,该核销的必须核销,年终一般应无余额。

核销各项长短款项及其他损失,必须按规定的报批程序和审批权限进行处理。经过清理,对暂时无法进行清理的各种暂收暂付款,要逐项加以说明,供上级行审核,同时以备查考和清理。

6. 清理长期不动户存款

年终决算日之前,各级行按照规定清理长期不动户存款,并转入"营业外收入"。

7. 清理其他资金

对经营的其他业务资金也要清理,如到期的信托贷款是否收回,委托贷款已收回的,委托存款资金应当划还委托人;代发行证券的资金应全部划缴发行单位;应收的租赁款决算前尽可能收回等。

8. 清理各项财产

决算日前,各级行财务部协同资产管理部按照相关的管理办法对固定资产、低值易耗品等财产进行全面清查,盘点实物。发生的财产盘盈盘亏,应按有关规定及时注销或登记卡片并登记入账。

对当年已竣工并验收交付使用的基建项目,要按规定及时建账、立卡进行管理。

(三)各类有价单证和重要空白凭证的检查

年终决算日之前,各级行应对各类有价单证和重要空白凭证进行盘点,如发现有多余或缺少的情况时，应立即查明原因，并按有关规定及时处理，以确保账账、账物、账证相符。同时，需对各类有价单证和重要空白凭证的领取、保管及使用的各个环节是否严格执行制度进行检查。

(四)清查账务

(1) 检查会计科目的使用情况。会计科目是各项业务分类核算的依据，必须正确使用，才能保证年度决算报表数字的真实有效。因此，在年度决算前要根据会计科目使用说明和当年有关科目变化调整的文件规定，进行全面检查。如科目归属和使用不当的，应及时进行调整，以提供真实可靠的经济数据。

(2) 全面核对内部账务：虽然商业银行会计坚持每天结账并核对账务，但在年度决算前仍需对会计账务进行全面核对，包括：综合核算各科目与同科目明细核算账务的核对；会计固定资产账与行政部门固定资产账的核对；现金科目账与出纳现金库存簿的核对；贷款借据与贷款科目账的核对；有关业务的卡片与相关科目账的核对；上下级行处之间资金账务往来以及计息的核对；各项实物与账簿的核对；表外业务的核对等。发现差错或问题，经过授权后，予以更正和解决，以确保账账、账款、账表、账实、账据相符。

(3) 与开户单位全面核对账务。为保证决算质量，在决算前应对存贷款账务进行全面的核对。一般应当在11月底前向开户单位发出对账单，要求开户单位在规定时间内核对后，将核对的结果详细填写并退回银行。对于账务严重不符的开户单位应当再次核对或派人面对面核对以保证内外账务相符。

(五)清点财产

为保证账实相符和资金财产的完整，在年度决算前应对财产进行一次较大规模的清查盘点。其主要内容包括：库存现金、各种证券、外币、抵债资产、有价单证、空白重要凭证、固定资产、低值易耗品和账外物资等，做到账卡相符、账实相符。若发现溢缺，应查明原因，明确责任，并根据规定的处理权限报经批准后，及时调整账务。

(六)核实损益

(1) 核实业务收支。对各项利息收入和支出、商业银行往来收入和支出、营业外收入和支出等账户要进行清查，应全面审核计息范围、利率使用、利息计算是否正确，如有差错，应及时更正。

(2) 检查各项费用开支。对应计入当年费用开支的，按权责发生制原则予以处理，不应计入的应予以剔除。对费用开支应核实是否超过标准和超过指标；计算有无差错；有无违反财经纪律的不合理开支；是否超过核定的费用率指标；应当提取的各项资产减值准备是否足额提取等。

(七)试算平衡

在上述几项准备工作基本落实和完成的基础上,为进一步检验日常账务的正确性,保证年度决算报表编制的准确,商业银行还应在决算前根据当年总账编制 1~11 月份的试算平衡表,进行试算平衡。这样,如有差错可及早发现,采取措施,加以解决,从而减轻决算日工作的压力;为正式编制年度决算报表奠定可靠的基础。

第二节　年度决算日的工作

会计年度为自公历 1 月 1 日起至 12 月 31 日止,每年 12 月 31 日为商业银行的年度决算日。在决算日一天中发生的全部账务应于当日全部入账,提出、提入的票据及电子汇划业务等均要处理完毕,不得跨年度记账。做好当月月结和年终决算的工作。在年度决算准备工作的基础上,还应着重做好以下工作。

(1) 决算日,各营业网点柜员在办理完轧账后,全部上缴会计柜员。

(2) 各级行应组织会计主管、会计、内审等人员对本级行出纳(包括二级出纳)的金库进行盘点,与系统记录的该出纳"现金登记簿"进行核对。核对完毕后,在系统中进行操作,记录现金核对的情况。

(3) 决算日前,应提前留足重要单证的使用量,在决算日原则上不进行上下级重要单证的发放和上缴工作,保证重要单证无在途。

(4) 各营业网点柜员在办理完轧账后,将现金、重要单证全部上缴会计柜员。会计柜员清点完毕后,确保系统"营业轧账单"的现金数与重要单证的数量、起止号码与系统记录的数据无误。

一、全面处理并核对账务

为了保证本年度发生的经济业务能够准确、及时地入账,全行应在决算日完成本年度发生的所有会计事项凭证的输入工作。

决算日应处理完毕当日全部资金清算、内部资金调拨等业务。营业终了,与中国人民银行、其他商业银行、本行内部机构核对往来账户余额后进行试算平衡,编制 12 月份试算平衡表、资产负债表和损益表等。

决算日,要对库存的各类重要单证进行盘点清查,保证重要单证的账实相符。

决算日,各营业网点柜员在办理完轧账后,将现金全部上缴会计柜员。会计柜员清点完毕后,确保系统"营业轧账单"的现金数与实物核对相符。

ATM 分布式管理模式下,带 ATM 的网点应进行 ATM 轧账,双人清点 ATM 机里的现金,并与系统报表的现金数核对,保证相符。以上网点的现金核对工作必须由网点负责人进行全程监督,并在日终核对报表上进行签字确认。

各县支行应组织会计主管、会计、内审等人员对本行出纳(包括二级出纳)的金库进行盘点,与系统记录的该出纳"现金登记簿"进行核对。核对完毕后,在系统中进行操作,记录现金核对的情况。

决算日,有外汇业务的银行,要按照外汇分账制的要求,根据各币种外汇买卖(含结售汇等)科目账户的最新余额填制"外汇买卖账户损益明细计算表"格式见表13-1,计算各外汇买卖账户损益。

表13-1 外汇买卖账户损益明细计算表格式

填报单位: 　　　　　　　　　年　月　日　　　　　　　　　单位:

人民币账号	人民币金额	外币账号	外币余额	决算牌价	折人民币余额	人民币损益	
						借方	贷方

行长(主任):　　　　　　会计:　　　　　　复核:　　　　　　制表:

根据"外汇买卖账户损益明细计算表"合并生成按科目反映的"外汇买卖科目损益计算表"。该表的外币余额折人民币金额和人民币损益金额须重新计算,如果该表的人民币损益栏金额与"外汇买卖账户损益明细计算表"不一致,则相应调整"外汇买卖账户损益明细计算表"的人民币损益。其目的是为了保证汇总人民币报表中外汇买卖科目期末余额轧差为零,这是外汇买卖损益计算和结转正确与否的标志。

为了汇总反映年末各币种外汇买卖头寸以及外汇买卖的人民币损益情况,还需编制"外汇买卖科目余额及损益计算表",格式见表13-2。

表13-2 外汇买卖科目余额及损益计算表格式

填报单位: 　　　　　　　　　年　月　日　　　　　　　　　单位:

币别	人民币余额		外币余额		决算牌价	外币余额折人民币		人民币损益	
	借方	贷方	借方	贷方		借方	贷方	借方	贷方

行长(主任):　　　　　　会计:　　　　　　复核:　　　　　　制表:

实行ATM集中式管理的市县支行,还应组织清点检查队伍对集中管理的ATM进行轧账清点。

决算日，各级行要对库存的各类重要单证进行盘点清查，保证重要单证的账实相符。

决算日前，各级行应提前留足重要单证的使用量，在决算日原则上不进行上下级重要单证的发放和上缴工作，保证重要单证无在途。

各营业网点柜员在办理完轧账后，将重要单证全部上缴会计柜员。由会计柜员核对重要单证的数量、起止号码与系统记录的数据无误。

二、检查各项库存

决算日对外营业终了，为保证账实相符，对当日的现金库存、库存外币、有价证券以及空白重要单证等各项库存，由行长(经理)会同会计、出纳等主管人员进行一次全面检查、盘点和核实。

三、调整外币记账价格

根据决算日外币牌价调整各币种账面余额并结计汇兑损益。

四、核实应交税款

按规定的税率，核实各项税款缴纳情况，先计算出本年应缴纳的各种税款总数，然后减去第一季度至第三季度已缴税款，即为第四季度应缴数，在决算日当日办理转账。

五、结转本年利润

年终决算日，各级行按照规定计提各项减值准备。

决算日营业终了，各项账务调整核对工作全部结束，即可办理本年利润的结转，应将各损益类科目的余额，转入"本年利润"科目，以考核当年利润状况，结转后，损益类科目应无余额。

各级行根据全年本行应纳营业税计税收入余额，按规定的税率计算应纳营业税及附加。各级分行计算本行全年应纳所得税，根据已上缴所得税进行汇算清缴。

六、办理新旧账簿结转

决算日核对账务相符并结转损益后，应当及时办理新旧账簿结转，各级行本年度如有新旧科目结转，应编制新旧科目结转对应表，同时办理新旧账簿的结转，结束旧账，建立新账。为新年度启用新账做准备。

新账建立后，应进行总分核对，试算平衡，保证新旧账簿结转正确。

办理新旧账簿结转时，除卡片账不办结转，储蓄分户账可继续沿用外，其余分户账、登记簿以及总账等均应办理结转，更换新账页。对贷款明细账，除将账首各栏和贷款余额、未计利息的日数和积数结转新账外，还应将发放贷款累计、收回贷款累计等一并结转新账。

(1) 甲、乙、丙种账结转时，按照上年度账户的余额过入下年度新账页上(不填制凭证)，在摘要栏注明"上年结转"字样，在旧账页最后一行摘要栏注明"结转下年"字样。结转新账后，各明细账户余额之和必须与对应总账科目余额相等。并在新账页日期栏写明新年度1月1日，摘要栏加盖"上年结转"戳记。对已结平的账页，加盖"结清"戳记。

(2) 丁种账结转时，"开出本票""汇出汇款"等销账式明细账，要按照各户未销账记载的内容和金额逐笔结转新账，先在旧账页未销各笔的销账日期栏内加盖"结转下年"戳记，然后将未销各笔逐一过入新账页，并结出余额，在摘要栏加盖"上年结转"戳记，并注明原发生日期，记账日期栏一律填新年度1月1日。

(3) 其余各科目和表外科目明细账，均按年终余额逐户结转新账。

(4) 总账的结转通过会计科目结转对照表办理。旧年度各科目的余额，应与年度试算平衡表相符，借、贷方余额总计应相等；新年度的会计科目及余额，是建立下年度总账的依据，借、贷方余额总计应相等。

登记新账时，记账日期为1月1日，摘要栏注明"上年结转"字样。结转旧账时，在摘要栏注明"结转下年"字样。

按年度设立的各种登记簿(卡)，年终需办理结转；不按年度设立的各种登记簿(卡)延续下年继续使用。

第三节　决算报表的编报

决算报表是综合反映商业银行全年财务状况和经营成果的书面报告，是提供会计信息的重要手段。年终决算报表的编报，是年终决算的主要工作。各级行应严格按照要求编制报表，力求做到准确、及时、完整。

年度终了，在对所有账目进行全面清理、核实后，根据总账、明细账、登记簿(卡)和决算对账单等有关数据资料编制决算报表。资产负债表、损益表根据总账或有关明细账分析填列；试算平衡表根据总账填列，其他决算报表的数字，必须与本表有关数字相互衔接；除上述报表外，其他决算报表按照当年决算文件要求编报。

年终决算报告的编制，是年终决算的主要工作。商业银行的决算报表主要由资产负债表、利润表、利润分配表、现金流量表组成。

一、资产负债表

资产负债表(见表13-3)是反映会计期末全部资产、负债和所有者权益情况的会计报表。

第十三章 商业银行年度决算与会计报表

资产负债表反映的是某一时点资产、负债和所有者权益的规模与结构情况，是主要的会计报表。

资产负债表由表头、表体和脚注或附注三部分组成。其中，表头部分应列示报表的名称、编制单位、编制日期和货币计量单位等内容。表体部分用来列示资产负债表的具体内容，它根据"资产：负债+所有者权益"的会计平衡公式，依据一定的分类标准和一定的次序，将某一特定日期的资产、负债和所有者权益的项目，予以适当的排列后编制而成。

资产负债表各项目系按照流动性进行分类排列，即资产项目将流动性大的排列在先，流动性小的排列在后，其顺序为"流动资产""长期资产"和"无形、递延及其他资产"三类；负债项目按偿付时间长短排列，分为"流动负债""长期负债"两类，而流动负债又按短期存款、短期储蓄存款等负债性质确定具体的报表项目；所有者权益项目，按永久程度由高到低进行排列。

我国商业银行采用的资产负债表的基本构成部分为左、右两方，左方所列为资产项目，右方所列为负债和所有者权益项目，每个项目又都分列"年初数"和"期末数"。

资产负债表中，各项数字的来源主要通过以下三种方式取得：根据总账或明细账余额直接填列；根据总账或明细账余额合并填列；根据总账或明细账余额分析后填列。

资产负债表"年初数"栏内各项数字，应根据上年末资产负债表"期末数"栏内所列数字填写。如果本年度资产负债表规定的各个项目的名称和内容同上年度不相一致时，应对上年末资产负债表各项目的名称和数字，按照本年度的项目规定进行调整后，填入本年资产负债表"年初数"栏内。

资产负债表"期末数"栏内各项目的金额，主要是根据有关总分类账户和明细分类账户的期末余额，经过分析计算调整后填列。以下对主要项目的填列方法加以说明。

表 13-3　资产负债表　　　　　　　　　　　　　　企金融 01 表

编制单位：　　　　　　　　　年　月　日　　地税编码：　　　　单位：元

资　产	行次	年初数	期末数	负债及所有者权益	行次	年初数	期末数
流动资产：				流动负债：			
现金及银行存款	1			短期存款	40		
贵金属	2			短期储蓄存款	41		
存放中央银行款项	3			财政性存款	42		
存放同业款项	4			向中央银行借款	43		
存放联行款项	5			同业存放款项	44		
拆放同业	6			联行存放款项	45		
拆放金融性公司	7			同业拆入	46		

续表

资　产	行次	年初数	期末数	负债及所有者权益	行次	年初数	期末数
短期贷款	8			金融性公司拆入	47		
其中：抵押、质押贷款	9			存入短期保证金	48		
应收进出口押汇	10			应解汇款	49		
应收利息	11			汇出汇款	50		
减：坏账准备	12			应付利息	51		
其他应收款	13			其他应付款	52		
贴现	14			应付工资	53		
短期投资	15			应付福利费	54		
其中：国库券	16			应交税金	55		
其他流动资产	17			应付利润	56		
流动资产合计	18			预提费用	57		
长期资产：				发行短期债券	58		
中长期贷款	19			一年内到期的长期负债	59		
其中：抵押、质押贷款	20			其他流动负债	60		
逾期贷款	21			流动负债合计	61		
减：贷款呆账准备	22			长期负债：			
长期投资	23			长期存款	62		
其中：国库券	24			长期储蓄存款	63		
减：投资风险准备	25			存入长期保证金	64		
固定资产原值	26			发行长期债券	65		
减：累计折旧	27			长期借款	66		
固定资产净值	28			长期应付款	67		
固定资产清理	29			其他长期负债	68		
在建工程	30			其中：住房周转金	69		
待处理固定资产净损失	31			长期负债合计	70		
其他长期资产	32			负债合计	71		
长期资产合计	33			所有者权益：			
无形、递延及其他资产：				实收资本	72		
无形资产	34			资本公积	73		
其中：土地使用权	35			盈余公积	74		
递延资产	36			其中：公益金	75		

续表

资 产	行次	年初数	期末数	负债及所有者权益	行次	年初数	期末数
其他资产	37			未分配利润	76		
其他资产合计	38			所有者权益合计	77		
资产总计	39			负债及所有者权益总计	78		

补充资料：①抵押品　　　　元；②质押品　　　元；③委托贷款　　　元。

资产负债表内关系如下：

18=1+2+3+4+5+6+7+8+10+11-12+13+14+15+17，其中 9≤8，16 ≤15

33=19+21-22+23-25+28+29+30+31+32，其中 20≤19，24≤23

38=34+36+37，其中 35≤34

39=18+33+38

61=40+41+42+43+44+45+46+47+48+49+50+51+52+54+55+56+57+58+59+60

70=62+63+64+65+66+67+68，其中 69≤68

71=61+70

77=72+73+74+76，其中 75≤74

78=71+77

39=78

(1) "现金及银行存款"项目，该项目反映商业银行业务库存现金与在银行的存款情况。根据"现金""银行存款"项目，科目总账的年末余额加总填列。

(2) "存放联行款项"项目，反映联行之间资金往来而存放于联行的款项。期末本项目应根据"存放联行款项"账户和"联行存放款项"账户互相对转后的差额进行反映。两账户对转后，如为"存放联行款项"账户的借方余额，则填列本项目；如为"联行存放款项"账户的贷方余额，则填列"联行存放款项"项目。

(3) "短期贷款"项目，反映银行发放的期限在一年以内的各种贷款。本项目应根据"短期贷款"账户中的有关明细账户的期末余额填列。

(4) "应收利息"项目，根据"应收利息"账户的期末余额，减去"坏账准备——应收利息"明细账户期末余额的差额填列。

(5) "其他应收款"项目，反映商业银行对其他单位和个人的应收及暂付的款项。本项目根据"其他应收款"账户的期末余额填列。

(6) "短期投资"项目，根据"短期投资"账户的期末余额，减去"短期投资跌价准备"账户的期末余额后的差额填列。

(7) "一年内到期的长期投资"项目，反映商业银行长期投资中将于一年内到期的债券投资部分。本项目根据"长期债券投资"科目明细账户的期末余额分析填列。

(8)"中长期贷款"项目。根据"中长期贷款"账户或"信托贷款"账户有关明细账户的期末余额计算填列。

(9)"长期股权投资"项目,根据"长期股权投资"账户的期末余额,减去"长期投资减值准备——长期股权投资减值准备"明细账户的期末余额后的差额填列。

(10)"长期债权投资"项目。根据"长期债权投资"账户的期末余额,减去"一年内到期的长期债权投资"和"长期投资减值准备——长期债权投资减值准备"明细账户的期末余额后的金额填列。

(11)"短期存款"项目,反映商业银行吸收的一年期以下的各种存款。本项目根据"单位活期存款"等有关明细账户的期末余额计算填列。

(12)"短期储蓄存款"项目,反映商业银行吸收的一年期以下的各种储蓄存款。本项目应根据"活期储蓄存款"的有关明细账户的期末余额填列。

(13)"一年内到期的长期负债"项目,根据"单位定期存款""定期储蓄存款""保证金""发行长期债券"和"长期应付款"等长期负债账户的期末余额分析填列。

(14)"长期存款"项目,反映商业银行吸收的一年期以上的长期存款。本项目应根据"单位定期存款"等账户的有关明细账户或"信托存款"账户的期末余额填列。

(15)"长期储蓄存款"项目,反映商业银行吸收的居民个人一年期以上的储蓄存款。本项目应根据"定期储蓄存款"账户的有关明细账户的期末余额填列。

(16)"发行长期债券"项目,反映发行的各种一年期(含一年)以上的债券本金。本项目根据"发行长期债券"账户的有关明细账户的期末余额填列。

(17)"长期借款"项目,反映商业银行借入尚未归还的一年期以上的款项。本项目根据"长期借款"账户的期末余额填列。

(18)"实收资本"项目,反映银行实际收到的资本总额。本项目应根据"实收资本"账户及各明细账户的期末余额分析填列。

(19)"未分配利润"项目,反映银行盈利尚未分配的部分,本项目根据"本年利润"和"利润分配"账户的余额计算填列。未弥补的亏损应在本项目内用"-"号表示。

此外,编制资产负债表还应注意以下各点。

第一,报表的各项数额必须核对相符。如总计数必须与合计数相加之和相符,合计数必须与各项目之和相符,资产总计必须与负债及所有者权益总计相符,坏账准备和累计折旧抵减后的余额必须与有关账户的净额相符等。

第二,各项报表之间对应账户的有关金额应该相符。如资产负债表中未分配利润必须与利润分配表中"未分配利润"相符等。

第三,编表期内重要项目的变动,如会计处理方法的变动、计价方法的改变等应在附注栏内加以说明。

二、损益表

损益表(见表 13-4)是反映商业银行报告期内利润(或亏损)实现情况的报表。通过该表可以了解商业银行各项收入、费用和经营成果的情况。

表 13-4　损益表　　　　　　　　　　　　　　　会金融 02 表

编制单位：　　　　　　　　　年　月　　　　地税编码：　　　　单位：元

项　目	行　次	本 月 数	本年累计数
一、营业收入	1		
利息收入	2		
金融机构往来利息收入	3		
手续费收入	4		
证券销售差价收入	5		
证券发行差价收入	6		
租赁收益	7		
汇兑收益	8		
其他营业收入	9		
二、营业支出	10		
利息支出	11		
金融机构往来利息支出	12		
手续费支出	13		
业务及管理费	14		
汇兑损失	15		
其他营业支出	16		
三、营业税金及附加	17		
四、营业利润	18		
加：投资收益	19		
加：营业外收入	20		
减：营业外支出	21		
减：以前年度损益调整	22		
五、利润总额	23		
减：所得税	24		
六、净利润	25		

表内关系如下：

1=2+3+4+5+6+7+8+9

10=11+12+13+14+15+16

18=1-10-17

23=18+19+20-21-22

25=23-24

我国现行利润表按多步式编制，即采用上下分步式结构。它的设置理论依据是"收入-费用=利润"的会计等式。各项内容之间通过分步式的加减计算，最后得出净利润。

营业利润=营业收入-营业成本-营业费用+投资收益

利润总额=营业利润-营业税金及附加+营业外收入-营业外支出

净利润=利润总额-所得税

利润表各项目需要分为"本期数"和"本年累计数"两栏分别填列。"本期数"栏反映各项目的本月实际发生数；在编制年度会计报表时，填列上年全年累计实际发生数。如果上年度利润表与本年度利润表的项目名称和内容不相一致，应对上年度利润表项目名称和数字按本年度的规定进行调整，填入本表"上年数"栏。在编制年度利润表时，应将"本期数"栏改成"上年数"栏。本表"本年累计数"栏反映各项目自年初起至报告期末止的累计实际发生数。另外，营业外收支各明细项目，还应在补充资料内详细列示。

三、利润分配表

利润分配表(见表13-5)是反映商业银行利润分配情况和年末未分配利润情况的会计报表，是利润表的附表。

利润分配表表体部分采用上下报告式结构。按照利润分配表的顺序以及内容，从上到下，依次列示净利润、可供分配利润、可供股东分配的利润和未分配利润，用以全面反映银行利润分配情况。

利润分配表的编制可按照"利润分配"账户的有关明细账户加以分析计算填列。表中"本年实际"栏须根据"本年利润"和"利润分配"账户及其所属明细账户的记录分析计算填列；"上年实际"栏可直接从上年"利润分配表"抄录，但若上年度与本年度的利润分配表项目名称及内容不完全一致，则应先对上年报表项目名称与金额按本年度的规定予以调整后再填入。

表 13-5　利润分配表

编制单位：　　　　　　　　　　　年　月　日　　　　　　　　　单位：

项　目	行　次	本年实际	上年实际
一、净利润	1		
加：年初未分配利润	2		
二、可供分配的利润	3		
减：提取法定盈余公积	4		
提取法定公益金	5		
一般准备	6		
三、可供投资者分配的利润	7		
减：应付优先股股利	8		
提取任意盈余公积	9		
应付普通股股利	10		
转作股本的普通股股利	11		
四、期末未分配利润	12		

四、现金流量表

(一)现金流量表的意义和编制目的

现金流量表(见表 13-6)是反映商业银行一定时期内现金流入、现金流出以及现金净流量的基本财务报表。

表 13-6　国有独资商业银行合并现金流量表

编制单位：　　　　　　　　　年度　　　　　　　　　金额单位：人民币

项　目	项目编号	金　额
一、经营活动产生的现金流量：		
贷款利息收入	1	
金融机构往来收入	2	
其他营业收入	3	
活期存款吸收与支付净额	4	
吸收的定期存款	5	
收回的中长期贷款	6	
收回已核销的贷款	7	

续表

项　目	项目编号	金　额
与中央银行往来现金净额	8	
与金融机构往来现金净额	9	
收到的其他与经营活动有关的现金	10	
现金流入小计		
存款利息支出	11	
金融机构往来支出	12	
其他营业支出	13	
支付给职工以及为职工支付的现金	14	
支付定期存款本金	15	
短期贷款发放与收回净额	16	
中长期贷款	17	
支付营业税金及附加	18	
支付所得税	19	
支付除营业税金及附加、所得税以外的其他税费	20	
支付其他与营业活动有关的现金	21	
现金流出小计		
经营活动产生的现金流量净额		
二、投资活动产生的现金流量		
收回投资所收到的现金	22	
分得股利或利润所收到的现金	23	
取得债券利息收入所收到的现金	24	
处置固定资产、无形资产和其他长期资产所收到的现金净额	25	
收到其他与投资活动有关的现金	26	
现金流入小计		
购建固定资产、无形资产和其他长期资产而支付的现金	27	
权益性投资所支付的现金	28	
债权性投资所支付的现金	29	
支付其他与投资活动有关的现金	30	
现金流出小计		
投资活动产生的现金流量净额		

续表

项　目	项目编号	金　额
三、筹资活动产生的现金流量		
吸收权益性投资所收到的现金	31	
其中：子公司吸收少数股东权益性投资收到的现金	32	
发行债券所收到的现金	33	
收到其他与筹资活动有关的现金	34	
现金流入小计		
偿还债务所支付的现金	35	
发生筹资费用所支付的现金	36	
分配股利或利润所支付的现金	37	
其中：子公司支付少数股东的股金	38	
偿还利息所支付的现金	39	
减少注册资本所支付的现金	40	
其中：子公司依法减资支付给少数股东的现金	41	
支付的其他与筹资活动有关的现金	42	
现金流出小计		
筹资活动产生的现金流量净额		
四、非常项目产生的现金流量净额	43	
五、汇率变动对现金流量的影响额	44	
六、现金及现金等价物净增加额	45	

编制现金流量表的目的，是为会计报表使用者提供在一定会计期内现金和现金等价物流入流出的信息，以便于报表使用者了解和评价商业银行获取现金和现金等价物的能力，并据以预测未来的现金流量，分析商业银行收益质量及影响现金净流量的因素。

(二)现金流量表的编制基础

编制现金流量表的基础是现金及现金等价物。现金是指企业库存现金以及可以随时用于支付的存款；现金等价物是指企业持有的期限短、流动性强、易于转换为已知金额现金、价值变动风险很小的投资。

现金流量表所称的现金流量，是指某一段时期内企业现金流入流出的数量。现金流量从产生的原因上看，分为经营活动、投资活动和筹资活动引起的数量。

《企业会计准则——现金流量表》规定现金流量表应当分别经营活动、投资活动和筹资活动列报现金流量。

经营活动，是指企业投资活动和筹资活动以外的所有交易和事项。商业银行经营活动产生的现金流量主要包括：对外发放贷款和收回贷款；吸收存款和支付存款本金；同业存款及存放同业款项；向其他商业银行拆借的资金；利息收入和利息支出；收回已于前期核销的贷款；经营证券业务，买卖证券所收到或支付的现金；融资租赁所收到的现金。

投资活动，是指企业长期资产的购建和不包括在现金等价物范围内的投资及其处理活动。商业银行投资活动产生的现金流量主要包括：收回投资所收到的现金；分得股利或利润所收到的现金；取得债券利息所收到的现金；处置固定资产、无形资产和其他长期资产而收到的现金净额(如为负数，应作为投资活动现金流出项目反映)；购建固定资产、无形资产和其他长期资产所支付的现金；权益性投资所支付的现金；债权性投资所支付的现金。

筹资活动，是指导致企业资本及债务规模和构成发生变化的活动。商业银行筹资活动产生的现金流量主要包括：吸收权益性投资所收到的现金，发行债券所收到的现金，借款所收到的现金；偿还债务所支付的现金，发生筹资费用所支付的现金，分配利润或股利所支付的现金，偿还利息所支付的现金，融资租赁所支付的现金和减少注册资本所支付的现金。

(三)现金流量表的编制方法

现金流量表列报经营活动现金流量的计算方法有两种：直接法与间接法。

1. 直接法

直接法是指以本期营业收入为基础，根据当期有关现金流量的会计事项，通过现金收入和现金支出的主要类别来反映银行经营活动产生现金流量，以反映银行经营活动所产生的现金流量。

就商业银行来说，经营活动产生的现金流量包括两大类：其一是与经营损益有关的现金流量，如利息收入、手续费收入和其他营业收入等收到的现金，利息支出、手续费支出、营业支出和其他营业支出等付出的现金；其二是在业务活动中发生的与损益无关的现金流量，如吸收存款、收回贷款、拆入资金等流入的现金，提出存款、发放贷款和拆出资金等流出的现金。对于后者，它属于金融企业的经营范畴，其现金流量是随经营业务的发生而产生的，因此在编制现金流量表时，这部分现金流量只是根据各项业务的发生及增减变动填列即可；对于前者，由于损益项目是按权责发生制原则确认的，而现金流量表中的流量则是以收付实现制为标准的，这就需要进行调整。

直接法的主要特点是对银行经营活动中的具体项目的现金流入量进行详细的列报，所以这种列报方式的优点就是直观，经营活动中通过各种途径取得的现金和因各种用途流出的现金在按照直接法编制的现金流量表上一目了然，便于报告使用者了解企业在经营活动过程中的现金进出情况，有助于对企业未来的现金流量作出估计。

《企业会计准则——现金流量表》规定企业应当采用直接法列示经营活动产生的现金流量。经营活动是指企业投资活动和筹资活动以外的所有交易和事项。直接法是现金流量表编制的主要方法。

2. 间接法

间接法是指以本期净利润为起点，调整不涉及现金的收入、费用、营业外收支以及应收应付等项目的增减变动，据以计算并列示经营活动的现金流量。

在我国的现金流量表(包括银行现金流量表)中，以间接法编制的"经营活动产生的现金流量"被列为副表和补充资料。

间接法的基本原理是：银行由于经营活动而产生的与经营损益有关的现金流量与净利润有着非常密切的联系，其现金流入主要是营业收入现金，而现金流出主要是营业支出(包括各种营业费用)、营业税金和所得税等，这与银行净利润的形成非常类似。但是，经营活动产生的与经营损益有关的现金流量并不等于净利润，这是因为二者的计算基础不同，净利润的计算是以权责发生制为基础的，只要发生了收款的权利或付款的义务，就作为收入或费用，并以此计算利润；而经营活动产生与经营损益有关的现金流量的计算，则是以收付实现制为基础，无论收入还是费用，均要以收到或者付出现金为准。这样，二者必然出现差额，而间接法就是要根据差额形成的不同原因对其分别进行调整，将净利润调节为经营活动产生的与经营损益有关的现金流量。

在银行的经营活动现金流量中，除上述与经营损益有关的现金流量外，还有一部分是在其业务活动中发生的与损益无关的现金流量，只有将这一部分现金流量加减上去后，间接法才能完成将净利润调节为经营活动中产生的现金流量。这样的调整，便于报告的使用者分析理解银行账面利润与现金支付能力之间的差别。当然，间接法的编制结果应与按直接法编制的"经营活动产生的现金流量净额"的数字相等。

(四)现金流量表的格式和内容

按我国《企业会计准则——现金流量表》的规定，现行的现金流量表采用报告式格式。国有独资商业银行合并现金流量表以合并资产负债表、合并损益表及其他有关现金流入、现金流出后资料为基础编制，其格式如表13-6所示。

1. 经营活动产生的现金流量

(1) 贷款利息收入，反映商业银行在各类贷款业务中实际收到的利息收入，包括收到本期贷款利息收入、收到前期贷款利息以及预收以后期间的贷款利息。

(2) 金融机构往来收入，反映商业银行在与其他金融企业往来业务中实际收到的利息收入，包括存放中央银行款项利息收入、存放同业利息收入、拆放同业利息收入、拆放金融性公司利息收入、系统内往来利息收入(减利息支出，如为负数，列入第12项"金融机构往来支出")、系统内拆借利息收入和转贴现利息收入等。

(3) 其他营业收入，反映商业银行除利息收入和金融企业往来收入以外的经营收入实际收到的现金，包括手续费收入、证券买卖差价收入、证券发行差价收入、租赁收入、汇兑收益和其他营业收入等。

(4) 活期存款吸收与支付净额，反映商业银行吸收的单位和个人活期存款及信用卡存款等业务实际现金收付的差额。如实际收入的现金小于支付的现金，列为现金流出。

(5) 吸收的定期存款，反映商业银行吸收的单位和个人定期存款等业务实际收入的现金。

(6) 收回的中长期贷款，反映商业银行收回的期限在一年以上(含一年)的各种中长期贷款收入的现金。收回的逾期贷款，不论在逾期前是作为短期贷款还是作为中长期贷款，均在此项目反映。

(7) 收回已核销的贷款，反映商业银行已作为呆账损失核销的贷款本期重新收回而收入的现金。

(8) 与中央银行往来现金净额，反映商业银行与中央银行发生资金往来实际收付现金的差额，如实际收入的现金小于支付的现金，列为现金流出。

(9) 与金融机构往来现金净额，反映商业银行与其他银行、金融性公司之间拆入拆出、同业存放与存放同业以及其他资金往来实际收付现金的差额，如差额为负数，列为现金流出。

(10) 收到其他与经营活动有关的现金，反映商业银行除上述项目外与经营活动有关的其他现金流入。

其他现金流入如果数额较大，应单列项目反映。

(11) 存款利息支出，反映商业银行在各类存款业务中实际支付的利息，包括支付本期存款利息、支付前期存款利息以及预付以后期间存款利息。

(12) 金融机构往来支出，反映商业银行与其他金融企业往来业务中实际支付的利息，包括向中央银行贷款利息支出、同业存放利息支出、同业拆入利息支出、金融性公司拆入利息支出、系统内往来利息支出(减利息收入，如为负数，列入第2项"金融机构往来收入")、系统内拆借利息支出、转贴现利息支出和再贴现利息支出等。

(13) 其他营业支出，反映商业银行除利息支出和金融企业往来支出以外的经营活动实际支付的现金，包括手续费支出、汇兑损失以及除工资、福利性支出以外的用现金支付的各种营业费用等。

(14) 支付给职工以及为职工支付的现金，反映商业银行以现金支付给职工的工资和为职工支付的其他现金，包括支付给职工的工资、奖金、各种补贴以及为职工交纳的养老、失业等社会保险基金和各种商业保险金等。

(15) 支付定期存款本金，反映商业银行在吸收单位和个人定期存款等业务中实际支付的定期存款本金。

(16) 短期贷款发放与收回净额，反映商业银行发放与收回期限在一年以内的各种贷款本金的差额。

(17) 中长期贷款，反映商业银行发放期限在一年以上(含一年)的各种中长期贷款。

(18) 支付营业税金及附加，反映商业银行实际缴纳的营业税金及附加。

(19) 支付所得税，反映商业银行实际缴纳的所得税款。因年终汇缴或享受税收优惠政策等原因退回或返还的所得税，抵减实际缴纳的所得税。

(20) 支付除营业税金及附加、所得税以外的其他税费，反映商业银行按国家有关规定实际缴纳的除营业税金及附加、所得税以外的其他各种税费。与投资有关的税金支出，在投资项目中反映。

(21) 支付其他与营业活动有关的现金，反映商业银行除上述项目外与经营活动有关的其他现金流出。

2. 投资活动产生的现金流量

(1) 收回投资所收到的现金，反映商业银行出售、转让或收回除现金等价物以外的各种股权投资、债权投资和其他投资实际收到的现金，包括投资本金(账面价值)的收回和因收回款项大于(或小于)投资本金而确认的投资收益(或损失)。与债券投资本金同时收回的利息收入，列入第24项"取得债券利息收入所收到的现金"。

(2) 分得股利或利润所收到的现金，反映商业银行因股权投资而分得的现金股利，以及因股权投资和其他投资以现金方式实际分得的利润。

(3) 取得债券利息收入所收到的现金，反映商业银行因债权性投资而收到的现金利息收入，包括现金等价物范围内的债券投资，其利息收入应在本项目反映。

(4) 处置固定资产、无形资产和其他长期资产所收到的现金净额，反映商业银行出售固定资产、无形资产和其他长期资产而收到的现金，扣除为出售这些资产而支付的有关费用后的净额。固定资产和其他长期资产报废、毁损的变卖现金净收入，也在本项目反映。

处置固定资产、无形资产和其他长期资产而收到的现金净额若为负数，应作为投资活动现金流出项目反映，列入第30项"支付其他与投资活动有关的现金"。

(5) 收到其他与投资活动有关的现金，反映商业银行除上述项目外与投资活动有关的其他现金流入。其他现金流入如果数额较大，应单列项目反映。

(6) 购建固定资产、无形资产和其他长期资产所支付的现金，反映商业银行因购买或建造固定资产、无形资产和其他长期资产而支付的现金。

(7) 权益性投资所支付的现金，反映商业银行从事股票投资和其他权益性投资而支付的现金，包括支付的投资价款和佣金、手续费、税金等各项附加费用。

(8) 债权性投资所支付的现金，反映商业银行购买除现金等价物以外的债券而支付的现金。债券价格中含有应收债券利息的，以及溢价或折价购入债券的，均按实际支付的金额反映。购买债券发生的佣金、手续费等附加费用，也在本项目反映。

(9) 支付其他与投资活动有关的现金，反映商业银行除上述项目外与投资活动有关的现金流出。其他现金流出如果数额较大，应单列项目反映。

3．筹资活动产生的现金流量

(1) 吸收权益性投资所收到的现金，反映商业银行收到投资者作为资本金投入的现金。其中，委托证券机构代理公开发行股票筹集资金的，由证券机构直接支付的手续费、宣传费、咨询费和印刷费等费用，从发行股票取得的现金收入中扣除，以净额列示。

子公司的少数股东增加在子公司中的权益性资本投资收到的现金，单列在第32项"其中：子公司吸收少数股东权益性投资收到的现金"反映。

(2) 发行债券所收到的现金，反映商业银行发行债券筹集资金收到的现金。委托证券机构代理发行债券的，由债券机构直接支付的手续费、宣传费、咨询费、印刷费等费用，从发行债券取得的现金收入中扣除，以净额列示。

(3) 收到其他与筹资活动有关的现金，反映商业银行除上述项目外与筹资活动有关的其他现金流入。其他现金流入如果数额较大，应单列项目反映。

(4) 偿还债务所支付的现金，反映商业银行偿还到期债券等筹资债务本金所支付的本金。支付债务利息所支付的现金，列入第39项"偿还利息所支付的现金"。

(5) 发生筹资费用所支付的现金，反映商业银行除发行股票、债券以外的筹资活动发生的各种费用，如咨询费、公证费和印刷费等。

(6) 分配股利或利润所支付的现金，反映商业银行实际支付的现金股利，以及分配利润所支付的现金。对于子公司向少数股东支付现金股利，单列在第38项"其中：子公司支付少数股东的股利"反映。

(7) 偿还利息所支付的现金，反映商业银行实际偿还债券利息等筹资债务利息所支付的现金。

(8) 减少注册资本所支付的现金，反映商业银行经批准减少注册资本，投资者抽回投资所发生的现金支出。对于少数股东依法抽回其在子公司中的权益性投资，单列在第41项"其中：子公司依法减资支付给少数股东的现金"反映。

(9) 支付其他与筹资活动有关的现金，反映商业银行除上述项目外与筹资活动有关的其他现金流出。其他现金流出如果数额较大，应单列项目反映。

4．非常项目产生的现金流量净额

非常项目产生的现金流量净额，反映非常性、偶尔发生的项目对现金流量的影响，按现金流入与现金流出的差额在本项目列示。非常项目包括自然灾害损失、保险索赔收入、捐赠、接收捐赠、罚没收入和罚没支出等。

5．汇率变动对现金流量的影响额

汇率变动对现金流量的影响额，商业银行发生的外币现金流量及境外机构的现金流量，按现金流量发生日的汇率或平均汇率折算成人民币，而编制现金流量表时，按期末汇率对外币现金流量进行调整，本项目反映此项调整对现金流量的影响。

6．现金及现金等价物净增加额

现金及现金等价物净增加额，反映商业银行在本期内现金及现金等价物的变动情况，即现金及现金等价物期末余额与期初余额之差。如果期末余额大于期初余额，以正数表示；如果期末余额小于期初余额，以负数表示。

本项目应等于经营活动、投资活动、筹资活动和非常项目产生的现金流量以及汇率变动对现金流量影响之和。

五、会计报表附注

会计报表附注是为了帮助报表使用者理解会计报表的内容而对报表的有关项目所作的解释。商业银行编制会计报表附注，可以提高会计信息的可比性，增进会计信息的可理解性，促使会计信息充分披露，以便提高会计信息的质量，使报表使用者更充分地了解商业银行的财务状况、经营成果和现金流动，从而作出正确的决策。

会计报表附注应当披露的项目包括：不符合会计核算基本前提的说明；重要会计政策和会计估计的说明；重要会计政策和会计估计变更的说明；或有事项和资产负债表日后事项的说明；关联方关系及其交易的披露；重要资产转让及其出售的说明；商业银行合并、分立的说明；会计报表中重要项目的明细资料；有助于理解和分析会计报表需要说明的其他事项。财务情况说明书是以文字形式说明商业银行的财务经营状况、利润实现和分配情况，以及商业银行的财产物资发生重大变动情况，是财务报告的组成部分。以文字叙述经营状况与经营结果，可以补充会计报表的不足，使会计报表的阅读者可以更好地理解报表中的数字，更确切地掌握商业银行的各种情况，以便作出正确的决策。

六、年度财务报告的编写工作

在年度决算报表编制工作的基础上，各级行要做好年终决算报告的编写工作，并在要求时限随年终决算报表书面报送总行。

年终决算报告的编写，是对业务经营和财务工作的文字总结，各级行负责人和财务负责人必须认真把关，高质量地完成年终决算报告，真实反映全年业务经营和财务工作的成绩、经验和存在问题。

决算情况说明书是年度会计决算报告的重要组成部分。它以文字的形式分析决算年度业务活动和财务收支情况，主要说明决算数据形成或变化原因，补充报表数字所不能表达的内容。决算说明书主要内容包括：组织决算工作情况；决算报表中不符事项的说明；对账及财产清理工作中发现的账簿、账实不符情况及其原因；决算报表中有关项目的说明；决算年度各项经营计划指标执行情况、存在问题、意见、建议以及其他需要说明的事项。内容应扼要，文字要简练，反映的情况要真实、准确。

参 考 文 献

一、法律法规及管理条例

[1] 《中华人民共和国会计法》

[2] 《企业会计准则》

[3] 《中华人民共和国中国人民银行法》

[4] 《中华人民共和国商业银行法》

[5] 《金融企业会计制度》

[6] 《中华人民共和国票据法》

[7] 《储蓄管理条例》

[8] 《人民币利率管理规定》

[9] 《人民币银行结算账户管理办法》

[10] 《人民币银行结算账户管理办法实施细则》

[11] 《银行卡业务管理办法》

[12] 《支付结算办法》

[13] 《中华人民共和国外汇管理条例》

[14] 《国家外汇管理局关于实施国内外汇贷款外汇管理方式改革的通知》

[15] 《小额支付系统业务处理办法(试行)》

[16] 《小额支付系统业务处理手续(试行)》

[17] 《中国现代化支付系统运行管理办法(试行)》

[18] 《全国支票影像交换系统业务处理办法(试行)》

[19] 《中央国库现金管理商业银行定期存款业务操作规程》

[20] 《中国人民银行关于印发〈国库会计核算业务操作规程〉的通知》

[21] 《贷款通则》

[22] 《银行贷款损失准备计提指引》

[23] 中国邮政储蓄银行《公司业务行内制度规程》(试行)

[24] 《贷款风险分类指导原则》

[25] 《商业银行资本充足率管理办法》

[26] 中国农业银行会计基本制度

[27] 中国邮政储蓄银行会计制度

[28] 中国工商银行会计基本制度

二、教材书籍

[1] 陈顺英，赵贵峰. 邮电业务会计[M]. 北京：人民邮电出版社，1998.

[2] 程婵娟，李纪建. 商业银行会计实务[M]. 北京：清华大学出版社，北方交通大学出版社，2007.

[3] 韩俊梅，吕德勇. 商业银行会计[M]. 北京：中国金融出版社，2007.

[4] 唐宴春. 商业银行会计[M]. 北京：中国金融出版社，2006.

[5] 岳龙. 银行会计[M]. 北京：高等教育出版社，2005.

[6] 储蓄同一版本工作组. 邮政储蓄会计实务[M]. 北京：中国商业出版社，2004.

[7] 张超. 银行会计[M]. 北京：中国财政经济出版社，2004.

[8] 郑家祥，王志辉. 银行外汇会计实务[M]. 北京：中信出版社，2000.

[9] 李海波，刘学华. 金融会计[M]. 上海：立信会计出版社，1999.

[10] 柴月姣. 银行会计[M]. 大连：东北财经大学出版社，1998.

[11] 郑建娜，张祥. 银行会计[M]. 北京：中国金融出版社，1996.

[12] 蒋义宏，牟海霞. 证券公司会计[M]. 上海：上海财经大学出版社，2004.

[13] 熊晴海. 银行会计[M]. 北京：北京大学出版社，2012.

[14] 财政部会计资格评审中心. 中级会计实务[M]. 北京：经济科学出版社，2015.